영화를 통해서 본 행정학

이병철 지음

UUP

영화를 통해서 본 행정학

2008년 12월 26일 초판 인쇄
2008년 12월 30일 초판 발행

지은이 | 이병철
펴낸이 | 김도연
펴낸곳 | UUP(울산대학교출판부)

출판등록 | 제370-1996-000001호(1996.3.13)
주소 | 680-749 울산광역시 남구 대학로 102
전화 | (052) 259-2488
팩스 | (052) 277-3011
홈페이지 | http://uup.ulsan.ac.kr
e-mai | press@mail.ulsan.ac.kr

값 16,000원

ISBN 978-89-7868-171-1

* 이 책은 2004년도 울산대학교 저서연구비를 지원 받아 출판되었습니다.

머리말

사실상 예술은 행정문제에 새로운 빛을 비춤으로써 그 조명(illumination)에 의한 기여를 하고 있을 뿐만 아니라 잠재적 인간정신의 발현을 통한 영감(inspiration)의 발로를 통해 행정에 기여하고 있다. 많은 사람들이 조직과 사회의 복잡다기성이 증대되고 이를 둘러싼 환경이 보다 다원화되고 심화되어짐에 따라 보다 넓은 시야의 학문관이 필요로 된다고 주장을 한다.

이런 관점에서 보더라도 이제 행정학을 위시한 학문적 움직임은 협소한 과학적 한계성에서 탈피하여 보다 넓은 세계, 다시 말하자면 미술, 음악, 문학 등을 모두 아우르고 있는 예술분야들을 포함하는 총체적 영역으로 확산되어 나가야 할 것이다.

예술은 실제 행정에서 경험할 수 있는 모든 것을 제시해 줄 수 있으며 또한 상상력이 넘치는 가상적 행정현상도 우리에게 시사해 줌으로써 실제 행정의 실험의 장을 제공해 줄 수도 있는 것이다.

근자에 들어 이미 예술분야 중에서 문학부문이 이러한 역할과 기능을 수행하고 있는데 이에 대한 연구가 많은 학자들에 의해 이루어졌다. 이러한 연구를 선도적으로 주도하였던 왈도(Dwight Waldo)는 행정현상을 보는 시각을 바꾸어 뒤집어서 거꾸로 볼 수 있어야 함을 주장한 바 있다.[1)]그는 잔(盞)을 거꾸로 들어 보듯이(reversing the glass) 우리도 현상을 기존의 관념 틀에서 벗어나 새로운 시각에서 조망할 필요성을 역설한 것이다. 킹돈(John W. Kingdon)이 제시한 '정책의 창'[2]이란 개념에서 유추해 볼 수 있듯이 생소하기는 하지만 예술이라는 창문을 통해서 행정현상을 집중적으로 부각시키고 이를 예의 관찰함으로써 다른 접근방법을 통해 얻을 수 없는 그 무엇을 얻어 낼 수 있을 것이라는 발상의 전환을 전제로 하는 생각 역시 이와 맥을 같이하는 것으로 이해될 수 있는 것이다.

이제 행정학을 하나의 과학적 학문만으로 규정하고 이에 따라 고유의 행정학의 영역만을 고집하고 이에 안주하려는 좁은 안목에서 벗어나 보다 다(多)학문적이고 종합적인 학문으로의 넓은 안목을 기져야 할 때가 되지 않았나 싶다. 지식의 대통합을 주장한 윌슨(Edward O. Wilson)의 생각도 이와 궤를 같이 하는 것으로 사료가 된다.[3] 윌슨은 다음과 같이 주장을 하며 지식의 대통합의 당위성을 역설하였다. "자연과학은 근래에 사회과학과 인문학의 경계로 그 범위를 확장하며 세 영역을 한데 묶고 있다. 인간조건을 이해하는 유일한 길은 모든 방법들을 한데 묶는 것뿐이지만, 그것들 사이의 인식론적 연계를 만드는데 이렇다 할 진전을 이룩하지 못했다. 그러나 그 누구도 그와 같은 통합이 이룰 수 없는 일이라는 증거를 단 하나도 제시하지 못했다. 지식의 통일은 서로 다른 학문분과들을 넘나들며 인과 설명들을 아우르는 것을 의미한다. 예를 들면 물리학과 화학, 화학과 생물학,

---

1) Dwight Waldo, *Perspectives on Administration* (University, Alabama : University of Alabama Press, 1956), ch.1.

2) John W. Kingdon, *Agenda, Alternatives, and Public Policy* (Boston, Mass. : Little, Brown, 1984 & 1995), 205~218면.

3) Edward O. Wilson, *Consilience : The Unity of Knowledge* (Alfred A. Knopf, Inc., 1998) ; 에드워드 윌슨(지음), 최재천·장대익(옮김), 『통섭 : 지식의 대통합』(서울 : (주)사이언스북스, 2005).

그리고 보다 어렵겠지만 생물학, 사회과학, 그리고 인문학 모두를 아우르는 것이다.……나를 비롯한 많은 사상가들은 자연과학의 중요성과 그것의 사회과학과 인문학과의 통합을 그 어느 때보다 심각하게 고려해야 할 때가 되었다고 믿는다. 그저 단순한 동반자 관계를 만드는 것이 아니라 지식체계의 기초를 다지는 통합말이다."[4] 이러한 맥락에서 기존 관념상으로는 행정학과 상당한 거리를 두고 있는 것으로 이해되고 있는 예술과 행정학과의 만남의 장을 학문적 차원에서 고려해 봄은 의미가 있다고 평가 할 수 있는 것이다.

이러한 생각에서 본 집필에서는 기존의 관련 연구들을 통해 예술과 행정과의 관련성을 살펴보고 특히 예술부문 중 영화와 행정과의 관련성에 초점을 두고 영화를 통하여 본 행정현상의 이해와 설명을 보다 색다른 시각에서 설정·제시해 보고자 하는데 목적을 두었다.

이러한 시도를 통해 영화를 통한 가상공간에서 그려지는 여러 가지 행정현상들이 영화 밖의 실제세계의 행정현상과 어떠한 관련성을 지니고 또 가상실험을 통해 도출된 결론들이 실제 행정학에 어떠한 시사점과 행정적 함의를 부여하는지를 이해하고자 하는 것이다.

이러한 집필목적을 달성하기 위한 연구방법은 영화가 우리들에게 주려고 하는 메시지와 관련된 행정이론들과 이와 연관된 개념들을 체계적으로 정리를 하기위해 기존의 이와 연관된 관련문헌들을 수집하여 분석하였다. 그리고 그 결과를 독자들의 이해를 돕기 위해 각 장의 앞머리에 '관련 이론 및 사례'로 배치를 하여 설명을 하였다. 그런 다음에 다른 한편으로 113편의 엄선된 영화들을 직접 관람하고 이를 분석하였을 뿐만 아니라 시나리오를 구할 수 있는 것은 시나리오를 구해 이를 분석을 하였고 그렇지 못할 경우 사이버 공간의 관련 영화 사이트에 나오는 영화평론이나 해설 또는

4) 에드워드 윌슨(지음), 최재천 · 장대익(옮김), 『앎의 책』, 26면.

영화내용 요약 등을 분석을 하여 보다 정확하고 현실감 있는 집필결과를 도출코자 노력하였다.

이를 위해 분석의 대상이 된 영화는 한국영화로는 『실미도』, 『쉬리』, 『튜브』, 『박하사탕』, 『서울 무지개』, 『유령』, 『투캅스』, 『공공의 적』과 『주유소 습격사건』, 『공공의 적 2』, 『가문의 위기』, 『1724 기방 난동사건』, 『바람난 가족』, 『광복절 특사』, 『라이터를 켜라』, 『헬』, 『모던보이』, 『처녀들의 저녁식사』, 『동해물과 백두산이』, 『와일드 카드』, 『그때 그 사람들』, 『왕의 남자』, 『이장과 군수』, 『미인도』, 『피아노 치는 대통령』, 『신기전』 등 26편이고 외국영화로는 『디어 헌터』, 『플라툰』, 『위 워 솔저스』, 『7월 4일 생』, 『하늘과 땅』, 『지옥의 묵시록』, 『피아니스트』, 『쉰들러 리스트』, 『에너미 오브 더 스테이트』, 『데몰리션 맨』, 『뮌헨』, 『브이 포 벤데타』, 『리차드 닉슨의 암살』, 『절대권력』, 『테이큰』, 『태양의 눈물』, 『에너미라인스』, 『007 퀀텀 오브 솔러스』와 『007 카지노 로얄』, 『K-19 : 위도우메이커』, 『크림슨 타이드』, 『붉은 10월』, 『비상계엄』, 『로보캅』, 『월·E』, 『페인터』, 『뱅크 잡』, 『트레이닝 데이』, 『나쁜 녀석들』, 『머니트레인』, 『L.A. 컨피덴셜』, 『갱스 오브 뉴욕』, 『피스메이커』, 『네고시에이터』, 『내셔널 시큐리티』, 『체인질링』, 『쇼생크탈출』, 『스트라이킹 디스턴스』, 『황시』, 『인사이더』, 『의뢰인』, 『펠리칸 브리프』, 『이레이저』, 『트래픽』, 『비버리 힐스 캅』, 『나홀로 집에 3』, 『타이타닉』, 『룰스 오브 인게이지먼트』, 『어 퓨 굿맨』, 『아웃브레이크』, 『더 록』, 『데이브』, 『긴급명령』, 『리플레이스먼트』, 『트리플X2 : 넥스트 레벨』, 『야망의 함정』, 『월스트리트』, 『더 게임』, 『마이너리티 리포트』, 『미션 임파서블 1편』, 『미션 임파서블 2편』, 『미션 임파서블 3편』, 『왝 더 독』, 『J.F.K.』, 『컨스피러시』, 『음모』, 『폰부스』, 『실종자』, 『브레이크 다운』, 『도망자』, 『13일』, 『브로큰 애로우』, 『네트』, 『방화벽 : 파이어월』, 『엔트랩먼트』, 『이글아이』, 『마지막 보이 스카웃』, 『자칼』, 『네이키드 웨폰』,

『다이 하드』, 『다이 하드 2』, 『언더시즈 2』, 『다이 하드 3』, 『다이 하드 4』, 『에어포스 원』, 『인디펜던스 데이』, 『대통령의 연인』 등 87편으로 총 113편이 분석대상이 되었다.

이러한 분석의 결과 다음과 같은 내용으로 책이 구성이 되었다.

우선 제1장에서는 문학과 예술에 대해 새로운 행정학적 조명을 시도해 보았다. 그리고 제2장에서는 행정학과 예술과의 학문적 접목의 가능성과 그 내용들을 살펴보았다. 이를 위해 예술이 행정학연구에 기여할 수 있는 이유와 행정과 예술을 이어줄 새로운 교량이라는 은유를 통해 학문적 접목을 꾀해 보았다. 그리고 제3장에서는 영화를 통해 새롭게 조명해 보는 행정학에 대해 살펴보았다.

제4장은 국가권력과 관료제의 잘못된 정책결정과 폭력화에 대해 살펴보았다. 우선 관련 이론 및 사례를 개관해 보았다. 합리 모형과 점증 모형, 정치적 모형, 교시적·감성적 접근법 등 정책결정모형과 잘못된 정책결정의 사례들을 제시하였다. 그런 다음 국가권력과 관료제의 잘못된 폭력화를 살펴보았다. 조선시대의 국가권력과 관료제뿐만 아니라 프랑스 루이 14세 시대의 국가권력과 관료제, 히틀러 시대의 국가권력과 관료제, 그리고 현대의 국가권력과 관료제까지 고찰대상이 되었다. 특히 현대에서는 닉슨 대통령의 워터게이트 사건, 레이건 대통령의 이란-콘트라 스캔들, 그리고 클린턴 대통령의 화이트워터 스캔들이 중점적으로 거론되었다. 이러한 관련 이론과 사례를 개관한 다음에 영화를 통해 본 국가권력과 관료제의 잘못된 정책결정을 살펴보았다. 『실미도』, 『쉬리』, 『튜브』, 『디어 헌터』, 『플라툰』, 『위 워 솔저스』, 『7월 4일 생』, 『하늘과 땅』 그리고 『지옥의 묵시록』이 관련 영화로 제시되고 있다. 그 다음 영화를 통해 본 국가권력과 관료제의 폭력화를 살펴보았다. 『박하사탕』, 『피아니스트』, 『쉰들러 리스트』, 『에니미 오브 더 스테이트』, 『데몰리션 맨』, 『뮌헨』, 『브이 포 벤데타』 등이 관

련 영화로 제시되고 있다.

제5장은 국가권력과 관료제에 대한 불신에 대해 살펴보았다. 우선 관련 이론 및 사례를 개관해 본 후 영화를 통해 본 국가권력과 관료제에 대한 불신을 살펴보았다. 『리차드 닉슨의 암살』, 『절대권력』, 『테이큰』, 『서울 무지개』 등이 관련 영화로 제시되고 있다.

제6장은 관료제에 있어 명령통일의 원칙과 통솔의 범위에 대해 살펴보았다. 우선 관련 이론 및 사례를 개관해 본 후 영화를 통해 본 관료제에 있어 명령통일의 원칙과 통솔의 범위를 살펴보았다. 『태양의 눈물』, 『에너미 라인스』, 『007 퀀텀 오브 솔러스』와 『007 카지노 로얄』, 『K-19 : 위도우메이커』, 『크림슨 타이드』, 『유령』, 『붉은 10월』, 『비상계엄』, 『로보캅』,『월·E』, 『페인터』 등이 관련 영화로 제시되고 있다.

제7장은 관료조직의 부패와 부조리에 대해 살펴보았다. 우선 관련 이론 및 사례를 개관해 본 후 영화를 통해 본 관료조직의 부패와 부조리를 살펴보았다. 관료조직의 부패나 부조리 상을 극적으로 잘 시사해 주는 영화로 『투캅스』, 『공공의 적』과 『주유소 습격사건』, 『공공의 적 2』, 『가문의 위기』, 『뱅크 잡』, 『트레이닝 데이』, 『나쁜 녀석들』, 『머니트레인』, 『L.A. 컨피덴셜』, 『갱스 오브 뉴욕』, 『피스메이커』, 『네고시에이터』, 『내셔널 시큐리티』, 『1724 기방 난동사건』, 『바람난 가족』, 『체인질링』 등이 제시되었다. 그리고 이어서 합법의 울타리 안에서 비행과 불법을 저지르는 관료제의 이중성을 그리고 있는 영화들로 『광복절 특사』, 『라이터를 켜라』, 『헬』, 『쇼생크 탈출』, 『스트라이킹 디스턴스』, 『황시』, 『모던보이』 등이 제시되었다.

제8장은 내부고발과 증인보호에 대해 살펴보았다. 우선 관련 이론 및 사례를 개관해 본 후 내부고발과 증인보호프로그램과 관련된 내용들을 그리고 있는 영화들을 제시해 되었다. 우선 내부고발과 관련된 영화로 『인사이더』를 제시하였고 증인보호프로그램과 관련 된 영화로 『의뢰인』, 『펠리칸

브리프』, 『이레이저』, 『트래픽』 등이 제시되었다.

제9장은 관료제의 보수성과 변화에 대한 경직성에 대해 살펴보았다. 우선 관련 이론 및 사례를 개관해 본 후 관료제의 보수성과 변화에 대한 경직성을 내용으로 그리고 있는 영화로 『처녀들의 저녁식사』, 『동해물과 백두산이』, 『와일드 카드』, 『비버리 힐스 캅』, 『나홀로 집에 3』, 『타이타닉』 등이 제시되었다.

제10장은 관료조직의 음모와 갈등에 대해 살펴보았다. 우선 관련 이론 및 사례를 개관해 본 후 관료조직의 음모와 갈등을 내용으로 그리고 있는 영화들로 『룰스 오브 인게이지먼트』, 『어 퓨 굿맨』, 『아웃브레이크』, 『더 록』, 『데이브』, 『긴급명령』, 『리플레이스먼트』, 『트리플X2 : 넥스트 레벨』, 『야망의 함정』, 『월스트리트』, 『더 게임』, 『마이너리티 리포트』, 『미션 임파서블 1편』, 『미션 임파서블 2편』, 『미션 임파서블 3편』, 『그때 그 사람들』, 『왕의 남자』, 『왝 더 독』, 『J.F.K.』, 『컨스피러시』, 『음모』 등이 제시되었다.

제11장은 조직발전에 역행하는 관료조직의 비효율적이고 타성적인 업무행태에 대해 살펴보았다. 우선 관련 이론 및 사례를 개관해 본 후 조직발전에 역행하는 관료조직의 타성적 업무행태와 비효율성을 잘 보여주고 있는 영화들로 『폰부스』, 『실종자』, 『브레이크 다운』, 『도망자』, 『이장과 군수』, 『13일』, 『미인도』 등이 제시되었다.

제12장은 임명·승진 등 인사와 관련된 문제에 대해 살펴보았다. 우선 관련 이론 및 사례를 개관해 본 후 공정한 인사와 관련된 문제들을 내용으로 그리고 있는 영화로 『브로큰 애로우』가 제시되었다.

제13장은 정보화 사회에 있어서의 관료제의 역기능과 정보전의 대명사인 테러와의 전쟁에서 관료제가 어떻게 대응을 하는가에 대해 살펴보았다. 우선 관련 이론 및 사례를 개관해 본 후, 먼저 정보화 사회에 있어서 그릇

된 관료조직에서 비롯되는 역기능과 이러한 관료조직을 악용하는 범죄조직을 그리고 있는 영화들로 『네트』, 『에니미 오브 더 스테이트』, 『방화벽 : 파이어월』, 『엔트랩먼트』 등이 제시되었다. 그리고 이어 정보전의 대명사인 테러와의 전쟁에 관료제가 어떻게 대응을 하는가를 소재로 한 영화들로 『이글아이』, 『마지막 보이 스카웃』, 『자칼』, 『네이키드 웨폰』, 『다이 하드』, 『다이 하드 2』, 『언더시즈 2』, 『다이 하드 3』, 『다이 하드 4』 등이 제시되었다.

제14장은 대통령의 위기관리시스템과 리더십에 대해 살펴보았다. 우선 관련 이론 및 사례를 개관해 본 후, 대통령직의 유고 시나 위기 시 상정될 수 있는 관료적 위기관리시스템과 리더십을 그리고 있는 영화들로 『에어 포스 원』, 『인디펜던스 데이』를 제시하고 최고권력자인 대통령이나 왕의 행태와 리더십에 대해 그리고 있는 영화들로 『대통령의 연인』과 『피아노 치는 대통령』 그리고 『신기전』을 제시하였다.

이제 3여 년에 걸친 기나긴 집필을 마치고 탈고를 하면서도 마음 한 구석 어딘가에는 아쉬움이 없지 않다. 보다 좋은 영화를 더 많이 인용했으면 더 좋았을 텐데 하는 아쉬움과 왠지 부족해 보이는 표현방식 등이 마음에 걸리기 때문인 듯싶다. 이러한 아쉬움과 독자들이 보기에 미흡하고 부족한 부분은 기회가 주어진다면 개정판에서 다시 손볼 것을 기약하면서 마음의 위안을 삼아 보려고 한다. 독자들의 많은 지도와 편달을 기대해 본다.

부족하나마 이러한 연구결과를 낳게 하는데 있어 많은 분들의 격려와 도움이 있었다. 학문에 눈을 뜨도록 일깨워주시고 지금까지 학인(學人)의 길을 제대로 걸어 갈 수 있도록 격려해주시고 이끌어주신 연세대학교 명예교수로 계시는 최평길(崔平吉) 님과 언제나 따스한 사랑과 헌신적인 희생으로 보살펴 주시고 격려해 주신 부모님 그리고 영화 관련 토론 등을 통해 새로운 시각과 생각을 가질 수 있도록 도움을 주고 충고를 아끼지 않으신

‘숲길 산우회’ 회원들과 여러 학문적 우인들에게 고마운 마음을 전하고 싶다.

또한 저자로 하여금 책을 집필하고 출간할 수 있도록 연구비를 지원해 주고 인내심을 가지고 기다려 준 울산대학교 학교당국에 대해서도 감사를 드린다. 그리고 좋은 책을 만들기 위해 여러모로 노고를 아끼지 않으신 울산대학교 출판부 직원여러분들과 보이지 않는 곳에서 관심을 가지고 보살펴주시고 염려해 주신 많은 여러분들에게 감사의 뜻을 드리고 싶다.

2008년 12월 2일

울산대학교 문수캠퍼스 연구실에서

이병철

목 차

제 1 장

문학과 예술에 대한 새로운 행정학적 조명

어떻게 예술이 행정학의 이해에 도움이 될 수 있는가에 대한 많은 연구들이 근자에 들어 제기되고 있다.

왈도(Dwight Waldo)가 이러한 관점에서 최초의 연구를 시작한 이래 많은 후속적 연구들이 양산되어 오고 있다. 물론 왈도 이전에도 행정을 이해하기 위한 도구로써 행정소설 등이 언급되어졌던 것은 사실이다.

1924년 볼프(Humbert Wolfe)가 쓴 "소설 속에 나오는 몇몇 공직자들"이라는 논문에서 볼프는 어떻게 공직자들이 영국소설에 묘사되고 있는가를 검증한 바 있다. 그는 이 논문에서 두 가지 공직자의 유형을 제시했는데 하나는 사리사욕을 위해 권력을 휘두르는 공직자 유형(mandarin-cum-parasite)과 관료제의 희생물로 전락하는 공직자 유형이 그것이다.[5)]

미국에서 행정소설에 대한 논의는 1940년대 미국행정학지(PAR)에서 시리즈로 소설평론을 다룬 데서부터 그 기원을 찾을 수 있다.

에거(Rowland Egger)나 베일리(Stephen Bailey) 와 같은 저명한 학자들이 평

---

5) Humbert Wolfe, "Some Public Servants in Fiction," *Public Administration*, Vol.2 (January 1924), 39~57면.

론가가 되어 그 시대의 기준으로 보아서는 과격하고 진보적인 방법으로 소설이 행정학전문서적보다 더 행정에 대해 진실을 말하고 있음을 증언하였다. 특히 베일리는 만화가나 소설가, 시인 등과 같은 예술인들이 정치학자나 행정가들보다 더 정치나 행정상황에 대해 보다 깊은 통찰력을 가지고 예리하게 이해를 하고 있다고 주장을 하였다.[6)]

이러한 여러 노력들이 있긴 하였으나 처음으로 탐구적 주제로 하여 행정소설에 대한 체계적인 검증을 시도한 학자는 앞에서 잠시 논의했듯이 왈도였다. 1956년에 집필한 『행정에 대한 전망』이란 책에서 그는 정부의 일상적 삶을 문학적으로 다룬 것이 독자들에게 행정세계에 대한 깊은 가치있는 통찰력과 전문서직에서 얻을 수 없는 지혜를 제공히였다고 주장하였다.[7)]

이러한 맥락에서 그는 전문서적을 대체하거나 무력화시키지 않는 범위내에서 학문적 보조 원천자료로 소설을 활용할 것을 권고하였다. 물론 이러한 그의 생각은 12년 후에도 다시 재천명이 된다.

행정현상을 이해하려는 도구로써 소설에 대한 관심의 증대는 논리실증주의의 전제에 대한 도전으로 받아들여질 수 있다.

정치학을 과학적으로 연구하려는데 대해 반대의사를 지닌 에거는 행정소설이 행태주의에 직면하고 있으면서도 인간적 사회탐구를 가능케 해주는 방안으로써 커다란 의미를 가진다고 주장을 하였고 맥커디(Howard McCurdy)도 소설이 소멸되어가고 있는 실증주의를 대체하는데 도움이 되었다고 보고 있다. 이에 동조하면서 맥다니엘(Thomas McDaniel) 역시 행정소설이 행정의 필수적인 주관적 과정에서 의미를 도출해 내는 유용한 방법을

---

6) Charles T. Goodsell and Nancy Murray(eds.), *Public Administration Illuminated and Inspired by The Arts* (Westport, Connecticut : Praeger Publishers, 1995), 8~9면.

7) Dwight Waldo, *Perspectives on Administration* (University, Alabama : University of Alabama Press, 1956), Ch.4.

통해 행정현상에 대한 이해의 폭을 넓혔다고 주장하였다.

이와 같이 초기에는 연구의 영역이 주로 소설을 위시한 문학적 영역(literature)으로만 국한되어 왔으나 근자에 들어와서는 이 벽이 허물어지고 있다. 즉 과학의 진보와 이에 따른 표현매체의 다양화와 첨단화에 힘입어 보다 다양하고 첨단적인 영역에까지 연구의 관심이 확대되고 있다. 영화, 드라마, 시, 고전문학, 영상예술, 그리고 심미이론분야까지 연구의 대상과 영역으로 활용되고 있는 것이다.

사실상 예술은 행정문제에 새로운 빛을 비춤으로써 그 조명(illumination)에 의한 기여를 하고 있을 뿐만 아니라 잠재적 인간정신의 발현을 통한 영감(inspiration)의 발로를 통해 행정에 기여하고 있다.[8)]

행정현상을 보다 잘 이해하고 설명하기 위해서는 이러한 현상들에 대한 경험적 검증이 선행되어야 하는데 이러한 경우에 경험적 검증을 보다 완벽하게 완성해 줄 수 있는 것은 바로 예술이고 심미적 접근이라고 듀이(John Dewey)와 쿠퍼(Joseph H. Kupfer)는 주장하고 있다. 한마디로 줄인다면 과학적 검증에 부가하여 예술과 심미적 접근이 가미될 때 행정현상에 대한 보다 완벽한 경험이 가능하게 된다는 의미이다. 즉 듀이는 예술을 대상과 일상적 경험의 감각으로부터 분리 할 것을 강요하는 전통적 예술관에 반대하면서 우리 일상생활의 경험은 내용 면에서 예술적이며 심미적으로 접근하여야 한다[9)]고 주장을 하고 있으며 쿠퍼 역시 일상생활의 경험들이 심미적 성질과 관계로 채워지는 그 한도 내에서 그것들을 완전하게 경험할 수 있다[10)]고 주장을 한다. 이러한 맥락을 같이하면서 전종섭도 개인과 세상에

---

8) Guy B. Adams, "The Wheel of Fortune : Middle Ages, Not TV", Book Reviews 1, *Public Administration Review*, Vol.56, No.2, March/April 1996, 207면.

9) John Dewey, *Art as Experience* (New York : Minton, Balch and Company, 1934), 6면.

10) Joseph H. Kupfer, *Experience as Art : Aesthetics in Everyday Life* (Albany, New York : State University of New York Press, 1983), 3면.

영향을 미치는 실증주의적 맹점과 소외감의 고통을 개선하기 위해서는 일상적 경험의 장소에서 심미성을 회복할 필요가 있다[11]고 주장을 한다.

이와 같이 행정에 대해 보다 앞선 논의를 전개하고자 하는 많은 사람들이 조직과 사회의 복잡다기성이 증대되고 이를 둘러싼 환경이 보다 다원화되고 심화되어짐에 따라 예술을 포함하는 보다 넓은 시야의 전향적 학문관이 행정학에도 필요로 된다고 주장을 한다.

이런 관점에서 보더라도 이제 행정학을 위시한 학문적 움직임은 협소한 과학적 한계성에서 탈피하여 보다 넓은 세계, 다시 말하자면 예술들을 포함하는 총체적 영역으로 확산되어 나가야 할 것이다.

---

11) 전종섭(저), 윤재풍·정희남(역), 『행정철학』(서울 : 대영문화사, 2001), 223면.

제 2 장

행정학과 예술과의 학문적 접목

1. 예술이 행정학연구에 기여할 수 있는 이유

굳셀(Charles T. Goodsell)[12]과 머레이(Nancy Murray)[13]는 '새로운 교량'이라는 개념적 틀을 통해 기존의 행정영역과 예술로부터 온 개념들을 조화롭게 접목시키고 있다.[14]

그들은 예술이 행정학연구에 기여할 수 있는 이유를 네 가지로 집약하여 설명하고 있다.[15]

첫째, 소설이나 단편, 영화, 드라마, 시, 고전문학, 시각예술 그리고 심미주의 이론 등이 행정을 이해하고 적용하는데 잠재적으로 보다 크게 기여할

---

12) 굳셀은 버지니아주 블랙스버그(Blacksburg)에 있는 버지니아폴리테크(Virginia Polytechnic Institute and State University)의 행정·정책센터(Center for Public Administration and Policy) 교수로 재직하고 있다.

13) 머레이는 뉴욕주 화이트프레인즈(White Plains)에 있는 패이스대학(Pace University) 행정학과 부교수로 재직하고 있다.

14) Charles T. Goodsell and Nancy Murray(eds.), *op. cit.*, 3~8면.

15) *Ibid.*, ix-xi면.

수 있을 것으로 믿기 때문이다.

둘째, 복잡다기한 현대사회의 성질로 인해 행정은 보다 복잡한 여러 문제들을 접하게 될 것이고 이를 해결하기 위한 노력이 다각적으로 요구되어지고 있는 현실은 보다 새로운 개념적 영역의 확장과 이를 통한 지식영역의 확대적용이 요구되어지고 있다는 것이다. 그래서 행정에 예술을 적용할 필요가 생긴다는 것이다. 즉 예술을 통해 행정이 필요로 하는 지식기반을 풍요롭게 할 수 있기 때문이라는 것이다.

셋째, 이제 보다 체계적인 방법으로 예술이 행정에 기여할 때가 되었다는 시대적 인식을 거스를 수 없기 때문이라는 것이다.

넷째, 기존의 행정학연구의 주요한 학문적 기여가 행정학분야 그 자체에서만 나왔고 또한 행정학자들의 시각이 경제적 합리성이나 정치적 합리성과 같은 것에 국한되었다고 믿기 때문에 예술학자들의 통찰력이 무엇인가 행정의 연구에 도움을 줄 수 있을 것이라고 생각하기 때문이라는 것이다. 즉 학제간 연구의 시너지적 상승효과를 행정의 연구에 줄 수 있다는 믿음이 있기 때문이라는 것이다.

사실 지난 세기의 실증주의적 사조의 진전으로 인해 사회현상을 컴파트먼트식으로 분리해서 이해를 하였다. 물론 이에 대한 반동으로 30여 년 전에 후기실증주의(post-positivism)가 새롭게 나타나긴 하였으나 아직도 엄격하고 정교하게 계량화된 연구방법들이 상당한 영향력을 발휘하고 있다.16)

이러한 연유로 하여 다양한 학문적 분야들이 고도의 전문성을 가지고 발전되어 정확성을 가장 높은 가치로 여기고 과학적 학문성을 과시하고 있지만 학문간의 교호성의 실현은 아직 어려운 상태에 있음을 부인하긴 어렵다. 사실 이러한 점이 고도의 엄밀성과 정확성을 지닌 행정이론들이 행정실무자들에게 어필되지 못하고 그들을 좌절시키는 큰 이유 중에 하나가 되

16) Guy B. Adams, *op. cit.*, 207면.

는 것이다. 따라서 학문적 교호성을 실현하고 증대시키기 위해선 새로운 교량이 그들 사이에 놓여져야 하는 것이다.

2. 행정과 예술을 이어줄 새로운 교량

군셀과 머레이는 이러한 관점에서 앞에서 언급하였듯이 행정과 예술을 이어줄 새로운 교량으로 다섯 가지의 다리를 제시하고 있다.

첫째가 이론의 다리(theory bridge)이고 둘째가 가치의 다리(values bridge) 셋째가 리더십의 다리(leadership bridge) 넷째가 가르침의 다리(teaching bridge) 그리고 마지막으로 앞의 가르침의 다리와 함께 결합된 정책의 다리(policy bridge)가 그것이다.[17)]

그리고 이러한 다섯 가지 교량들을 호머(Homer)가 쓴 "오딧세이(The Odyssey)"와 텔레비전 영화용으로 제작된 "행운의 바퀴(The Wheel of Fortune)" 그리고 영화 "별들의 전쟁(Star Wars)"에 직접 접목시켜 사용하여 가치 있는 조명을 하고 있다.

행정과 예술과의 괴리를 메우고 이 둘을 연계 짓기 위한 다섯 개의 개념적 다리를 보다 쉽게 이해하기 위해 군셀과 머레이의 표현을 빌려 구체적으로 설명하자면 다음과 같다.

첫째, 이론의 다리는 예술분야에서 예를 든다면 심미주의이론이나 철학 등에서 이루어진 이론의 개발이 행정에 대해서도 실질적인 도움을 줄 수 있다는 생각에서 연유되는 것이다. 실제로 이러한 예술분야에서의 이론개발은 유추를 통해 행정의 실제사안에 적용될 수 있을 것이다.[18)]

---

17) Charles T. Goodsell and Nancy Murray(eds.), *op. cit.*, 11~21면.

18) *Ibid.*, 6면.

둘째, 가치의 다리는 관료제에 내재되어 있는 가치와 매우 깊은 관련성을 가진다. 이런 가치의 다리의 기초는 이미 이와 관련된 선행연구를 시도한 사람들에 의해 놓여졌었다. 수 십 년 전에 많은 학자들이 행정의 연구는 소설 등을 읽음으로써 보다 큰 도움을 얻을 수 있다고 말해 왔었다. 그들은 행정을 주제로 한 소설 등은 행정학 교과서나 강의실에서 일상적으로 얻을 수 없는 통찰력을 제공해 줄 수 있다고 주장해왔다.

사실 소설의 가장 중요한 기여 중 하나는 권력이나 야심, 생존, 보살핌, 비전과 같은 가치적 규범이 개재된 추상적 개념을 구체적인 형태로 바꾸어 줄 수 있다는 것이다. 다른 말로 표현하자면 이런 소설을 비롯한 문학은 행정의 가치를 살아 움직이는 것으로 현시(顯示)해 줄 수 있다는 것이다.[19)]

셋째, 리더십의 다리는 개인으로서의 지도자의 정념(情念)과 인간적 자질을 예술적 묘사를 통해(물론 그 수단들은 소설, 영화, 비디오 등 다양할 것임) 더욱 생생하게 이해시킬 수 있다는 것이다.

또한 조직의 지도자들이 일상업무에서 부딪치는 딜레마나 여러 가지 긴장들을 보다 깊게 이해시켜 줄 수 있는 것도 행정과 관련 지워 쓰여진 소설의 또 다른 기여인 것이다. 사실 조직 바깥에 있는 많은 사람들에게 이것은 조직을 보는 눈을 더욱 넓혀주게 되는 것이고 지도자들 자신들에겐 자기반성과 검증을 하게 해 주는 계기를 마련해 주게 되는 것이다.[20)]

넷째, 가르침의 다리는 실제로 가르침을 행하는 교육자들뿐만 아니라 행정실무자들에게도 중요한 주제이다. 그 이유는 공직에 있는 사람들로 하여금 보다 큰 능력을 갖고자하는 열망을 심어주는데 커다란 영향을 줄 수 있기 때문이다.

행정과 관련된 소설에서 이러한 가르침의 중요성을 터득한 자들은 행정

---

19) *Ibid.*, 6면.

20) *Ibid.*, 6~7면.

과정의 미묘함을 행정의 문외한인 학생들에게 전수시키는데 있어 무미건조한 교실보다는 소설이나 영화를 통해 전달하는 것이 더 나은 방법이라고 오래 전부터 주장해왔다.

사실 이러한 배움의 매체에 있어서의 선명성과 구체성은 전통적인 교육방법을 지지해 나가는데도 도움을 주는 일면, 보다 나은 혁신을 낳는데도 기여를 할 것이다. 이러한 사실을 인정할 경우 제기되는 유일한 문제는 이러한 목적을 위해 어떻게 가장 적절한 소재를 찾아서 이를 통해 배우고자 하는 자들에게 상상력 있게 이를 제시하고 전달시켜 줄 수 있을 것인가 하는 것이다.[21]

다섯째, 정책의 다리는 행정의 정책산출과 깊은 관련을 갖는 것이다. 일반적으로 많은 사람들은 민주과정을 통해 결과된 정책산출은 세속적인 영향력의 산물로 생각해서 예술의 유미적인 영향력과는 무관한 것으로 생각을 할 수 있을 것이다.

사실 예술은 선거로 당선된 공직자가 내세우는 전략과는 무관한 듯 보이고 또 이익집단의 로비나 전문가집단에 의한 합리적 분석과는 무관한 것으로 이해하기가 쉽다. 그러나 이러한 모든 노력은 보다 광범위한 대중성 아래에서 이루어진다는 점을 유념하여야 할 것이다.

영향력이란 여러 가지 생각들의 흐름을 통제하고 미묘하고 예측하기 어려운 사조(思潮)로부터 비롯되는 것이므로 그 시대를 관류하는 대중문화나 예술의 성격 그리고 흐름과 결코 무관 할 수는 없는 것이다.

예를 들어 미국서부를 아름답게 채색한 예술로 인해 많은 사람들이 서부로의 이주를 결심케 하였으며 국립공원의 생성을 자극하게 만들었던 것이다. 또한 공상과학소설의 인기는 우주탐험[22]이나 첨단 전략·전술무기[23]

---

21) *Ibid.*, 7면.

22) 줄 베르너(Jules Verne)는 『달세계 여행』이라는 소설을 통해 로켓개발을 예견하였다.

의 개발무대를 제공하고 이를 가속시키는 영향력을 행사케 하였던 것이다. 물론 이는 이와 관련된 정책에 커다란 영향을 끼쳤던 것이다.[24)]

겉으로 보기엔 행정과 예술이 전혀 관련성이 없어 보이지만 굳셀과 머레이가 제시한 다섯 개의 다리를 통해 연결을 시켜보면 그러한 시각이 잘못되어 있음을 알 수 있는 것이다.

이러한 시각에서 볼 때 행정에 대한 현상을 이해하고 설명하는데 있어 예술분야에 대한 기여와 관련성은 높다고 볼 수 있는 것이다. 이미 앞에서도 이러한 관련성에 대한 여러 예들을 열거해 보았지만 또 다른 예 하나를 더 들어 본다면 지역사회에 대한 종전의 사고와 명백히 다른 또 다른 사고의 한 일면을 예술을 통해 얻을 수 있다.

즉 지역사회를 어떻게 쇄신할 것인가에 대한 연구를 하는데 있어서도 소설이나 예술부문에서 시사하는바가 크다는 예이다.

14세기 이탈리아의 문호였던 단테(Alighieri Dante)가 쓴 '신곡'(Divina Commedia)의 제1부인 '지옥'편(the Inferno)[25)]에서 그 예를 들어보자. 깊은 지옥으로의 여행에 있어 인간의 원죄(原罪)는 상대적으로 얕은 지옥에 놓여있다.

여기에서 흥미로운 점은 개인에 대해 저질러진 범죄는 상대적으로 얕은 지옥에서 심판을 받고 지역사회를 위태롭게 한 범죄는 아홉 개 지옥 중에서 가장 깊은 지옥에서 심판을 받는 다는 것이다.

사실 이런 식으로 지역사회에 대한 생각을 해 본적이 별로 없을 것이다. 행정적으로 지역사회의 발전과 혁신을 꾀하고자 할 때 또는 이를 이해하고 설명하려고 할 때 이러한 생각을 가지고 출발을 한다면 훨씬 행정에 대한

---

23) 이러한 예 중 하나로 원자력 잠수함의 출현을 들 수 있다. 이것은 쥘 베르너(Jules Verne)의 소설에 나오는 노틸러스호의 능력을 현실에서 이루게 함으로써 잠수함 개발자들의 꿈을 실현시켜 주었다.

24) *op. cit.*, 7면.

25) Alighieri Dante, *L'Inferno* (New York : Penguine Books, 1949 ; orig. c. 1315).

문제해결에 도움이 될 것이다. 바로 이러한 점에서 예술과 문학들은 풍부한 발상의 전환을 하기 위한 보고(寶庫)가 될 수 있는 것이다.

행정학에서 중요한 이슈로 다루어져 왔고 다루어지고 있는 관료제에 대해서도 이를 영화를 통해 투영하는 과정을 통해 새로운 통찰력을 가지게 하는 것도 이러한 예술을 통한 하나의 새로운 접근이라 할 수 있을 것이다.

홀쯔(Marc Holzer)와 슬레터(Linda G. Slater)는 실제로 영화를 통해 관료제 안에 내재되어 있는 스테레오타입(stereotypes)적 현상을 잘 적시해 드러내고 있다.[26] 또한 애덤스(Elsie B. Adams)나 마리니(Frank Marini), 그리고 크롤(Morton Kroll)도 영화 등을 통해 예술에서 나타난 관료제의 여러 가치들에 대해 우리에게 많은 것을 시사해 주고 있다.[27]

---

26) Marc Holzer and Linda G. Slater, "Insights into Bureaucracy from Film : Visualizing Stereotypes" in Charles T. Goodsell and Nancy Murray(eds.), *op. cit.*, 75~90면.

27) Elsie B. Adams and Frank Marini, "Regimentation and Rebellion in 'One Flew Over the Cuckoo's Nest' " in *Ibid.*, 59~74면. ; Morton Kroll, "The Administrator-Viewer Reviewed, Through Film", in *Ibid.*, 91~106면.

제 3 장
영화를 통해 새롭게 조명해 보는 행정학

본 연구에서 행정의 연구와는 상당한 거리를 두고 있는 듯이 보이는 영화를 통해 행정을 이해하려고 하는 시도는 이미 앞 부분에서 언급되었듯이 다음과 같은 이유가 존재하기 때문이다.

첫째, 본 연구의 주제가 된 영화가 행정을 이해하고 적용하는데 잠재적으로 보다 크게 기여할 수 있을 것으로 믿기 때문이다. 이를 통해 행정학의 적용영역의 지평을 확대할 수 있을 것이다.

둘째, 복잡다기한 현대사회의 성질로 인해 행정은 보다 복잡한 여러 문제들을 접하게 될 것이고 이를 해결하기 위한 노력이 다각적으로 요구되어지고 있는 현실은 보다 새로운 개념적 영역의 확장과 이를 통한 지식영역의 확대적용이 요구되어지고 있다는 것이다. 그래서 행정에 예술을 적용할 필요가 생긴다는 것이다. 즉 예술을 통해 행정이 필요로 하는 지식기반을 풍요롭게 할 수 있기 때문이라는 것이다.

셋째, 이제 보다 체계적인 방법으로 예술이 행정에 기여할 때가 되었다는 시대적 인식을 거스를 수 없기 때문이라는 것이다.

넷째, 기존의 행정학연구의 주요한 학문적 기여가 행정학분야 그 자체에서만 나왔고 또한 행정학자들의 시각이 경제적 합리성이나 정치적 합리성과 같은 것에 국한되었다고 믿기 때문에 예술학자들의 통찰력이 무엇인가 행정의 연구에 도움을 줄 수 있을 것이라고 생각하기 때문이라는 것이다. 즉 학제간 연구의 시너지적 상승효과를 행정의 연구에 줄 수 있다는 믿음이 있기 때문이라는 것이다.

사실 지난 세기의 실증주의적 사조의 진전으로 인해 사회현상을 컴파트먼트식으로 분리해서 이해를 하였다. 물론 이에 대한 반동으로 30여 년 전에 후기실증주의(post-positivism)가 새롭게 나타나긴 하였으나 아직도 엄격하고 정교하게 계량화된 연구방법들이 상당한 영향력을 발휘하고 있다. 이러한 흐림이 완벽한 학문적 연구를 위해 절대적일 수 없다면 분명히 이를 균형잡아 주어야 할 그 어떤 노력이 필요로 될 것이다. 이러한 노력 중 하나가 예술을 통한 행정현상의 이해가 아닌가 싶다.

이러한 관점에서 본 연구는 예술분야 중 영화를 선택하여 실제 행정현상에서 쉽게 실현시키기 어려운 실험적 상황을 재현시키고 이 속에서 보다 적나라한 행정이론들의 응용적 적용의 타당성을 나름대로 검증코자 하는 것이다. 이러한 목적을 위해 행정현상과 연관되는 영화들을 차별화 되는 특성별로 나누어 열 한 가지 범주로 분류하여 살펴보았다.

우선 국가권력과 관료제의 잘못된 정책결정과 폭력화, 국가권력과 관료제에 대한 불신, 관료제에 있어 명령통일의 원칙과 통솔의 범위 등 이와 관련된 범주 등이 있다. 그리고 관료조직의 부패나 부조리, 내부고발자문제 그리고 증인보호와 관련된 문제들을 예리하게 분석하고 이를 고발하는 범주가 그 하나이다. 그리고 관료제의 보수성과 변화에 대한 경직성에 대한 범주가 또 다른 하나이다. 관료조직의 음모와 갈등이 또 다른 하나이며, 조직발전에 역행하는 관료조직의 비효율적이고 관료조직의 스테레오타입한 타성적 업무행태나 또는 조직적 편견을 나타내는 범주가 그 다른 하나이다. 임명, 승진 등 인사와 관련된 문제를 그리고 있는 것도 또하나의 다른 범주이다. 그리고 정보화사회에 있어서 그릇된 관료조직과 이러한 관료조직을 악용하는 범죄조직의 리바이던적 역기능을 그려내려는 범주와 대통령직의 유고 시나 위기 시 상정될 수 있는 관료적 위기관리시스템과 대통령의 리더십을 그린 범주 등으로 분류하였다.

제 4 장
국가권력과 관료제의 잘못된 정책결정과 폭력화

1. 관련 이론 및 사례의 개관

1) 정책결정모형과 잘못된 정책결정의 사례들

(1) 정책결정에 있어서 합리 모형과 점증 모형

케이든(G. Caiden)은 오늘날의 정책결정이 더욱 어렵게 되고 복잡화되고 있는 이유를 몇 가지로 나누어 설명하고 있다. 우선 공공행정영역이 확대되고 복잡화되고 있다는 점을 지적하고 있다. 사실 이전과 비교해 볼 때 공공행정영역이 보다 확대되어졌고 또한 복잡화되어진 것을 부인하기 어렵다. 둘째, 문제자체가 단순하지 않고 복합적인 성격을 띠고 있다는 점을 지적하고 있다. 셋째, 정책결정담당자들의 견해나 시각 역시 보다 다양해지고 있으며, 넷째, 정책결정과정이 지나치다 싶을 정도로 과다하게 세분되어 있다는 점을 지적하고 있다. 이로 인해 다섯째, 정부의 지도성과 실천력에 한계를 가지게 되며 마지막으로 지나치게 비대화된 관료제의 역기능의 일면의 탓 등으로 인해 정책결정이 더욱 어렵고 복잡하게 되는 것이라

고 설명을 하고 있는 것이다.[28)]

이러한 까닭에 정책결정에 있어 자주 사용되고 있는 '합리적 모형'(rational model) 혹은 '합리모형'이 지나치게 엄격하고 비현실적인 요건을 전제로 하고 있는 관계로 이상주의적인 틀에서 벗어날 수 없음을 에치오니(Amitai Etzioni)는 지적하고 있다.[29)] 브레이브룩(David Braybrook)과 린드블롬(C. Lindblom) 역시 인간의 능력, 시간, 정보 및 비용의 한정성과 완벽한 평가방법이란 존재할 수 없다는 이유 등으로 인해 합리모형은 현실적으로 적용가능성이 거의 희박한 모형으로 보고 있다.[30)] 사이몬과 마치(James G. March)도 이러한 점에 착안하여 '만족모형'(satisficing model)을 제시했는데 이것은 행대론 적 기조에서 출발하여 정책결정상의 사회심리 저 측면을 강조한 이론모형이다. 이것은 인간의 지적 판단능력에 한계가 있다는 '제한적 합리성'(bounded rationality)에 근거해 최상의 방법(one best way)이란 존재치 않기 때문에 우선 정책결정자가 성취할 수 있는 가장 훌륭한 결정은 '만족스러운 정도의 것'이라고 전제를 한다. 그 결과 정책결정자가 실제로 선택하는 대안은 어떤 상태 아래서 객관적으로 가장 적절한 대안이라기 보다는 어떤 상태의 필요성을 만족시키는 정도의 것이라 한다.

이러한 합리모형이 가지고 있는 여러 어려운 점을 해소키 위해 나온 또 다른 정책적 접근방법이 '점증주의적 모형'(incremental model) 혹은 '점증모형'이다. 이 모형은 정책형성을 진흙 속을 통과하는(muddling through) 과정

---

28) G. Caiden, *The Dynamics of Public Administration* (New York : Holt, Rinehart and Winston, 1971), 55~61면.

29) Amitai Etzioni, *The Active Society* (New York : Free Press, 1968), 282~295면. ; A. Etzioni, "Mixed-Scanning : A Third Approach to Decision-Making", *Public Administration Review*, Vol.27, No.5(1967), 383~392면.

30) David Braybrook and C. Lindblom, *A Strategy of Decision* (New York : The Free Press, 1963), 48~57면.

으로 표현하고 있다.[31] 이러한 점에서 앞의 합리모형과는 달리 이상적이지 않고 현실적이라는데 이 접근법의 강점이 존재한다. 이 접근법을 예산수립 과정에 적용시킨 대표적 학자로 윌다브스키(Aaron Wildavsky)를 들 수 있다.[32] 그는 정치체계에서의 정책형성과정은 합리모형에서 볼 수 있는 경제적 가치기준보다는 바로 이러한 점증적 가치판단이 더 선호된다는 점을 지적하고 있다.

(2) 정치적 모형

그 다음 앞에서 논의한 합리적 모형이나 점증 모형 이외에 사용되는 모형 중 하나가 정치적 모형이다. 케네디 행정부 당시의 쿠바 미사일 위기 시의 정책결정은 정치적 해법이 상당한 몫을 담당하였다. 그러나 유념해야 할 점은 다른 정책결정모형을 전혀 고려치 않거나 또는 다른 정책결정 모형을 잘못 적용하거나 나아가 무조건 정치적으로 정책문제를 해결하려고 할 때 잘못이 만들어질 수 있다는 점이다. 이와 관련하여 쿠바미사일 위기 시의 정책결정과정에 대한 연구들을 입체적으로 살펴보기로 하자.

김형렬은 쿠바 미사일 위기(cuban missile crisis)를 정책결정과정에서 합리적 모형이 가장 적절하게 적용되어진 정책사례로 들고 있다.[33] 그러나 김형렬과는 달리 케틀(Donald Kettl)은 쿠바 미사일 위기 시의 정책결정과정이 합리모형에 근거하고 있다고 보지는 않는 것 같다. 케틀은 1969년에 발표된 앨리슨(Graham Allison)의 "쿠바 미사일 위기 시의 개념적 모형"을 분석하고 나서 세 개의 모형[34]중 제3의 모형이 가장 적절하게 적용된 정책모형으로

31) C. E. Lindblom, *The Intelligence of Democracy* (New York : Free Press, 1965), 293~310면.

32) Aaron Wildavsky, *The Politics of the Budgetary Process* (Boston, Mass. : Little, Brown & Co., 1964), 130면.

33) 김형렬, 『정책학』 (서울 : 법문사, 1990), 202면.

보고 있는 듯 하다. 제1의 모형은 경제적인 합리적 접근모형과 유사함으로서 이상적이고 현실적이지 못하다는 점을 들었고 제2의 모형은 전형적이고 전통적인 원리중심의 행정적 접근이란 점에서 적절치 못하다는 점에 동의하고 있다. 제3의 모형이 문제를 적절히 인지하고 고위층의 정치적 과정(특히 협상)을 적용함으로서 문제해결에 가장 적합한 정책적 모형으로 의미를 갖게 하였다고 하는 주장에 동의하고 있다.[35] 그리고 종래의 행태주의 적 접근에 제동을 거는 시도로 앨리슨의 글을 평가하고 전통적인 정치적 결정모형의 재평가 필요성과 이의 인정을 주장하고 있는 듯하다. 1974년에 나온 핼퍼린(Halperin)의 글과 슈타인브르너(Steinbruner)의 글도 이러한 앨리슨의 시각을 뒷받침한다고 보는 것이다. 물론 쿠바 미사일 위기 시 관련정보기관을 통한 수집가능 한 정보의 획득과 분석, 그리고 이에 입각한 대안들의 선정, 그리고 대안간의 비교우위결정, 이를 근거로 한 정책결정이란 면에서 보면 합리적 모형이 사용되었다고도 볼 수 있을 것이다. 그러나 정책결정과정에서 보여준 미국과 소련 그리고 미국내의 정부고위층간의 서면, 구두접촉과 회의를 통한 난상 토론 등은 다분히 협상과 타협 또는 양보라는 정치적 과정을 통한 해법모색으로도 이해 할 수 있는 것이다. 또한 정책결정에 참여한 사람들이 대통령을 중심으로 한 측근세력(inner circle)으로 폐쇄화되어 있었다는 점도 이러한 정치적 결정모형을 뒷받침해준다고 볼 수 있는 것이다.[36]

---

34) 여기에서 말하는 세 개의 모형은 제1모형으로 합리적 행동모형(rational actor model), 제2모형으로 표준운영절차모형(standard operating procedures model), 제3모형으로 관료정치적 모형(bureaucratic politics model)을 일컫는다. Graham T. Allison, "Conceptual Models and the Cuban Missile Crisis", *American Political Science Review*, Vol.63, 1969, 689~718면. ; Graham T. Allison, *Essence of Decision : Explaining the Cuban Missile Crisis* (Boston, Mass. : Little, Brown, 1971).

35) Donald F. Kettl, "Public Administration : The State of the Field", in Ada W. Finifter(ed.), *Political Science : The State of the Discipline II* (Washington, D.C. : The American Political Science Association, 1993), 412~413면.

이런 면에서 볼 때 쿠바미사일위기는 미국과 소련의 첨예한 대립구도 속에서 세계 3차 대전을 가져올지도 모를 만큼 그 당시로서는 너무나 엄청난 사건이었고 그의 해결을 위한 접근과정이 광범위한 인식과 접근방법을 필요로 하는 것이었기에 어떤 한 측면에서나 또는 어떤 한 과정에서 논리적인 인식을 할 경우 이와 같은 결론 방향으로 귀결될 수밖에 없는 것이다. 따라서 쿠바 미사일 위기는 합리모형도 사용되었고[37] 그에 못지 않게 관료정치적 모형도 사용되었다고 보는 것이 보다 더 종합적인 시각에 기인된 결과적 해석이 아닌가 생각되며 그런 맥락에서 김형렬의 견해와 케틀의 견해는 나름대로의 현상에 대한 설명으로서 의미를 지닌다고 사료되는 것이다.

(3) 교시적·감성적 접근법(intuitive/heuristic approach)

앞에서 설명된 합리적 모형과 배치되는 것으로 '교시적·감성적 접근법'

---

36) 1962년 10월 16일 쿠바미사일위기가 발생하고 이에 대한 대응적 방안이 비밀리에 비공식조직이었던 전쟁위원회(war council) 또는 그룹(the group)이라 불려진 대통령 측근조직(뒤에 국가안보회의실행메모랜덤 제196호에 따라 국가안보회의 집행위원회(Executive Committee of the National Security Council)로 공식조직화 되었으며 대통령이 정식으로 위원장이 됨)에 의해 강구되고 여기에서 도출된 폐쇄적인 정책결정내용이 다음주 월요일 국민 앞에 대통령의 입을 통해 발표된다. 물론 이 비밀 비공식조직에 참여하지 않은 각료들과 의회지도자들에 대한 쿠바미사일위기사실과 정책결정내용의 고지는 국민에 대한 발표 두 시간 전에 이루어진다. 이런 미국과 인류의 장래와 관련된 중대사안을 대통령 혼자 비밀리에 정책결정을 하였다는데 대해 많은 비판과 논란이 있었다. 어찌되었든 이러한 밀폐되고 일부정부고위층과 소련지도층과의 협상을 통한 문제해결의 측면을 무시할 수 없다는 면이 쿠바미사일위기를 제3의 모형으로 설명할 수 있는 근거가 된다고 볼 수 있는 것이다.

Robert F. Kennedy, *Thirteen Days : A Memoir of the Cuban Missile Crisis* (New York : W. W. Norton & Company, Inc., 1971), 30~34면. ; Richard E. Neustadt and Graham T. Allison, "Afterword", in Robert F. Kennedy, *op. cit.*, 109~110면.

37) 그러나 앨리슨은 그의 글에서 명료하게 이것이 더 정확한 설명이란 표현은 주의 깊게 피하고 있음에 유념할 필요가 있다.

혹은 '교시적·감성적 모형'이라는 것이 있다. 이 접근법을 창시한 고오(William Gore)에 따르면 일시적 감정이나 열정(passion/emotion)에 의해 정책이 형성되는 것을 의미한다고 한다. 다른 말로 표현하자면 앞의 합리적 모형과는 아주 대조되는 것으로 비합리적인 감정에 의해 정책결정이 지배되는 것을 의미한다.[38] 대표적인 실례(實例)로서는 히틀러(Adolf Hitler)[39]의 유

---

38) William J. Gore, *Administrative Decision Making : A Heuristic Model* (New York : John Wiely & Sons, Inc., 1964). 교시적, 감성적 접근법도 사이몬이 제시한 비정형적 의사결정모형(non-programmed decision making model)과 유사한 일면이 있다. 비정형적 결정은 합리적 사고, 잘 훈련된 고위경영자의 판단력, 인간의 육감, 상식적 수준의 정책판단을 말하며 이런 비정형적 결정의 저변에는 계량통계분석도 부분적으로 포함되어 있긴 하나 복잡한 정책결정의 대상에는 계량화 할 수 없는 요인이 지배적이기 때문에 주로 비계량적 의사결정을 의미한다. 이런 대표적인 예가 아이젠하워장군에 의해 결정된 노르만디상륙작전을 들 수 있다. Herbert A. Simon, *The Shape of Automation for Man and Management* (New York : Harper Torch Books, 1965), 60~65면.

39) 히틀러(1889.4.20~1945.4.30)는 독일의 정치가이고, 나치스의 당수이며, 제3제국의 총통이었던 인물이다. 그는 오스트리아의 세관 관리의 아들로 태어나 초등학교를 졸업한 뒤, 실업학교에 진학했으나 성적이 나빠서 중퇴했다. 1908년 빈(Wien : Vienna)에 살면서, 두 차례나 조형미술대학 입학시험을 치렀으나 실패했다. 일정한 직업없이 부모의 유산과 고아연금으로 생계를 꾸리다가 1914년에 제1차세계 대전이 일어나자, 바이에른군에 지원하여 종군했다. 이때 전공에 의해 제1급 철십자 훈장을 받았다. 대전 후에도 바이에른군에 계속 근무하였고 1919년 독일 노동당(나치스의 전신)에 입당하고, 1921년 당수에 취임하여 당 지도의 전권을 장악하였다. 이때부터 베르사유조약의 폐기와 격렬한 반유태주의를 제창하여 눈길을 끌었으며 1923년 11월 뮌헨반란을 꾀했으나 실패하여 당은 해산되고 자신은 금고형에 처해져 란츠베르크 육군형무소에 투옥되었다. 그가 옥중에서 쓴 『나의 투쟁』(Mein Kampf)은 그에게 재정적인 도움 뿐만 아니라 독일 대중에게 그를 알리는데 큰 몫을 했다. 1924년 석방되어, 1925년 2월 나치스를 재건하고 새로이 북부, 서부 독일로 당세를 확대해 경제 공황의 덕을 보아 1930년 9월의 국회의원 선거에서 107의석을 차지하여 일약 제2당의 지위에 올라섰다. 그 후 1932년 7월의 국회의원 선거에서 제1당의 지위를 확보했으나 히틀러는 파펜 내각에 입각을 거부하고, 1933년 대통령인 힌덴부르크에 의해 수상에 임명되었다. 이어 의회정치를 배제, 정당, 노동조합의 해산을 강행했다. 즉 나치스에 의한 일당지배를 확립한 것이다. 그리고 슐라이허, 스트라서 등 적대자를 숙청했다. 그 해 8월

태인 박해정책이나 아프리카로부터의 철수작전, 바바로사 작전으로 명명된 러시아침공의 일환으로 펼쳐진 스탈린그라드(Stalingrad) 침공작전[40] 그리고 나폴레옹(B. Napoleon)의 러시아진군과 같은 것을 들 수 있는데 바로 이러한 것이 비합리적 감정에 의한 정책형성의 본보기가 된다. 또한 구 소련의 흐루시쵸프(N. Khrushchev)수상이 사태를 정확히 파악하지 못하고 비밀리에 충동적이고 감정적으로 쿠바에 미사일을 배치하려는 정책을 결정하여 이를 집행하려다가 미국의 케네디 대통령에 의해 제지를 당한 1962년 10월에 발생한 쿠바 미사일 위기사태도 이러한 비합리적 감정적 정책결정의 한 실례라고 볼 수 있을 것이다.[41]

대통령 힌덴부르크가 사망하자 히틀러는 총통이며 독일수상으로 그리고 당수, 정부수반, 국가원수의 지위를 겸하고, 또 국방군의 최고 지휘관으로서 군대로 부터의 충성선서도 받았다. 이후 독일 민족의 생존권수립의 정책을 펴나갔는데 여기서부터 유럽의 침공이 시작되었다. 1938년 오스트리아 합방, 1939년 체코슬로바키아 점령, 그리고 8월 독·소불가침조약을 체결한 뒤, 9월 폴란드 침공, 그리고 1940년 6월 프랑스를 정복했다. 1941년 소련과의 개전으로 그에게 있어선 절정의 시기를 맞는다. 그러나 1943년 스탈린 그라드 공방전과 북아프리카 전선에서의 패배는 그의 제3제국을 침몰하게 만드는 계기가 된다. 이 동안 점령지에서는 민족 억압정책을 실시하여 유태인 등이 박해를 받게 된다. 1944년 7월20일 히틀러 암살 음모가 있었으나 기적적으로 살아나지만 1945년 4월 29일 소련군에 포위된 베를린 총통관저에서 정부인 에바 브라운과 결혼하고 그 이튿날 함께 자살함으로써 독재자로서의 최후를 마친다.

40) 히틀러는 2차 세계대전을 치루는 동안 아프리카로 부터의 철수작전이나 '바바로사' 라는 작전명으로 치루어진 스탈린그라드 침공작전 등 주요 정책결정과정에서 참모들의 의견을 별로 수렴하지 않고 독단적으로 충동적, 감정적인 결정을 한 경우가 많았다. William L. Shirer, *The Rise and Fall of the Third Reich* (Greenwich, CT : Fawcett Books, 1959), 1040~1220면. ; John Toland, *Adolf Hitler* (New York : Ballantine Books, 1976), 740면.

41) Robert F. Kennedy, *Thirteen Days* (New York : The New American Library, Inc., 1969), 86면. ; James G. Blight, et al., "The Cuban Missile Crisis Revisited", *Foreign Affairs*, Vol.66, No.1 (1987), 170~188면. ; 김형렬, 『정책학』(서울 : 법문사, 2000), 236~237면에서 재인용.

(4) 잘못된 정책결정의 사례들

베트남전을 예로 들어보면 초강대국인 미국은 보잘 것 없는 약소국인 월맹과의 전쟁에 승리를 장담할 수 있었다. 계량적으로 볼 때 월맹의 경제지표나 사회지표 그리고 주된 관심사항인 군사지표들은 미국의 상대가 될 수 없이 너무나 초라한 모양새를 드러내 놓고 있었기 때문이었다.

미국은 계량화된 지표들을 보고 승리를 확신하였고 이러한 확신이 베트남전쟁에의 개입과 확전(擴戰)을 부추겼다. 당시 국방부장관이었던 맥나마라(Robert S. McNamara) 등의 계량주의자들은 얼마만큼의 폭탄을 월맹에 퍼부으면 얼마나한 살상효과와 전과를 얻어 낼 수 있고 이러한 살상효과와 전과의 계산결과에 따라 월맹이 얼마만큼 버틸 수 있는지 등을 체제분석(system analysis) 등을 통해 자신만만하게 수치로 제시해 내었던 것이다.

그 당시 주월(駐越) 미국군 사령관(Vietnam War Commanding General)이었던 웨스트모얼랜드(William C. Westmoreland) 장군은 미국 의회에서 50만 이상의 병력만 투입이 되면 베트남전을 가까운 시일 안에 승리로 이끌 수 있다고 계량적 지표들을 제시하면서 자신만만하게 이야기를 하였고 이러한 그의 진술에 따라 미국 의회는 베트남전투지역의 병력증원을 가능토록 해주었던 것이다. 실제로 1969년에는 베트남파병규모가 54만 2천명에 이르렀다. 또한 계량화된 공중폭격의 효과에 대한 수치에 근거하여 월맹에 대한 공중폭격이 이루어졌다.

그 결과는 이미 알고 있듯이, 그의 진술과는 달리 마치 진흙구덩이로 점점 빨려 들어가듯이 엄청난 소모전으로 치닫게 되었고 승리는커녕 적의 전의(戰意)만 더욱 고양시키는 결과를 가져 왔던 것이다.[42]

---

42) 북베트남의 지도자였던 호치민(Ho Chi Minh)은 그의 병사들이 미국군 1명에 대해 10명의 비율로 죽을 각오가 되어 있다고 선언하고 어떠한 인명손실에도 불구하고 끝까지 결사항쟁 하겠다는 강한 적의를 드러냈다.
폴 케네디(저), 이일수·전남석·황건(공역), 『강대국의 흥망』(서울 : 한국경제신문사, 1996),

이러한 결과는 결국 명분 없는 싸움과 승산 없는 전쟁에 아까운 미국의 인적·물적 자원만 낭비하는 꼴이 되었고 결국 국민들은 이러한 전쟁에 고개를 돌리게 되었던 것이다. 반전(反戰)분위기가 고조되고 이에 따른 국론의 분열이 가열되었다.

1970년 5월 4일 켄트대학교(Kent State University)에서 방위군(the National Guard)이 비무장 한 시위학생들에게 무차별 발포함으로써 4명의 시위학생들의 목숨을 앗아간 일은 반전과 국론분열의 절정을 대변해 주는 사건이었다.

이러한 분위기는 미국의 패색을 더욱 짙게 만들었으며, 결국 1972년 파리평화협상이라는 탈출구를 통해 미국은 황급히 빠져드는 수렁에서 자신의 몸을 빼내어 그나마 실추된 미국의 명예를 건져 올리고자 하는 필사의 노력을 경주할 수밖에 없는 모양새를 연출하고 만 것이다.

이러한 과정상에서 일어난 정부와 행정부의 비도덕성, 비인권성은 국민으로 하여금 정부에 대한 불신을 낳았고 다른 한편으로는 계량화된 접근에 대한 회의와 불신을 국민들에게 심어주게 되었던 것이다.

국민들은 정부와 행정에 대한 새로운 인식을 가지게 되었고 지금과는 다른 그 어떤 패러다임을 요구하게 되었던 것이다.

베트남전의 개입과 수행을 가능케 하였던 합리적 모형에 입각한 정책결정에 대한 새로운 이해와 합리적 모형에 기인한 정책결정으로 인한 폐해를 피부로 느끼면서 이러한 어리석음을 다시는 반복해선 안 된다는 값진 교훈을 얻게 된 것이다.

2) 국가권력과 관료제의 잘못된 폭력화

국가권력은 국민들에 의해 만들어지고 부여되어지는 것인 만치 권력의

547~548면.

사용은 정당하고 합법적이어야 하고 국민을 위한 것이어야 한다. 만약 그렇지 못할 경우 그러한 국가권력은 국가권력으로서의 본연의 의미를 상실하고 국가적 폭력으로써 간주될 수밖에 없다. 루소(Jean-Jacques Rousseau)나 로크(John Locke) 등 계몽주의 사상가들은 이러한 국가권력을 거부할 수 있는 권리를 국민은 가지고 있다고 주장을 하였다.[43] 바로 국민저항권이 그것이다. 실제로 동서고금을 막론하고 많은 국가권력이 본연의 의미를 일탈하여 국가폭력으로 전락되어 사용되어진 경우가 많았다. 그러한 국가폭력에 의해 많은 무고한 국민들이 희생되어졌던 것이 어제 그리고 오늘의 일만은 아니다. 행정 역시 이러한 국가폭력으로부터 자유로울 수는 없다. 그릇된 국가권력을 쥐고 있는 자의 폭기(暴擧)를 그의 수족이 되어 집행하는 역할을 수행해 왔기 때문이다. 행정 관료제는 그러한 맥락에서 국가폭력의 앞잡이 또는 주구(走狗)로 인식되어져 왔던 것도 부인 할 수 없는 사실이다.

(1) 조선시대의 국가권력과 관료제

과거 우리의 역사를 되돌아보면 이러한 국가적 폭거를 많이 접하게 된다. 예를 들어 조선시대만 해도 연산군에 의한 폭거를 접할 수 있고 조선시대 말기에 자행 된 풍양 조 씨나 안동 김 씨 등에 의한 세도정치 등으로 인해 빚어진 국가기강의 해이와 문란 등을 또한 접할 수 있다. 조선시대의 관료제 역시 이러한 폭거에 가담을 하였는데 특히 향리(鄕吏)로 일컬어진 지방관리들의 가렴주구(苛斂誅求)는 극에 달했었다.[44] 지방 아속들의 국민

43) Jean-Jacques Rousseau, Maurice Cranston(Translator), *The Social Contract*, Reprint edition (London & New York : Penguin Classics Books Ltd., 1968). ; John Locke, *An Essay Concerning Human Understanding* (New York : Prometheus Books, 1995) ; John Locke, *An Essay Concerning Human Understanding* (London : George Routledge and Sons Limited./New York : E. P. Dutton and Co., 1910). ; John Locke, *The Second Treatise of Government and A Letter Concerning Toleration* (London : Dover Publications, 2002).

(정확한 표현은 백성)들에 대한 착취는 말로 형용키 어려울 정도로 극에 달하였고 이를 피해 정든 고향을 떠나 정처 없는 유랑의 길로 접어드는 백성들도 수를 헤아리기 어려울 정도였다고 한다. 국민을 위해 존재해야 할 국가권력이 국민을 해(害)하는 방향으로 작동이 되었던 것이다. 결국 500년 역사의 조선은 역사의 뒤안길로 사라지고 말았지만 그동안 자행된 그릇된 국가권력의 폐해는 많은 국민들의 희생을 그 대가로 요구하였던 것이다.

(2) 프랑스 루이 14세 시대의 국가권력과 관료제

서양이라고 해서 예외는 아니다. 프랑스의 경우 '태양 왕'(the Sun King)이라 칭하고 "짐이 곧 국가이다."(L'Etat, c'est moi)라고 말하면서 철권을 휘두르고 나선 루이 14세를 이러한 대표적 사례로 들 수 있다. 프랑스는 그에 의해 절대 왕정체제가 자리를 잡게 된다. 그는 자신의 탐욕과 허영을 충족시키고 절대왕권을 과시하기 위해 그 당시 재정적 여건으로는 거의 불가능한 베르사이유 궁전(Palaces of Versailles)을 무리하게 신축하도록 한다. 그러나 이것이 가져 온 재정적 파탄으로 인하여 후에 결국 프랑스 혁명이 일어나게 되는 것이다.[45] 국가권력을 통한 착취와 폭거가 결국 국민들의 재산과 희망을 앗아가고 그러한 국민적 절망은 결국 자국의 왕과 왕비까지

---

44) 조선시대 대표적인 고대소설 중에 하나인 '춘향전'에서 이러한 탐관오리들의 부패와 부정 그리고 백성에 대한 착취를 잘 살펴 볼 수 있다. 특히 이 도령(남원부사 자제 이몽룡)은 신관사또인 변학도(남원의 지방수령)의 생일잔칫날 그의 면전에 내 보인 시(詩)는 그야말로 이러한 착취와 폭정의 실상을 적나라하게 잘 나타내주고 있다. 시의 원문은 다음과 같다. '금준미주 천인혈'(金樽美酒 千人血) '옥반가효 만성고'(玉盤佳肴 萬姓膏) '촉루락시 민루락'(燭淚落時 民淚落) '가성고처 원성고'(歌聲高處 怨聲高). 이를 해석하면 다음과 같다. '금동이의 아름다운 술은 일만백성의 피요'. '옥소반의 맛좋은 안주는 일만백성의 기름이라'. '촛불의 눈물이 떨어질 때 백성의 눈물이 떨어지고'. '노랫소리 높은 곳에 원망소리 높더라'.

45) Crane Brinton, *The Anatomy of Revolution*, Revised and Expanded Edition (New York : A Vintage Book, 1965).

죽음으로 해하는 유혈혁명이라는 결과를 가져왔던 것이다. 올바른 비전을 갖지 못하고 부패하고 사리사욕에 눈이 감겨진 국가권력은 결국 그 자신도 파멸하고 국민까지 피폐하게 만들고 마는 것이다.

(3) 히틀러 시대의 국가권력과 관료제

20세기 들어와서도 이러한 국가폭력은 지속이 된다. 대표적인 것으로 히틀러(Adolf Hitler)에 의한 유태인 박해와 제2차 세계대전 발발을 들 수 있다. 그는 이러한 잘못된 정책을 통해 많은 사람들을 죽음과 고통의 그늘 속으로 끌고 들어갔던 것이다. 유태인이라는 단 하나의 이유만으로 죽음과 고통을 받아들여야 했고 그가 일으킨 전쟁의 소용돌이 속에서 죽음과 고통을 강요당했던 것이다. 그는 국가권력을 자신의 사유물로 잘못 인식하였을 뿐만 아니라 이를 국민에 대한 폭력의 도구로 사용하는 어리석음을 저질렀던 것이다.

참고적으로 왜 히틀러의 유태인박해정책이 비합리적 감정에 의한 정책형성의 본보기[46]가 되고 국가폭력으로 이해 될 수밖에 없었던가 하는 점을 제시하면 다음과 같다.

첫째, 그가 반유태주의자가 되는 심리적 동인을 오이디푸스 콤플렉스(Oedupus complex)에서 찾고 있는 시각이다. 히틀러는 유방암으로 사망한 어머니에게 근친상간 적 욕망을 느끼고 아버지에게는 적의를 품고 있었다. 그런데 아버지 사망이후 그러한 적의는 어머니의 병을 돌보아준 '블로흐'라는 이름을 가진 유태인 의사에게로 전가가 된다. 히틀러는 무의식적으로는 블로흐를 그가 증오했던 아버지의 자리를 차지한 새로운 연적이라고 간주하고서 그를 미워하고 두려워했다. 왜냐하면 블로흐의 의학적 진료행위는 히틀러에게 아버지가 어머니에게 했던 음위(陰痿)한 행동을 연상시켜 주었

46) Gerald Green, *Holocaust* (New York : Bantam Books, Inc., 1978), 2면.

기 때문이다. 예를 들어, 블로흐는 히틀러의 어머니인 클라라를 치료하는 과정에서 그녀의 침실을 자주 출입했고, 그녀의 나신을 보았으며, 그녀의 가슴을 진찰했다. 더욱이 나중에는 어머니의 유방을 절제함으로써 아버지의 난폭한 행위가 환기되었으며, 블로흐가 날마다 어머니의 혈관 속에 몰핀을 주사하는 장면을 목격함으로써 아버지가 어머니의 피를 오염시켰다는 공포가 다시 그를 두렵게 했다. 결국 이 유태인 의사는 히틀러가 증오했던 아버지 대체물이 되었던 것이다. 따라서 이것은 그가 유태인을 증오하는 무의식적 동기가 되었던 것이다.

둘째로 히틀러의 자서전 『나의 투쟁』(Mein Kampf)[47]에도 나와 있듯이 히틀러가 의식적이고 과격한 반유태주의자가 된 것은 그가 사춘기를 보낸 비인(Vienna)에서 비롯되었다. 히틀러는 자신에게 예술적 재능이 있다고 확신하고서 소년 때부터 위대한 화가가 될 것을 소망해 왔다. 그래서 그는 1907년 미술학교에 입학하기 위해 비인으로 갔는데 입학시험 결과는 불합격이었다. 일 년 후 그는 재 응시했지만 이번에도 실패하여 결국 화가에로의 꿈은 좌절되고 말았다. 그런데 히틀러는 낙방의 원인을 심사위원들에게 전가시켰다. 그는 그에게 불리한 결정을 내린 심사위원들을 조사한 결과 일곱 사람 중에 네 사람이 유태인이라는 사실을 발견했다. 그러자 그는 즉시 미술학교 교장에게 "나를 낙방시킨 유태인들은 보복을 받게 될 것" 이라는 내용의 협박 편지를 보냈다고 한다. 이렇게 해서 그는 화가가 되려는 소망을 좌절시킨 장본인이 유태인이라고 간주해 버렸던 것이다.

셋째로 히틀러가 반유태주의자가 된 것은 부분적으로는 연애의 실패, 즉 성적 동기에 있다는 견해이다. 이 좌절은 그가 사춘기에 이성문제로 심적 외상을 받았다는 확증이 되며 따라서 이것은 오이디푸스 콤플렉스에 이어 그의 반유태주의가 발전하는 제 2단계라고 보는 것이다. 비인에서 생활할

---

47) Adolf Hitler, *Mein Kampf* (Franz Eher Nabholzer, 1933).

당시 히틀러는 모델을 하는 소녀에게 심취해 있었는데 그녀는 시를 써 보내며 구애하는 히틀러의 시와 예술에 대해 비웃기까지 하였다. 이런 태도에 격분한 히틀러는 그녀를 구타하기도 했는데 얼마 후 그녀는 유태인청년 사업가와 약혼했다. 그러자 그는 두 연인이 거리를 지나갈 때 협박하면서 길거리의 행인들에게 '우리들의 게르만 여성을 유혹하는 유태인을 공격하자'고 촉구했고 그들의 결혼식장에서 이러한 행동을 되풀이하다 경찰에 의해 쫓겨나기까지 하였다고 한다.

입학시험의 실패뿐만 아니라 설상가상으로 그의 연애가 유태인에 의해 뜻을 이루지 못하고 좌절되었다는 사실은 히틀러의 무의식 속에 잠재된 유태인에 대한 피해의식과 증오를 표면화시키는 동인이 되었을 뿐만 아니라 유태인과 아리안 인종간의 결혼으로 인한 인종의 오염을 방지해야 한다는 강박관념을 더욱 견고하게 만들었을 것이다. 이 시기에 그가 경험한 좌절과 실패, 정신적 위기 그리고 비인의 정치적 현실과 사회문제 등은 그의 개인적 반 유태 감정을 국가적 차원으로 발전시켰으며, 이러한 과정에서 히틀러는 반유태주의를 정치적 신념으로 확립하게 되었고 그 결과는 600만 명이 넘는 유태인들에 대한 대학살을 낳게 하였던 것이다. 이러한 히틀러의 유태인박해정책의 실제 사례에서 보듯이 한 국가의 정책도 얼마든지 비합리적인 개인의 감정과 욕망 그리고 무의식적 심리나 동기에 의해 그릇되게 형성될 수 있으며 사악한 국가폭력으로까지 전락 할 수 있다는 점을 역사를 통해 알 수 있게 하는 것이다.

앞에서 살펴 본 히틀러의 광신적인 유태인 박해의 망령은 학계(學界)라고 해서 비껴 갈 수 있었던 것은 아닌 듯싶다. 현재 오스트리아의 수도인 비인은 그 당시 나치 정권 하에 있었다. 따라서 비인을 중심으로 형성된 논리실증주의(logical positivism) 학파로 유명한 '비엔나 서클(Vienna Circle)'[48]

48) 지난 1920년대부터 시작하여 20세기 전반의 철학계를 주도 해 온 파장이 큰 학문적

도 나치의 영향력에서 자유로울 수 없었다. 비엔나 서클은 1923년 슐릭(Moritz Schlick)의 주도아래, 바이스만(Friedrich Waismann)과 페이글(Herbert Feigl)이 참가한 세미나에서부터 시작이 되었다. 비엔나 서클이 아주 결정적이면서 빠른 속도로 발전을 보이기 시작한 것은 카납(Rudolf Carnap)이 비엔나대학(the University of Vienna)에 초빙된 해인 1926년부터였다. 원래 논리실증주의의 철학적 입장은 카납의 예리하면서도 심오한 통찰에 영향을 받아 이루어진 것이다. 대표적으로 비엔나 서클에서 논리실증주의를 이끌어온 학자들로는 앞에 설명된 슐릭, 바이스만, 페이글, 카납 이외에 뉴우라쓰(Otto Neurath), 찔셀(Edgar Zilsel), 크라프트(Victor Kraft) 등의 철학자들과 프랑크(Philipp Frank), 멩거(Karl Menger), 괴델(Kurt Goedel), 한(Hans Hahn) 등의 과학자 또는 수학자들을 들 수 있다.[49] 그러나 이들에게도 시련이 닥쳐오게 되는데 앞에서 이미 설명하였듯이 히틀러가 주도한 나치정권에 의한 유태인박해였다. 학자이기 이전에 유태인들이었던 이들로서는 더 이상 비엔나가 그들의 학문적 요람이 될 수가 없었다. 이들은 나치정권의 유태인박해를 피해 새로운 학문적 도피처를 찾지 않으면 안 되게 되었던 것이다. 바로 그들의 학문적 도피처는 자유와 평등이 보장되는 기회의 땅 미국이었다. 카납 역시 예외일 수 없었으므로 그는 미국으로 건너가 시카고대학(University of Chicago)의 교수로 재직을 하면서 논리실증주의의 학문적 발전과 전파를 위해 많은 노력을 하였고 그의 이러한 노력은 사이몬(Herbert A. Simon)과 같은 학자들을 문하로써 배출하게 되었던 것이다. 카납 이외에 비엔나 서클에 많은 영향을 끼친 철학자로는 무어(G. E. Moore), 마흐(Ernst Mach), 러셀(Bertrand Russell) 그리고 분석철학자였던 비트겐슈타인(Ludwig Wittgenstein) 등을 열거 할 수 있다. 결국 히틀러의 광적인 유태인 박해는

운동이라고 볼 수 있다.

49) A. J. Ayer(ed.), *Logical Positivism* (New York : The Free Press, 1959), 3면.

국가폭력으로 변질이 되어 학자들까지 자신의 조국에서 밀어내는 결과를 낳게 만들었던 것이다. 국가폭력이 국민에게 해를 끼칠 뿐만 아니라 국가가 지닌 귀중한 지적 자산까지 말살할 수 있다는 실제적 예를 이러한 히틀러의 국가적 폭거에서 볼 수 있는 것이다.

(4) 현대의 국가권력과 관료제

사실상 오늘날에 들어와서도 이러한 그릇된 국가권력의 폐해는 그치지 않고 있으며 국가권력에 대한 신뢰의 위기는 생각보다 더욱 심각하다. 특히 정치권력의 핵심을 비롯한 정부 관료제에 대한 신뢰의 문제는 더욱 그러하다.

한국의 경우도 이승만 정권이나 박정희 대통령으로부터 시작되는 군사정권 역시 결코 이러한 틀에서 크게 벗어나지 못하고 있으며 가장 국민을 위하는 정치제도와 문화를 가지고 있다고 자임하고 있는 미국의 경우도 예외일 수는 없다. 과거의 미국에서의 경험들이 이를 잘 설명해 주고 있다. 케네디(John F. Kennedy) 대통령과 존슨(Lyndon Johnson) 대통령 등에 의해 이루어진 월남전에의 명료치 못한 개입과 확전 그리고 닉슨(Richard Nixon) 대통령을 하야하게 만든 워터게이트 파문이나 레이건 대통령의 이란-콘트라 스캔들[50], 그리고 클린턴(Bill Clinton) 대통령의 화이트워터(Whitewater) 추문이나 성적 스캔들 등이 바로 국가권력으로 상징화되는 정부나 행정부에 대한 불신을 더욱 증폭시킨 원인이 되었다. 피터스(B. Guy Peters)가 정부불신이 정부의 정통성에 대한 불신에서부터 시작된다고 보면서 이러한

---

50) 덴하르트(Robert B. Denhardt)와 복(Sissela Bok)은 워터게이트 사건과 이란-콘트라 사건이 공무원 윤리와 관련된 논의에 기폭제가 되었다고 주장하고 있다. Robert B. Denhardt, *Public Administration : An Action Orientation* (Belmont & Albany : Wadsworth Publishing Company, 1995), 107면. ; Sissela Bok, *Lying : Moral Choice in Public and Private Life* (New York : Vintage Books, 1978), 174~191면. ; Sissela Bok, *Secrets* (New York : Vintage Books, 1983), 105~107면.

정통성에 대한 불신은 월남전, 워터게이트사건, 정부에서 제공하는 융자제도에서 기인된 경제적 문제들, 그리고 클린턴 대통령이 연루된 화이트워터 사건 등에서 비롯되었다고 주장하고 있는 것 역시 이와 맥을 같이 하는 것으로 이해 할 수 있는 것이다.[51)]

가. 닉슨 대통령과 워터게이트 사건

1972년 6월에 민주당전국위원회 사무실이 있는 워터게이트빌딩에 도청을 한 사실이 워싱턴 포스트(The Washington Post) 지를 통해 세간에 알려지게 됨으로써 워터게이트 스캔들은 그 여파가 일파만파로 번져나가기 시작하였다. 닉슨 대통령은 이 사건과 자신은 무관한 것으로 계속 주장을 하면서 자신의 연루사실을 교활하게 은닉·은폐시켰을 뿐만 아니라 이 사건으로 자신의 입지가 점점 궁지로 몰리는 형국이 되자 이를 모면하기 위해 헬름스(Richard Helms)[52)] 중앙정보부(CIA) 국장까지 동원시켜 꼼수정치(dirty politics)를 기도하려 하였다. 즉 닉슨 대통령은 이 사건과 대통령이 무관하다는 사실을 수단과 방법을 가리지 말고 어떻게든 국민들에게 주지시켜 이 사건을 무마토록 하라고 지시를 내렸으나 헬름스 국장은 이를 거절하였으며 이에 대한 보복적 인사 조치로 닉슨은 그를 물러나게 하였다. 이 뿐만 아니라 닉슨 대통령은 비판적인 언론에 대해서는 철저하게 보복했다. 워싱턴 포스트 지가 워터게이트 사건을 터뜨리자 그는 '연방방송위원회'를 통해 이 신문이 운영하는 방송국의 허가 갱신을 불허토록 압력을 행사했으며 그에게 비판적인 CBS(Columbia Broadcasting System) 방송 등 3대 방송을 독과

---

51) B. Guy Peters, *American Public Policy : Promise and Performance*, 4th ed. (Chatham, New Jersey : Chatham House Publishers, Inc., 1996), 10면.

52) 헬름스 중앙정보부 국장은 존슨대통령에 의해 중앙정보부 국장으로 임명되었으며 닉슨 대통령에 의해 연임되었으나 워터게이트사건을 무마하라는 닉슨의 명령을 거절하다가 1973년 국장직에서 물러나게 되었다.

점법으로 제소하고, 대통령을 더 이상 비판하지 못하도록 협박했다. 이에 그치지 않고 그는 비판적인 신문을 골라 이들이 운영했던 3개의 방송국에 대해서는 허가를 취소했다. 그러나 이러한 그의 감정적이고 보복적인 언론에 대한 횡포가 가장 큰 정치적, 개인적 약점이 되어 주지하듯 그는 결국 무너지고 말았던 것이다.[53] 이러한 그의 행동은 정치와 행정 분야에서 가장 먼저 솔선수범을 해야 하는 제1의 공직자로서의 올바른 리더십과 도덕성에까지 심한 상처를 내는 것이었고 이러한 행위의 결과는 결국 그로 하여금 대통령직을 스스로 내놓아야 하는 사면초가의 국면으로까지 내몰리게 만들었던 것이다. 그리고 이에 그치지 않고 그의 후임으로 대통령이 된 포드(Gerald Ford)에게까지 그릇된 악영향을 끼쳤던 것이다. 포드 대통령은 닉슨을 사면하였으며 이는 많은 국민들의 분노를 사기에 충분한 것이었다. 그 결과 포드는 도덕정치를 표방하고 대통령선거에 나온 카터(Jimmy Carter)에게 패배의 쓴잔을 마시지 않으면 안 되었던 것이다. 앞에서 서술한 닉슨의 워터게이트 사건을 박진감 있고 사실성이 있게 그려내고 있는 영화로 『닉슨』(Nixon)을 들지 않을 수 없다. 이 영화는 올리버 스톤(Oliver Stone) 감독이 앤서니 홉킨스(Anthony Hopkins : 리처드 닉슨 역), 에드 해리스(하워드 헌트 역), 밥 호스킨스(에드가 후버 역), 조안 알렌(Joan Allen : 팻 닉슨 역), 그리고 파워스 부스(Powers Boothe : 알렉산더 헤이그 역) 등을 주연으로 하여 1996년 2월 17일에 개봉을 하였다.

나. 레이건 대통령과 이란-콘트라 스캔들

1986년 10월에 터진 '이란-콘트라 스캔들'(Iran-Contras Scandal)은 이란에 무기를 밀매한 대금을 니카라과의 반군(叛軍)지원에 불법 사용한 사건이 골

53) 그는 검찰총장, 비서실장 등 역대 미국 대통령 가운데 자신의 참모를 가장 많이 감옥에 보낸 대통령으로 기록되고 있다. 『중앙일보』, 2001년 1월 15일.

자를 이룬다. 이러한 사건의 전모가 조금씩 드러나기 시작하자 미국 의회는 특별조사위원회를 구성하고, 상하양원 합동청문회를 열었다. 비밀공작의 주역이었던 국가안보회의(NSC)의 포인덱스터(John M. Poindexter) 보좌관과 노스(Oliver North) 해군 중령은 묵비권으로 일관했다. 그러나 여론에 밀린 레이건 대통령은 월시(Lawrence E. Walsh)를 특별검사로 임명할 수밖에 없었다. 월시는 7년여의 수사 끝에 결국 슐츠(George P. Schultz) 국무장관, 와인버거(Caspar W. Weinberger) 국방장관을 사건 은폐 혐의로 기소하는 등 모두 14명을 기소했고 그 중 11명이 유죄판결을 받았다. 레이건 대통령은 노스 중령이 모든 것을 뒤집어쓰는 바람에 임기 중 탄핵은 모면했지만 퇴임 후인 1990년 2월 녹화 증언을 하는 수모를 겪기도 하였다.

다. 클린턴 대통령과 화이트워터 스캔들

1994년 사건이 본격화된 '화이트워터 스캔들'(Whitewater Scandal)은 1978년 당시 아칸소 주 검찰총장(Attorney General)이었던 클린턴(Bill Clinton)이 자신의 부인인 힐러리(Hillary Clinton)와 함께 주(州) 북부지역의 휴양지 개발 프로젝트사업 제안자인 제임스 및 수잔 맥두걸(James & Susan McDougal) 부부와 함께 『화이트워터 부동산개발 회사』(Whitewater Development Corporation)를 차리는 때에서부터 시작이 되었다. 맥두걸 부부는 1982년 저축대부회사를 인수한 후 이를 기반으로 하여 자금을 끌어 모아 사업을 추진해 나가지만 결국 대부회사는 부실여신으로 1989년 파산하고 휴양지 개발도 자금난으로 1992년에 무산되고 말았다. 이것이 정치적 스캔들로 문제가 불거지게 되는 것은 대부회사의 파산원인을 조사한 미국 연방정리신탁공사(Resolution Trust Corporation)가 클린턴 부부를 불법 금융행위의 잠재적 수익자로 규정한 점과 땅 투기에다 불법적인 내부대출, 그리고 힐러리가 1985년에 대부회사의 법률자문을 맡아 재정 상태에 이상이 없다는 해석을 내린 뒤 맥두걸이 클린턴에게 5만 달러의 정치자금을 제공한 것 등이 발단이 되기 시작하면서부터이었다. 이에 덧붙여 아칸소 주 주지사 시절인 1986년에 클린턴이 한 금융기관에 압력을 넣어 화이트워터에 30만 달러를 빌려주게 했다는 의혹과 함께 화이트워터의 세금탈루 문제도 제기가 되었고, 설상가상으로 1993년 화이트워터의 세금환급 자료를 관리하던 포스터(Vincent Foster) 백악관 자문위원이 공원에서 숨진 채 발견되었을 뿐만 아니라 힐러리와 함께 대부회사에 법률자문을 하던 허벨(Webster L. Hubbell) 법무차관보도 전격사임을 하게 됨으로써 이와 관련 된 의혹이 더욱 증폭되었다. 결국 1994년 특별검사로 임명된 스타(Kenneth W. Starr)가 화이트워터와 저축대부회사의 금융 비리에 클린턴 부부가 연관됐는지, 그리고 백악관이 사건을 은폐하려 했는지, 더 나아가 힐러리가 위증을 했는지 등을 조사하고 그 해 9월 클린턴 탄핵보고서를 하원에 제출하였다. 그러나 증거 불충분으로 클린턴 대통령에 대한 탄핵은 이루어지지 못하였다. 스타 특별검사의 후임으로 레이(Robert Ray) 특별검사가 임명되어 조사를 하였으나 그는 2000년 9월 사건종료를 선언하였다. 이로 인해 화이트워터 사건은 막을 내리게 되고 의혹만 남긴 스캔들로 기록되게 되었다.

이상으로 미국의 국가권력과 연관된 3가지 스캔들을 살펴보았는데 이러한 스캔들의 중심에 국가권력의 핵심이 자리 잡고 있었다는 것이 보다 사안을 심각하게 평가하는 주된 이유가 되었다. 워터게이트 사건은 결국 최고의 국가권력인 대통령을 하야하게 만들었지만 이렇듯 그릇된 국가권력의 잘못된 사용이 얼마나 큰 정치의 퇴보와 국가와 국민적 손실을 가져오는 가하는 교훈을 얻게 하기도 하였던 것이다.

이와 같이 국가권력이 그릇된 생각으로 잘못된 정책결정을 내리고 이를 시행할 때 그 것이 가져 올 폐해는 너무나 크고 심각하다. 그러기에 국가권력에 대한 적절한 관리와 통제를 위해 계몽주의 사상가들이나 이들의 사상을 정치체제화 시킨 미국의 국부(國父)들은 무소불위(無所不爲)의 권력에 대한 견제와 균형이 가지는 의미를 가장 실감나게 통감한 선각자들인지도 모른다.

2. 영화를 통해 본 국가권력과 관료제의 잘못된 정책결정

정치집단과 거대한 관료제로 대변되는 국가권력의 잘못된 정책결정에 의해 파괴되는 인간적 삶을 적나라하게 그리고 있는 영화들로는 『실미도』, 『쉬리』, 『튜브』, 『디어 헌터』, 『플라툰』, 『위 워 솔저스』, 그리고 『7월 4일생』, 『하늘과 땅』, 『지옥의 묵시록』 등을 열거할 수 있다.

1) 『실미도』[54)]

이것은 국가권력의 잘못된 정책결정에 의해 파괴되는 인간적 삶을 적나라하게 묘사하고 있을 뿐만 아니라 관료제의 권력순응성과 조직에 몸담은 인간군상의 허약한 모습 그리고 관료제의 경직성을 잘 대변해주고 있는 실화[55)]를 근거로 한 영화로 평가할 수 있다.

---

54) 『실미도』는 강우석 감독이 안성기(최재현 준위 역), 설경구(강인찬 684부대 제3조장 역), 정재영(한상필 684부대 제1조장 역), 그리고 허준호(조 중사 역) 등을 주연으로 하여 2003년 12월 24일에 개봉을 시킨 영화이다.
http://movie.naver.com/movie/bi/mi/basic.nhn?code=34501

55) 1971년 8월 23일 일단의 무장 군인들이 인천 송도근처에 나타나 무단으로 민간버스를 탈취하고 서울로 진입을 하였으며, 이를 저지하기 위해 출동한 군경과 서울 도심에서 총격전을 벌이다가 24명이 사살되거나 자폭한 사건이다. 그 당시 군 당국과 언론의 초기 발표는 무장간첩의 침투라고 발표를 하였으나 시간이 지나면서 진실의 일부가 드러나기 시작하였다. 그러자 정부는 1968년 북한 '124군 부대'에 의한 청와대 기습사건에 대한 보복으로 김일성 주석궁을 기습하기 위해 비밀리에 훈련을 시킨

1968년 1월 21일 북한 민족보위성 정찰국 소속인 '124군 부대' 무장 게릴라 31명에 의한 청와대 기습사건[56]을 정점으로 한 첨예한 남북대립 분위기가 형성될 때 만들어진 비밀특수부대가 1972년 남북화해 분위기로 기류가 급변함에 따라 부대존립의 필요성에 의문이 제기되게 된다. 결국 남북간 화해분위기에 따라 대 북한정책이 바뀌고, 비밀특수부대를 창설하고 이를 뒷받침해 준 고위관료 역시 바뀌게 되자 비밀특수부대의 해체가 결정된다. 부대 해체 결정을 일방적으로 통보 받은 비밀특수부대 책임자인 최재현 준위(안성기 분)가 자기 상관에게 결정의 부당성을 항변하지만 군조직의 생명인 상명하복이라는 룰에 의해 결국 상부의 결정을 받아들일 수밖에 없게 된다. 부대로 귀임 한 최 준위가 부대해체 등 상부결정사항을 따르라는 지시를 내리자[57] 그의 뜻에 따라 부대해체와 지금까지 비밀리에 인간 살인병기로 탈바꿈을 시킨 비밀특수부대원들을 제거하는데 조 중사(허 준호 분) 등 그의 부하들 역시 동의를 한다. 최 준위를 비롯한 그의 부하들이 보여주는 이러한 행동 등을 볼 때 관료제가 지니는 권력순응성과 조직에 몸

'684 부대'원들이 난동을 부린 것이라고 발표를 하였다. 그러나 진실의 실체는 계속 은닉되고 침묵 되어왔다. 그러다가 최근에 들어 그 실체가 하나 둘씩 벗겨지고 있다. 『조선일보』, 2006년 2월 20일.

56) 청와대 기습사건이 발발한지 이틀 뒤인 1월 23일에는 북한 원산항 앞 공해상에서 미국 해군 정보수집함 '푸에블로'호가 북한 초계정 4척과 미그기 2대의 위협을 받고 납치되는 사건이 돌발하였다. 1월 24일 판문점에서 열린 제261차 군사정전회의 본회담에서 유엔군 측 수석대표는 '푸에블로'호 사건과 함께 북한 게릴라 부대의 서울 침투와 그들의 민간인 살상 등 만행을 규탄하였다. 북한 측은 한국이 휴전당사자가 아니므로 1 · 21사태는 본회담의 대상이 되지 않는다는 등 무리한 답변으로 그들의 만행을 호도하였다. 그러나 1970년대 남북대화가 시작되자 김일성은 이 사태가 좌경극렬분자의 행동이었음을 시인하였다.

57) 최재현 준위는 "그 새끼들을 내 손으로 어떻게 죽여"라고 말하며, 자신의 내면으로부터의 양심의 소리와 군인으로서 상부로부터의 명령을 이행하여야 한다는 전문군인(professional soldier)으로서의 책임의 소리 간의 갈등 속에서 괴로워하지만 결국 그는 군인으로서 명령을 이행하고 스스로 자결을 한다.

담은 인간군상의 허약한 모습 그리고 관료제의 병리적 요인이기도 한 경직성과 획일성을 잘 읽을 수 있다.

그리고 청와대 기습의 보복적 차원에서 적의 수괴의 목을 따기 위한 비밀특수부대의 설치와 운영에 관한 정책결정으로 인해 그리고 실행에 옮겨보지도 못하고 부대를 해체하라는 또 다른 정책결정에 의해 얼마나 많은 사람들이 피해를 보았는지를 생각할 때 정책결정이 지니는 중요성을 새삼 무겁게 느끼게 되는 것이다. 사려 깊지 못하고 감정에 치우친 그릇된 정책결정의 폐해를 이 사건을 통해 그리고 이 영화를 통해 재삼 인식하게 되는 것이다. 국가로부터 버림받은 군인들의 반란이란 점에서는 마이클 베이(Michael Bay)가 감독을 맡고 '더 록'이란 별칭의 알카트라즈를 탈옥한 유일한 생존자이자 현재 33년째 극비리에 복역 중인 죄수 존 메이슨(John Patrick Mason) 역을 맡은 숀 코너리(Sean Connery), 생화학무기 전문가인 스탠리 굿스피드(Stanley Goodspeed) 역을 맡은 니콜라스 케이지(Nicolas Cage), 미국 해병대 여단장 프란시스 허멜 장군(General Francis X. Hurmel) 역을 맡은 에드 해리스(Ed Harris) 등이 주연으로 출연하여 1996년에 개봉 한 『더 록』(The Rock)과 매우 유사하다.

2) 『쉬리』[58)]

이 영화 역시 앞서 기술 된 『실미도』와 같이 비밀 특수 요원들이 국가권력의 그릇된 정책결정을 거역하지 못하고 결국 아까운 목숨을 잃게 된다는 점에서 유사하다.

이 영화는 비밀정보기관 OP의 특수요원 유중원(한석규 분)과 이강길(송강

58) 강제규가 감독을 맡고 한석규(유중원 역), 최민식(박무영 역), 송강호(이강길 역)가 주연으로 나온다. http://movie.naver.com/movie/bi/mi/basic.nhn?code=19500

호 분)이 박무영(최민식 분)이 이끄는 북한 '특수8군단'의 테러음모에 맞서 싸운다는 이야기가 주축을 이루고 있다.

어느 날 정보를 전해주려던 무기 밀매상이 살해당하면서 유중원과 이강길은 특수8군단의 출현을 감지하게 된다. 특수8군단이 국방기술연구소가 개발한 신소재 액체폭탄인 CTX를 강탈하자 OP의 수사망은 좁혀진다. 그러나 특수8군단의 뒤를 쫓던 유중원과 이강길은 번번이 눈앞의 적을 놓치고 마침내 서로를 의심하는 상황에까지 이르게 된다. 여기서 눈여겨보아야 할 관점은 이 영화가 우리에게 보여주려는 메시지일 것이다. 그리고 비밀특수요원들이 국가와 국민을 위하여 애국이라는 미명하에 자신의 목숨을 초개와 같이 버림에 있어 과연 그 국가와 국민, 그리고 애국이라는 것이 무엇인가 하는데 대해 나름대로의 생각을 한번쯤 갖게 만드는 영화이다. 만약 그러한 결정을 내린 국가권력이나 거대 관료제가 통상적으로 생각하는 진정한 의미의 국가나 국민 그리고 애국이 아닌 다른 사심이나 국가권력의 야심 혹은 욕심에 기인한 것이었다면 그러한 결정으로 인해 무고한 국민들이 희생되어지는 것에 대해 다른 각도의 평가와 재고를 할 필요가 있을 것이기 때문이다.

3) 『튜브』[59)]

이 영화 역시 국가권력의 잘못된 정책결정에 의해 피해를 본 비밀특수요원이 테러리스트로 변신하여 이의 보상을 위해 지하철과 승객을 볼모로 하여 인질극을 벌리는 것을 주제로 함으로써 정치와 관료제의 어둡고 암울

---

59) 백운학 감독이 김석훈(장도준 역), 박상민(강기택 역), 배두나(송인경 역), 그리고 임현식(반장 역) 등을 주연으로 하여 2003년 6월 5일에 개봉을 시킨 영화이다. http://movie.naver.com/movie/bi/mi/basic.nhn?code=31479

한 이면을 잘 묘사해 주고 있다. 지하철이 무대가 되었다는 점과 관료제의 어둡고 암울한 이면을 나름대로 드러내었다는 점에서는 죠셉 루벤(Joseph Ruben)이 감독을 맡고 웨슬리 스나입스(Wesley Snipes), 우디 할렌슨(Woody Harrelson), 제니퍼 로페즈(Jennifer Lopez)가 주인공으로 나오는 1995년에 개봉한 『머니 트레인』(Money Train)과도 유사한 점이 많다.

영화내용을 볼 때 지하철 탈취라는 소재를 바탕으로 깔고 있지만 실제 있었던 실미도 사건에서 아이디어를 얻은 것 같다. 내용상 펼쳐지는 스토리 또한 엇비슷하다. 즉 고위정치인이 자신이 과거에 저지른 과오를 반성하기는커녕 그것을 은닉하기 위해 자신의 과거를 알고 있는 비밀특수대원들이 탈취한 지하철 차량을 공사구간으로 밀어 넣게 영향력을 행사한다. 그의 눈에는 지하철 차량에 탑승하고 있는 무고한 시민들이나 시민의 혈세(血稅)로 만들어진 지하철과 지하철차량 등에 대한 배려는 전혀 보이질 않는다. 단지 자신의 명예를 실추시키고 자신의 현 지위를 위태롭게 하는 과거의 부하들을 죽음을 통해 침묵시키게 하려는 것만이 그의 유일한 관심사항일 뿐이다.

이러한 비열하고 그릇된 행태는 고위정치인으로만 끝나지 않는다. 자신의 보신(保身)과 안일(安逸)에만 눈이 어두운 지하철 통제관은 고위정치인의 비열하고 그릇된 지시를 조건 없이 받아들인다. 그러나 그의 부하인 지하철통제조장은 이를 거부하고 비열하고 그릇된 지시와 용감히 맞서 싸운다. 그러나 권력 앞에 무기력한 지하철통제직원들은 울며 겨자 먹기로 통제관의 서슬 퍼런 명령을 따른다. 이것 역시 권력 앞에 무기력하게 순응하는 관료제의 특성을 잘 묘사해 주고 있다. 그래서 그런지 지하철통제조장의 용기 있는 행동과 무기력하게 보이고 빤질빤질하게만 보이는 형사반장(임현식 분)의 처음이자 마지막인 상관에 대한 항명 역시 애처롭게만 느껴진다. 그렇지만 이렇게 작게만 느껴지는 행동들 속에서 비록 가느다란 실가락 같긴 하지만 관료제 내의 끊이지 않는 정의와 희망의 불꽃을 읽을 수 있다는 것이 다행인지 모른다. 어쨌든 이러한 맥락에서 몇 몇 그릇된 생각을 가지고 있는 정치인들에 의해 이루어진 잘못된 정책으로 인해 많은 사람들이 본의 아니게 피해를 볼 수 있다는 점과 관료제의 권력순응성과 조직에 몸담은 인간군상의 비겁하고 허약한 모습 그리고 관료제의 역기능 중 하나인 경직성과 획일성을 잘 대변해주고 있는 영화로 평가할 수 있다.

4) 『디어 헌터』(The Deer Hunter)[60)]

이것 역시 케네디 행정부와 존슨 행정부에 의해 잘못 결정되어진 정책결정에 의해 속절없이 무너지는 인간군상을 잘 형상화해주는 영화로 평가할 수 있다.

정치가들의 잘못된 의사결정에 의해 이루어진 월남전(Vietnam War)에 참전하여 포로가 되고 그 곳에서 속절없이 무너지는 인간상을 적나라하게 표현한 영화이다. 전쟁의 명분이나 승리에 대한 확신이 없이 전투와 일상적 쾌락 속에 나날을 보내는 삶과 이 속에서 싹트는 인간파멸의 관계성을 냉혹하리만큼

60) 마이클 치미노(Michael Cimino) 감독이 로버트 드 니로(Robert De Niro)(마이클 역), 크리스토퍼 워컨(Christopher Walken)(닉 역), 존 카잘(John Cazale)(스탠리 역), 그리고 메릴 스트립(Meryl Streep)(린다 역) 등을 주연으로 하여 1979년 3월 3일에 개봉시킨 영화이다. 영화의 스토리는 다음과 같다. 미국 펜실바니아 주 강철공장이 있는 마을에서 일단의 친구들이 존 세비지의 결혼을 축하한다. 결혼식 후 세비지, 드 니로, 워컨은 월남 전쟁에 참가하기로 되어 있어 마지막 노루 사냥을 나간다. 그 후 세 명의 친구들은 월남 전쟁에서 포로가 되어 혹독한 고문을 받고 베트콩들에 의해 강제적으로 목숨을 건 러시안 룰렛 게임을 배우게 된다. 그러나 드 니로가 탈출을 지휘한다. 워컨은 무단이탈을 시도하며, 다리가 부러진 세비지는 병원으로 후송된다. 드 니로는 귀국을 하여 자신의 고향집으로 되돌아 왔으나 친구가 없는 환경에서 소외감을 느껴 오던 중 워컨의 약혼녀인 스트립과 사랑에 빠지고 넘어서는 안 될 선을 넘게 된다. http://movie.naver.com/movie/bi/mi/basic.nhn?code=10128

잘 표현을 하고 있다. 포로시절에 베트콩의 강압에 의해 알게 된 러시안 룰렛 게임에 빠져 자신의 몸을 극단적으로 학대하고 결국 그 자신을 죽음에 이르게 하는 시나리오를 통해 전쟁이 가져다 준 또 하나의 인간성 상실을 간접적으로 조명하고 있다. 전쟁의 죽음 앞에서 실 한 올 없이 벌거벗겨진 인간의 나약함을 잘 표현하면서 이 속에서 삶의 의미와 본질을 찾기 위해 처절하게 몸부림치는 고뇌에 가득 찬 인간적 노력을 통해 이 영화는 전쟁의 잔혹성과 파멸성 그리고 전쟁의 부질없음을 잘 드러내 준다. 한 국가의 정책결정이 잘못된 방향으로 이루어질 때 그 나라의 국민이 겪는 고초를 적나라하게 보여줌으로써 중요한 정책결정에 참여하는 대통령을 위시한 정책 결정자들의 정책결정의 중요성을 새삼 강조하는 영화로 평가할 수 있다.

5) 『플라툰』(Platoon)[61]

앞서 서술된 『디어 헌터』보다 더 사실적으로 적나라하게 잘못되어진 정책에 의해 무너지는 인간상을 극적으로 표현한 영화로 1986년에 개봉한 『플라툰』[62]을 들 수 있다.

크리스 테일러(Chris Taylor : 촬리 쉰(Charlie Sheen) 분)는 대학 재학 중 자원해서 입대를 하여 전쟁 중인 베트남에 파병이 된다. 크리스가 배치된 부

61) 이 영화는 올리버 스톤(Oliver Stone) 감독이 촬리 쉰(Charlie Sheen)(크리스 테일러 역), 톰 베린저(Tom Berenger)(밥 바네스 역), 조니 뎁(러너 역), 윌렘 데포(Willem Dafoe)(엘리어스 그로딘 역), 그리고 포레스트 휘태커(Forest Whitaker)(빅 해롤드 역) 등을 주연으로 하여 1986년 12월 19일에 개봉이 되었으며 한국에서는 1987년 7월 4일에 개봉되었다.

62) 올리버 스톤의 『플래툰』은 베트남전에 대한 중립적인 태도를 견지하는 영화로 평가받고 있다. 그러나 일부에서는 현실도피적이란 비판을 받고 있는 영화이기도 하다. 『플래툰』은 뒤에 『7월4일생』, 『하늘과 땅』으로 이어지는 올리버 스톤의 베트남 3부작의 첫번째 작품이기도 하다. 촬리 쉰이 연기한 신병 크리스는 예일대를 졸업하고 직접 베트남전에 참전한 올리버 스톤 감독의 경험이 어느 정도 반영된 인물로 볼 수 있다.

대의 소대장은 울프라는 풋내기 장교로 노련한 하사관들의 놀이 감이 되고 있었다. 크리스는 전장에 배치되어 전쟁의 참혹함을 직접 목격한다. 매일같이 잠복근무에 수색전, 그리고 매일같이 죽어 나가는 동료들을 보면서 이 전쟁이 그에게 던져주는 의미에 대해 새삼 새로운 인식을 가지게 된다. 다른 고참들은 곧 죽을 운명인 신참들을 돌볼 생각도 하지 않는다. 그 와중에 같이 배치된 가드너가 전사하고 만다. 소대장이 있지만 실질적으로 소대의 전권을 휘두르는 자는 번즈 중사(톰 베린저(Tom Berenger) 분)였는데 그는 타고난 전쟁광이자 살인마였다. 그에 비해 일라이어스 분대장(윌렘 데포(Willem Dafoe) 분)은 무서운 직업군인이기는 마찬가지지만 인도주의적인 면모를 적지 않게 갖추고 있었다. 수색 작전 도중 대원 둘이 부비트랩(booby trap)에 폭사하고 또 다른 동료가 적에게 잔인하게 살해되는 일이 일어나게 된다. 이러한 일들은 소대원들의 감정을 격앙시키고 베트콩들에 대한 적개심을 불타게 만든다. 이러한 과정에서 전쟁이란 현실에 과도하게 집착하는 반즈 중사와 이데올로기보다는 휴머니즘을 견지하는 일라이어스 하사의 갈등구조가 확연히 드러난다. 결국 이러한 갈등은 작전을 성공적으로 마치고 구사일생으로 살아 돌아온 일라이어스 하사를 적들이 물밀듯 쳐들어오고 있는 적진 속에 홀로 남겨두고 자신들만 몸을 추슬러 헬리콥터로 떠나는 냉정한 결말을 보도록 만들게 한다. 마지막 장면에서 노도처럼 밀려드는 베트콩에게 포위되어 쫓기는 일라이어스 하사가 자기를 버리고 떠나는 헬리콥터를 보면서 두 손을 번쩍 들고 절규하는 모습은 보는 이들의 가슴을 아프게 만든다. 과연 인간의 존엄성은 어디에 있고 나아가 인간이 얼마나 냉정하고 잔인하고 잔혹할 수 있는 것일까? 마음이 아프고 무거운 것은 일라이어스 하사뿐만 아니라 그와 갈등을 한 반즈 중사를 위시한 베트남전에 참전한 모든 군인들 그리고 국민들까지 가해자이면서 피해자라는 모순적 사고를 다시금 확인하기 때문인 것 같다.

직접 시나리오 작업을 맡은 올리버 스톤(Oliver Stone)은 단순히 참혹한 전쟁실상을 보도하는 데 그치지 않았다. 그보다는 불가항력적 상황 속에서 인간의 조건이 어떻게 규정되고 그에 따라 인간들이 어떻게 반응하는가에 대한 고찰을 영화 속에 담아내고자 하였다. 잘못된 전쟁에, 잘못된 부대배치에, 잘못된 상관과 동료들을 만나고 목적과 이념이 확실치 않은 전쟁의 악 조건 속에서 나름대로 전투의 의미와 자신의 이 전쟁참여의 의미를 찾고자 노력하고 나아가 생존을 위해 나름대로 몸부림치는 주인공을 비롯한 허약한 인간 군상들을 통해 인간의 나약성과 영악성 그리고 잔혹성 그리고 이기적 허영심을 가감 없이 드러내 보이려 했던 것이다. 정책결정자들에 의해 잘못 결정된 정책이 얼마나한 아픔을 던져주는 것인지 아마 올리버 스톤은 일라이어스 하사의 허공을 향한 마지막 절규를 통해 보여주고자 했는지도 모른다. 또한 베트남전에 참전하도록 정책을 결정한 사람들이 이렇게 허무하고 속절없이 죽어 가는 이들의 헛된 죽음을 어떻게 받아들였을까 하는 의문점들도 곳곳에서 묻어나는 것 같다.

6) 『위 워 솔저스』(We Were Soldiers)[63]

실화를 근거로 하여 만들어져서 2002년에 개봉 된 이 영화에서도 앞서 말한 국가권력에 의해 전쟁터로 내 몰려진 자들의 생존을 위한 몸부림을 가감 없이 현실성 있게 보여주고 있다. 1965년 11월 14일 베트남의 '이아 드랑' 계곡(Ia Drang Valley)[64]에서 할 무어 중령(Lieutenant Colonel Hal Moore)

---

63) 감독 랜달 월레스(Randall Wallace)가 멜 깁슨(Mel Gibson : 할 무어 역), 매들린 스토우(Madeleine Stowe : 줄리 무어 역), 케리 러셀(바바라 조히간 역) 등을 주연으로 하여 2002년 5월 3일 개봉한 영화이다.

64) 이아 드랑 전투(The Battle of Ia Drang)는 베트남전이 치러지는 동안 미군과 베트남인민군(the People's Army of Vietnam : PAVN)간의 최초의 주요전투 중 하나이다. 이 전투

은 자신이 지휘하는 미 제7공수기병사단(U.S. 7th Air Cavalry) 소속 400여 명의 부하들과 함께 2,000여 명의 베트콩에게 포위를 당한 상태에서 고립되어 살아남기 위한 처절한 혈전을 치른다. 과거 베트남이 프랑스의 식민지 지배하에 있을 때 이 계곡에서 베트남 독립군들이 프랑스 군대를 괴멸시켰던 곳이었기에 할 무어 중령이 느끼는 압박감과 두려움은 더욱 클 수밖에 없었다. 수적인 열세를 안고 또 과거 외부침략세력이었던 프랑스의 악몽을 되풀이 할지 모른다는 두려움은 그로 하여금 많은 심리적 부담감을 안겨주었다. 그럼에도 불구하고 그는 자신을 비롯해 자기 휘하에 있는 부하들의 생존을 위해 처절한 이 전쟁터에서 최선을 다한다. 흔히 쓰고 듣던 국가에 대한 충성, 애국 그리고 군인으로서의 명예라는 거창한 이데올로기보다 그는 자신과 자신의 부하의 생존을 위해 싸움의 최전방에서 사선을 넘나들며 싸운다. 그리고 그에게는 이 전투가 자신의 삶을 영위하는 하나의 과정으로 받아들여진다. 그에게는 더 이상의 군인으로서의 자랑스러운 명예나 거창한 애국, 국가에 대한 충성은 뒷전으로 밀린다. 베트남전에서 가장 치열한 전투의 하나로 기록된 이 전투에서 할 무어 중령을 비롯한 그의 부하들은 애국, 국가에 대한 충성, 군인으로서의 명예 등을 위해 싸운 것이 아니라 잘못되어진 정책결정에 의해 발발한 전쟁에서 살아 남기위해 서로를 도우면서 싸운 것이었다. 어떻게 보면 그 이상도 그 이하도 아니었다. 육신을 갈가리 찢어 놓은 처절한 전투가 마무리 된 후 많은 기자들이 영광스런 승리를 기록하기 위해 피비린내 나는 전투의 현장에 나타난다. 그들은 살아남은 자들을 영웅으로 치켜세우고 대서특필할 전공이나 무용담을 찾아 나서지만 이 싸움터에서 생존을 위해 싸운 자들의 마음은 그들과는 너무나

는 1965년 11월 14일부터 18일까지 남부베트남에 위치하고 있는 플레이 메(Plei Me)에서 북서쪽에 있는 두 개의 랜딩 지역(landing zones : LZ's)에서 이루어졌다. 전투명은 치열한 양국군의 전투가 벌어진 계곡을 사이에 두고 흐르고 있는 드랑 강(the Drang River)의 이름에서 따온 것이다. http://en.wikipedia.org/wiki/Battle_of_Ia_Drang_Valley

먼 거리감을 가진다. 그들의 입은 굳게 닫혀져 있다. 그들은 세속적인 가치나 거대한 이데올로기를 위해 싸운 것이 아니라 자기 자신과 동료 그리고 그들의 가족을 위해 싸운 것이었기 때문이었다. 이 영화가 던져주는 메시지는 이렇게 너무나 선명하고 분명하다.

영화를 마무리하면서 다음과 같은 대사가 흘러나온다. "일부는 가족의 품으로.......... 나머지는 함께 피를 흘렸던 전우들과 돌아왔다. 환영인파도 없었고 그들을 반기는 사람들도 없었다. 그들은 나라의 부름을 받고 싸웠지만 결국 국가를 위해 싸운 것이 아니라 서로를 위해 싸웠던 것이다." 잘못된 정책결정에 의해 국가를 위해 싸우고 돌아왔건만 국민들의 시선은 냉담하고, 국가를 위해 목숨을 바쳤건만 국가에 의해 내던져진 전장에서 살기 위해 싸웠다는 이 말은 다시 한 번 국가를 되돌아보게 하는 무언가를 시사 하는바가 크다 하겠다. 또한 베트콩과의 생과 사를 넘나드는 대접전 후 죽지 않고 살아남은 종군기자에게 기자의 공명심에 앞서 전쟁의 실상과 참혹함을 사실 그대로 알려 이 전쟁의 비도덕적이고 잔인함을 고발케 하는 할 무어 중령의 말과 행동에서 던져주는 교훈이 많음을 알 수 있다. 또한 전쟁이라는 것을 통해 무수한 살육과 주검을 정당화하는 위선에 대해 경종을 보내는 그의 생각과 말 역시 나름대로 의미를 던져 주고 있다.

7) 『7월 4일생』(Born on the Fourth of July)[65]

실화를 근거로 하여 영화로 만들어 진 『7월 4일생』(Born on the Fourth of July)과 『하늘과 땅』(Heaven & Earth) 그리고 『지옥의 묵시록』(Apocalypse Now)

65) 이 영화 역시 올리버 스톤(Oliver Stone) 감독의 작품이다. 이 영화는 톰 크루즈(론 코빅 역), 레이몬드 J. 베리(미스터 코빅 역), 프랭크 웨일리(티미 역), 윌렘 데포(찰리 역) 등을 주연으로 하여 1990년 3월 17일에 개봉을 하였다.

역시 앞에서 언급한 『플라툰』의 주제와 그 맥을 같이 한다.

『7월 4일생』에서 주인공인 론(Ron Kovic)은 어느 날 학교를 방문한 해병대 신병 지원소의 대원들에게 매료되어 해병대에 자원입대하게 된다. 베트남전을 정의를 위한 선의의 전쟁이라 생각했던 론은 실제 베트남에서 전쟁으로 죽어 가는 사람들과 전쟁의 실상을 보고는 점차 이 전쟁에 대해 깊은 회의를 느끼게 된다. 그러던 중 실수로 월남 민간인들과 아이들을 죽이고, 그 영향 때문에 전우까지 죽게 한 후 더욱 큰 자괴감과 자책감에 빠진다. 결국은 부상당하여 가슴 아래가 완전히 마비된 불구의 몸으로 귀향한 론은 그 당시 한창이던 베트남전 반대 데모와 닉슨 행정부에 대한 규탄의 목소리로 술렁거리는 사회 분위기에 쉽게 적응하지 못한다. 그러던 중 뉴욕 주에 소재하고 있는 '시라큐스 대학'(Syracuse University)을 방문했다가, 학생들을 무차별 진압하는 경찰의 포악성을 목격한 론은 헤어나기 힘든 괴로움과 회의에 휩싸여 폭음을 하고 집안에서까지 난폭한 언행을 하는 폐인의 모습으로 변한다. 그를 지탱해주던 기존의 가치관이 송두리째 흔들리고, 데모 학생들에 대한 발포명령을 내리기를 서슴지 않는 위정자들의 도덕성에 회의를 느끼면서 그는 자신이 몸까지 바쳐가며 충성을 한 전쟁의 의미와 자신의 행위에 대해 명료한 답을 찾지 못하며 괴로워한다.[66)]

앞에서 언급한 '위 워 솔저스'에서 나오는 대사처럼 그는 나라의 부름을 받고 싸웠지만 결국 국가를 위해 싸운 것이 아니라 자기 자신의 안위를 위해 싸운 꼴이 되고 만 것이다. 이러한 마음은 그를 더욱 더 큰 자괴감과 자책감의 깊은 수렁으로 밀어 넣을 뿐이었다.

결과적으로 이 영화는 잘못 결정된 정책에 의해 초래된 전쟁에서 점차적으로 회의와 자괴감과 자책감의 깊은 수렁으로 빠져드는 주인공을 통해 잘못된 정책의 희생양으로 전락되어가는 이 시대를 살아가는 순진무구한

---

66) http://movie.naver.com/movie/bi/mi/basic.nhn?code=10630

사람들의 무언의 항변과 아우성을 대변해 주고 있다.

8) 『하늘과 땅』(Heaven & Earth)[67] 그리고 『지옥의 묵시록』(Apocalypse Now)[68]

『하늘과 땅』은 앞에서 논의된 주제에서 한 발 더 나아가 한 인간을 통해 전쟁의 참혹성과 인간의 이중성 그리고 전쟁으로 인해 무너지는 인간군상들의 추악한 모습들을 잘 그려내고 있다. 이 것 역시 잘못된 정책결정에 의해 만들어진 베트남전과 이로 인해 무너져 내리는 인간상실의 일그러진 초상을 소재로 하고 있다.

결국 전쟁은 평화로운 마을을 공포와 탐욕으로 물들게 하고 결국 풍티 리리(Phung Thi Le Ly Hayslip)라는 청순한 한 소녀의 인생을 희생양으로 만들고 만다는 소재를 통해 정치인들의 탐욕에 의해 저질러진 잘못되어진 정책결정으로 인해 순진무구한 사람들의 삶이 이렇게 속절없이 무너져 내릴 수 있음을 보여줌으로써 전쟁의 잔인성과 비도덕성 그리고 그릇된 정책결

---

67) 올리버 스톤(Oliver Stone) 감독이 히엡 티 레(레이 리 역), 토미 리 존스(스티브 역), 조안 첸(어머니 역), 하잉 S. 은고르(아버지 역) 등을 주연으로 하여 1994년 4월 30일에 개봉을 시킨 영화이다. 이 영화는 풍티 리리(Phung Thi Le Ly Hayslip)가 겪은 실화로서, 1950년대 초, 중앙 베트남의 한 시골마을 킬라(Ky La)에서 시작된다. 이곳은 거의 70년 동안 프랑스의 통치하에 있었는데, 커다란 인도차이나 반도 식민지의 한 부분이었다. http://movie.naver.com/movie/bi/mi/basic.nhn?code=16090

68) 프란시스 포드 코폴라 감독이 말론 브랜도(쿠르츠 역), 마틴 쉰(윌라드 역), 로버트 듀발(킬고어 역) 등을 주연으로 하여 1988년 6월 4일에 개봉을 시킨 영화이다. 이 영화가 던진 메시지의 무게가 너무 크게 반향을 일으키자 2001년에 『지옥의 묵시록 : 리덕스』(Apocalypse Now)가 다시 제작되어 개봉이 되었다. 이 영화 역시 프란시스 포드 코폴라가 감독을 맡았다. 그리고 마틴 쉰(윌라드 대령 역), 로버트 듀발(킬고어 대령 역), 해리슨 포드(루카스 역) 등이 주연으로 연기를 하였다.
http://movie.naver.com/movie/bi/mi/basic.nhn?code=10501

정의 잘못된 결과들을 적나라하게 보여주는 영화로 평가할 수 있다. 그리고 앞서 서술한 영화들이 던지고 있는 메시지를 보다 확연하게 확인해 주는 영화로서 『지옥의 묵시록』을 들 수 있는데 이 영화 역시 비밀특수부대의 윌라드 대위(Captain Benjamin L. Willard : 마틴 쉰 분)를 통해 잘못된 정책결정에 의해 야기 된 베트남전쟁의 도덕적인 딜레마를 고발하고 있다.

3. 영화를 통해 본 국가권력과 관료제의 폭력화

국가권력과 관료제의 폭력화에 의해 무너지는 인간상을 적나라하게 그려내고 있는 영화들로는 『박하사탕』, 『피아니스트』, 『쉰들러 리스트』, 『에니미 오브 더 스테이트』, 『데몰리션 맨』, 『뮌헨』, 『브이 포 벤데타』 등을 열거할 수 있다.

1) 『박하사탕』[69)]

이 영화 내용 중 국가권력의 폭력화에 의해 허물어지는 인간군상의 주제를 나타내는 장면은 5월 광주에 나선 군인으로서의 주인공의 행동과 생각이다. 5월 광주에서의 잔혹한 진압작전의 현장에서 주인공은 시대가 안고 있는 아픔을 직접 몸으로 체험하면서 그리고 절대적인 국가권력이 지니는 부당성에 온 몸으로 저항하는 일단의 사람들을 지켜보면서 그것에 동조하기는커녕 그것을 저지하는 진압군으로서의 자신이 처한 현실에 깊은 회

---

69) 이창동 감독이 설경구(김영호 역), 문소리(윤순임 역), 김여진(양홍자 역) 등을 주연으로 하여 2000년 1월 1일에 개봉을 시킨 영화이다.
http://movie.naver.com/movie/bi/mi/basic.nhn?code=27219

의와 회한을 가지게 된다. 국가권력이 잘못된 방향으로 사용이 될 때 그것이 얼마나 큰 희생과 아픔을 남기는지를 이 영화는 나름대로 보여주고 있으며 특히 이 영화에서 보여주고자 하는 이러한 메시지는 국가권력을 장악하고 이를 휘두르는 오늘의 정치인이나 고위 행정 관료들에게 좋은 타산지석이 될 수 있을 것이다.

2) 『피아니스트』(The Pianist)[70)]

이와 비슷한 소재와 주제를 지닌 외국영화로는 실화를 근거로 하여 만들어진 『피아니스트』를 들 수 있다.

『피아니스트』는 폴란드 바르샤바에서 유명한 유대계 피아니스트로 활약을 했던 블라디슬로프 스필만(Wladyslaw Szpilman)의 실화를 근거로 하여 만들어진 영화이다. 1939년 스필만은 행복하고 평화로운 삶을 살고 있었지만 비뚤어진 국가권력에 의해 자행된 2차 대전의 발발과 유태인학살정책에 의해 그러한 삶을 잃어버리게 된다. 유능하고 행복했던 한 유태인 예술인이 잘못된 국가권력으로 인해 얼마나한 어려운 삶과 그리고 불행을 맛보아야 하는지를 이 영화는 잘 보여주고 있다. 나치독일이 보여준 냉혹한 국가권력의 오용과 남용은 거대한 국가권력에 저항할 힘조차 없는 한 개인의 삶을 무참히 짓밟고 망가트렸고 더 나아가 많은 사람들의 현재와 미래의 행복을 말살시켰던 것이다. 나치 군인과 친위대에 의해 자행된 참혹한 학살 장면과 그들의 무책임한 국가권력행사로 인해 속절없이 사라져간 고귀한 생명들의 처절한 삶과 죽음을 이 영화는 시의성과 적실성 있게 잘 묘사를 하고 있다.

---

70) 로만 폴란스키 감독이 에이드리언 브로디(블라디슬로프 슈필만 역), 토마스 크레슈만(빌름 호센펠트 역), 프랭크 핀레이(아버지 역) 등을 주연으로 하여 2003년에 개봉한 영화이다.

3)『쉰들러 리스트』(Schindler`s List)[71]

이와 비슷한 소재를 지닌 영화 하나를 더 제시하라면 역시 실화를 근거로 하여 만들어진『쉰들러 리스트』를 들 수 있다. 기회주의자에 호색한이며 오스트리아 출신 공장주인 오스카 쉰들러(Oskar Schindler)는 전쟁 중 나치 정권과 결탁해 임금을 줄 필요가 없는 유대인을 공장의 인력으로 이용한다. 이때 만난 유대인 회계사 아이작 스턴은 쉰들러의 내면에 숨어 있던 양심을 일깨워준다. 유대인들에 대한 박해가 심해지자 쉰들러는 그들을 강제수용소에서 구해내기로 결심한다. 수용소 장교에게 뇌물을 주고 유대인들을 자신의 고향으로 옮길 계획을 세운 쉰들러는 스턴과 함께 구출할 유대인 명단을 작성한다. 결국 그는 자기가 모은 돈을 모두 쓰고서 죽음의 수용소인 아우슈비츠로 보내질 운명에 처한 유대인 1,098명의 목숨을 구한다. 국가폭력으로부터 무고한 사람들을 쉰들러는 구해낸 것이다. 이로 인해 쉰들러는 유대인의 우상이 된다. 무책임한 국가권력행사로 인해 속절없이 사라져간 고귀한 생명들의 처절한 삶과 죽음을 이 영화는 적절하게 잘 그려내고 있을 뿐만 아니라 쉰들러의 죽음을 건 휴머니즘의 실현을 잘 느낄 수 있도록 묘사를 하고 있다.

4)『에니미 오브 더 스테이트』(Enemy of The State)[72]

---

71) 스티븐 스필버그(Steven Spielberg) 감독이 리암 니슨(Liam Neeson : 오스카 쉰들러 역), 벤 킹슬리(Ben Kingsley : 이자크 스턴 역), 랄프 파인즈(Ralph Fiennes : 아몬 역), 캐로린 굳얼(Caroline Goodall), 조나단 세겔(Jonathan Sagalle) 등을 주연으로 하여 1994년에 개봉을 시킨 영화이다.

72) 스코트(Tony Scott)감독이 윌 스미스(Will Smith)(로버트 클레이튼 딘 : Robert Clayton Dean 역)와 진 해크만(Gene Hackman)(에드워드 '브릴' 라일 : Brill/ Edward Lyle 역), 그리고 존 보이트(Jon Voight)(토마스 브라이언 레이놀즈 역) 등을 주연으로 하여 1998년에 개봉을 한 영화이다.

『에니미 오브 더 스테이트』역시 국가권력과 거대 관료제에 의한 무자비한 폭거를 잘 보여주고 있는 영화이다. 이 영화는 온갖 첨단의 무서운 정보수집 기술들을 등장시켜 마음만 먹는다면 시민들의 모든 삶을 송두리째 뒤집어 볼 수 있는 가공한 능력을 보여주고 있다. 이러한 기술과 능력들이 이 영화에서 보여 주듯 잘못되고 그릇된 국가권력에 의해 악용이 된다면 오웰(George Orwell)이 『1984년』[73]이라는 소설에서 우려한 현상이 그대로 재현될 수밖에 없을 것이다. 무서운 새로운 '빅 브라더스'(big brothers)가 탄생되는 것이다. 시민들의 가장 소중한 프라이버시는 존중될 수 없을 것이고 모든 사람들이 감시와 통제의 틈바구니에서 고통을 받게 될 것이다. 그리고 잘못되고 그릇된 국가권력은 새로운 독재 권력으로 자리 매김을 할 것이고 이를 발판삼아 독재자가 발호를 하게 될 것이다.[74] 이 영화는 바로 이러한 상황의 실제적 재현에 대한 경고를 우리에게 하고 있는 것이다.

5) 『데몰리션 맨』(Demolition Man)[75]

앞에서 살펴 본 『에니미 오브 더 스테이트』와 비슷한 경고를 던져주는 영화로 『데몰리션 맨』을 들 수 있다. 이 영화를 보면 정말 소름끼치고 무시무시한 세상을 경험할 수 있다. 표면상으로 볼 땐 범죄도, 상스러운 욕

---

73) George Orwell, *Nineteen Eighty-Four* (Oxford : Clarendon Press, 1984). 초판은 1949년에 출간되었다.

74) 정우일은 절대로 권력을 주어서는 안 되는 부류의 사람들 중 하나로 독재권력을 자행하는 독재자를 들고 있다. 독재자는 사람들을 무조건 통제하려 들고 권력을 행사하면서 쾌감을 느끼고 그 과정에서 더 많은 권력을 추구하기 때문이라는 이유를 들고 있다. 정우일, 『리더와 리더십』(서울 : 박영사, 2006), 172면.

75) 이 영화는 마르코 브람빌라 감독이 실베스타 스탤론(스파르탄 역), 웨슬리 스나입스(피닉스 역), 샌드라 블록(레니나 렉슬리 역) 등을 주연으로 하여 1993년 11월 20일에 개봉을 하였다.

도, 일탈의 행위도 없는 온화하고 평화로운 세상으로 비쳐지지만 실수나 허점을 가질만한 자유도 그리고 사랑에 얼빠진 행동을 할 만한 여유로움과 낭만도 허락하지 않는 정말 무서운 사회를 엿볼 수 있다. 잘못되고 그릇된 미래 도시의 지도자를 둘러싼 권력은 마치 오웰의 소설 『1984년』에서 나오는 '빅 브러더스'처럼 범죄추방이라는 미명아래 엄청난 비리와 폭거, 그리고 더러운 음모를 저지르고 있었던 것이다. 많은 시민들은 이들의 이러한 폭거의 희생양으로 전락되어가고 있었다. 많은 어려움의 난관을 헤치며 스파르탄(실베스타 스탈리온(Sylvester Stallone) 분)은 레니나(샌드라 블록(Sandra Bullock) 분)와 함께 이를 해결해 나가는 용감한 전사로 활약을 한다.

6) 『뮌헨』(Munich)[76)]

2005년 12월에 개봉된 이 영화 역시 국가권력과 관료제의 폭력화를 잘 묘사해 주고 있으며 매우 정교하게 국가폭력의 순환구조를 그리고 있다. 영화 제목처럼 1972년 독일 뮌헨에서 개최된 세계올림픽대회에서 '검은 구월단'(Black September) 이라는 반(反) 이스라엘 테러조직이 뮌헨의 올림픽촌에 잠입을 하여 이스라엘선수단의 선수들을 인질로 잡게 된다. 그리고 경찰과 대치하면서 자신들의 요구와 주장이 관철되지 않자 11명의 이스라엘 선수들을 차례로 살해를 한다. 이러한 테러행위는 방송매체를 통해 세계전역으로 전파되고 참혹한 사태에 대해 경악과 함께 많은 공분이 일어나게 된다. 이 사건 이후 이스라엘의 특수비밀정보국은 이스라엘 선수들의 주검에 대한 보복으로 이 사건에 참여했던 테러분자들에 대해 피의 보복을 하

---

76) 이 영화는 스티븐 스필버그(Steven Spielberg) 감독이 에릭 바나(Eric Bana)(아브너 역), 대니얼 크레이그(Daniel Craig)(스티브 역), 제프리 러쉬(에프라임 역), 시아란 힌디스(Ciaran Hinds), 매티우 카소비치(Mathieu Kassovitz), 한스 찌쉴러(Hanns Zischler) 등을 주연으로 하여 2006년 2월 9일에 개봉시켰다.

기로 결정을 한다. 비밀리에 선발된 이스라엘 비밀정보국의 요원들은 검은 구월단이라는 테러조직의 테러리스트들을 찾아내어서 희생 된 이스라엘 선수의 숫자와 일치하는 11명을 차례대로 처절하게 피의 보복을 펼쳐 나간다. 이 과정에서 이스라엘 측 요원들은 국가의 명령에 따르기는 하지만 자신의 행위에 대해 인간적인 면에서 그리고 자신과의 양심의 대화에서 많은 회의와 번뇌를 갖게 된다. 피가 피를 부르고 '이에는 이, 눈에는 눈'이라는 그야말로 '탈리오의 법칙'(Lex of Talio)이 판을 치는 피의 보복의 세계에서 그들의 양심은 멍들어 가게 되는 것이다. 아무리 국가이익을 위한 것이라고 해도 살인을 정당화 할 수 있는 것인가? 그리고 국가권력은 정당성과 명분만 주어진다면 이러한 엄청난 폭력을 구사해도 되는 것인가? 이러한 물음이 꼬리에 꼬리를 물면서 비밀요원들의 무뎌진 인간성을 자극한다. 이들은 점차적으로 자신의 행위에 대한 신념과 소신을 잃게 된다.

국가이익이라는 명분 속에서 서로 죽이고 죽이는 살인을 정당화하는 국가권력은 결국 이러한 살육에 좋건 싫건 가담한 자들의 인성을 황량하게 만들고 결국 무너지게 만든다는 점을 이 영화는 잘 보여주고 있다.

7) 『브이 포 벤데타』(V For Vendetta)

제임스 맥테이그 감독이 나탈리 포트만(에비 해몬드 역), 휴고 위빙(브이 역) 등을 주연으로 하여 2006년 3월에 개봉을 한 영화이다.

제3차 세계대전이 일어난 후 완벽하게 통제된 미래사회 2040년의 영국을 배경으로 하고 있다. 전체적인 영화의 분위기는 매우 어둡고 칙칙한 조지 오웰 풍을 깔고 있다. 정부 지도자와 정치적 성향 등이 다른 이들은 끌려간 후 사라지고, 거리 곳곳에 카메라와 녹음 장치가 설치되어 모든 이들이 통제를 받으며 살아가고 있고 사람들은 자유를 위해 정의를 애써 외면

한다. 이때 정의를 구현키 위해 주인공 브이(V)가 나타난다. 그는 국가권력을 통해 국민을 압박하는 국가체제에 저항한다. 그는 어떻게 보면 국가권력과 이의 폭력화에 의한 희생자이다. 독재적 권력자인 서틀러와 이를 위요하며 권력을 행사하는 크리디는 과학자들에게 명령을 내려 인체실험을 하게 만든다. 인체실험 내용은 특수하게 배양된 악성 바이러스를 사람의 몸에 투여케 하는 실험이다. 이를 위해 과학자들은 바이러스를 정수장에 살포를 하고 이를 음용한 많은 사람들이 희생이 된다. 인심이 흉흉해지자 독재권력은 이러한 테러를 극우단체들의 소행으로 조작하고 이를 진압한다는 명목으로 검열, 도청, 체포, 고문, 학살 등 말로 이루 형용키 어려운 악행을 저지른다. 결국 독재권력은 국가체제를 경찰국가화 하고 국민도 살아 남기위해 이에 순응하게 된다. 국가권력에 의해 조작된 이러한 실험과정에서 화재가 발생하고 주인공인 브이는 구사일생으로 살아남는다. 그는 살아남았을 뿐만 아니라 실험의 후유증으로 초인적인 능력을 갖게 된다. 이 초능력을 활용하여 그는 체제에 조직적으로 저항을 한다. 옛날 국회의 사당을 폭파하려다 사형당한 가이 포크스의 가면을 쓰고 뛰어난 무예와 현란한 두뇌회전 그리고 모든 것을 압도하는 카리스마를 가지고 브이는 악을 응징하고 자신을 따르는 이들을 모아 국가폭력과 압제에 맞서 싸우며 세상을 구할 혁명을 계획하는 것을 주 내용으로 하고 있다.[77)]

이 영화는 앞서 말했듯이 국가권력의 폭력이 어떻게 자행되고 그 내용이 어떠하며 그로인한 폐해가 어떠한 것인가를 적나라하게 잘 보여주고 있다. 그리고 자유 못지않게 정의라는 것이 얼마나 우리의 삶에서 중요한 것인가를 잘 보여주고 있다.

---

77) http://movie.naver ddughks.com/movie/bi/mi/basic.nhn?code=43208

제 5 장
국가권력과 관료제에 대한 불신

1. 관련 이론 및 사례의 개관

베트남 전(vietnam war)의 개입과 확전에 따른 국민적 합의의 도출 실패와 60년대를 암울하게 얼룩지게 만들었던 도시폭동 그리고 인종분규 더 나아가 1965년에 시행되기 시작한 존슨(Lyndon B. Johnson) 행정부의 '위대한 사회 프로그램'(The Great Society Programs)[78]의 장미 빛 환상의 적나라한 확인 등을 통한 정부 및 행정에 대한 불신과 실망은 급기야 새로운 가치를 필요로 하는 분위기로 바뀌어졌고 이러한 시대적 상황은 이에 걸 맞는 그 어떤 새로운 행정의 패러다임을 요구하게 되었던 것이다. 종전까지 지배적이던 능률성, 합리성, 효과성과 같은 몰가치적 사고는 민주, 자유, 신뢰, 형평, 평등성과 같은 가치적 사고에 그 자리를 내 주어야 할 상황에 직면케 된 것이다.

---

78) Lyndon B. Johnson, "State of the Union Message", January 4, 1965, Cited in Bertram M. Gross, "The State of the Nation : Social Systems Accounting", in Raymond A. Bauer(ed.), *Social Indicators* (Cambridge, MA : The MIT Press, 1966), 228면.

이 장에서 초점이 맞추어 질 신뢰에 대한 개념적 의미는 상당히 다양하고 다의적이다. 따라서 논자의 시각과 처하고 있는 상황에 따라 각기 다를 수밖에 없다. 이해의 편의를 위해 이를 몇 가지로 요약하여 정리해 보면 다음과 같다.

우선 바버(B. Barber)나 블라우(P. M. Blau)는 "사회체계내의 결속을 만들어내고 유지하는 통합 매카니즘"으로 신뢰성을 이해하고 있다.[79] 그리고 베니스(W. G. Bennis)는 "조직을 움직이도록 하는 윤활유"로 신뢰성을 보고 있다.[80] 골렘비웨스키(R. Golembiewski) 등은 신뢰를 생산성과 연계시키고 있고[81] 잰드(D. E. Zand) 등은 집단성과(group performance)와 연관짓고 있다.[82] 그리고 도이취(M. Deutsch) 등은 협력이나 갈등과 연관을 짓고 있으며[83] 리커르트(R. Likert)는 리더십유형[84]과 맥그리거(D. McGregor)는 노동자들에 관한 관리가정들[85]과 매슬로우(A. H. Maslow)는 욕구충족[86]과 마일스

---

79) B. Barber, *The Logic and Limits of Trust* (New Brunswick, NJ : Rutgers University Press, 1983) ; Peter M. Blau, *Exchange and Power in Social Life* (New York : Wiley, 1964).

80) W. G. Bennis, and B. Nanus, *Leaders : The Strategies for Taking Charge* (New York : Harper Collins, 1985).

81) R. Golembiewski, and M. L. McConkie, "The Centrality of Interpersonal Trust in Group Processes", in C. L. Cooper(ed.), *Theories of Group Processes* (New York : Wiely, 1975) ; J. B. Rotter, "A New Scale for the Measurement of Interpersonal Trust", *Journal of Personality*, Vol.35, 1967, 651~665면.

82) D. E. Zand, "Trust and Managerial Problem Solving", *Administrative Science Quarterly*, Vol.17, 1972, 229~239면. ; R. W. Boss, "Trust and Managerial Problem-Solving Revisited", *Group and Organization Studies*, Vol.3, 1978, 331~342면.

83) M. Deutsch, *The Resolution of Conflict* (New Haven, Conn. : Yale University Press, 1973) ; J. Loomis, "Communication, the Development of Trust, and Cooperative Behavior", *Human Relations*, Vol.12, 1959, 305~315면. ; M. Sherif, *In Common Predicament* (Boston, Mass. : Houghton Mifflin, 1966).

84) R. Likert, *The Human Organization* (New York : McGraw-Hill, 1967).

85) D. McGregor, *The Human Side of Enterprise* (New York : McGraw-Hill, 1960).

(R. E. Miles)는 참여[87]와 멜링거(G. D. Mellinger)는 의사소통[88]과 아지리스(C. Argyris)는 심리적 계약 혹은 고용인과 그 고용주간의 불문화 된 상호기대[89]와 라이히(R. Reich)는 노사관계의 질[90]과 각각 연관을 지워 개념을 정의하고 있다. 이렇게 학자들에 따라 다양하게 개념이 정의되는 신뢰의 뜻을 하나의 의미 있는 개념정의로 설명하기는 어렵다. 단지 여러 학자들이 제시하는 의미의 공통분모를 고려해 일반적인 정의를 내리자면 "신뢰성이란 사회체계내의 여러 갈등요인들 간의 결속과 협력을 윤활유처럼 원활하게 만들어내고 유지하는 통합 메커니즘"으로 이해 할 수 있다.

사실상 오늘날 신뢰에 대한 위기는 생각보다 더욱 심각하며 특히 정부에 대한 신뢰의 문제는 더욱 그러하다. 미국에서의 경험들이 이를 잘 설명해 주고 있다. 케네디(John F. Kennedy) 대통령과 존슨(Lyndon Johnson) 대통령 등에 의한 베트남전에의 명료치 못한 개입과 확전 그리고 이러한 개입과 확전에서의 국민적 합의도출의 실패, 도시지역의 슬럼화와 도시빈민들의 인간적 삶에 대한 절망을 낳은 도시 관련 정책프로그램들의 실패, 그리고 이러한 실패된 도시개발에서 항상 소외된 소수인종 그리고 그들의 분노에 기인된 인종분규 그리고 닉슨(Richard Nixon) 대통령을 탄핵 일보직전에 하야하게 만든 워터게이트(Watergate) 불법 도청 사건들이 바로 정부나 행정부에 대한 불신을 더욱 증폭시킨 원인이 되었다. 어찌되었건 이러한 여러 요인들로 인해 많은 미국시민들은 워싱턴의 정가를 혐오스런 존재로 간

---

86) A. H. Maslow, *Motivation and Personality* (New York : Harper Collins, 1954).

87) R. E. Miles, and J. B. Ritchie, "Participative Management : Quality versus Quantity", in D. A. Kolb, I. A. Rubin, and J. M. McIntyre(eds.), *Organization Psychology*, 4th ed. (Englewood Cliffs, N.J. : Prentice-Hall, 1984).

88) G. D. Mellinger, "Interpersonal Trust as a Factor in Communication", *Journal of Abnormal Social Psychology*, Vol.52, 1956, 304~309면.

89) C. Argyris, *Understanding Organizational Behavior* (Belmont, CA : Dorsey Press, 1960).

90) R. Reich, *Tales of a New America* (New York : Times Books, 1987).

주하고 있을 뿐만 아니라 행정부의 행정 관료들을 부패 적 존재로 불신하고 폄하하고 있다. 이런 세태를 지켜보면서 톰슨(Frank J. Thompson)은 미국이라는 나라는 불신을 키우는 매우 독특한 정치문화를 가지고 있다고 지적하면서 이런 제도화된 불신이 공적 신뢰를 좀먹고 모든 수준에서의 공공서비스를 활성화시키고자 하는 노력을 손상시킨다고 주장하고 있다.[91] 캔터(D. L. Kanter)는 인간의 본성 그 자체가 이기심과 위선으로 가득 차 있다고 냉소적으로 보는 사람들이 미국시민의 43%에 달한다고 주장한바 있으며[92] 1992년 10월에 조사된 타임(Time)과 CNN의 공동여론조사결과는 응답자의 63%가 정부지도자들이 국민들에 대해 정직한 말을 하지 않고 있다고 믿고 있으며 75%나 되는 응답자가 10년 전보다 정부가 더 부도덕하고 위선적이 되었다고 믿고 있는 것으로 발표를 하였다.[93] 브로더(D. S. Broder)는 이에 가세해 월남전 이전에는 10명중 8명이 워싱턴의 정치지도자나 행정지도자들이 적시에 올바른 일을 하고 있다고 믿었으나 1994년에는 1/3이하만이 그렇게 믿고 있을 뿐이라고 주장하고 있다.[94] 그리고 최근의 연방공무원들에 대한 조사결과를 보면 응답자의 44%만이 자신의 직장에 대해 믿음을 가지고 있을 뿐이며[95] 상당수의 연방공무원들이 그들 직속상관을 불신하

91) Frank J. Thompson, "Critical Challenge to State and Local Public Service", in Frank J. Thompson(ed.), *Revitalizing State and Local Public Service : Strengthening Performance, Accountability, and Citizen Confidence* (San Francisco, CA : Jossey-Bass, 1993)

92) D. L. Kanter, and D. H. Mirvis, *The Cynical Americans : Living and Working in an Age of Discontent and Disillusion* (San Francisco, CA : Jossey-Bass, 1989), 1~2면.

93) P. Gray, "Lies, Lies, Lies", *Time*, Oct. 5, 1992, 32~38면.

94) D. S. Broder, "Dialogue Makes for Democracy", *Norman Transcript*, Apr. 25, 1994, 6면.

95) L. Rivenbark, "Workers' Opinion Poll Could Change Benefits", *Federal Times*, June 8, 1992, 1면, 14면.

고 있음이 조사결과 나타나고 있는 것이다.[96] 피터스(B. Guy Peters)는 정부 불신이 정부의 정통성에 대한 불신에서부터 시작된다고 주장하면서 이러한 정통성에 대한 불신은 월남전, 워터게이트사건, 정부에서 제공하는 융자제도에서 기인된 경제적 문제들, 그리고 클린턴(Bill Clinton)대통령이 연루된 화이트워터(Whitewater)사건 등에서 비롯되었다고 보고 있다.[97] 정부가 정통성을 잃을 때 국민들을 설득할 수 있는 힘도 떨어지게 마련이라면서 근자에 들어 이러한 경향성이 예외적으로 드러난 경우는 부시(George Bush) 대통령에 의해 수행 된 '걸프전'(the Persian Gulf War)때였다고 보면서 이러한 예외성은 전쟁이라는 특수적 상황에 기인된 탓으로 이해하고 있다.[98] 립셋(S. M. Lipset)이 지적했듯이 정부나 행정부에 대한 신뢰성이 최근 들어 점차로 추락하고 있음을 알 수 있는 것이다.[99] 이러한 정부와 행정에 대한 불신감은 미국과 달리 한국이라고 해서 예외는 아닌 듯 싶다. 김번웅은 행정관서를 드나드는 민원인들의 71%가 공무원들의 업무처리의 공정성에 대해 회의(懷疑)를 나타내고 있고 55%가 공무원의 근무자세를 소극적이고 나태한 것으로 보고 있는 반면 일선공무원들의 73%가 행정업무에 관한 민원인들의 태도나 자세가 부정적이라고 보고 있어 공무원과 민원인 간, 다시 말해 정부와 국민간의 상호불신이 매우 심각하다고 주장하였다.[100] 또한 그는 이러한 상호불신이 결국 행정규제를 강화시키고 통제위주의 행정체제를 초래한다고 주장하면서 이런 상황에선 국민이 정부나 행정부를

---

96) U. S. Merit Systems Protection Board, *Federal Blue Collar Employees : A Workforce in Transition* (Washington, D.C. : U. S. MSPB, 1992)

97) B. Guy Peters, *American Public Policy : Promise and Performance*, 4th ed. (Chatham, New Jersey : Chatham House Publishers, Inc., 1996), 10면.

98) *Ibid.*, 10~11면.

99) S. M. Lipset, and W. Schneider, *The Confidence Gap*, rev. ed. (Baltimore, MD : Johns Hopkins University Press, 1987)

100) 김번웅, "한국공무원의 부조리행태", 『한국행정개혁론』 (서울 : 법문사, 1997), 255면.

신뢰하기는 어렵다고 주장하였다.[101] 이러한 주장은 그만치 우리 정부나 행정부의 대 국민적 신뢰성이 바닥을 기고 있다는 것을 의미하는 것이다. 그리고 이러한 정부와 행정에 대한 불신감이 인내할 수 있는 정도를 넘어선 수위에 이르고 있다는데 문제의 심각성이 있는 것이다. 어찌되었든 이러한 사건과 위기는 정부의 존립에 있어 커다란 도전이었고 이러한 도전에 대해 생존을 위한 적절한 응전을 하기 위해선 정부 스스로가 변화 될 필요가 있었으며 그러한 맥락에서 정부의 새로운 시책이 긴요하게 되었고 또한 행정에 관한 사고방식과 업무수행방식이 변화되어야만 하였던 것이다. 다른 말로 표현하자면 바로 국민들에게 정부에 대한 그리고 행정에 대한 믿음을 심어 줄 수 있어야 되었던 것이다.

2. 영화를 통해 본 국가권력과 관료제에 대한 불신

국가권력과 관료제에 대한 불신과 실망을 적나라하게 그려내고 있는 영화들로는 『리차드 닉슨의 암살』, 『절대권력』, 『테이큰』, 『서울 무지개』 등을 열거할 수 있다.

1) 『리차드 닉슨의 암살』(The Assassination of Richard Nixon)[102]

이 영화는 1974년에 일어난 실화에 근거하여 제작이 되었다. 다분히 정

101) 김번웅, 『앞의 글』, 256면.

102) 닐스 뮬러(Niels Mueller) 감독이 숀 펜(Sean Penn), 돈 치들(Don Cheadle), 나오미 왓츠(Naomi Watts), 브래드 헨케(Brad Henke), 마이클 윈코트(Michael Wincott) 등을 주연으로 하여 2005년 1월 21일 개봉한 영화이다.

신병적 문제를 가지고 있던 사무엘 빅크(Samuel Byck)의 이야기를 바탕으로 하여 영화를 만든 것이다. 그는 사업이 어렵게 되자 정부에 융자신청을 하지만 거부를 당하고 급기야는 가족으로부터도 외면을 받게 되는 신세로 전락하게 된다. 그는 이렇게 된 결과를 자신의 탓으로 돌리지 않고 오히려 잘못되었다고 생각하는 자본주의 제도 탓으로 돌린다. 그리고 그는 이러한 제도에 대해 분노한다. 분노의 불똥은 이러한 제도를 방임하는 정치적 세력 특히 그 수장인 대통령을 제거하여야 한다는 생각으로 비화하게 된다.[103)]

이 영화에서 보여주고자 하는 주된 주제는 기득권세력에 대한 일반 시민들의 강한 저항감과 실망감 그리고 그들이 드러내놓고 벌리는 권력 잔치에 대한 분노를 극명하게 보여주고자 했다는 점이다. 나아가 기득권세력과 지도급인사들의 부조리하고 부패한 행태로 촉발되고 오염된 이 사회에 대한 회한과 환멸을 여과 없이 드러내 보여주고 있다는 점이다. 속이지 않으면 성공할 수 없는 사회, 가진 자들만이 더 많은 것을 가질 수 있는 사회, 가진 자, 그리고 권력을 쥐고 있는 자들은 무슨 짓을 해도 용서 받을 수 있는 비틀리고 신뢰할 수 없고 더렵혀진 사회 속에 던져진 주인공이자 사무가구점 세일즈맨인 사무엘 빅(Samuel Byck) 일명 샘(숀 펜 분)을 통해 이 영화는 이러한 사회의 일그러진 권력과 부조리와 부패를 적나라하게 보여주고 있는 것이다. 또한 이러한 연장선상에서 기득권자들에 대한 믿음이 무너지고 있음을 적나라하게 보여 줌으로써 이들에 대한 불신이라는 메시지를 이 영화는 강하게 강조를 하고 있는 것이다. 이러한 기득권자들에 대한 불신이 바로 정치세력으로부터 나온다고 생각한 샘은 정치세력의 수장을 거세하겠다는 생각을 품게 되는 것이다. 가장 커다란 권력을 쥐고 있는 것이 정치세력이고 이 중 가장 큰 영향력을 가지고 있는 것이 대통령이라 생

103) http://movies.yahoo.com/movie/1808572295/info

각하면서 이러한 기득권 세력들을 없애기 위해서는 상징적 의미를 크게 가지고 있는 대통령 암살이 무엇보다 급선무라는 생각에 까지 이르게 된 것이다. 극단적인 국가 권력과 공직사회 다른 말로 표현하자면 관료제에 대한 믿음의 상실이 낳은 어처구니없는 결론이었던 것이다. 이 영화는 이러한 논리전개를 통해 국가권력의 상징으로 표현되는 정치적 수장을 암살하려는 시도를 통해 국가불신에 대한 메시지를 함축적이면서도 밀도 높게 보여주고 있다.

2) 『절대권력』(Absolute Power)[104)]

루터 휘트니는 완벽한 직업 도둑으로 명성을 날렸으나 이제 나이가 들게 됨에 따라 마지막 대박을 꿈꾸면서 워싱턴의 거부이자 정계 막후 실력자인 월터 설리번의 대저택을 털 계획을 세우고 그의 대저택에 침입을 하게 되는데 이 과정에서 본의 아니게 차마 못 볼 광경들을 보게 된다. 방안으로 들어선 두 남녀가 변태적인 성관계를 하다가 서로 싸우는 광경을 목격하고 뒤이어 여자가 갑자기 방안으로 뛰어 들어온 두 남자에 의해 살해되는 광경을 보게 된 것이다. 죽은 여자는 설리번의 젊은 아내였고, 그녀를 죽인 사람들은 대통령의 비밀경호요원들이었다. 한 여자의 살인으로 몰아간 모든 추악한 사건의 발단과 원인제공자는 바로 설리번의 아내와 놀아난 미국의 대통령이었다. 살해현장을 목격하고 또한 증거를 입수한 상태로 현장에서 빠져나온 루터는 이제부터 대통령 경호실의 제거 1호 대상이 되어버린다. 대통령은 철저하게 가면을 쓰고 설리번을 위해 기자회견까지 자청

104) 클린트 이스트우드(Clint Eastwood) 감독이 클린트 이스트우드(Clint Eastwood)(루터 휘트니 역), 진 해크먼(Gene Hackman)(알렌 리치몬드 역), 에드 해리스(Ed Harris)(세스 프랭크 역), 스콧 글렌(Scott Glenn)(빌 버튼 역), 주디 데이비스(Judy Davis)(글로리아 러셀 역) 등을 주연으로 하여 1997년 5월 31일 개봉시킨 영화이다.

하면서 설리번에게 조의를 표하는 위선적인 거짓을 천연덕스럽게 연기하고 그의 측근들은 이러한 불편한 진실을 철저하게 덮으려 한다. 그러나 천신만고 끝에 루터는 설리번에게 숨겨진 진실을 이야기하고 증거물을 제시한다. 움직일 수 없는 정황과 증거에 접한 설리번은 그의 말을 믿게 되고 결국 설리번은 대통령을 찾아가고 결국 자살하게끔 만든다. 위선적이고 가증스런 대통령은 그렇게 진실 앞에 무릎을 꿇고 만 것이다. 고대 이스라엘의 왕이었던 솔로몬은 "권력을 통해 얻을 수 있는 건 오직 헛된 것 뿐이다."라고 말하였다 한다.[105] 무소불위의 권력처럼 느껴지지만 그것이 모래위에 지어진 신기루임을 알았다면 권력의 뒤에 숨은 대통령이 되지는 않았을 것이고 또한 이러한 비참한 말로를 경험하지 않았어도 되었을 것이다. 정말 권력이란 뜬 구름과도 같은 것이라는 옛말이 이 영화를 통해 마음에 와 닿는 것을 알 수 있다. 위선과 거짓으로 가득 찬 국가권력과 그를 위요한 관료조직이 죄의 대가에 따르는 처절한 응분의 보답을 받는 것으로 마무리를 지음으로써 이 영화는 국가권력과 관료제의 신뢰받지 못하고 실망을 던져주는 일면을 클로즈-업 시키고 있다.

3)『테이큰』(Taken)

국가권력이라는 것과 비교해 볼 때 스케일 면에서 이보다는 적지만 공권력에 대한 불신을 영화 화 한 것으로 2008년에 개봉 된『테이큰』이 있다. 이 영화는 파격적인 영상과 액션으로 넘쳐나는 영화인『13구역』을 통해 널리 알려진 피에르 모렐(Pierre Morel) 감독이 야심찬 기대를 가지고 만든 것으로 리암 니슨(Liam Neeson)과 매기 그레이스(Maggie Grace) 그리고 팜케 얀센(Famke Janssen) 등이 주연으로 나온다.

---

105) 정우일,『리더와 리더십』(서울 : 박영사, 2006), 176면.

전직 비밀특수요원으로 활약을 했던 브라이언(리암 니슨 분)은 은퇴를 한 후 사설 경호원으로 활동을 한다. 그러던 중 자신의 딸 킴(매기 그레이스 분)이 친구와 함께 프랑스 파리 여행 중 일단의 세력들에 의해 납치를 당하자 경찰이라는 공권력에 의존하지 않고 직접 딸을 찾아 나선다. 자신의 경험으로 보았을 때 경찰이라는 공권력도 부패를 하여 검은 손들과 뒷거래를 하는 것을 잘 알고 있었고 딸이 연루된 이번 납치 건에서도 그러한 냄새를 노련한 경험자로써 맡았기 때문이다. 그는 단신으로 프랑스 파리로 와서 딸과의 마지막 통화에서 얻은 실 가닥 같은 작은 단서를 바탕으로 딸을 찾아 나선다. 그리고 경찰의 집요한 방해에도 불구하고 납치범들을 하나 둘 제거를 하면서 결국 딸을 찾아내고야 만다. 이 영화에서 파리의 경찰은 무능력하고 또 부패와 연루되어 뒷거래를 하는 그런 부류로 그려진다. 그리고 브라이언의 행동에서도 이러한 일면이 여과 없이 그대로 나타난다. 일반 사람 같다면 그는 당연히 경찰서로 갔을 것이고 그들의 도움을 받았을 것이다. 그러나 그는 그렇게 하지 않았다. 이 영화를 통해 느낄 수 있는 것은 경찰로 대변되는 공권력과 관료제에 대한 불신이다.

4) 『서울 무지개』

이 영화는 권력과 돈의 폭력, 환락과 물욕이 끊임없이 희비를 자아내는 도시를 배경으로 하고 있다. 준과 유라는 그러한 더럽게 오염된 도시 속에 스며든 가난한 연인이다. 준은 유라와 함께 그들의 고향인 하야리에 내려가길 원하지만 유라는 불우했던 집안의 내력과 돈과 명성을 동경하여 이를 거절하고 오히려 고향에 내려가자는 사진작가 준을 책망한다. 그러면서 스타가 되기 위해 발버둥을 친다. 유라는 육체 하나를 재산으로 톱모델이 되기 위해 노력하고 그 결과 정상에 오르게 된다. 유라는 정상에 오르자마자 몸담고 있던 모델 에이전시를 배신하고 영화에 출연한다. 유라가 보복 당하지 않고 영화를 완성하기까지에는 유라 자신도 모르는 권력자의 힘이 배후에 존재한다. 유라를 탐하는 권력자는 유라를 엄격한 규제 덫에 가두어두고 유라의 숨통을 조인다. 유라는 이러한 권력으로부터 벗어나려고 발버둥을 치지만 결국 권력자가 가진 힘의 폭력에 굴복하고 결국 정신병원에 갇혀 기억상실의 폐인이 되길 강요당한다.[106)]

한 여인의 비뚤어진 부귀영화에 대한 물욕과 탐욕이 빚어내는 비극적 삶을 그려내고 있긴 하지만 이 영화에서 던지는 중요한 메시지는 비뚤어진 탐욕으로 가득 찬 여자와 공권력을 사유물로 착각하고 있는 남자인 권력자와의 잘못된 관계를 적나라하게 사회에 대해 고발하고 있다는 점이다. 이 영화에 나오는 권력자 역시 그릇된 권력자들이 그러하듯이 자신의 탐욕을 충족시키기 위해 국가와 국민이 자신에게 위탁한 권력을 자신의 사유물로 착각하고 이를 남용하고 있다. 바로 이러한 모습들이 권력자들의 일그러진 자화상이고 이를 목격하게 되는 국민들은 이들을 불신할 수밖에 없게 되는 것이다. 잘못된 남녀의 불륜에 국가공권력이 사유화되고 오용되는 한마디로 말하자면 더러움으로 오염된 우리 일부 공직사회의 일그러진 자화상을 접하는 것 같고 나아가 이러한 모습들이 국민들의 마음속에 권력자나 공직사회에 대한 믿음을 철회하게 하는 동인이 된다는 점을 생각할 때 마음을 한층 더 무겁게 하는 영화로 이해할 수 있는 것이다.

---

106) 김호선이 감독을 맡고 강리나가 '유라'역을 맡았으며 김주승이 '준'역을 맡아 1989년 3월 25일 개봉을 한 영화이다. 다음넷. ; http://k.daum.net/qna/view.html?category_id=QGA001&qid=0vGWO&q=%BC% AD%BF%EF%B9%AB%C1%F6%B0%B3

제 6 장

관료제에 있어 명령통일의 원칙과 통솔의 범위

1. 관련 이론 및 사례의 개관

미국행정학 정통이론의 대두에 중요한 역할을 수행하였던 규릭(Luther Gulick)은 1937년 어윅(Lyndal Urwick)과 함께 세 가지 기본적인 조정원칙을 제시하고 있는데, 첫째 명령의 통일(a unity of command), 둘째 참모조직의 필요성, 셋째 통솔의 범위(span of control)이다.

이를 부연하여 설명하면 명령의 통일이란 명령을 내리고 보고를 받는 사람이 반드시 한 사람이어야 한다는 것이다. 즉 조직 내에서 한 사람이 두 사람 이상으로부터 명령과 지시를 받을 때에는 혼란과 갈등을 일으키기 때문에 명령을 내리는 사람도 한 사람이고 보고를 받고 책임을 지는 사람도 한 사람이어야 한다는 것이다.[107] 규릭은 명령통일을 지나치게 엄격하게 고수할 경우 문제가 발생할 수도 있다고 생각을 하였으나 이런 문제는 명령통일을 지키지 않음으로써 발생하는 혼란과 비능률 그리고 무책임에

107) 백완기, 『행정학』(서울 : 박영사, 1998), 20면.

비하면 아무 것도 아니라고 생각했다. 화이트 역시 명령의 통일에 대해 언급을 하고 있다. 그는 통일성이란 용어와 그 개념으로 이를 설명하고 있다. 그가 말하는 통일성이란 명령의 통일을 의미하는데 이것은 한 사람이 두 사람의 주인을 동시에 섬길 수 없다는 것을 뜻한다. 명령은 통일성 있게 일사불란(一絲不亂) 하게 하달되어야 하며 아래로 부터의 보고는 체계적으로 전달되어 명령권자가 모두 알 수 있게 하여야 된다는 것이다. 명령통일이 이루어지면 그렇지 못할 때 나타나는 혼란, 비능률, 무책임 등을 불식할 수 있다고 주장한다.108) 이것은 앞서 서술한 귤릭이 제시한 주장과 일치하고 있음을 알 수 있다.

다음 참모조직의 필요성은 전문성의 원리와 부서편성의 원리와 관련을 갖는다. 전문화의 원리란 전문화가 이루어질수록 행정능률이 증대된다는 것을 의미하며 부서편성의 원리는 조직을 편성하는 기준을 의미하는 것으로 귤릭이 제시한 기준으로는 목적(purpose), 과정(process), 고객(people : clientele), 그리고 장소(place) 등이 있는데 이 네 가지 기준에 의해서 조직이 편성될 때에 행정능률이 올라간다는 것이다. 조직의 장에게 능률적이고 생산성 높게 조언하고 충고할 수 있는 참모조직이 되기 위해서는 참모조직자체가 전문화되어야 하며 참모조직도 부서편성의 원리에 부합되도록 구성이 되어야 능률적인 조직이 될 수 있다는 것이다. 그리고 통솔의 범위란 하나의 상관이 부하들을 효과적으로 통솔하기 위해서는 그 부하의 수가 한정되어야 한다는 것을 의미한다.

그러나 이러한 귤릭의 주장에 대해 사이몬(Herbert A. Simon)은 통렬한 비판을 가하고 있다. 그는 논리적 실증주의에 입각하여 조직의 의사결정과정에서 인간의 합리적 선택심리를 측정하고 보편이론을 도출하는 과정을 제

---

108) Luther Gulick and Lyndal Urwick(eds.), *Papers on the Science of Administration* (New York : Institute of Public Administration, 1937), 9면, 13면.

시하면서, 검증되지 않은 채 가치개입이 이루어진 행정이론은 속담(proverb)에 불과하다고 보아 종래의 정통이론을 비과학적 행정이론이라고 규정하고 있다. 사이몬이 이렇게 전통고전이론들을 통박한 까닭은 규릭 등이 제시한 원리들이 용어만큼이나 애매모호 하며 조직 내에서 동시에 적용될 때 서로 상충되어 어떤 것을 채택하고 어떤 것을 버려야 할지 알 수 없기 때문이라는 것이다. 예컨대 명령통일의 원리와 전문화의 원리는 서로 역관계에 있으며 부서편성의 원리에 있어서도 장소에 의한 편성이나 기능에 의한 편성이 다 같이 전문화를 충족시키지만 동시에 하나의 조직 내에서는 추구될 수 없다는 모순점을 가지게 된다는 것이다.[109] 또한 통솔의 범위 역시 행정효율이 상관의 명령을 받아야 하는 부하의 수가 적을 때 증가된다고 하는 것인데 이것은 행정계층의 증가를 오히려 부채질하는 것으로 행정계층의 감소가 행정효율을 증가시킨다는 원리와 상반이 된다는 것이다. 이러한 원리의 딜레마는 대단위의 조직에 있어서 구성원간의 접촉이 동일한 상관이 발견될 때까지 계속되어야 하므로 제한된 통솔의 범위는 오히려 지나친 관료적 형식주의를 초래할 수 있는 것이다. 그렇다고 계층을 최소한으로 축소할 경우 한 상관이 너무 많은 수의 부하를 감독하여야 하고 이들에 대한 통제가 약해 질 우려가 있다. 따라서 통솔범위의 적정수준이 무엇인지 분명하게 결정될 수가 없음으로 이 원리는 결국 조직에 있어 실제문제 해결에 아무런 도움을 주지 못한다는 것이다.[110] 그래서 그는 이러한 것들이 원리가 아니라 속담에 불과하고 기껏해야 기준이나 개념에 불과하다고 비판했던 것이다. 1938년에 발간된 바나드(Chester I. Barnard)의 『관리자의 기능』(The Functions of the Executive)이라는 책에서도 바나드는 개념적 면에

---

109) 백완기, 『행정학』(서울 : 박영사, 1998), 29면.

110) Herbert A. Simon, "The Proverbs of Administration," *Public Administration Review*, Vol.6, (Winter 1946), 53~67면.

서 정통파 행정이론에 문제가 있다는 이의를 제기[111]했음도 이와 맥을 같이 하는 것이다. 또한 왈도(Dwight Waldo) 역시 규릭 등이 제시한 전통적 고전이론들이 내세운 원리들이 가지고 있는 부당성을 통렬하게 비판하였다. 이러한 점에서 사이몬과 왈도는 고전적 행정이론의 시야를 넓히고 내용을 체계화하는데 있어서 그리고 행정학의 과학화에 커다란 공헌을 하였다고 평가할 수 있다.

2. 영화를 통해 본 관료제에 있어 명령통일의 원칙과 통솔의 범위

관료제의 상급기관에서 내린 (부적절한)명령을 받아들일 것인가 그렇지 않으면 이를 무시하고 자신의 소신에 따른 행동을 할 것인가를 둘러싼 딜레마를 적나라하게 그리고 있는 영화들로는 『태양의 눈물』, 『에너미라인스』, 『007 퀀텀 오브 솔리스』, 『007 카지노 로얄』, 『K-19』, 『크림슨 타이드』, 『유령』, 『붉은 10월』, 『비상계엄』, 『로보캅』, 『월·E』, 그리고 『페인터』 등이 있다.

1) 『태양의 눈물』(Tears of the Sun)[112]

특수부대 네이비 씰(Navy SEAL) 베테랑 장교인 워터스(A.K. Waters)중위(브루스 윌리스 분)는 민주 정권이 군부 쿠데타로 붕괴되기 시작한 중부 나이지리아의 변방에서 봉사활동을 하고 있는 '국경 없는 의사회'(Doctors Without

---

111) Chester I. Barnard, *The Functions of the Executive* (Cambridge, Mass : Harvard University Press, 1938, 1943 & 1968).

112) 안톤 후쿠아 감독이 브루스 윌리스(A.K. 워터스 역), 모니카 벨루치(레나 헨드릭스 역), 콜 하우저(앳킨스 역) 등을 주연으로 하여 2003년 4월 4일에 개봉한 영화이다.

Borders) 소속 미국인 의사 레나 켄드릭스(Dr. Lena Kendricks)(모니카 벨루치 분)를 구출해 오라는 임무를 부여받고 자신의 부하들과 같이 적진에 침투를 하게 된다. 그러나 켄드릭스 박사만 구출하면 끝날 줄 알았던 단순한 임무는 켄드릭스가 자신이 돌보고 있는 주민들을 버려두고는 자신도 떠날 수 없다면서 자신만의 구출을 거부하게 되자 복잡한 양상을 띠게 된다. 죽든 말든 주민들은 버려두고 켄드릭스 박사만을 구출해 오라는 상부의 명령을 따라야 할지, 아니면 켄드릭스의 의견대로 인간적 양심에 따라 주민들을 안전한 장소로 옮겨야 할지 갈등하던 워터스와 그 부대원들은 현지 반정부 군인들의 잔인하고 잔악한 만행을 목격한 후 상부의 명령을 무시하고 주민들을 국경너머까지 에스코트하기로 결심하게 된다.[113] 이 영화를 통해 상부의 명령으로 주어진 임무만 수행할 것인지, 그렇지 않으면 상부의 명령을 어기고 자신이 가지고 있는 인간적 양심에 따라 행동 할 것인지 양자택일의 어려운 갈등적 딜레마를 던지고 있다.

2) 『에너미라인스』(Behind Enemy Lines)[114]

영화의 무대는 인종 및 종교 갈등으로 인한 내전이 격화되는 시점의 발칸반도의 크로아티아이다. 북대서양조약기구(NATO)가 이 크로아티아내전에 개입을 하면서 발생한 실화를 근거로 하여 만든 영화이다.

항공모함의 해군제독이자 해군조종사 크리스 버넷(Chris Burnett)의 상관

---

113) http://movies.yahoo.com/movie/1808405048/details

114) 존 무어(John Moore) 감독이 오언 윌슨(Owen Wilson)(버넷 역), 진 해크먼(Gene Hackman)(리가트 역), 스테판 마흐트(Stephen Macht), 챨스 휘트필드(Charles Malik Whitfield), 조퀴임 알메이데(Joaquim De Almeida), 올렉 크루파(로카 역) 등을 주연으로 하여 2002년 1월 8일에 개봉한 영화이다. 미국에서는 2001년 11월 30일 개봉되었다.

인 리가트(Leslie Reigart)(진 헤크만 분) 장군은 최첨단 위성 시스템을 통해 적진에서 정찰 중 격추된 자기 휘하의 버넷의 위기를 파악해내고 크리스 구출작전을 제안하지만 냉엄한 국제 관계를 의식한 북대서양 조약기구(NATO) 본부에 의해 거부당한다. 그러나 리가트 제독은 이에 굴하지 않고 자신의 경력에 큰 타격을 줄지도 모르는 크리스 구출작전을 비밀리에 추진하기로 하고 나토사령부의 명령을 어기면서 직접 헬리콥터와 해병 최정예 부대를 투입하여 그를 구출하려는 작전에 나선다.[115] 이 구출작전은 성공적으로 마무리되어 버넷을 구할 뿐만 아니라 그가 정찰시 찍은 사진이 입증자료가 되어 로카르(Miroslav Lokar)를 주민 학살 죄로 체포하여 유죄판결을 받게끔 만든다. 그러나 명령을 어겼다는 이유로 그 책임을 지고 전투지휘권을 박탈당하고 워싱턴의 행정직으로 좌천명령을 받게 된다. 리가트 제독은 이러한 좌천을 거부하고 부하들의 존경과 사랑 속에서 명예롭게 퇴역하는 것을 선택한다.

여기에서 행정학적으로 던져주는 메시지는 올바른 행위가 조직 전체의 이익을 위해 희생이 될 수 있다는 것이다. 리가트 제독의 결정과 행동이 올바른 것이었기는 했지만 군 조직이 생명보다 더 소중히 여기는 명령체계를 무시하고 뒤흔들었을 뿐만 아니라 미국과 나토동맹국과의 관계를 위험에 빠뜨리게 만들었다는 점에서 용서가 될 수 없다는 것을 분명히 했다는 점이다. 비유를 하자면 거대한 관료제에 소속된 한 조직인은 마치 커다란 기계의 톱니바퀴에 불과할지도 모른다. 거대한 관료제라는 전체조직의 보다 더 큰 이익을 위해 개인은 희생양이 될 수도 있다는 점을 이 영화는 우리에게 보여주고 있다. 역사를 되돌아볼 때 국가이익이라는 미명 하에 얼마나 많은 사람들이 희생이 되었는가 하는 점을 돌이켜 보면 이 영화가 우

115) http://movies.yahoo.com/movie/1807592174/details ; http://movie.naver.com/movie/bi/mi/basic.nhn?code=34076

리에게 전하려는 메시지를 분명히 읽을 수 있다. 거대한 관료제의 전체이익이 한 행정 관료의 개인적 신념과 그가 추구하는 올바른 정의를 침묵케 하는 경우는 실제로 비일비재하게 목격을 하게 되는 것이다.

3) 『007 퀀텀 오브 솔러스』(Quantum of Solace)와 『007 카지노 로얄』(Casino Royale)

퀀텀 오브 솔러스는 마크 포스터 감독이 다니엘 크레이그(제임스 본드 역), 올가 쿠리렌코(카밀 역), 매티유 아멜릭(모리스 그린 역) 등을 주연으로 하여 2008년에 개봉을 시킨 영화이고 카지노 로얄(Casino Royale)은 마틴 캠벨 감독이 다니엘 크레이그(제임스 본드 역), 에바 그린(베스퍼 린드 역) 등을 주연으로 하여 2006년에 개봉을 시킨 영화이다.

영화 퀀텀 오브 솔러스는 전편인 007 카지노 로얄(Casino Royale)의 후속편의 성격을 띠고 있다. 카지노 로얄과 퀀텀 오브 솔러스 두 편 모두 007 제임스 본드 역은 다니엘 크레이그가 맡았다.

카지노 로얄에서 제임스 본드는 영국의 첩보기관 MI6으로부터 007이란 암호명을 부여받고 마다가스카르로 가게 된다. 이곳에서 그는 테러리스트 몰라카(세바스찬 푸캉 분)를 감시하는 임무를 맡게 된다. 임무 수행 중 상황이 급변하게 되면서 본드는 상부의 지시를 어기고 테러리스트 조직에 대한 독자적인 작전에 돌입한다. 단서를 좇아 바하마에 도착한 본드는 신비한 인물 드미트리오스와 그의 애인 솔랑게(카테리나 뮤리노 분)를 만나게 되고, 이 자리에서 드미트리오스가 국제 테러 조직의 자금줄인 르 쉬프르(매즈 미켈슨 분)와 직결되어 있음을 감지하게 된다. 본드는 수사를 통해 르 쉬프르가 몬테네그로의 카지노 로얄에서 호화판 포커 대회를 통해 테러 자금을 모을 것이란 계획을 밝혀낸다. 그는 이를 상부의 M(주디 덴치 분)에게 보고를 하고 M은 본드에게 르 쉬프르의 음모를 저지하라는 임무를 전달하면서 본드의 자금지원을 위해 여성요원 베스퍼 그린(에바 그린 분)을 급파한다. 처음에는 그녀를 별로 탐탁하게 여기지 않지만 함께 숱한 위험과 르 쉬프르의 고문을 겪으면서 서로 가까워지게 된다.[116] 세계의 운명이 걸린 포커 대회가 진행되고 결국 르 쉬프르는 본드에게 져서 자신의 음모를 접어야 되는 상황에 처하게 된다. 르 쉬프르는 이 난국을 타개하기 위해 베스퍼를 유인 납치하고 잡힌 베스퍼를 미끼로 하여 본드를 손아귀에 넣는다. 그런 후 포커대회에서 본드가 딴 돈을 자신의 것으로 만들기 위해 본드를 고문하여 비밀번호를 알아내려고 하지만 본드는 끝까지 거부한다. 결국 르 쉬프르는 수수께끼 인물에 의해 제거되고 본드와 베스퍼는 기적적으로 살아난다. 본드는 위계에 빠져 베스퍼에게 비밀번호를 알으켜 주게 되고 이를 지득한 베스퍼는 그 돈을 빼돌린다. M에 의해 돈이 본국으로 송금되지 않았음을 안 본드는 돈을 빼돌린 베스퍼를 찾아 나서고 결국 베스퍼가 돈을 찾아서 제3의 인물에게 전달하는 현장을 보고 이를 뒤쫓지만 결국 놓치고 만다. 여러 우여곡절 끝에 본드는 결국 이 돈을 다시 되찾고 베스퍼는 이 비밀조직에 의해 죽음에 이르게 된다.

'카지노 로얄'의 영화내용은 여기까지이고 그 다음의 영화내용은 '퀀텀 오브 솔러스'로 이어진다.

007 제임스 본드(다니엘 크레이그 분)는 사랑했던 연인 베스퍼(에바 그린 분)의 배신과 비극적인 죽음으로 그녀를 앗아간 비밀조직에 대한 강렬한 복수심에 휩싸이고 수수께기 인물 '미스터 화이트'를 심문하던 중 그녀를 죽음으로 몰고 간 배후 세력이 생각했던 것보다 훨씬 거대하고 위험한 조직임을 직감한다. 본드는 비밀리에 자신이 속한 MI6의 누군가가 테러조직의 돈 세탁을 해주고 있다는 아이티로 떠난다. 본드는 아이티에서 만난 미

116) http://movie.naver.com/movie/bi/mi/basic.nhn?code=42117

모의 여인 카밀(올가 쿠릴렌코 분)의 도움으로 마침내 냉혈한 비즈니스맨이자 조직의 수뇌부인 도미닉 그린(마티유 아말락 분)에게 접근하는데 성공한다. 그러나 도미닉은 이미 국익을 앞세우는 CIA와 정부 고위층까지 매수를 하고 이들의 힘을 총동원하여 천연자원을 독점하려는 거대한 음모를 꾸미고 있었다. 특히 볼리비아의 매드라노 장군은 정권에 대한 자신의 탐욕을 이루어내기 위해 쿠테타를 일으키려하면서 쿠테타 자금으로 도미닉 그린의 돈을 탐낸다. 이를 간파한 그린은 매드라노 장군에게 돈을 주는 대신 볼리비아의 사막을 자신의 땅으로 양도해 줄 것을 요구한다. 돈에 눈이 먼 매드라노 장군은 결국 그린에게 그가 요구한 사막의 땅을 양도하는 양해각서에 사인을 한다. 그리고 그린은 본드와 함께 자신의 조직의 실체를 캐내고 있는 본드의 친구를 살해하는 조건으로 볼리비아 경찰국장에게도 돈을 건네기로 한다. 결국 경찰국장은 그린의 청을 받아들여 본드의 친구를 살해한다. 그 대가로 경찰국장은 그린에게서 돈을 받는다. 그린의 천연자원 독점을 위한 음모는 이렇게 썩어 문드러진 부패관료들에 의해 한 단계 한 단계 성사의 길로 나아가고 있었던 것이다. 사건의 진실을 파헤치기 위해 배후조직의 실체에 접근하면서도 복수심과 임무 사이에서 갈등하는 본드를 예리하게 지켜 본 M은 본드의 개인적 복수심을 눈치 채고 "복수심에 눈이 멀어 적과 동지를 구분 못하면 은퇴 할 때란 뜻이지."하며 베스퍼의 죽음과 연류 된 비밀조직을 찾는 임무에서 그를 배제시키려 한다. 배신과 음모가 난무하는 가운데 가장 믿었던 자신의 상관 M 조차 믿을 수 없는 상황이 되어버린 것이다. 이제 누구도 믿지 못하게 된 본드는 자기 상관인 M의 명령조차 거부 한 채 단독행동에 나선다.

이 영화는 매드라노 장군과 경찰국장이라는 인물을 통해 부패한 고급관료들의 추잡하고 더러운 검은 거래를 잘 보여주고 있다. 자신들의 탐욕을 위해 헐벗고 굶주린 민초들은 무시 한 채 더럽고 추한 이권에 발을 담그고 심지어 국토까지 팔아넘기는 악행을 마다하지 않는 그들의 그릇된 탐욕과 행태 그리고 뻔뻔스러움이 잘 표현되고 있는 것이다. 또한 이 영화는 본드가 자신의 목적을 위해 MI6 조직의 명령을 거부하는 것을 보여주고 있다. 모든 것을 믿을 수 없게 된 본드가 자신을 임무로부터 배제하려는 자신의 상관 M의 명령을 거부하고 계속 비밀조직의 배후와 실체를 캐는 일에 몰입하는 것이 바로 그것이다. 이러한 본드의 행태는 이 영화의 전편 적 성격을 짙게 띠고 있는 '카지노 로얄'에서도 잘 나타나고 있다. 본드는 이 영화에서도 테러리스트 몰라카를 감시하는 임무를 수행 하는 도중 상황이 급변하자 상부의 지시를 어기고 테러리스트 조직에 대해 독자적인 작전을 수행하는 것이 나온다. 이것은 관료제 조직에서 흔히 나타나는 면종복배나 항명 등과 성질은 약간 다르기는 하지만 관료제의 역기능으로 나타날 수 있는 것이다. 물론 이 영화에서는 이러한 본드의 명령불복종이 결과적으로 좋은 결과를 낳기는 하였지만 이것이 실제적인 현실에서 이루어졌다면 조직의 전체목적을 와해시킬 수도 있는 매우 위험한 일이기도 한 것이다. 관료제가 가질 수 있는 병리적 현상으로 명령불복종은 관료제의 원칙인 명령통일의 원칙과 배치되는 것으로 경계해야 될 일이다.

4) 『K-19 : 위도우메이커』(K-19 : The Widowmaker)[117)]

이 영화 역시 이와 같은 주제를 우리에게 던져주고 있다.

소련 최초의 핵 잠수함 'K-19호'를 건조하고 소련군 내에서 가장 경험이 풍부하고 존경받는 '미하일 폴레닌'을 함장으로 임명한다. 그러나 잠수함

117) 캐슬린 비글로 감독이 해리슨 포드(알렉스 보스트리코프 역), 리암 니슨(폴레닌 역), 피터 사스가드(바딤 라첸코 역) 등을 주연으로 하여 2002년 10월 3일에 개봉한 영화이다. http://movie.naver.com/movie/bi/mi/basic.nhn?code=31906

건조 과정에서부터 수많은 사상자를 내 '과부제조기'(widowmaker)로 불리던 'K-19호'는 미국을 견제하기 위해 서둘러 건조된 탓에 결함이 많았다. 이를 지적한 폴레닌은 지휘권을 빼앗기고 대신 당에 충성하는 알렉세이 보스트리코프(Alexi Vostrikov)가 함장으로 임명된다. 부 함장으로 'K-19'호에 탑승해 꼼꼼하게 출항을 준비할 것을 주장하는 폴레닌과 안전보다 당의 명령을 우선시하는 알렉세이는 사사건건 충돌한다. 결국 당과 알렉세이는 K-19호의 결함을 묵인한 채 미사일 테스트 발사를 위한 출항을 강행한다. 그러나 항해 도중 함 내 보유원자로 냉각기에 구멍이 생겨 방사능이 누출되면서 승무원 123명과 함께 침몰의 위기에 놓인다. 원자로 냉각기의 문제를 해결하지 못하면 곧 원자로 폭발로 이어지고 이를 미국 측이 소련의 핵공격으로 판단할 경우 전 세계가 3차 대전으로 치달을 가능성을 배제할 수 없는 상황인 것이다. 알렉세이는 당의 명령을 우선시 하면서 원자로 냉각기 수리를 강행한다. 이 수리과정에서 많은 병사들이 방사능에 노출되어 심각한 상태에 이르게 되며 선상 내에서 동요의 움직임이 일어난다. 폴레닌은 이러한 부하들의 동요를 최소화하면서 알렉세이에게 현실을 직시할 것을 요구한다. 결국 항명사태가 일어나고 일시적으로 알렉세이의 지휘권이 부하들에 의해 박탈되고 폴레닌에게 지휘권이 넘어 온다. 그러나 폴레닌은 이를 지혜롭게 처리하여 다시 지휘권을 알렉세이에게 넘긴다. 이러한 폴레닌의 커다란 마음 씀에 감복한 알렉세이는 자신의 과오를 스스로 인정하고 인근 해역에 있는 미 해군에게 구조를 요청하는 한편 부하들에게 진심 어린 호소를 통해 원자로 냉각기를 고쳐내는데 성공을 한다. 그리고 잠수함 견인 시 부하들의 안전을 고려하여 잠수함승무원들의 하선을 당과 사령부에 요청하지만 거부당한다. 알렉세이는 이에 불복하고 부하들에게 하선명령을 내려 견인하러 온 다른 잠수함에 승선토록 한다. 이로 인해 그는 징계위원회에 회부된다. 폴레닌이 그를 적극적으로 변호하면서 그 상황에서 그의 판단과 지휘는 정당했음을 주장한다. 그러나 처벌만 면했을 뿐 알렉세이는 지휘권을 박탈당하고 파면되고 만다.

이 영화 역시 앞서 언급된 에너미라인스와 같이 거대한 관료제의 전체 이익이 한 행정관료의 개인적 신념과 그가 추구하는 올바른 정의를 침묵케 하는 경우가 실제로 비일비재하다는 점을 일깨워 주고 있다. 또한 원자로 냉각기의 고장으로 원자로가 폭발이 될 상황에 직면했다는 것과 이로 인해 핵전쟁이 될 제3차 세계대전이 일어날지도 모르는 최악의 상황에 직면을 해서 알렉세이는 크레믈린의 명령대로 행동할 것인가 그렇지 않으면 자신의 부하들을 살리는 쪽으로 행동할 것인가 하는 양자택일의 선택을 강요받았다는 점이다. 결국 알렉세이는 이러한 양자택일의 선택에서 크레믈린의 명령을 거부하고 부하의 생명을 구하는 쪽으로 행동을 함으로써 슬기롭고 지혜로운 선택을 하게 되는 것이다. 이 영화는 핵잠수함의 위기상황에 직면한 알렉세이의 항명을 통해 과연 어떠한 것이 올바른 선택이었는가를 묻는 메시지를 던져 주고 있는 것이다.

5) 『크림슨 타이드』(Crimson Tide)[118)]

이 영화 역시 핵 잠수함을 배경으로 그려진 영화인데, 부함장이 함장을 직위 해제시키는 선상반란을 다루었다.

구 소련 해체 이후인 1990년대 어느 즈음, 구 소련 내부에서 벌어진 내

118) 토니 스코트(Tony Scott) 감독이 진 해크먼(Gene Hackman)(램시 함장 역), 덴젤 워싱턴(Denzel Washington)(헌터 역), 제임스 갠돌피니(바비 역), 매트 크레븐(Matt Craven) 등을 주연으로 하여 1995년에 개봉한 영화이다. 크림슨 타이드는 '진홍색 조류', 즉 바닷물이 붉게 물이 들 정도로 아주 위급한 실전사태 혹은 일급 위기사태를 뜻하는 미 해군 군사용어이다. http://movie.naver.com/movie/bi/mi/basic.nhn?code=17486 ;http://movies.yahoo.com/movie/1800238340/info

전을 틈타, 구 소련 강경파 군부지도자 라첸코(Vladimir Radchenko : 다니엘 본 바르겐 분)는 핵미사일 기지를 포함해, 군 통수권 일부를 장악한 후, 미국 본토를 위협하겠다는 제3차 세계대전 시나리오를 구상중이다. 이로 인해 세계는 쿠바미사일위기(Cuban Missile Crisis) 사건 이후 최대의 세계적 위기에 처해지게 된다. 이에 미국 국방성은 라첸코가 핵미사일 발사를 위한 암호코드를 장악하기 전에, 이를 저지해야하는 위기에 빠진다. 급기야 미 국방성은 대령 프랑크 램시(Frank Ramsey)(진 핵크만 분)에게 함장 지휘권을 부여하고, 핵탄두 미사일을 탑재한 오하이오 급 핵 잠수함 '앨라배마'(the USS Alabama)호를 출정시킨다.[119].

마침내 웅장한 핵 잠수함 앨라배마 호는 출정이 시작되고, 얼마 후 러시아의 미사일기지 근해로 접근하게 된다. 그리고 러시아 잠수함의 위협에 대비하라는 미 국방성의 비상전문이 도착된다. 앨라배마 호는 램시 함장의 지휘 하에 숨 가쁜 방어태세에 돌입한다. 앨라배마 호의 접근에 놀란 러시아 잠수함은 어뢰를 발사하며 앨라배마 호를 위협한다. 적의 어뢰공격을 가까스로 피한 후 본국으로부터 핵미사일의 발사에 대한 단계적인 명령이 하달되기 시작한다. 핵미사일 발사명령이 차근차근 수행되지만 최종 발사명령을 남겨두고 예기치 않은 통신 장비의 고장 사태가 발생한다. 램시 함장은 국방성의 최종명령이 전달될 수 없는 상황에서 핵미사일을 발사하려고 한다. 이때부터 부함장인 소령 론 헌터(Ron Hunter)(덴젤 워싱턴 분)와 램시 함장 사이에 파워게임이 벌어진다. 30년의 베테랑으로 노련하지만, 독선적인 백인 램시 함장과 실전경험은 없지만 원칙에 철두철미한 학구파이고 이론적이며 합리적인 흑인 헌터 부함장의 대결과 그에 따라 부하들도

119) 앨라배마라는 이름은 토니 스코트 감독의 『트루 로맨스』에 나오는 여주인공 패트리샤 아퀘트의 극중 이름이기도 하고, 과거에 미시시피 주와 더불어 인종차별이 가장 심했던 주의 이름이다.

양쪽으로 나뉘어 대립한다. 이로 인해 부당한 명령에 대한 항명이 불가피한 상황에 직면한다. 규정에 따르면 앨라배마 호의 핵미사일은 함장과 부함장이 동시에 동의해야만 발사할 수 있도록 되어있다. 더군다나 대통령의 최종명령과 국방성의 최종전문을 기다리지 않고 내린 함장의 명령은 전 세계를 제3차 세계대전의 소용돌이 속으로 빠뜨릴 수 있다는 판단 하에 헌터 부함장은 제3차 세계대전을 막기 위해 미 해군 복무규정 제184조에 의해 램시 함장의 지휘권을 박탈시키고 함장을 선실에 감금시켜 버리고 지휘권을 장악함으로써 선상반란을 일으킨다.

그러던 중 러시아 잠수함으로부터 두 번째 어뢰가 발사되고 앨라배마 호의 동체 일부기 파괴되면서 엔진이 정지되고 심해로 가라앉기 시작한다. 전 장병이 몰살될 수도 있는 극한 상황 속에서 함장의 뜻을 따르는 병사들은 감금된 함장을 풀어주고 오히려 부함장 헌터와 협조 세력들을 감금하는 반전을 일으킨다. 숨 막힐 듯 전개되는 긴장 속에 반전과 갈등이 계속되지만, 이런 심각한 반목을 해결해줄 통신 장치의 수리는 지연되기만 하고 함장과 부함장 두 세력 간의 최후의 충돌은 극을 향해 치닫게 된다.

결국 통신회복으로 핵미사일은 발사되지 않았고 러시아 쪽 사태도 수습이 되어 제3차 세계대전은 일어나지 않았다. 그러나 미국에선 항명과 선상반란에 관한 군법회의가 열린다. 군법회의에서 램시 함장은 자기의 잘못을 솔직하게 인정하고, 스스로 예편을 신청하고, 대신 헌터 부함장의 승진을 추천한다. 그는 냉전시대의 산물인 자신의 시대가 끝났음을 깨달은 것이다. 그리고 새로운 세계질서를 인정한다. 군법회의에서 법무관은 "어떤 의미에서 당신들은 둘 다 옳았다."라고 말해, 궁극적인 진리는 베일에 가려지고, 관객들의 의견을 묻는다.

핵 잠수함이라는 닫힌 세계를 배경으로 하여 일어난 자신의 신념을 과신한 편견과 대립이 얼마나 큰 위험을 가져 올 수 있는가 하는 점을 이 영화는 보여주려고 했던 듯싶다. 또한 명령통일의 원칙이 지켜지기 어려운 위기가 발생했을 때 얼마나 큰 위험과 혼란이 빚어 질 수 있는가 하는 점도 이 영화는 잘 보여주고 있다.

6) 『유령』[120)]

이와 소재가 유사한 영화로 『유령』을 들 수 있다. 이 영화 역시 함장의 명령에 대해 이의를 가지고 있던 부함장이 항명을 하고 하극상을 일으키는 것을 주된 내용으로 하고 있다. 부함장은 러시아에서 극비리에 도입한 한국 최초의 핵잠수함을 가지고 일본을 치려는 생각을 가지고 이를 추진하고 있었다. 그러나 한국은 핵잠수함을 가지고 있어서는 안 된다는 미국과 일본을 중심으로 하는 세력의 압력과 이에 굴복하여 핵잠수함을 스스로 파괴시켜 없애려는 한국정부의 결정에 분노하여 자기를 따르는 일단의 부하들을 중심으로 하여 선상반란을 일으키고 이러한 결정에 따르려는 함장을 살해하고 일본을 핵으로 공격하려한다.[121)] 이것도 앞의 '크림슨 타이드'와 유사하게 핵미사일을 사용하는 문제와 얽힌 명령체계의 갈등과 한국정부의 핵잠수함 폐기명령에 항명을 하는 일단의 한국 최초의 핵잠수함 근무 장병들을 그리고 있다. 또한 그러한 맥락에서 선상반란을 동일하게 같은 소재로 활용하고 있다.

7) 『붉은 10월』(The Hunt for Red October)[122)]

---

120) 민병천 감독이 최민수(부함장 202 역), 정우성(431 역), 윤주상(함장 역), 설경구(432 역)등을 주연으로 하여 1999년 7월 31일에 개봉한 영화이다.

121) http://movie.naver.com/movie/bi/mi/basic.nhn?code=25579

122) 존 맥티어난(John McTiernan) 감독이 숀 코너리(Sean Connery), 알렉 볼드윈(Alec Baldwin), 스콧 글렌(Scott Glenn) 등을 주연으로 하여 1990년 3월 2일에 개봉하였으

소련의 잠수함 기지(Soyiet Sub Base) 북쪽 무르만스크(Murmansk) 항 근처의 폴리자르니 해협(Polijarny Inlet)에서 최신 핵 잠수함 '붉은 10월'호가 새로 설치된 소음 제거 추진 장치의 실험을 위해 해저 훈련을 떠났는데 이것은 속임수이고 사실은 오랫동안 소련의 체제에 염증을 느낀 함장 마르코 라미우스(Marin Ramius : 숀 코넬리 분)와 부함장 및 부하장교들이 미국으로 망명하기 위한 출항이었다. 마르코 함장은 감찰장교 푸틴을 죽이고 본격적인 망명작전에 들어간다.

초고속으로 해저 항진을 해도 아무 소리가 들리지 않는 가공할 만한 핵 잠수함이 항로에서 갑자기 실종이 되자 이를 추적하던 소련과 미국에서 비상이 걸린다. 소련 정부에서는 붉은 10월호를 폭파하기 위해 전 함대를 동원하고, 미국 정부는 핵탄두를 실은 잠수함이 미국 전역을 강타하려는 것

며 한국에서는 1990년 6월 23일 개봉한 영화이다. 해병 출신의 미국 중앙정보부(CIA) 소속의 해군사관학교 교수 잭 라이언(Jack Ryan)이 활약하는 톰 클랜시(Tom Clancy)의 원작을 영화화한 작품으로『다이하드』를 감독한 액션 스릴러의 거장 존 맥티어난이『다이하드 2』의 연출을 포기하고 제작했다. 같은 주인공이 활약하는 속편 격인『패트리어트 게임』(Patriot Games)이 1992년에 제작되었다.

1984년 출판된 톰 클랜시의 '붉은 10월호를 추적하라'는 극비리에 제작된 소련 최신예 핵 잠수함 '붉은 10월' 호가 돌연 행방불명되어 소련과 미국에서 동시에 추적을 받게 되는 긴박감 속에 이들이 미국으로 망명할 것임을 눈치챈 주인공 잭 라이언이 활약하는 내용이다. 이 소설은 1975년 구 소련 프리키트함 함장이 자신의 배를 끌고 미국에 망명하려다 실패한 사건에서 힌트를 얻어 쓴 것이다. 미국 중앙정보부의 정보분석요원으로 있는 잭라이언은 영국 정보부(SIS)에게서 소련의 신형 미사일 잠수함에 대한 사진을 얻는다. 그 잠수함의 이름은 '붉은10월' 호이며, 타이푼(Typhoon)급 미사일잠수함이지만 기존의 타이푼 급과는 달리 동체 옆 부분에 용도를 알 수 없는 문이 달려있는 것이었다. 중앙정보부에서도 그 문의 용도를 추측하지 못하자, 라이언은 자신의 친구인 타일러에게 사진을 보이고는 그 문이 새로운 소음 제거 추진장치 임을 알아낸다.

http://movie.naver.com/movie/bi/mi/basic.nhn?code=10519 ; http://movies.yahoo.com/movie/1800079223/info

이 아닌가 하는 불안에 사로잡혀 추격 명령을 내린다. '붉은 10월' 호의 출항 직전부터 그 존재를 감지한 미국 중앙정보부(CIA) 요원 라이언은 마르코 함장의 의도를 직감하고, 도울 방법을 강구하기 위해 '붉은 10월' 호에 가장 가까이 있는 미국 잠수함 댈러스 호로 달려간다. 그리고 라이언은 소련 해군을 견제하기 위해 영국 항공모함 인빈서블 호를 댈러스 호와 합동기동작적을 하도록 요청을 한다. 한편 미국과 소련의 추격전 속에서도 동요됨이 없이 붉은 10월호는 미국 동부해안으로 항진을 계속한다. 이에 소련에서는 수십 척의 공격용 핵 잠수함과 수상함을 출동시켜 붉은10월 호를 찾는다. 미 중앙정보부에서는 소련 해군의 이런 행동과 소련 내 정보원 카디날(cardinal)의 정보로 라미우스가 망명을 시도하고 있다는 것을 알아낸다. 하지만, 그들의 망명은 받아들인다 해도 잠수함은 돌려 줄 수밖에 없는 입장이라 난처해한다. 미 해군의 688급 잠수함 댈러스 호에서는 음파탐지병 존스가 전에 듣지 못했던 조용한 타이푼 호를 감지하고는 계속 추적한다. 댈러스 호와 인빈서블 호의 합동작전으로 드디어 라미우스 함장과 접촉하는데 성공하고, 함장은 원자로 사고를 핑계로 붉은10월 호의 승무원들을 하선시키는 한편 붉은10월 호가 침몰했다고 믿게 하기 위해 미국은 낡은 핵잠수함 한 척을 대신 침몰시킨다.

라이언과 댈러스 호 함장 맨쿠조, 음파탐지병 존스 등은 붉은10월 호에 옮겨 타고 다른 잠수함들의 호위를 받아 해군기지인 노포크로 향한다. 배 안에 남아있던 소련 정보국 요원의 공작으로 잠수함 안의 미사일이 폭발할 위기를 맞지만 라이언이 그를 사살한다. 노포크로 가던 도중, 붉은10월호는 잠복해 있던 소련 알파급 잠수함 코노발로프 호의 공격을 받는다. 미국 잠수함은 반격을 할 수 없는 위기의 상황에서, 라미우스의 뛰어난 조함 능력으로 붉은10월 호는 치명적인 손상을 피하고 코노발로프 호를 격침시킨다. 소련은 붉은10월 호가 침몰했다는 것에 의심을 품지 않는다. 마침내 마르코 함장과 라이언, 댈러스 호 함장 맨쿠스의 뛰어난 기지로 라미우스 일행은 감쪽같이 미국 망명에 성공한다.[123)]

이 영화 역시 미국으로 망명하려고 하는 붉은 10월호 선장을 비롯한 몇몇 군관계자들이 상부의 명령을 받아들이지 않고 자신들의 목적인 미국망명을 어렵사리 따내는 것을 주 내용으로 하고 있다. 상명하복이 목숨보다 더 소중하게 인식되는 특수조직인 군에서 그것도 최고의 정예들만 엄선하여 훈련시켜 배치한다는 잠수함부대에서 더 나아가 그 잠수함부대의 함장이 상부의 명령을 거부하고 자신의 목적인 미국으로의 망명을 감행한다는 것은 명령통일의 원칙이 지켜지기 어려운 또 다른 일면을 우리에게 시사해주고 있는 것이다.

8) 『비상계엄』(The Siege)[124)]

관료제의 상급기관에서 내린 (부적절한) 명령을 받아들일 것인가 그렇지 않으면 이를 무시하고 자신의 소신에 따른 행동을 할 것인가를 둘러싼 딜레마를 적나라하게 그리고 있는 영화이면서 관료제 내의 영향력 있는 공직자가 그릇된 생각으로 잘못된 명령을 내릴 경우 그 결과가 어떻게 되는가를 상정해 볼 수 있는 영화로 '비상계엄'을 들 수 있다.

이 영화에서 윌리엄 데버러 장군은 초기에는 사려 깊고 신중한 성격의 소유자로 묘사가 되지만 일단 비상계엄이 받아들여져 선포가 되자 돌변을 하여 강경분자로 탈바꿈을 한다. 그는 비상계엄과 함께 인권을 무시하는 명령을 내리게 된다. 그의 명령에 의해 아랍계에 대한 격리 수용이 이뤄지

---

123) http://movie.naver.com/movie/bi/mi/basic.nhn?code=10519

124) 에드워드 즈윅 감독이 덴젤 워싱턴(앤소니 '허브' 허바드 역), 아네트 베닝(엘리스 크래프트 역), 브루스 윌리스(윌리엄 데브로 역) 등을 주연으로 하여 1999년 1월 9일에 개봉한 영화이다.

고 군은 뉴욕의 아랍 계 미국인을 모두 검거하는 초강수로 나오게 된다. 그리고 당연한 결과인 듯 격렬한 심문과정에서 한 아랍인이 사망하는 사건도 터지게 된다. 이러한 데버러 장군의 강경한 명령을 바탕으로 하여 비상계엄을 펼쳐 나가는 군부와 이를 염려스럽게 판단하고 유연성을 가지고 사태를 수습하려는 미국 중앙정보부(CIA)와 미국 연방수사국(FBI) 간에 갈등을 빚는다.[125] 비상계엄 하에서 테러리스트들에 대한 추격이 가속화 될수록 이들 세 기관은 민주주의 구조와 그 성립 전제를 위협하는 끔찍하고 무서운 갈등에 빠진다.

9) 『로보캅』(RoboCop)[126]

관료제의 상급기관에서 내린 (부적절한) 명령을 받아들일 것인가 그렇지 않으면 이를 무시하고 자신의 소신에 따른 행동을 할 것인가를 둘러싼 딜레마를 적나라하게 그리고 있는 영화이면서 공공기관의 민영화(사악한 기업들이 공공기관을 합법적으로 가지고 운영할 때)가 가져올 폐해에 대해 그리고 있는 영화이다. 특히 공공기관의 민영화에 대한 시나리오는 그 결과가 너무나 끔찍스럽게 묘사되고 있다. 자동차산업의 쇠퇴로 시 재정이 적자상태로 전락하여 어려운 상태에 처해있던 시 당국은 결국 재벌기업인 '오씨피'(OCP)에게 치안을 떠넘기게 된다. 오씨피는 경영슬림화를 위해 경찰의

---

125) http://movie.naver.com/movie/bi/mi/basic.nhn?code=19523

126) 『로보캅』(RoboCop)은 폴 버호벤 감독이 피터 웰러(로보캅 역), 낸시 알렌(앤 루이스 역) 등을 주연으로 하여 1987년에 개봉한 영화이다. 그리고 뒤이어 나온 『로보캅 2』(Robocop 2)는 어빈 커시너 감독이 피터 웰러(로보캅 역), 토마스 로잘레스 주니어(체트 역), 존 글로버(매그나볼트 역) 등을 주연으로 하여 1990년 7월 28일에 개봉한 영화이다. 『로보캅 3』(Robocop 3)는 프레드 데커 감독이 로버트 버그 등을 주연으로 하여 1993년에 개봉한 영화이다.
http://movie.naver.com/movie/bi/mi/basic.nhn?code=10217

임금과 연금을 삭감하고 이에 위기의식을 느낀 경찰은 노조를 결성해 파업을 하게된다. 결국 고래싸움에 새우 등 터지는 식으로 이러한 힘겨루기의 희생양은 자연스럽게 시민이 된다. 치안부재의 상황은 지속되고 디트로이트(Detroit)는 과거의 영광을 뒤로 한 채 무법과 사악이 판치는 일그러진 도시로 바뀐다. 재벌 기업 OCP에서는 이 기회를 이용해 아예 디트로이트 시를 인수해 버릴 계획을 세운다. 미치광이 로보캅을 만들어 거리에서 혼란을 일으키게 한 뒤 시를 장악하겠다는 것이 그들의 계획 된 시나리오였다. 일 개 기업이 경찰업무를 위탁받고 그런 후 치안부재를 만들어 시 업무 전체를 손아귀에 넣으려고 하는 민주주의에 배치되는 음모를 자행한다는 점을 극화시켜 보여줌으로써 공공기관의 민영화에 대해 경종을 울려주고 있는 것도 이 영화의 또 다른 일면이다.

로보캅 1편이나 2편 그리고 3편 모두 기계문명과 자본주의가 극도로 치달은 미래의 도시 디트로이트 시를 배경으로 하여 펼쳐진다는 점도 아이러니하다 하겠다.

10) 『월·E』(Wall·E)

이 영화는 애니메이션 영화로서 2008년 8월 6일 개봉이 되었다. 앤드류 스탠튼 감독이 벤 버트(월-E / M-O 목소리), 엘리사 나이트(이브 목소리), 제프 가린(선장 목소리) 등을 목소리로 출연시켜 애니메이션 영화를 만들었다. 영화의 핵심내용은 지구폐기물분리수거로봇(WALL-E : Waste Allocation Load Lifter-Earth-Class)과 지구상태를 분석하기 위해 파견한 탐사로봇 이브(EVE : Extra-terrestrial Vegetation Evaluation) 간에 사랑이 싹트고[127] 이들이 지구귀환을 학수고대하며 먼 우주를 떠돌고 있는 대형 우주선 안에 타고 있는 지구

127) http://movie.naver.com/movie/bi/mi/detail.nhn?code=69105#movietalk

인들을 지구로 다시 귀환을 시킨다는 것이다.

이 영화에서 명령통일의 원칙이 지켜지지 못하고 항명을 하는 장면이 나타난다. 모든 명령이 컴퓨터에 프로그램화 되어있는 자동항법장치가 선장의 지구로의 귀환명령을 거부하게 되는 것이다. 이를 좀 더 구체적으로 서술하자면 다음과 같다.

고향별 지구로 돌아갈 날만 기다리는 인간들이 탑승한 대형 우주선 엑시엄(Axiom)의 자동항법장치가 지구로의 귀환을 주장하는 선장의 명령에 항명을 한다. 항명을 하는 이유는 이미 자동항법장치에 프로그램화 되어있는 명령이 들어가 있기 때문이었다. 사이몬은 의사결정방법을 두 가지로 분류하여 구분하고 있다. 하나는 프로그램화 되어있는 의사결정과 다른 하나는 프로그램화 되어있지 않는 더 정확하고 엄밀하게 이야기하자면 프로그램화 될 수 없는 의사결정이 그것이다.[128] 자동항법장치나 로봇 등에 명령을 프로그램화하여 그 프로그램에 따라 말하고 행동하게 하는 것은 프로그램화 되어있는 의사결정의 예라고 말 할 수 있다. 표준운영절차(SOP)도 프로그램화 되어있는 의사결정으로 이해할 수 있다. 그러나 프로그램화 되어있지 않거나 혹은 프로그램화 될 수 없는 의사결정은 맥아더 장군의 인천상륙작전에 대한 의사결정이나 아이젠하워 장군의 노르망디 상륙작전 등을 그 예로 들 수 있다. 맥아더는 인천상륙작전을 결정하려고 할 때 자신의 참모들로부터 강력한 반대에 직면했었다. 그 이유는 조석간만의 차이가 너무 커서 상륙작전은 무리라는 이유에서였다. 그러나 맥아더는 '바로 그러한 생각을 북한의 군 수뇌부들도 하고 있기 때문에 이 작전이 성공할 수 있다.'고 부하를 설득하여 상륙작전을 성사시키고 이것의 성공으로 인하여 한국전쟁의 전쟁양태를 급반전시킬 수 있었다. 이와 같이 프로그램화

128) Herbert A. Simon, *The Shape of Automation for Man and Management* (New York : Harper Torch Books, 1965).

되어있지 않는 의사결정은 상황과 여건 그리고 시간의 적시성 그리고 불확실성의 정도 등에 따라 그 난이도가 높거나 낮아질 수 있다. 어쨌든 자동항법장치의 항명을 물리력으로 제압한 선장은 우주선을 되돌려 지구로 귀환을 하게 된다. 프로그램화 되어있는 의사결정이나 이에 따른 행동이 잘못되어질 경우 어떠한 일이 발생할 수 있을 것인가를 생각하게 해주는 영화로 평가할 수 있다.

11) 『페인터』(The Marksman)

이 영화는 마커스 아담스가 감독을 맡고 웨슬리 스나입스가 페인터 역으로 주연을 맡아 촬영이 되고 2005년에 개봉이 되었다. 영화의 줄거리는 러시아 정부에 반감을 가지고 있는 이고르 자이산 장군이 러시아 반군을 이용하여 캄셰프 원자력발전소를 점령한다. 그는 1급 지명수배자인 무기거래상 존 리 킴을 통해 못 쓰는 북한의 연료봉을 공급받아 4개의 원자로 중 1개의 원자로에 연료봉을 다시 장착하여 핵분열을 일으켜 미국과 기타지역에 위협을 가하려고 한다. 이에 미국 정부는 대규모 공중 폭격으로 원자로에 연료봉을 장착하기 전에 원자로를 없애버리려고 하지만, 오염이 심각한 지역으로 폭격을 하게 되면 10만 명이 즉사하고, 바람이 불면 방사능 낙진으로 피해가 심각해지기 때문에 폭격작전계획은 취소가 된다. 그리고 그 대안으로 원자로 제거와 연구원 아더 모핏 등 인질들을 구조하는데 적임인자를 찾아 나선다. 결국 보스니아에서 표적을 잘못 찍어 임무를 망쳐버린 마크맨 페인터(웨슬리 스나입스 분)를 위시한 특수공작팀을 결성해서 원자력발전소에 침투시킨다.[129] 그러나 임무가 성공하는 듯 싶다가 결국 특수공

129) http://movie.daum.net/movieinfo/news/movieInfoArticleRead.do?articleId=685144
http://movie.naver.com/movie/bi/mi/basic.nhn?code=42805

작팀은 반군들에게 잡히는 신세가 된다. 잡히지 않은 페인터는 이들을 구출해 내고 또 다른 음모가 있음을 직감하게 된다. 그는 특수공작팀 팀장의 명령에 이의를 제기하고 자기의 판단에 따른 독자적인 행보를 취해나간다. 그리고 그의 판단은 적중을 한다. 만약 그가 팀장의 명령에 따랐더라면 원자력발전소의 원자로를 파괴하는 작전은 수포로 돌아갔을지도 모르는 일이었다.

앞에서 살펴 본 『태양의 눈물』처럼 합당한 이유와 예리한 통찰력에 입각하여 명령을 거부하고 상관의 명령과는 다른 행동을 취한 것이 결국 결과를 좋게 만들게 된 것이다. 그는 표적을 찍어주는 마크맨으로서 보스니아에서의 불명예를 회복하는 좋은 계기를 마련하게 된 것이다. 상명하복이 명확한 군대조직에서 조차 이와 같이 명령통일의 원칙이 지켜지지 않는 경우는 얼마든지 있을 수 있고 결과적으로 이러한 항명이 조직목적 실현에 도움이 되는 경우도 종종 일어날 수 있음을 이 영화는 잘 보여주고 있다.

제 7 장

관료조직의 부패와 부조리

1. 관련 이론 및 사례의 개관

제1회 한국윤리경영상을 수상했고, 경실련 산하 경제정의연구소가 제정한 제2회 '바른외국기업상'까지 받았던 한 다국적기업이 비자금을 조성하고 이를 바탕으로 군, 검찰, 정보통신부, KBS 등 소위 힘 있는 기관들에게 뇌물(로비자금)을 주고, 심지어 입찰 담합까지 주도한 사건[130]은 다국적 기업까지 공직사회의 일상화된 부패 관행에 가담하지 않으면 안 되는 이 땅의 현실에 충격을 받지 않을 수 없게 만든다. 또한 한국의 몇 손가락 안에 드는 재벌기업 중 하나인 모 기업의 회장이 1조원의 회사자금을 유용한 혐의를 받고 있는 것은 충격적이다. 전경련 회장을 역임한 대표적인 전문경영인이라는 점에서도 그렇지만 무엇보다 1조원이라는 금액 자체가 너무 예상 밖으로 큰 규모인데다 이 과정에서 비자금을 개인적인 용도로 사용하거나 정치권에 제공했을 가능성이 큰 것으로 보고 있는 검찰의 시각 때문이

130) 『조선일보』, 2004. 1. 7.

기도 하다.[131] 사법당국에 의해 실체적인 진실이 밝혀지겠지만 만약 이러한 불법사실이 거짓이 아닌 사실로 드러난다면 대기업의 정치권로비와 관련된 검은 거래의 실체가 드러나는 것으로 고질적인 정경유착의 뿌리가 아직도 근절되지 못하고 있는 우리의 현실을 다시 한번 확인하는 꼴이 되고 마는 것이다.

미국의 제39대 부통령 애그뉴(Spiro Theodore Agnew)는 1973년 10월 10일 현직에서 사임을 했다. 메릴랜드 주지사 재임 중 연방소득세를 고의로 탈세한 혐의가 드러나 기소위기에 몰리자 도중하차한 것이다. 닉슨 대통령이 워터게이트에 시달릴 때 사사건건 언론과 충돌하며 행정부의 거친 입을 자처했던 실세가 2만9,500달러를 탈세했다 해서 불명예 퇴진을 당하는 게 미국이라는 나라다.

1986년 10월 터진 '이란-콘트라 스캔들'(Iran-Contras Scandal)[132]과 1994년 사건이 본격화된 '화이트워터 스캔들'(Whitewater Scandal)을 이와 맥을 같이 하는 사례로 들 수 있다.

이란-콘트라 스캔들은 결국 레이건 대통령의 집권 후반과 부시 대통령의 집권 초반을 멍들게 하였다. 또한, 화이트워터 스캔들은 빌 클린턴 대통령을 재임기간동안 줄곧 따라다니며 괴롭힌 악재로 작용을 하였다.

이외에 워터게이트사건(watergate scandal)이나 일본의 록히드 뇌물사건[133],

---

131) 『조선일보』, 2004. 1. 10., A35면.

132) 덴하르트(Robert B. Denhardt)와 복(Sissela Bok)은 워터게이트 사건과 이란-콘트라 사건이 공무원 윤리와 관련된 논의에 기폭제가 되었다고 주장하고 있다. Robert B. Denhardt, *Public Administration : An Action Orientation* (Belmont & Albany : Wadsworth Publishing Company, 1995), 107면. ; Sissela Bok, *Lying : Moral Choice in Public and Private Life* (New York : Vintage Books, 1978), 174~191면. ; Sissela Bok, *Secrets* (New York : Vintage Books, 1983), 105~107면.

133) 록히드뇌물사건은 워터게이트사건으로 닉슨 미국 대통령이 물러난 지 2년 뒤인 1976년 2월 미국 상원 외교위원회의 다국적기업 소위원회의 공청회에서 시작이 되

리쿠르트 게이트[134] 등도 이와 같은 성격을 가지는 스캔들로서 정부 불신을 증폭시켰다.

미국과 같은 선진국은 그렇다 치고 후진국일수록 부패지수가 높고 권력자나 주변의 축재 액수도 엄청나다. 남미에서는 한때 독재자들이 거액을 챙겨 해외로 달아나는 게 유행인 적도 있었다. 스토로에스네르 전 파라과이 대통령은 20억 달러를 챙겨 브라질로 달아났었다. 필리핀의 마르코스 전 대통령이 스위스 은행에 은닉한 4억5000만 달러가 얼마 전 환수되기도 했다. 인도네시아의 수카르노가 혁명기금 명목으로 축재한 돈은 무려 117억5,000만 달러에 달했다 한다.[135]

공직에 필요악처럼 따라 붙는 부패현상에 대해 올바른 개념정의를 내린다는 것은 매우 어려운 일이다. 왜냐하면 공직부패란 속성상 특정한 국가, 사회의 정치제도, 국민의 가치관 내지는 도덕성, 그리고 사회적 경향을 반영하는 것[136]이기 때문이다. 그래서 이에 대한 개념정의가 학자마다 다르며, 이렇게 개념정의 된 개념자체도 포괄적이거나 제한적인 경우가 많이

었다. 미국 항공기 제작사인 록히드의 회계담당자가 신형 항공기의 판촉을 위해 일본, 독일, 프랑스, 이탈리아 등에 총액 1600만달러의 뇌물을 제공했다고 증언한 것이 계기가 되어 관련 각 국이 이에 대한 수사에 착수를 하게 되었다. 일본 검찰은 수사 개시 6개월만에 다나카 전 총리가 록히드로부터 5억엔의 뇌물을 받은 혐의를 포착하였고 당시 검찰총장은 검찰 역사상 처음으로 성역 없는 수사를 지시하여 다나카 전 총리가 1심과 2심에서 징역 4년, 추징금 5억엔의 유죄 판결을 받게 하였으나 다나카 전 총리는 상고 중인 93년 사망했다. 이 사건은 1995년 2월 최고재판소에서 다나카 전 총리 등 11명에게 유죄가 확정됨으로써 종결되었다.

134) 일본에서 자행되어 온 정치적 뇌물스캔들에 대한 연구를 위해선 다음의 책이 매우 유용하다.

Richard H. Mitchell, *Political Bribery in Japan* (Honolulu, Hawaii : University of Hawaii Press, 1996)

135) 『조선일보』, 2003. 10. 16., A30면.

136) James C. Scott, *Comparative Political Corruption* (Englewood Cliffs, N.J.: Prentice-Hall, 1972), 3면.

있다.[137] 그러나 명확한 개념정의는 연구의 범위에 대해 적절한 한계를 제시해 줄 수 있을 뿐만 아니라 연구의 방향을 제시[138]해 주고 경우에 따라선 연구의 내용까지 사전적으로 규정해 줄 수 있기 때문에 이에 대한 노력을 게을리 할 수 없는 것이다.

이런 맥락에서 우선 하이덴하이머(Arnold J. Heidenheimer)의 관료부패에 대한 개념정의를 내려보면 그는 비교방법을 택하여 부패의 개념을 세 가지 범주로 나누어 파악하는데 첫째는 공직과 관련된 개념, 둘째는 시장중심적 개념, 셋째는 공익과 관련된 개념으로 나누어 보고 있다.[139] 즉 공직 중심의 개념으로서 공직에서의 일탈 즉 공직자로서의 본분을 망각하고 공직자의 의무를 위반하는 행위이기나[140] 시장중심의 개념으로서의 시장에서

137) 사실 이러한 행동은 윤리적이고 저러한 행동은 비윤리적이라는데 대한 사회적 합의를 도출하기가 매우 어렵다. 예를 들어 이란-콘트라스캔들의 주역 중 하나인 노스(Oliver North)중령의 행동을 대통령을 지지하는 충성스러운 윤리적인 행동으로 볼 수 있는 반면 다른 쪽에선 이를 국민을 기만하는 행동으로 볼 수 있다. Thomas M. Holbrook and Kenneth J. Meier, "Politics, Bureaucracy and Political Corruption : A Comparative State Analysis," In H. George Frederickson(ed.), *Ethics and Public Administration* (Armonk and New York : M. E. Sharpe, 1993), 30면.

138) Thomas D. Cook, et al., *Quasi Experimentation* (Chicago, Ill. : Land Mcnally College Publishing Co., 1979), 1~30면. ; 윤태범, "한국관료부패의 유형과 구조의 변화에 관한 연구 : 제3공화국에서 제6공화국까지", 서울대학교 대학원 행정학박사학위논문, 1992. 12., 15면에서 재인용.

139) 여기에서 하이덴하이머가 내린 개념정의는 세 가지 범주가운데 그 어느 하나도 독자적으로 완전 무결한 정의라고 단언하기 어려우며 특히 그의 분류는 단일기준에 의해서 분류되지 못 하였을 뿐만 아니라 부패의 주체, 결과 그리고 원인 등이 복합적으로 구성되어 있기 때문에 통일성을 찾기 어렵다고 지적하고 있다. Arnold J. Heidenheimer, *Political Corruption : Readings in Comparative Analysis* (N.Y. : Holt, Rinehart and Winston, Inc., 1989), 4~6면. ; 윤태범, "한국관료부패의 유형과 구조의 변화에 관한 연구 : 제3공화국에서 제6공화국까지", 서울대학교 대학원 행정학박사학위논문, 1992. 12., 17면.

140) 보다 쉽게 표현하자면 부패를 개인적 이익 목적을 위해 법적이고 공적인 공무원으

의 경제적 일탈행위 즉 정부의 행정봉사업무에 암시장이 형성되는 것[141)]그리고 공익중심의 개념으로서 공익으로부터의 일탈로 야기되는 행위, 예를 들자면 공직자가 법적으로 규정되지 않는 금전이나 보상을 제공한 자에게 혜택을 주는 행위 등을 공무원부패로 이해하고 있다.[142)] 여기에서 주의깊게 생각해 볼 점은 하이덴하이머의 공익과 관련된 개념을 넓게 보면 부패는 비윤리적 행태와 유사하게 되는 반면, 공직 중심의 개념을 아주 좁게 보면 부패는 불법적 행태로 국한시켜 볼 수 있다는 점이다.

맬렉(Kathryn L. Malec) 역시 부패를 3가지 기준에 입각해 개념정의하고 있다. 첫째는 법적 기준이다. 공직자들이 행한 정치적 행동이 공직자들이 준수해야할 법을 어겼다면 부패라는 것이다. 둘째, 공공이익 적 기준이다. 공익에 반하는 공직자의 행위는 부패라는 것이다. 셋째, 여론에 의한 기준이다. 공직자의 행위에 대해 여론이 옳지 않다고 결정하였다면 부패라는 것이다.[143)]

나이(Joseph S. Nye)는 "사적 이익을 위해서 공직의 규범적 의무에서 일탈된 행위를 하는 것"으로 이해한다. 여기에서 사적인 것은 자기 자신은 물론 가족, 친지, 사적 도당까지 포함되고 이익에는 금전적 이익은 물론 비 금전적인 신분상승도 포함시키고 있다.[144)]

로서의 책임규범으로부터 일탈하는 것을 의미한다.

141) 부패를 공무원의 합리적 효용극대화 행태의 일부분으로 보는 것이다.

142) Arnold J. Heidenheimer, *Ibid.*, 1989., 4~6면. ; Arnold J. Heidenheimer, "Problems of Comparing American Political Corruption," In Arnold J. Heidenheimer, Michael Johnston and Victor T. LeVine(eds.), *Political Corruption : A Handbook* (New Brunswick, N.J. : Transaction Books, 1990).

143) Kathryn L. Malec, "Public Attitudes toward Corruption : Twenty-Five Years of Research," In H. George Frederickson(ed.), *Ethics and Public Administration* (Armonk and New York : M. E. Sharpe, 1993), 13면. ; John G. Peters and Susan Welch, "Political Corruption in America : A Search for Definitions and a Theory," *American Political Science Review*, Vol.72, (Sep. 1978).

144) J. S. Nye, "Corruption and Political Development : A Cost-Benefit Analysis", In

미르달(Gunnar Myrdal)은 "부패란 공공행정에서 차지하는 특수한 지위나 공직과 관계 있는 영향력이나 권력을 이기적으로 부당하게 사용하는 행태나 수뢰(收賂)행위의 모든 형태"라고 규정하고 있다.[145] 요약하면 "공직과 관련 있는 영향력이나 권력을 부당하게 사용하는 행태"로 보는 것이다.[146]

류이(A. Y. C. Lui)는 "부패란 공직의 비정상적인 모든 유형의 행태를 망라한다. 뇌물, 관리의 금품강요, 공금횡령, 정실주의, 족벌주의, 그리고 파벌주의 등이다."[147]

홀부르크(Thomas M. Holbrook) 등은 부패를 불법적 행동으로 시민과 공무원간의 계약을 위반한 것으로 개념정의를 하고 비윤리적 행동과 차별화하고 있으며[148] 애플리비(Paul Appleby) 역시 불법적인 것과 비윤리적인 것을 구분하고 있다. 그는 책임지는 것을 기꺼워하지 않거나 사람들을 다루는 문제에 무능력하거나 제도적 자원을 효과적으로 사용하지 못하는 것 그리고 관료적 문제의 해결에 열의를 가지지 못하는 것 등을 불법은 아니지만 비윤리적이라고 개념정의를 하고 있다.[149] 또한 홀부르크는 비윤리적

M. U. Ekpo(ed.), *Bureaucratic Corruption in Sub-Saharan Africa : Toward a Search for Causes and Consequences* (Washington, D.C. : University Press of America, 1979) ; 백완기, 『행정학』(서울 : 박영사, 1998), 417~418면.

145) Gunnar Myrdal, "Corruption : Its Causes and Effects", *Asian Drama : An Inquiry into the Poverty of Nations* (N. Y. : Vintage Books, 1971), ch.14. ; Gunnar Myrdal, *The Challenge of World Poverty* (New York : Vintage Books, 1969).

146) Myrdal, *Ibid.*, 1971, 200~201면.

147) A. Y. C. Lui, *Corruption in China During the Early Ch'ing Period : 1644 to 1660* (Hong Kong : University of Hong Kong, Center of Asian Studies, 1979).

148) Thomas M. Holbrook and Kenneth J. Meier, "Politics, Bureaucracy and Political Corruption : A Comparative State Analysis," In H. George Frederickson(ed.), *Ethics and Public Administration* (Armonk and New York : M. E. Sharpe, 1993).

149) Paul H. Appleby, *Morality and Administration in Democratic Government* (Baton Rouge : Louisiana State University Press, 1952) ; Stephen K. Bailey, "Ethics in the

행위를 불법적인 부패보다 더 넓은 개념으로 이해를 하고 있으며 비윤리적 행위 내에 부패가 포함되는 것으로 설명하고 있다.[150)]

로르(John Rohr)는 행정 윤리적인 것은 다분히 상황적이지만 불법적인 관료행위는 상황과는 무관하게 법 적 책임을 지는 것이라고 보고 있으나 이에 대한 비판은 윤리적이라 할 수 있는 것은 상황에 따라 조직에 따라 그러면 달라져도 괜찮다는 이야기냐고 반문을 한다.[151)]

전수일은 "공직자가 사리사욕을 위해서 공직에 부수되는 공권력을 남용하거나 공직에 있음을 기화로 영향력을 직·간접적으로 행사함으로써 법규를 위반하는 경우 및 의무불이행 또는 부당 행위 등으로 규범적 의무를 일탈(逸脫)하는 경우"로 규정하고 있고[152)] 김영종은 "발전도상국에 있어서 관료의 행태, 관료체제의 역기능 그리고 사회, 문화적 환경의 수요와 공급의 3자적 관계의 부산물"로 규정짓고 있다.[153)]

윤태범과 이종수는 공무원부패란 "공무원이 자신의 직무와 직·간접적으로 관련된 권력을 부당하게 행사하여 사익을 추구하거나 혹은 공익을 침해

Public Service," In Robert Golembiewski, Frank Gibson, and Geoffrey Y. Cornog(eds.), *Public Administration* (Chicago : Rand McNally, 1966).

150) Thomas M. Holbrook and Kenneth J. Meier, *op. cit.*, 29면.

151) John Rohr, *Ethics for Bureaucrats* (New York : Marcel Dekker, 1989) ; Kathryn G. Denhardt, *The Ethics of Public Service* (Westport, CT : Greenwood, 1988).

152) 전수일, "관료부패연구 : 사회문화적 접근", 『한국행정학보』, 18권, 1호 (1984), 145면.

153) 김영종은 부패의 실체에 대한 이해에서 학자들간에 의견이 분분하며 시각이 단면적이라고 지적하고 각개의 개념을 통합하여 정리한 개념이 바람직하다고 보고 다음과 같이 부패를 개념정의하고 있다. "부패란 관료가 국민의 공익추구라는 본분을 망각하고 사회문화적 규범을 위반하거나 일탈하는 행정현상이며 그 주요변수인 관료의 행태체제 그리고 사회문화적 환경간의 상호 적절한 조절의 결함에서 야기된 관료현상 및 일탈현상이다." 김영종, "개발도상국가들의 관료부패모형정립", 『한국행정학보』, 19권, 2호 (1985), 143면. ; 김영종, "군사문화가 부패를 구조화 시킨다.", 『신동아』 5월호, 162면.

한 행위"라고 비교적 포괄적으로 개념을 정의하여 이해하고 있다.[154]

이상의 부패에 대한 개념적 논의를 나름대로 정리해 보면 "부패란 공공생활에서 차지하는 특수한 지위나 공직과 관계있는 영향력이나 권력을 국민의 공익추구라는 본분을 망각하고 아기적으로 부당하게 사용하여 사회문화 적 규범을 위반하거나 일탈하는 현상"으로 볼 수 있는 것이다.

이러한 개념정의를 도덕가(moralists) 적 개념정의라고 칭할 수 있다. 그러나 이러한 정의는 나름대로 한계를 지니는데 우선 사회적 현상을 개인화하는 경향이 있다는 점과 둘째로 옳고 그름으로 이원화하는 경향이 있고 셋째로 법체계가 정확히 부패행위를 규명하기 어렵게 만든다는 것이다.[155] 케이든(G. Caiden)은 이러한 정의가 사회적 환경이나 여건에 대한 고려를 적게 하고 있으며 공식적 규범과 실제적으로 적용되는 비공식규범간의 괴리를 실증적으로 검증을 하지 않은 관계로 개념상 활용에 한계를 가질 수 있다[156]고 주장하고 있는 것도 이와 맥을 같이 하는 것이다.

개념정의와 연관 지워 논의해야 할 내용으로 공직부패에 대한 접근시각이 있는데 이에는 크게 '기능주의 적 접근'과 '후기 기능주의 적 접근'이 있다.

이것은 앞의 도덕가 적 개념정의와는 달리 부패가 사회경제적 발전에 작용하는 실제 기능적 관점에서 정의를 내리고 있다. 예를 들어 정치적으로 부패한 것은 정치발전을 증진시키는데 그 이유는 이러한 부패가 공공정책에 시민참여를 촉진시키기 때문이라는 것이다. 또한 기존의 경제시스템

---

154) 윤태범, "앞의 논문", 19면. ; 이종수·윤영진 외, 『새행정학』(서울 : 대영문화사, 2001), 226면.

155) David J. Gould, "Administrative Corruption : Incidence, Causes and Remedial Strategies," In Ali Farazmand(ed.), *Handbook of Comparative and Development Public Administration* (New York : Marcel Dekker, Inc., 1991), 468~469면.

156) G. Caiden and N. Caiden, "Administrative Corruption," *Public Administration Review*, Vol.37, 1977.

이 비능률적이고 정치참여가 저조한 체계에서는 부패가 오히려 어떠한 종류의 능률성을 창출해 낼 수도 있다는 것이다. 만약 기존 체제가 나쁘다면 오히려 부패는 이런 체제를 위해서는 좋을 수도 있다는 주장이다.[157] 또한 부패는 관료제의 무기력을 극복하는데 사용될 수도 있을 뿐만 아니라 변화를 싫어하는 행정관료들로 하여금 변화에 대한 요구에 반응토록 하는 데도 유용할 수 있다는 주장도 있다.[158]

이러한 기능주의 적 접근시각의 내용을 보다 구체적으로 살펴보기로 하자.

기능주의 적 접근은 1960년대까지 주류를 이루었던 것으로 공직부패를 국가가 성장하여 어느 정도 발전단계에 들어섰을 때는 소멸되는 자기 파괴적인 것으로 이해하는 입장이다. 이런 시각에서 볼 때는 공직부패란 후진국에서만 일어나는 병리현상 등으로 이해하며 발전의 부산물로서 사익을 위해 일시적으로 비도덕적인 공무원에 의해서 자행되는 개인적 행동으로 이해하는 것이다.[159]

---

157) David J. Gould, *Bureaucratic Corruption and Underdevelopment in the Third World : The Case of Zaire* (New York : Pergamon, 1980), 3~4면. ; R. Klitgaard, *Controlling Corruption* (San Francisco, Berkeley, CA : University of California Press, 1988), 30면, 33면.

158) Tevfik F. Nas, Albert C. Price, and Charles T. Weber, "A Policy-Oriented Theory of Corruption," *American Political Science Review*, Vol.80 (March 1986), 107~119면. ; Simcha B. Werner, "New Directions in the Study of Administrative Corruption," *Public Administration Review*, Vol.43 (Mar./Apr. 1983), 148면. ; Robert Klitgaard, *op. cit.*, 37면.

159) 나이(Nye)는 부패가 자본의 형성에 도움을 주고 번문욕례(red tape)현상을 제거하고 기업가정신에 유인요소를 부여하고 경제발전을 도모한다고 까지 보아 부패를 순기능적으로 이해하고 있기도 하다. 그러나 일반적으로 부패는 계층간의 갈등유발과 권력만능풍조 또는 물질만능주의사상 팽배를 가져와 건전한 인간의 존엄성과 가치를 소홀히 하게되고 목적을 위해 수단과 방법을 가리지 않는 비민주적 행동양식이 유행해 민주주의발전에 저해요인이 됨을 역기능으로 지적하는 경우가 많다. Simcha B. Werner, "New Directions in the Study of Administrative Corruption", *PAR*,

후기 기능주의 적 접근은 1970년대 이후부터 나타난 것으로 부패는 자기 파괴적인 것이 아니라 자기 영속적인 것으로 국가가 성장, 발전한다고 해서 파괴되는 것이 아니라 오히려 다양한 원인을 먹고사는 하나의 괴물로써 파악하는 것이다.[160] 이 입장은 전자가 공직부패를 논함에 있어 개인적, 윤리적 차원에 초점을 맞추고 있는데서 한 걸음 더 나아가 체제적 혹은 구조적 차원까지 확대하여 부패를 이해하려고 하는 입장인 것이다.

굴드(David J. Gould)는 부패의 부정적 효과[161]로 세 가지를 제시하고 있다. 우선 정권의 정통성과 정치안정을 해친다는 것이고 둘째로는 경제적 생산성을 저하시키고 경제적 합리성도 해친다는 것이며 셋째로는 형평성과 사회적 정의를 저해하게 된다는 것이다. 또한 부패는 빈부의 격차와 도시와 농촌간의 간격을 더욱 넓혀 놓고 말았다고 주장하고 있다. 그리고 더 나아가 굴드는 부패의 원인[162]을 나름대로 요약 정리하고 있는데 첫째는 국가의 성격상 과도한 중앙집권정부나 경직된 관료제가 발단이 되어 부패가 나타나게 된다는 것이다. 둘째로는 가난과 낮은 공무원의 보수가 원인이 된다는 것이며 셋째는 문화적 요인이 부패를 조장하거나 확대시킨다는 것이다. 나이지리아 등에서 보여지는 선물주고 받기 관행이나 한국의 떡값 혹은 촌지문화가 그러한 예에 속하지 않나 싶다. 그리고 넷째는 조직적 요인이 부패를 조장한다는 것이다. 그리고 이러한 조직적 요인으로 제일 먼저 의사결정의 배타성을 들고 있다. 고위공무원이 모든 의사결정권을 다 쥐고 있는 경우 부패가 발생할 가능성이 높다고 보고 있다. 나아가 정책과

Vol.43, No.2 (March/April, 1983) ; J. S. Nye, "Corruption and Political Development : A Cost-Benefit Analysis", *APSR*, (June, 1967), 424면. ; 김영종, "한국관료부패와 부패방지", 『계간경향』 (1988), 봄호.

160) 윤태범, "앞의 논문", 27면.

161) David J. Gould, *op. cit.*, 470~471면.

162) David J. Gould, *Ibid.*, 471~473면.

정의 느슨함이나 규제 등을 통해 과정을 의도적으로 지연시키려는 구조 하에서도 부패가 조장된다는 것이다. 또한 통제의 미약과 책임의 실종도 그한 원인이 된다는 것이다. 그리고 조직 밖의 행위자가 부패를 직·간접적으로 조장을 하는 것도 하나의 부패 발생원인으로 보고 있다. 예를 들어 외국기업이 부패의 연결고리를 조직 내와 연결시키는 경우 등이 이에 해당이 된다고 볼 수 있는 것이다.

애커맨(Rose-Ackerman)은 공무원이 부패를 자행하는 이유로 부패를 통해 얻는 잠재적인 편익이 잠재적인 비용을 상회한다고 믿기 때문이라고 주장한다.[163] 크리트가르드(Robert Klitgaard) 역시 비슷한 주장을 하고 있다. 만약 부패를 저지르다 발각이 되어 처벌을 받게 될 가능성을 차감한 편익이 부패를 하지 않을 때 얻는 편익보다 더 크다면, 공무원은 부패를 합리적으로 선택하게 된다는 것이다.[164] 이러한 심리를 가장 적실성 있게 표현 한 것이 윌슨(James Q. Wilson)이다. 그는 "사람은 지켜보는 사람이 없고 아주 가져가기 쉽게 느슨하게 놓여진 큰돈이 있을 때 훔치게 된다"고 말하고 있는 것이다.[165]

이제 공직자도 공직에 대한 새로운 마음가짐과 자세를 가져야 할 때가 도래된 것 같다. 시대도 변했고 사회도 변했다. 그리고 물론 공직사회도 변하고 있다. 공직자가 부패나 부조리를 저지르지 않고 청렴한 것이 자랑

---

163) Susan Rose-Ackerman, *Corruption : A Study in Political Economy* (New York : Academic Press, 1978).

164) Robert Klitgaard, *Controlling Corruption* (Berkeley : University of California Press, 1988), 70면.

165) Michael Johnston, "Systematic Origins of Fraud, Waste, and Abuse," In Jerome B. McInney and Michael Johnston(eds.), *Fraud, Waste, and Abuse in Government* (Philadelphia, PA : ISHI Publications, 1986), 31면. ; Thomas M. Holbrook and Kenneth J. Meier, "Politics, Bureaucracy and Political Corruption : A Comparative State Analysis," In H. George Frederickson(ed.), *Ethics and Public Administration*(Armonk and New York : M. E. Sharpe, 1993), 39면.

이 되었던 것은 이미 시대에 뒤진 생각이다. 공직자는 살아남기 위해서라도 청렴해야한다. 이것이 바로 이 시대가 요구하는 공직자에 대한 소명이다. 김정하도 이와 같은 맥락의 주장을 하고 있어 소개를 한다.

인터넷을 통한 쌍방향 통신이 가능한 최첨단 디지털시대는 청렴 그 자체만으로는 공직자가 존경 받을 수 없는 시대다. 단지 청렴은 칭찬받을 일이 아닌, 당연히 지켜져야 할 덕목이기 때문이다. 공직자가 부정을 저지르지 않는 것은 자랑이 아닌 최소한의 의무다. 이제 공직자들은 기업이나 시민단체 등과 함께 국민들을 향한 서비스 경쟁에서 살아남아야 하는 시대를 맞았다.[166]

2. 영화를 통해 본 관료조직의 부패와 부조리

1) 관료조직의 부패나 부조리상을 극적으로 잘 시사해 주는 영화

관료조직의 부패나 부조리상을 극적으로 잘 시사해 주는 영화들로는 『투캅스』, 『공공의 적』, 『공공의 적 2』, 『주유소 습격사건』, 『가문의 위기』, 『뱅크 잡』, 『트레이닝 데이』, 『나쁜 녀석들』, 『머니트레인』, 『LA 컨피덴셜』, 『갱스 오브 뉴욕』, 『피스메이커』, 『네고시에이터』, 『내셔널 시큐리티』, 『1724 기방난동사건』, 『바람난 가족』, 그리고 『체인질링』 등이 있다.

(1) 『투캅스』[167]

166) 김정하, 『슬로 석세스』(서울 : 이코북, 2006), 162면.

167) 이 영화는 강우석 감독이 제작을 하였으며 안성기, 박중훈, 지수원 등이 출연하는 영화로 부패한 경찰상을 잘 보여주고 있다. http://movie.naver.com/movie/bi/mi/basic.nhn?code=13633

안성기는 고참 형사로서 신참형사인 박중훈과 같은 파트너가 되어 온갖 사건에 끼어들면서 온갖 비리와 부패의 상징적 역할을 수행한다. 이 영화는 경찰의 비리상을 다각적으로 투영하고 이러한 비리가 바로 시민 곁에 항상 존재 할 수 있음을 주지시키고 있다는데서 나름대로의 의미를 부여할 수 있다. 이러한 제작 동기가 맞아 떨어졌는지 영화 관람객들에게 많은 공감을 얻었고 그 결과 『투캅스2』 그리고 1998년에 개봉한 김상진 감독의 『투캅스3』가 출시되기도 하였다.

(2) 『공공의 적』과 『주유소 습격사건』

강우석 감독에 의해 2002년에 개봉된 『공공의 적』[168]역시 앞의 투캅스와 같이 비리 경찰상을 잘 보여 주고 있다. 범죄꾼들에게서 압수한 마약을 빼돌려 한 몫을 챙기려 하고 온갖 저질적 행동을 통해 악질형사로 명성을 날리는 강철중(설경구 분)을 통해 이 영화는 경찰이라는 관료조직의 일그러진 어두운 일면을 보여주고 있다. 또한 강철중 보다 악행에 있어 한 수 더 위인 패륜아 펀드매니저 조규환(이성재 분)을 뒤쫓는 강철중의 이전투구(泥田鬪狗) 적 사투(死鬪)과정을 통해 경찰조직의 비합리성과 폭력성을 간접적으로 투영해 내고 있다. 이와 같은 맥락에서 제작 된 또 다른 영화로는 『주유소습격사건』[169]을 들 수 있는데 이것은 김상진 감독에 의해 1999년에 출시된 영화로 주유소를 거쳐 가는 공짜 좋아하는 일그러진 경찰상을 잘 투영해 주고 있다.

168) 이 영화는 강우석이 감독을 하고 설경구(강철중 역), 이성재(조규환 역) 등이 출연을 한다. http://movie.naver.com/movie/bi/mi/basic.nhn?code=32610.

169) 이 영화는 김상진이 감독을 하고 이성재(노마크 역), 유오성(무대포 역), 강성진(딴따라 역), 유지태(페인트공 역), 박영규(사장 역) 등이 출연을 한다. http://movie.naver.com/movie/bi/mi/basic.nhn?code=25970

(3) 『공공의 적 2』

이와 같은 주제를 담고 있는 영화로 2005년에 개봉 된 『공공의 적 2』도 빼놓기 어렵다. 이 영화는 강우석 감독이 메가폰을 잡고 설경구(강철중 역)와 정준호(한상우 역)를 주연으로 하여 2005년에 개봉을 시킨 것으로[170] 상관을 비롯해 남을 의식하지 않으면서 자기 멋대로 행동을 하면서 어느 정도는 속세에 적당히 물 든 다혈질이지만 유능한 민완 강력계 검사 강철중과 겉으로는 사학을 운영하는 명선 재단 이사장이라는 허울 좋은 간판을 내걸고 온갖 비행을 서슴지 않는 냉혈한이며 존속살해 패륜아인 한상우와의 맞대결을 통해 과연 돈과 권력을 가진 세계의 군상들이 펼치는 일그러진 잘못된 일면들을 알기 쉽게 투영해 주고 있다. 보다 이해를 돕기 위해 영화의 내용을 살펴보기로 하자. '공공의 적'에서는 형사로 나왔지만 '공공의 적 2'에서는 검사로 나오는 강철중은 그 뻔뻔하고 다혈질적인 성격을 그대로 반영이나 하듯이 자기 담당도 아닌 명선 재단 이사장 사건을 조사하기 시작한다. 강철중이 이렇게 이 사건에 관심을 가지고 덤벼드는 이유는 바로 이 명선 재단에서 운영하는 명선 고교가 자신의 모교 일뿐만 아니라 학교 재단 이사장의 둘째 아들인 한상우 역시 자신과 같은 반에서 수학한 동기동창이었기 때문이다. 더욱이 재단을 물려받기로 되어 있던 명선 재단의 큰아들이 사고로 인해 식물인간상태로 있고 그 식물인간상태로 있게 한 사고에 대한 의문이 제기되고 바로 이 사고의 배후에 이 재단을 큰형이 없으면 물려받기로 되어있는 한상우가 있었기 때문이다.

한상우의 냉혈한 적이고 막 되어먹은 사람됨을 나타내기 위해 이 영화에서는 살인을 죄의식이나 양심의 가책 없이 마음대로 식은 죽 먹듯 하는 몇 개의 사례를 보여주고 있다. 첫째사례로 쓰레기를 길거리에 함부로 왜 버리느냐고 힐난하는 환경미화원을 망설임이나 주저함도 없이 자기의 기

170) http://movie.naver.com/movie/bi/mi/basic.nhn?code=39482

분을 상하게 했다는 이유 하나만으로 자기의 차량으로 치어 죽이는 장면이다. 또 다른 사례는 자기 형을 그렇게 했듯이 강철중 검사 아래에서 일을 하고 있는 검찰 수사관을 오토바이 폭주족들로 살인청부업을 하는 폭도들을 시켜 양심의 가책 하나 없이 살해하는 장면이다. 그리고 언제 그런 일이 있었느냐는 식으로 후안무치의 행동을 서슴지 않는 장면이다. 이러한 장면들을 통해 막 되어먹은 그런 인물이 바로 한상우라는 점을 이 영화는 분명히 보여주고 있다.

다시 본론으로 돌아와서 강철중과 한상우는 앞에서 말했듯 이러한 학교 동창이라는 인연과 검사와 참고인으로서의 대면은 큰형 살해미수사건의 교사범이라는 연결고리를 통해 결국 이 둘을 대결국면으로 몰아간다. 철저하게 파격적이고 예측불허이면서 안하무인격인 수사를 통해 강철중은 한상우를 코너로 몰아붙이고 한상우는 이에서 벗어나기 위해 정치인을 돈으로 매수하고 자기에게 혐의의 올가미를 씌울 가능성이 있는 모든 걸림돌을 거침없이 제거하는데 수단과 방법을 가리지 않는다. 그럼에도 불구하고 결국 강철중은 한상우의 폭력과 살인교사혐의, 사학재단의 돈을 해외로 빼돌리기, 그리고 거액의 로비 및 정치자금 등의 사용을 은폐, 은닉하기 위해 저지른 다른 여죄들을 입증하며 한상우를 법의 심판대에 세우게 된다.

이 영화는 이러한 내용을 통해 많은 선량한 사람들의 희망과 살맛을 앗아가면서 까지 수단과 방법을 가리지 않고 얻은 돈이나 권력을 가지고 우리 사회를 자기 마음대로 떡 주무르듯 하는 소위 가진 자들, 이름 하여 공공의 적인 상류층의 이중적이고 치졸한 행태를 적나라하게 드러내 보이면서 다른 한편으로는 정의를 앞세우는 공권력의 상징인 검찰의 다른 일면을 '할 말 못하고 할 도리 못하면 검사 질 안 한다.'는 저돌적이고 비타협적인 강철중 검사를 통해 보여주고 있다. 물론 그의 그러한 행동을 뒤에서 후원하는 제대로 된 검찰상을 보여주는 부장검사를 통해 권력기관에 정의로움이 존재함을 보여주고 있다.

(4) 『가문의 위기』

이와 같은 주제를 담고 있는 영화로 2005년에 개봉 된 『가문의 위기』역시 빼 놓을 수 없다. 이 영화는 『가문의 영광』이후 3년 만에 등장하는 속편으로 전편이 서울대 출신의 엘리트 사위를 맞이하면서 벌어지는 이야기였던 반면, 이번 속편은 서울지검 강력계 검사 며느리를 맞이하면서 벌어지는 여수 조폭 집안의 좌충우돌 소동을 코믹하게 그렸다. 감독은 정용기가 맡았으며 여검사 역에 김원희가, 그녀와 사랑에 빠지는 맏형 장현재 역에 신현준이, 그리고 이들 세 형제의 어머니이자 백호파 대모 홍덕자 여사 역에 김수미가 출연하였다.[171)]

이 영화에서도 서로 잘 조화되기 어려운 범죄조직의 두목인 장현재와 서울지검 강력계 검사 며느리의 만남과 사랑을 통해 일상을 벗어나는 파격에서 오는 또 다른 맛을 시도하였다.

이 영화에서 권력기관의 검사가 사랑하는 사람을 자기의 사람으로 만들지 못할 때 생기는 질투심과 배신감이 자신의 판단을 흐리게 하여 결국 자신을 파멸로 몰아넣고 만다는 간단하면서도 명백한 진리를 다시금 보여주고 있다. 이 영화에서 봉 검사는 범죄조직의 두목이 사랑하는 여인인 같은 동료검사 김원희를 짝사랑하게 된다. 그는 김원희에게 사랑과 결혼을 구애해 보지만 김원희의 관심도 끌지 못한다. 깊은 번뇌와 좌절을 느끼고 있던 봉 검사는 자기가 사랑하는 여인이 범죄조직의 두목을 사랑하고 있다는 사실을 알게 된다. 그는 사랑하는 여인에게서 버림을 받았다는 아픔마음에서 범죄조직의 두목인 장현재를 증오하고 질투하게 된다. 결국 그는 가서는 안 되는 길을 가고야 만다. 즉 장현재가 두목으로 있던 백호파와 대립을

171) http://movie.naver.com/movie/bi/mi/basic.nhn?code=41438

하고 있던 도끼파의 두목과 해서는 안 되는 뒷거래를 은밀하게 하게 된다. 장현재를 처치해 주면 도끼파에게 그에 상응하는 보답을 하겠다는 것이다. 이 제안을 받아들인 도끼파 두목은 함정을 파 놓고 장현재를 끌어들여 결국 경찰에 체포되도록 만든다. 궁지에 몰린 장현재는 자신의 가족과 조직을 보호하기 위해 모든 것이 자신의 책임이라고 말한다. 그러나 봉 검사에 의해 이미 손발을 맞춘 경찰과 검찰의 수사관들은 장현재를 더욱 궁지로 몰아넣고 결국 법정에 세운다. 장현재의 애인이었던 지검 여검사는 사표를 내고 장현재의 변호인으로 스스로 나서면서 장현재를 감싼다. 여검사의 노력으로 봉 검사와 도끼파 두목과의 더러운 거래내용이 백일하에 드러나게 되고 결국 장현재는 무죄석방이 되고 범죄조직과 공인으로써 한 걸음 더 나아가 검사라는 공직을 사유화한 봉 검사는 사법처리가 된다.

이 영화에서 던져주는 메시지는 봉 검사를 통해 권력기관의 공직자가 자신의 개인적인 사심 때문에 자신이 가진 권력을 이용하여 사회적으로 해악을 끼칠 수 있음을 보여주는 것이다.

(5) 『뱅크 잡』(The Bank Job)

로저 도날드슨 감독이 제이슨 스테이섬(테리 레더 역), 세프론 버로우즈(마틴 러브 역), 스티븐 캠벨 무어(케빈 스웨인 역) 등을 주연으로 하여 1971년 런던 로이즈 은행에서 발생해 현재까지도 미해결 사건으로 남아있는 은행 강도 사건을 바탕으로 한 실화[172]를 영화화 시켜 2008년에 개봉을 시킨 영화이다.

영국의 카 딜러 테리 레더는 옛 애인이자 아름다운 모델출신인 마틴 러브로 부터 경보장치가 24시간 동안 해제되는 로이드 은행을 털자는 제안을 받는다. 일생일대의 절호의 기회라고 판단한 테리는 포르노 배우 데이브,

---

172) http://movie.naver.com/movie/bi/mi/detail.nhn?code=69776#movietalk

사진작가 케빈, 콘크리트 전문가 밤바스, 양복 재단사 가이, 새 신랑 에디를 불러 모으고 범행을 모의한다. 평범하게 살아가던 아마추어 7인은 이러한 범행모의에 의기투합하게 되고 이들은 13m의 지하 터널을 뚫고 은행에 도착한다. 그런 후 전문가 못지않은 실력으로 수 백 개의 금고에 보관 중이던 돈과 보석을 챙겨 400억 원의 짜릿한 한탕에 성공을 한다. 그러나 이들의 뒤를 쫓는 것은 경찰만이 아니라 MI5와 범죄 조직까지 끼어있다는 것을 알게 된다. 이들은 자신들이 훔친 것 중에서 돈 이외에도 무언가 더 있다는 사실을 알게 된다.[173] MI5가 이들을 잡기 위해 혈안이 된 이유는 왕실의 공주가 외도를 하고 또 영국의 명망 높은 상원의원이 매춘부들과 문란하고 변태적인 성행위를 하는 장면 등이 담긴 사진이 금고에 보관 중이다가 이들에 의해 털리게 되었기 때문이었다. 만약 이것이 외부로 노출이 되어 대서특필이 될 경우 영국 왕실의 체통은 하루아침에 쓰레기통에 던져지는 꼴이 될 뿐만 아니라 스캔들로 비화되어 영국왕실을 두고두고 어렵게 만들 가능성이 있었기 때문이다. 또한 지체 높은 상원의원의 변태적이고 문란한 성행위장면이 담긴 사진의 외부유출은 정치적 명망과 야심을 가진 상원의원 개인의 체면상실뿐만 아니라 영국 의회의 권위를 실추시킬 수 있는 사건이 될 수도 있으며 문제가 된 상원의원 역시 MI5에 압력을 넣어 외부 노출이 되기 전에 스캔들을 덮어 버리려는 노력을 기울였기 때문이다. 또한 범죄조직이 혈안이 되어 이들을 찾는 이유는 조직의 보스가 정기적으로 관할 경찰들에게 갖다 바친 뇌물명세를 적어 둔 장부가 금고 속에 보관되다가 이들에게 털리게 되었기 때문이었다. 조직의 보스는 보스대로 또 뇌물을 받아먹은 경찰들은 경찰대로 이 장부가 외부에 폭로되기 전에 손에 넣어 덮어 버릴 심산으로 이들을 잡으려고 했기 때문이다.

이 영화에서 보여주려고 했던 것은 왕실이나 고위급 정치인들로 표현되

---

173) http://movie.naver.com/movie/bi/mi/basic.nhn?code=69776

는 상류층의 일탈행위와 범죄조직과 경찰과의 더럽고 추한 유착관계가 아닌가 싶다. 존엄한 존재로 국민에게 사랑과 신뢰를 듬뿍 받아야 할 왕실이 뒷구멍으로는 이러한 허접스런 일들을 벌리고 있고, 존경받아야 할 고위급 정치인이 매춘부들과 놀아나는 이러한 잘못 된 일탈적 작태를 꼬집으면서 다른 한편으로는 이러한 일들을 자신의 직위와 권력을 빌어서 은닉하고 엄폐하기 위해 국가정보기관까지 동원하는 그릇된 행위를 고발하고 있는 것이다. 또한 흥미로운 점은 당시 수 백 개의 은행 금고가 털렸지만, 100명 이상의 금고 주인들이 분실품 확인을 거부했다는 사실이다. 떳떳하지 못하게 비정상적으로 긁어모은 돈이나 보석일 수 있기 때문에 그러했지 않나 하는 추측도 할 수 있고 영국왕실이나 상원의원의 일그러진 자화상을 이 영화를 통해 실감 있게 볼 수 있었듯이 세상에 드러나면 좋지 않을 자료나 사진 등이 있어서 그렇게 했던 것이 아닌가 추측을 할 수 있을 뿐이다. 어찌되었든 상류층의 비뚤어진 어두운 일면을 이 영화는 실화에 근거하여 잘 투영을 해주고 있다. 그리고 여기에서 한 걸음 더 나아가 범죄조직과 경찰과의 더럽고 추한 유착관계와 먹이사슬관계를 적나라하게 드러내 놓고 있는 것도 이 영화가 우리에게 던지는 또 다른 메시지이다. 범죄조직의 뒷일을 보아주고 그 대가로 검은 돈을 받아 뇌물명단에 올라가 있는 부패한 경찰들의 범죄은닉을 위한 더러운 짓거리 역시 자기 손에 쥐어진 공권력을 자신의 탐욕과 이를 은닉하는데 그릇되게 사용하는 부패한 관료들의 행태로 가감 없이 이 영화에서 잘 드러내 보여주고 있다.

(6) 『트레이닝 데이』(Training Day)[174)]

외국영화로써 미국판 '투캅스'라고 할 수 있는 안톤 후쿠아(Antoine

---

174) http://movie.naver.com/movie/bi/mi/basic.nhn?code=32240 ; http://movies.yahoo.com/movie/1807432836/info

Fuqua)감독이 2001년 출시한 『트레이닝 데이』 역시 LA 경찰청 13년 근무경력의 베테랑 마약 수사관 알론조 해리스(Alonzo Harris) 경관(덴젤 워싱턴(Denzel Washington) 분)을 통해 자신에게 주어진 권력을 이용, 오히려 불법을 자행하면서 필요악이라는 명분으로 모든 걸 합리 화 하는 부패한 경찰상을 잘 묘사해 내고 있다. 또한 이러한 조직적 그리고 인간적 연계를 통해 부패한 경찰문화에 찌들고 물들어 가는 알론조 밑에 하루 동안 현장 수사에 대한 트레이닝을 받기 위해 새로 들어온 젊고 혈기왕성한 신참 제이크 호이트(이단 호크(Ethan Hawke) 분)의 내면적 갈등과정과 이를 통해 결국 파국의 상황으로 치닫는 결과를 통해 그릇된 거대 관료조직문화와 행태의 무거운 압력을 느끼게 해주고 있다.

(7) 『나쁜 녀석들』(Bad Boys)

이와 비슷한 주제로 구성된 외국영화로는 『나쁜 녀석들』을 꼽을 수 있는데 이 영화는 마이클 베이 감독에 의해 1995년에 제작 출시되었으며 윌 스미스(마이크 로리(Mike Lowrey) 형사 역)와 마틴 로렌스(마커스 버넷(Marcus Burnett) 형사 역)가 형사로 출연하고 있다.[175)]

경찰의 증거 보관 창고에서 1억 원 상당의 헤로인이 사라지는 사건이 벌어지자 치민 반장은 미국연방수사국(FBI)으로 넘어가기 전까지 72시간 내에 자체적으로 물건을 찾아 갖다 놓을 생각으로 로리와 버넷 두 형사에게 사건을 맡기게 된다. 단서를 찾아 수사를 하던 도중에 버넷 형사는 콜걸인 줄리(Julie Mott : 티 레오니 분)가 자신의 동료인 맥스와 함께 범인 일당에게 일하러 갔다가 맥스가 일당에게 살해되어 그 자신도 쫓기고 있다는 내용의 전화를 받게 된다. 이를 계기로 수사는 급진전이 되고 맥스와 함께 살해된 남자가 전직 경찰 도밍게즈(Eddie Dominguez : 엠마뉴엘 주에렙 분)이며 그의

175) http://movie.naver.com/movie/bi/mi/basic.nhn?code=17163

애인이었던 마약계 여직원 프랜신(Francine : 안나 레빈 분)이 애인의 협박으로 정보를 빼내 주었고, 그가 전문 마약 거래상인 푸쉐(Fouchet : 체키 카요 분) 일당과 함께 경찰 보관 창고의 마약을 훔쳐내었다는 사실이 밝혀지면서 사건의 실마리가 서서히 풀린다.[176)]

여기에서 우리가 주목해 보아야 할 점은 전직 경찰이 자신의 본분을 망각하고 마약범죄조직과 거래를 위해 마약을 훔쳐내려고 했다는 점과 이를 위해 자신의 애인이었던 마약계 여직원을 협박하여 마약에 관한 정보를 빼내어 마약범죄조직과 작당하여 경찰이 보관하고 있던 마약을 훔쳐내었다는 사실이다. 전직 경찰 도밍게즈는 공직자로서 생각해서도 안 되고 더 더욱이 행동해서도 안 되는 자신의 탐욕을 채우기 위한 비행을 저지른 결과가 되는 것이다. 자신의 탐욕스런 목적을 달성하기 위해 애인이었던 동료경찰을 협박했을 뿐만 아니라 빼낸 정보를 가지고 범죄조직과 작당을 해서 경찰이 보관 중인 마약을 훔쳐낸 일은 어떠한 이유와 명분으로도 용납될 수 없는 부패행위이며 범죄행위이기 때문이다. 또한 애인의 협박에 굴복하고 자신의 직무상 정보를 제공한 마약계 여직원의 처신도 공직자로서는 바람직하지 못한 복무태도라고 평가할 수 있다. 이러한 비행이나 비리가 공직자 사회에서 이루어지게 된다면 마치 생선가게를 고양이한테 맡긴 것이나 별반 다를 바가 없는 형상이 되고 마는 것이다. 이 영화는 이러한 공직사회의 비리와 부패를 권력조직의 한 일각을 이루고 있는 경찰조직을 통해 날카롭게 조명하고 이를 만천하에 공개함으로써 우리에게 경종을 울려주고 있는 것이다.

이 영화는 이러한 내용 외에 두 형사가 범죄조직을 일망타진하고 정의를 실현시킨다는 것을 주된 메시지로 보여주고 있기는 하지만 다른 한편으로는 이들이 사건을 수사하고 해결하는 과정에서 저지르는 그릇된 경찰상

176) http://movie.naver.com/movie/bi/mi/basic.nhn?code=17163

역시 우리에게 경종을 던져 줄 만한 것이다.

2003년에 개봉된 『나쁜 녀석들 2』(Bad Boys II)[177] 역시 전편과 마찬가지의 거친 흑인 두 형사의 활약상을 보여주고 있다. 이 것 역시 경찰의 어두운 일면을 간접적으로 투영해 주고 있다.

(8) 『머니트레인』(Money Train)

죠셉 루벤이 감독으로 1996년에 제작 출시한 『머니트레인』도 우리에게 시사하는 바가 크다. 웨슬리 스나입스(존(John) 역할), 우디 해럴슨(찰리(Charlies) 역), 그리고 미모의 여자 경찰 그레이스(Grace Santiago) 역을 맡은 제니퍼 로페즈가 출연하는 이 영화[178]는 경찰이 관련 업무에 있어 언제든 부정과 비리를 저지를 수 있음을 보여주고 있다. 즉 도박 빚에 몰린 찰리(우디 해럴슨 분)가 지하철 경비를 맡고 있는 직분을 망각하고 지하철을 통해 매일 수백만 달러의 교통 요금을 운송하는 머니 트레인 안에 든 현금들을 탈취하려는 행동 등이 바로 그러한 것이다. 이는 찰리의 도박중독증과 머니 트레인의 현금 탈취를 통해 경찰도 시민의 지팡이 이기 이전에 범죄조직과의 야합이나 개인적 사리사욕을 취할 수도 있는 나약하고 추한 얼굴을 한 인간이라는 점을 시사 함으로써 경찰이 가질 수 있는 또 다른 얼굴 즉 경찰의 어두운 일면을 잘 묘사해 주고 있다. 또한 치안을 담당하고 있는 경찰이 잘못된 생각을 통해 그릇된 짓을 실제로 행할 경우 엄청난 피해를 시민들은 감수할 수밖에 없다는 점을 이 영화는 잘 전달하고 있다.

또한 이 영화는 전통적인 조직의 상하계층간의 갈등상황을 잘 재현하고 있다. 즉 담당상관 도널드 패터슨과 그의 부하들인 존과 찰리와의 조직적

---

177) 1편과 마찬가지로 마이클 베이가 감독을 맡았고 마틴 로렌스(마커스 버넷 형사 역), 윌 스미스(마이크 로리 형사 역) 등이 출연을 하고 있다. http://movie.naver.com/movie/bi/mi/basic.nhn?code=34486

178) http://movie.naver.com/movie/bi/mi/basic.nhn?code=17178

갈등 이 바로 그러한 것이다. 도널드 패터슨의 머니 트레인 안의 현금 안전에 대한 지나친 집착과 그에 상응한 부하들의 노고에 대한 무관심 등은 전형적인 권위적이고 자기중심적인 지도자상을 보여준다.

(9) 『L.A. 컨피덴셜』(L.A. Confidential)[179)]

커티스 핸슨 (Curtis Hanson)감독에 의해 1997년에 제작 출시된 『LA 컨피덴셜』 역시 이 점에 있어 우리에게 시사 하는바가 크다. 러셀 크로우, 가이 피어스, 케빈 스페이시, 킴 베신져, 그리고 제임스 크로웰 등이 출연하는 이 영화[180)]는 1950년대 로스엔젤리스(LA)를 무대로 돈과 마약 그리고 매춘을 매개로 형성되는 경찰과 언론, 언론과 마피아, 마피아와 경찰의 부패고리의 진면목을 잘 표현해 내고 있다. 출세를 위해선 비열한 짓도 서슴지 않는 신참형사 에드(Ed Exley : 가이 피어스 분), 옳은 일이라면 물불을 안 가리는 정의파 형사 버드(Bud White : 러셀 크로우 분), 그리고 처세에 능한 노련한 형사 잭(Jack Vincennes : 케빈 스페이시 분) 등 LA 시경 소속의 세 사람이 거대한 경찰, 언론 등 관료조직과 범죄조직에 맞서 벌이는 승부수는 살인, 음모, 배신, 로맨스가 거미줄처럼 얽히면서 우리 사회에서 벌어질 수 있는 모든 추악한 일면들을 들추어내고 있다.

'헐리우드 잭'이란 별명을 가진 형사 잭은 자신의 출세와 이익을 위해서는 무슨 일이든 마다하지 않는 매우 타락한 경찰로 묘사되어진다. 그는 타블로이드 잡지 편집장인 시드(Sid Hudgeons : 대니 드비토 분)와 함께 특종감을 노리고 주(州) 검사에게 남창을 소개시키기까지 한다. 물론 이렇게 한 후 잭은 시드와 짜고 의도적으로 사건 현장을 덮쳐 특종기사를 얻어내고

179) 제임스 엘로이(James Ellroy)의 복잡한 원작 'LA 범죄 소설 3부작'을 시나리오 작가 브라이언 헬겔란드와 커티스 핸슨 감독이 공동으로 각색하여 아카데미 각색상을 수상했다. '컨피덴셜'은 50년대를 풍미한 대중 통속 잡지의 이름이다.

180) http://movie.naver.com/movie/bi/mi/basic.nhn?code=18875

그에 따른 이익을 얻어내는 비열한 일면을 지닌 인물로 묘사된다. 공권력을 대변하는 경찰의 일그러진 일면을 보여주고 있다.

또한 카페살인사건과 관련되어 체포된 3명의 흑인 용의자들은 이 사건과는 관련이 없는 진범들이 아니라는 사실을 알게 된 에드가 진실을 밝혀야 할 지 고민하는 대목에서 희생양을 정해 놓고 그들을 함정으로 몰아넣은 경찰이라는 거대관료조직의 짜 맞추기식 수사와 그 이면에 숨겨져 있는 음모의 일면을 보는 것 같아 마음이 씁쓸해지기도 한다. 또한 출세를 위해 동료까지 팔아먹는 에드를 보면서 타락한 인간상을 느낄 수 있다.

무엇보다 이 영화의 극적 전환은 수사를 총 지휘 총괄하였던 더들리(Dudley Smith : 제임스 크롬웰 분) 수사반장이 이 사건 배후의 몸통이었다는 사실이 밝혀지는 대목이다. 세 형사를 지휘하며 이 사건의 수사를 책임졌던 수사반장이 바로 최종적인 범인이었다는 사실이 오히려 믿기지 않는 것도 이 영화의 180도 극적인 반전 구성의 백미를 더하게 하는 것이다.

더들리 수사반장의 실체는 버드에 의해 밝혀지게 된다. 수전(Susan Lefferts : 엠버 스미스 분)의 집에서 버즈 믹스(Buz Meeks : 데리얼 샌딘 분)의 시체를 발견한 버드는 스텐스가 수전의 애인이었으며 과거에 믹스의 파트너였다는 사실을 알게 된다. 에드와 파트너가 된 잭도 믹스의 과거 사건기록을 통해 스탠스의 파트너가 믹스였다는 사실을 알게 되고, 당시 사건 책임자이자 자신들의 상관인 더들리에게 이 사실을 통보하러 그를 찾아갔던 잭은 그에게 죽음을 당하고 만다. 사건의 열쇠를 쥐고 있는 백만장자 피어스조차 살해되어 사건은 미궁 속에 빠져들지만 진실의 실마리는 더들리 반장의 입으로부터 나오게 된다. 그가 '롤로 토마시'라는 사람이 누구냐는 질문을 하게 되는데 이 이름은 법망을 피해 범법을 저지르는 범인에 대해 에드가 지은 가명의 이름이었는데 이것은 잭만이 알고 있었다. 이를 통해 에드는 음모의 배후에 더들리 반장이 있음을 직감하게 되고 결국 진실의 실체는 밝혀지고 만다.

이 영화는 부패할 대로 부패한 경찰내부의 어지러운 인간관계와 출세, 명예, 치부 등을 위한 타락한 인간 군상들의 더러운 행태들을 적나라하게 묘사하고 있으며 나아가 거대 경찰 관료조직의 어두운 일면을 잘 묘사해내고 있다고 평가할 수 있다.

(10) 『갱스 오브 뉴욕』(Gangs of New York)[181]

『갱스 오브 뉴욕』은 마틴 스코시즈(Martin Scorsese) 감독이 레오나르도 디카프리오(Leonardo DiCaprio), 카메론 디아즈(Cameron Diaz), 대니얼 데이 루이스(Daniel Day-Lewis) 등을 주연으로 하여 2002년 12월 20일에 개봉한 영화이다[182].

1840년대 초 뉴욕의 월 스트리트의 비즈니스 지구와 뉴욕 항구, 그리고 브로드웨이 사이에 위치한 파이브 포인츠(the Five Points)는 뉴욕에서 최고로 가난한 지역이며 도박, 살인, 매춘 등의 범죄가 만연하는 위험한 곳이다. 또한 이곳은 항구를 통해 아메리칸 드림을 꿈꾸는 아일랜드 이주민들이 매일 수천 명씩 쏟아져 들어오는 꿈의 도시이기도 하다. 그러나 파이브 포인츠에 사는 정통 뉴요커들은 아일랜드 이주민들을 침입자라 여기며 멸시한다. 결국 두 집단의 갈등은 전쟁을 불러일으키게 되고 아일랜드 이주민의 존경을 받던 '데드 레빗파'(the Dead Rabbits gang)의 우두머리 프리스트 발론(Priest Vallon)(리암 니슨 분)은 '원주민파' 빌 더 부처(William Cutting : "Bill the Butcher") (다니엘 데이 루이스 분)에 의해 죽음을 맞는다. 그리고 바로 눈앞에서 이 광경을 지켜본 그의 어린 아들 암스테르담 발론(Amsterdam

181) 1928년 출간된 허버트 애즈베리(Herbert Asbury)의 동명 실화 역사책을 원작으로 하였다.

182) 한국에서는 2003년 2월 28일 개봉되었다. http://movie.naver.com/movie/bi/mi/basic.nhn?code=32680

Vallon)(레오나르도 디카프리오 분)은 아버지의 복수를 다짐하게 된다.

16년 후, 성인이 된 암스테르담은 복수를 위해 빌 더 부처의 조직 내부로 들어간다. 뉴욕을 무자비한 폭력과 협박으로 지배하며 파이브 포인츠 최고의 권력자로 성장한 빌 더 부처는 자신을 향한 음모를 까맣게 모른 채 암스테르담을 양자로 삼게 된다. 암살계획이 진행되고 있을 무렵, 암스테르담은 빌 더 부처의 정부(情婦)이자 소매치기인 제니 에버딘(Jenny Everdeane)(카메론 디아즈 분)을 만나 한눈에 반하게 되고 처절한 복수와 이루어질 수 없는 사랑의 소용돌이에 빠져들게 된다.[183)]

여기에서 빌 더 부처의 하수인 노릇을 하는 경찰관의 파렴치한 범죄행각은 이 당시의 경찰도 부패와 연관되어 있었음을 알 수 있게 한다. 이 경찰관은 한때는 프리스트 발론의 부하였다가 그의 사후 빌 더 부처에게 몸을 의탁한 변절자로써 그의 이러한 인품은 빌 더 부처의 후광으로 경찰관이 된 이후 공직자의 부패의 표상인 듯 온갖 악행을 저지른다. 힘없는 이민자들을 협박 공갈을 통해 그들의 재물을 갈취하고 빌 더 부처의 수족이 되어 그의 모든 범죄적 악행을 덮거나 혹은 앞서서 저지르고 다닌다. 이 영화는 부패한 정치가들의 더러운 행태에 덧붙여 이렇듯 타락한 경찰상을 보여줌으로써 그 당시 경찰이나 합법적 권력을 쥐고 있는 자들의 악행을 우리에게 보여주고 있다.

(11) 『피스메이커』(The Peacemaker)[184)]

러시아의 외진 탄광촌에서 불가사의 한 대 폭발이 일어난다. 핵폭탄을 폐기하기 위해 폐기장까지 러시아 부대가 기차로 운반하던 핵무기가 갑자기 반대편에서 달려오던 기차와 정면충돌하여 폭발한 것이었다. 이 핵폭발

---

183) http://movie.naver.com/movie/bi/mi/basic.nhn?code=32680

184) http://movie.naver.com/movie/bi/mi/basic.nhn?code=18586

사건은 국제적인 사건으로 번져 전 세계가 긴장하는 가운데 상호 충돌하여 폭발한 기차를 둘러싼 조사의 결과 기차에 실려 있던 핵무기가 어느 조직에 의해 계획적으로 탈취되어졌다는 내용이 밝혀진다.

백악관 자문위원인 핵물리학자 줄리아 켈리(Julia Kelly : 니콜 키드먼 분)는 졸지에 백악관의 핵무기 단속반의 총책임자로 파견되고, 즉시 그녀를 돕기 위해 미 육군 특수 정보국 소속의 토마스 드보 대령(Thomas Devoe : 조지 크루니 분)이 파견된다. 원리 원칙을 추구하는 켈리 박사와 현실적인 드보 대령은 한 팀이 되어 핵무기 회수를 위해 동유럽 테러 단체들을 하나씩 찾아낸다. 그러나 동부 유럽에서 이란으로 넘어가기 전 이란 국경 앞에서 탄두는 실체를 감춘다. 곧 추종자들에 의해 탄두를 손에 넣은 외교관 듀산은 미국 뉴욕에 잠입, 자유의 도시 뉴욕을 파괴시킬 목적으로 핵폭탄을 배낭에 짊어진 채 유엔 본부를 향해 달린다. 켈리 박사와 드보 대령은 그를 멈추기 위해 교통지옥 속의 뉴욕을 샅샅이 뒤지며 긴박한 추격전을 펼친 끝에 마침내 핵폭발을 막는다.[185)]

미디 레더 감독이 1997년에 제작 출시하고 조지 클루니[186)]와 니콜 키드먼[187)]이 주연을 맡은 『피스메이커』 역시 군으로 대변되는 관료조직의 부패상을 동부 유럽의 테러리스트조직에게 핵탄두를 팔아먹으려는 타락한 소련의 군 장성을 통해 잘 표현해 내고 있다. 결국 타락하고 부패한 군 장성의 행동으로 인해 테러단체에 팔아넘긴 핵탄두는 유엔본부를 위시한 뉴욕 전체를 위협하게 된다. 권력을 쥐고 있는 자들의 타락과 부패가 얼마나 커다란 재앙을 초래할 수 있는지 이 영화는 생생이 보여주고 있다.

---

185) http://movie.naver.com/movie/bi/mi/basic.nhn?code=18586

186) 미육군 특수 정보국 소속의 토마스 드보 대령(Thomas Devoe) 역으로 나온다.

187) 백악관 자문위원인 핵물리학자 줄리아 켈리(Julia Kelly) 역으로 나온다.

(12) 『네고시에이터』(The Negotiator)

『네고시에이터』는 F. 게리 그레이 감독이 새뮤얼 L.잭슨(대니 로먼 역), 케빈 스테이시(크리스 세비언 역), 데이비드 모스(애덤 벡 역) 등을 주연으로 하여 1998년 10월 24일에 개봉한 영화이다.[188)]

이 영화에서 시카고 경찰청의 인질협상 전문가 대니(Danny Roman : 새뮤얼 잭슨 분)는 동료 경찰인 네이트로 부터 은밀하게 이루어지고 있는 경찰 내부의 비리 즉 부서 연금과 관련된 정보를 듣기 위해 만나기로 약속한다. 그러나 약속 장소에서 네이트는 시체로 발견되고 곧바로 경찰들이 들이닥치면서 대니는 살인범으로 몰린다. 네이트가 대니에게 사실을 말했다는 것을 알아챈 상관과 자신의 동료들에 의해 오히려 역습을 받아 죄를 뒤집어쓸 위기에 처하게 되었다는 점과 이를 위해 자신을 향한 음모가 진행되고 있음을 감지한 대니는 자신의 결백과 사랑하는 아내를 지키기 위해 시카고 경찰서의 내부수사과장 나이밤(Terence Niebaum : J.T. 월쉬 분)과 그의 여비서, 시 경장 프로스트(Commander Grant Frost : 론 리프킨 분) 등 직원들과 사기범으로 심문받던 루디(Rudy : 폴 지아마티 분) 등을 인질로 삼아 인질극을 벌인다. 졸지에 인질범이 된 대니는 자신과 협상을 벌일 공정한 인질 협상가로 다른 구역을 관할하고 있는 인질협상자인 크리스 세바티어(Chris Sabian : 케빈 스페이시 분)를 데려오라고 말한다.[189)]

이 영화는 대니의 상관인 프로스트 반장과 나이밤이라는 내부수사과장 그리고 자신의 동료들의 부패와 이를 은닉하고 이 죄를 자신에게 뒤집어씌우려는 그들의 야비한 행태와 맞서 싸우는 한 경찰(대니)의 외로운 싸움을 통해 거대관료제의 부패와 얽혀있는 일그러지고 어두운 일면을 잘 그려내고 있다.

---

188) http://movie.naver.com/movie/bi/mi/basic.nhn?code=19469

189) http://movie.naver.com/movie/bi/mi/basic.nhn?code=19469

(13) 『내셔널 시큐리티』(National Security)

『내셔널 시큐리티』는 데니스 듀간(Dennis Dugan)감독이 마틴 로렌스(Martin Lawrence)(얼 몽고메리 역), 스티브 잔(Steve Zahn)(행크 래퍼티 역) 등을 주연으로 하여 2003년 5월 16일에 개봉한 영화이다.190)

충직하고 고지식한 미국 로스앤젤레스 경찰 행크(Hank)는 범죄조직에 의해 동료경찰을 잃고, 범죄조직에 몸담고 있는 살인범을 찾기 위해 혈안이 되어 있고 평생소원이 경찰인 흑인 경비원 얼(Earl)은 과격한 행동으로 경찰학교에서 쫓겨난다. 사설 경호회사 내쇼날 시큐리티에서 일하던 두 사람은 국가안보를 위협하는 대규모 밀수음모에 말려들어 생각지도 못한 파트너가 되어 사사건건 충돌하고, 범죄조직과 경찰은 이 둘을 없애려고 혈안이다. 그리고 맥더프(McDuff)라는 경찰이 이들이 쫓는 범죄조직과 내통을 하고 있다는 사실을 감지하게 된다. 이들은 이러한 사실을 자신들의 상관인 워싱턴에게 보고를 하지만 워싱턴은 이를 비중있게 받아들이지는 않는다. 이들은 고육지책으로 맥더프를 유인해내고 체포하려고 하지만 영악한 맥더프와 그 일행은 이미 경찰내부에도 손을 써놓아 오히려 얼과 행크가 위기에 빠지게 된다. 그들의 상관인 워싱턴도 맥더프 일행의 인질이 되어 나타난다. 절대절명의 위기 상황에서 얼과 행크는 기지를 발휘해 이들과 총격전을 벌리고 드디어 얼은 행크의 도움을 받아 맥더프를 제거하게 된다. 결국 국가안보를 위태롭게 했던 밀수조직뿐만 아니라 부패한 경찰 맥더프까지 일망타진 한 공으로 행크는 복직하고 얼은 그렇게도 되고 싶어 하던 경찰이 된다.

이 영화는 이러한 내용을 통해 범죄조직을 일망타진하고 국민이나 시민의 생명과 재산을 지켜야 하는 경찰이라는 조직 내에서 조차 범죄조직과 내통을 통해 자신의 이익을 극대화하려는 부패한 경찰공직자들이 존재함

190) http://movie.naver.com/movie/bi/mi/basic.nhn?code=36626 ; http://movies.yahoo.com/movie/1808474115/details

을 고발하고 있는 것이다. 부패 등 사회악을 근절시키려는 목적을 가지고 설립되고 존재하는 조직이 오히려 자신의 존재목적을 망각하고 범죄의 늪에 빠져들 수 있다는 것을 이 영화는 코믹한 소재를 곁들여 우리에게 잘 보여주고 있는 것이다.

(14) 『1724 기방난동사건』

여균동 감독이 이정재(의협 청년인 천둥 역), 김석훈(모략꾼인 만득 역), 김옥빈(명월향 제일의 기생인 설지 역)을 주연으로 하여 2008년 12월에 개봉한 영화이다.

1724년의 조선은 영조가 즉위한 해로 끊임없는 당파싸움이 절정을 이루는 아주 어지러운 시국이었다. 이러한 틈을 타고 조정의 일부 그릇된 대신들과 전국 조직폭력배간의 그렇고 그런 결탁 및 유착관계가 성행을 하였는데 이것에 초점을 맞추어 이야기를 전개시켜 나간 것이 바로 이 영화이다. 주연으로 나오는 천둥(이정재 분)은 조선 제일의 주먹이 되겠다는 순진한 쾌남으로써 나름대로의 소신과 정의감을 가지고 자신의 조직폭력집단인 양주골의 '짝귀파'를 이끌고 나가려 하고 이를 견제하고 제거하려고 하는 라이벌로 조선 최고의 기방인 '명월향'의 주인 만득(김석훈 분)이 등장을 하는데 그는 주먹세계를 평정하는 것은 물론 돈과 권력을 모두 갖겠다는 음험한 야심가로 묘사된다.[191] 만득은 이러한 야심을 이루기 위해 조정의 대신인 송대감과 결탁을 하여 그의 뒷배를 믿고 악행을 밥을 먹듯 저지른다. 조정의 고위관료가 조직폭력 조직과 유착관계를 가지고 먹이사슬로 연결되어 국정을 그르치는 것은 관료부패의 전형적인 사례로 볼 수 있는 것이다. 조선시대의 또 다른 형태의 부패상을 이 영화는 이런 식으로 잘 보여주고 있는 것이다.

---

191) http://movie.naver.com/movie/mzine/read.nhn?office_id=140&article_id=0000011326

(15) 『바람난 가족』

임상수 감독이 문소리(은호정 역), 황정민(주영작 역), 윤여정(시어머니 홍병한 역), 김인문(시아버지 주창근 역), 봉태규(옆집 고삐리 역), 성지루(지루 역) 등을 출연시켜 2003년 8월 15일에 개봉한 『바람난 가족』도 경찰의 일탈된 부패적 모습을 보여주고 있다.[192)]

영작(황정민 분)은 비교적 정의로운 30대 모범 변호사이며 그의 아내 호정(문소리 분)은 전직 무용수였지만 현재는 동네 무용학원을 운영하고 있는 평범한 30대 주부이다. 그리고 이들이 입양한 7세 아들 수인과 함께 가족을 이루고 살고 있다. 영작은 겉보기에는 그렇듯 해 보이는 남편이지만 호정은 그를 더 이상 남자로 받아들이질 못한다. 영작은 그러한 호정의 태도 등으로 인해 한참 나이어린 애인과 바람이 났고 호정 역시 무료한 일상에서 벗어나기 위해 17세인 옆집 고삐리(봉태규분)와 바람이 났다. 이러던 중에 영작은 호정에게 출장 간다는 핑계를 댄 후 나이 어린 애인 연과 함께 여행을 떠난다. 이 여행 도중 공교롭게도 술에 취한 채 오토바이를 몰던 지루(성지루 분)와 교통사고가 난다. 지루는 우편배달을 하고 있긴 하지만 약간 정신이 불안정한 사람으로 늘 상 술에 절어 사는 사람이다. 그 날도 지루는 술을 먹고 오토바이를 몰고 가다가 연을 태우고 달리던 영작의 차와 부딪쳐서 나가떨어진다. 영작은 사고수습과정에서 경찰에게 돈을 건넨다. 사고현장에 달려와 현장을 수습하고 조사를 하는 경찰에게 자신을 변호사로 소개를 하고 언제 시간될 때 한번 찾아오라는 말과 함께 이 사고로 수고하는 경찰들과 술 한 잔 하시라면서 돈을 건넨 것이다. 경찰은 이럴 필요까지는 없다는 인사치레의 말을 하면서 변호사이니 별 문제없을 것이라는 암시를 건네면서 영작이 건넨 돈을 스스럼없이 받아 챙긴다. 이렇게 이 사고가 별문제 없이 수습이 되는가 싶었지만 그 결과는 참혹한 결과로

---

192) http://movie.naver.com/movie/bi/basic.nhn?code=36451

영작에게 닥쳐온다. 얼마 후 영작은 자신의 입양한 아들을 잃게 된다. 지루가 퇴원을 한 후 영작의 아들을 유인하여 공사장 건물위에서 내던져 살해를 한 것이다. 지루는 영작의 아들을 들고 공사장 건물위로 올라가면서 "내가 확실히 보았는데 두 년 놈이 함께 차를 타고 있었는데 이것을 속였다."면서 혼자말로 웅얼거린다. 지루는 사고 당시 비록 술에 취한 상태였고 중상을 입긴 했지만 사고의 정황을 정확히 읽고 있었던 것이다. 그럼에도 불구하고 판결이 자신에게 불리하게 나오자 그 나름대로의 응징수단을 영작의 아들을 죽이는 것으로 선택했던 것이다.

이 영화에서도 경찰은 부패한 모습으로 묘사되어 나타난다. 그리고 변호사라는 직함이 주는 사회적 위력과 '유전무죄 무전유죄'라는 일탈적인 사회적 현상을 새삼 느끼도록 만든다. 정신적으로 이상이 있고 알코올 중독자인 지루를 통해 이렇게 합법적인 탈을 쓰고 자행이 되어지는 불법을 아동유괴와 살해라는 불법적 도구를 통해 맞대응을 시키고 있다. 또한 이 영화는 불륜과 경찰에게 돈을 건네는 그릇된 행동을 하면서도 겉으로는 모범적이고 정의로운 척하는 변호사의 이중적인 모습을 보여줌으로써 일부 우리사회 지도급 인사들의 겉과 속이 다른 일그러진 일면을 꼬집고 있다.

(16) 『체인질링』(Changeling)

클린트 이스트우드 감독이 안젤리나 졸리(크리스틴 콜린그 역), 존 말코비치(구스타브 브리그렙 역), 제프리 도노반, 개틀린 그리피스(월터 역) 등을 출연시켜 2009년 1월 22일 개봉한 『체인질링』도 경찰의 일탈된 부패적 모습을 잘 보여주고 있다.

1920년대 LA 법조계를 떠들썩하게 만들었던 실화를 바탕으로 극화한 작품으로 영화내용은 다음과 같다. 금주법 시대였던 1928년의 로스엔젤리스가 공간적 배경이 된다. 회사에서 돌아온 싱글 맘 크리스틴(안젤리나 졸리 분)은 9살 난 아들 월터가 사라진 것을 알게 되고 경찰에 신고를 하지만 아들의 행방은 어디에서도 찾을 수 없었다. 목숨보다 소중한 아들을 찾기 위해 매일 매일을 수소문하며 힘든 나날을 보내던 크리스틴은 다섯 달 뒤 아들을 찾았다는 경찰의 연락을 받게 된다. 하지만 경찰이 찾은 아이는 그녀의 아들이 아니었다. 당시 금주법 시대에 무소불위의 권력을 휘두르던 경찰의 힘을 알고 있는 크리스틴은 일단 소년을 집으로 데리고 오긴 하지만 고민 끝에 자신의 진짜 아들 월터를 찾기 위해 경찰에 맞서서 싸울 것을 결심한다. 한편 사건을 해결해 시민의 신뢰를 얻으려는 경찰은 진짜 아들 월터를 찾아달라는 크리스틴의 간절한 바램을 무시한 채 사건을 서둘러 종결하려고 한다. 진짜 아들을 찾으려는 크리스틴은 홀로 부패한 경찰과 세상에 맞서기 시작하고 이런 그녀를 경찰은 정신병자로까지 몰아서 정신병원에 구금시키는 등 갖가지 시련을 경험하게 만든다. 이때 지역 시민운동가 브리글렙 신부가 그녀를 도우기 위해 나서게 된다.[193)]

이 영화 역시 금주법 시대에 무소불위의 권력을 휘두르던 경찰의 그릇된 힘과 이를 통해 나타나는 경찰의 부패를 잘 고발하고 있다. 비록 연약한 여자이기는 했지만 이에 홀연히 맞서 싸워나가는 크리스틴을 통해 경찰의 일그러진 모습을 잘 투영해 주고 있는 것이다.

2) 합법의 울타리 안에서 비행과 불법을 저지르는 관료제의 이중성을 그리고 있는 영화들

합법의 울타리 안에서 비행과 불법을 저지르는 관료제의 이중성을 극적으로 잘 시사해 주는 영화들로는 『광복절 특사』, 『라이터를 켜라』, 『헬』,

193) http://movie.naver.com/movie/bi/mi/detail.nhn?code=63156#movietalk ; http://movie.naver.com/ movie/bi/basic.nhn?code=63156

『쇼생크 탈출』, 『스트라이킹 디스턴스』, 『황시』, 『모던 보이』등이 있다.

(1) 『광복절 특사』

『광복절 특사』는 김상진 감독이 설경구(재필 역), 차승원(무석 역), 송윤아(경순 역), 강신일(보안과장 역), 이희도(소장 역) 등을 주연으로 하여 2002년 11월 21일에 개봉한 영화이다.

이 영화에서 죄수들에 의한 폭동이 일어나고 교도소는 폭동을 일으킨 죄수들에 의해 장악이 된다. 그리고 마침 폭동이 일어나는 시점에 교도소 시찰을 온 국회의원을 비롯한 정치인들과 교도소장, 보안과장 등이 모두 죄수들의 인질이 된다. 이들은 총 등으로 무장한 살기등등한 죄수들에게서 목숨을 보존 받기 위해 지금까지의 위엄 있고 당당했던 공인으로써의 자세를 모두 버리고 죄수들이 하라는 대로하고 또 자신들의 비리를 모두 불으라는 그들의 엄포에 굴복하여 지위가 높은 순서대로 비굴하게 그리고 앞을 다투면서 자신의 비리들을 울면서 고백하고 목숨을 구걸한다. 그들이 고백한 비리의 치졸성과 추잡성은 뒤로 젖혀놓는다 치더라도, 위기상황 하에서의 비굴한 공인들의 행태를 보다 냉소적이고 노골적으로 보여줌으로써 평상시의 신뢰받는 공인들의 위엄과 존엄 그리고 진실성이 모두 가식적이고 위선적이었던 것임을 잘 보여주고 있다. 이 영화는 이것을 통해 죄수들에 못지않은 정치인이나 고위 공직자의 위선적 행태와 그들의 비양심 그리고 부패에 대한 도덕적 불감증을 적나라하게 고발하고 있는 것이다.

(2) 『라이터를 켜라』

감독 장항준이 김승우(허봉구 역), 차승원(양철곤 역), 박영규(박용갑 역) 등을 주연으로 하여 2002년 7월 17일 개봉한 영화이다.

이 영화에서는 위선적인 정치인 국회의원 박용갑(박영규 분)의 구역질나는 위선을 잘 드러내 놓고 있다. 이 정치인은 말끝마다 자칭 그 혹독한 고문에도 굴하지 않은 민주투사 운운하며 위선적인 언행을 끊이지 않게 내뱉고 행동하는 인물이다. 박용갑의 선거를 도와 멋지고 폼 나게 살고 싶었던 건달보스 양철곤(차승원 분)은 그를 국회의원으로 만들기 위해 수단과 방법을 가리지 않고 노력을 한다. 어쨌든 박용갑은 국회의원에 당선되지만 양철곤의 노력에 대한 대가를 지불하지 않은 채 차일피일 미루며 피하기만 한다. 이에 화가 난 양철곤은 자신을 피하던 박 의원을 쫓아 부하들을 이끌고 박 의원이 타고 있는 부산행 기차에 올라탄다. 그들은 박 의원을 기관실에 포박을 하여 묶고 앉혀 놓은 상태에서 종점을 향해 내달리며 자살을 결심하자 박 의원은 종전까지의 태도를 바꾸어 지금까지의 위선의 탈을 벗고 자기를 살려주면 돈을 2배, 3배 더 내주겠다고 애걸을 하며 더 살고 싶다고 몸부림치면서 목숨을 구걸한다. 그러다가 박 의원으로서는 다행스럽게도 예비군 훈련을 마치고 정처 없이 기차에 오른 한심한 노총각 백수 허봉구(김승우 분)의 뜻하지 않은 활약으로 상황이 종결되고 목숨을 부지한 채 기차에서 내리자, 박 의원은 조금 전까지의 추태와 비굴함은 온데간데없고 바로 기자들과 즉석 인터뷰를 하면서 자기가 범인을 잡은 것처럼 너스레를 떨고 으레 입버릇처럼 나오는 혹독한 고문 속에서도 굴하지 않은 민주투사라는 이야기를 자랑스럽게 떠벌린다.[194]

이 영화는 박 의원을 통해 정치가들이 얼마나 이중적이고 위선적이고 가식적이며 탐욕적이면서 비겁한가를 잘 보여주고 있다.

(3) 『헬』(In Hell, The Savage)

『헬』은 임영동 감독이 장 클로드 반담, 마이클 베일리 스미스, 밀로스 밀로세빅 등을 주연으로 하여 제작 출시한 영화이다.

---

194) http://movie.naver.com/movie/bi/mi/basic.nhn?code=33836

이 영화에서 러시아로 출장을 와서 철강업체에서 근무하는 카일(장 클로드 반담 분)은 오랜만에 자신의 아내 그레이와 함께 휴가를 떠나기로 약속한다. 그러나 바로 그 날 아내는 누군가에게 잔인하게 살해당하고, 현장에서 카일은 범인의 뒷모습을 목격하고 그를 뒤쫓는다. 그러나 추격 중이던 카일은 경찰로부터 범인으로 오해받아 체포되어 진범과 함께 경찰서로 연행되지만 부유층 집안의 아들인 범인은 뇌물을 써서 무죄로 석방된다. 이에 분노한 카일은 법정에서 총으로 범인을 살해하고, 그 자리에서 체포되어 종신형을 선고받고 악명 높은 '크라바비' 교도소(Kravavi Prison)로 이송된다.[195] 이 대목에서 뇌물 등이 판치는 부패한 사회나 사법기관의 '유전무죄 무전유죄'라는 냉소적인 현실을 절감할 수 있다.

또한 죄수들의 기본적인 인권마저 무시하는 교도관들과 각종 흉악범들로 가득한 지옥과 다름없는 크라바비 교도소를 통해 인권의 사각지대이고 공권력기관의 인권유린의 현장을 느껴 볼 수 있다. 그리고 이곳에서는 부패한 교도관들에 의해 대외적으로 비밀스럽게 운영되는 '스파르카'라는 맨주먹으로 상대방이 쓰러질 때까지 싸워야 하는 잔인한 경기가 벌어지고 있음을 통해 그리고 이러한 불법적인 비인간적 게임에 돈을 거는 교도소 소장을 비롯한 공직자들에게서 공인으로써의 책임감 상실과 관료조직의 부패상을 엿볼 수 있다.

이 영화는 실화에 근거하고 있으며 실제로 그간의 비리와 비행이 폭로되자 크라바비 교도소는 3개월 후 폐쇄가 되었다고 한다.

(4) 『쇼생크탈출』(The Shawshank Redemption)

『쇼생크탈출』은 프랭크 다라본트 감독이 팀 로빈스, 모건 프리먼, 밥 건톤 등을 주연으로 하여 1995년 1월 28일에 개봉을 한 영화이다. 이 영화는

---

195) http://movie.naver.com/movie/bi/mi/basic.nhn?code=37755

인기 작가 스티븐 킹의 베스트셀러 『사계』에 수록된 중편 소설 '리타 헤이워드와 쇼생크 탈출'(Rita Hayworth And The Shawshank Redemption)을 원작으로 하고 있다.

장래가 촉망받는 메인 은행 간부 앤디 듀프레인(Andy Dufresne : 팀 로빈슨 분)은 아내와 그녀의 정부를 살해했다는 누명을 쓴다. 주변의 증인과 살해현장의 그럴 듯한 증거들로 인해 그는 종신형을 선고받고 악질 범들만 수용한다는 지옥 같은 쇼생크 교도소에 1947년부터 19년 동안 갇힌다. 인간이길 포기한 짐승 같은 존재들만 모인 그곳에서 그는 이루 말할 수 없는 억압과 짐승보다 못한 취급을 당한다. 무식한 간수 눈에 잘못 보였다가는 개죽음당하기 십상이고 악질 동료 죄수들에게는 인간으로서는 말로 형용하기 어려운 강간까지 당한다. 그러던 어느 날 앤디는 간수의 세금을 면제받게 해준 덕에 일약 교도소의 비공식 회계사로 일하게 된다. 돈에 눈이 어두워진 교도소 소장은 죄수들을 이리저리 부리면서 검은 돈을 긁어모으는데 혈안이 되고 앤디는 이렇게 모아 진 더럽고 추한 그의 돈을 관리하게 된다. 이러던 와중에 앤디와 레드(Ellis Boyd "Red" Redding : 모간 프리먼 분)가 있는 곳에서 토미(Tommy : 길 벨로우스 분)는 진짜 살인범에 대해 증언하고 앤디는 이 이야기를 소장에게 하면서 자신의 결백을 주장하지만 소장은 이를 철저하게 묵살해 버린다. 그리고 한 술 더 떠서 앤디의 결백이 알려지면 자신의 처지가 곤란해질 것을 우려한 소장은 토미를 무참히 살해해 버린다. 독방에서 토미의 죽음을 전해들은 앤디는 절망에 몸부림치고 드디어 20여 년 간 차근차근 준비해온 탈옥을 감행한다. 앤디는 천신만고 끝에 탈출에 성공을 하게 된다. 그런 후 그는 소장의 검은 돈을 관리하면서 만든 가명계좌에서 부정으로 축재 된 모든 돈을 찾고, 교도소의 비리를 낱낱이 폭로한 서류를 신문사에 보낸다. 살인 간수가 구속이 되고, 소장의 자살로 이어진다.[196)]

이 영화를 통해 부패한 교도소장을 비롯한 교도관들의 일그러지고 비뚤어진 행태를 잘 나타내 보여주고 있다.

(5) 『스트라이킹 디스턴스』(Striking Distance)

『스트라이킹 디스턴스』는 로우디 헤링턴 감독이 브루스 윌리스(톰 역), 사라 제시카 파커(조 역), 데니스 파리나 등을 주연으로 하여 1993년 12월 24일 개봉한 영화이다.

강력계 형사인 톰(Tom Hardy : 브루스 윌리스 분)은 사촌인 지미(Jimmy Detillo : 로버트 패스토렐리 분)와 파트너가 되어 활동하던 중 지미가 용의자에게 폭력을 가한 것을 증언하여 지미가 유죄 판결을 받게 만든다. 이로 인해 톰은 동료들로부터 배신자 취급을 받는다. 여기에서 우리가 교훈으로 배울 수 있는 점은 경찰내부의 결속력이 이해관계에 따라 매우 강하게 작용을 하고 있다는 것과 그렇기 때문에 웬만한 용기를 가지지 않고서는 내부고발이 너무나 어렵다는 점이다.

한편 여자들만 납치해 교살하는 사건이 잇따라 발생하는데 톰은 이 사건의 핵심적 실마리가 경찰 내부에 있다고 생각한다. 어느 날 경찰국장인 아버지 빈스(Vince Hardy : 존 마호니 분)와 함께 용의자를 추적하던 중 사고가 일어나 톰은 부상을 입고 아버지는 죽게 된다. 지미의 선고공판이 있던 날 지미는 투신자살을 하고 경찰은 톰의 아버지를 살인범으로 몰지만 톰은 진범이 따로 있다고 생각한다. 세월이 지나 강력계를 떠난 톰은 수상 경찰 구조반에서 일을 하는데 또 다시 여인들의 시체가 강에서 발견된다. 희생자는 모두 톰과 관계를 가진 여인들이었다. 톰은 2년 전의 사건과 지금의 사건이 동일범이라 생각하고 여자 경찰인 조(Jo Christman : 사라 제시카 파커 분)와 함께 수사를 착수한다. 조는 톰을 이해하게 되고 톰을 궁지에 몰아세

196) http://movie.naver.com/movie/bi/mi/basic.nhn?code=17421

우려는 청문회에서 그를 옹호하는 발언을 한다.[197]

이 영화에서는 경찰조직의 일그러진 자화상을 비쳐주고 있기도 하지만 청문회라는 공식적 제도가 가지고 있는 허점 역시 잘 투영해주고 있다. 청문회를 자신에게 유리하도록 악용하는 힘 있는 자의 잘못된 행동이나, 음모에 가담한 조직들의 조직적 노력으로 인해 청문회제도가 왜곡되고 악용되는 내용들을 이 영화는 잘 담고 있다.

(6) 『황시』(The Children of Huangshi)

1937년 전쟁의 한 가운데 놓인 '황시'에서 만난 아이들을 위해 모든 것을 바친 영국 종군기자 조지 호그(조나단 리스 마이어스 분)의 작은 기적을 영화화 한 것이다. 감독은 로저 스포티스우드이고 조나단 리스 마이어스가 조지 호그 역을 맡았고, 라다 미첼은 리 피어슨 역을 맡았으며, 주윤발은 첸한셍 역, 그리고 양자경은 마담 왕 역을 맡아 열연을 하였다.

영화의 대체적인 줄거리는 다음과 같다.

1937년 중국이 무대가 된다. 몰래 잠입해 들어간 남경에서 일본군의 무자비한 학살 현장을 취재하던 영국인 종군기자 '조지 호그'(조나단 리스 마이어스 분)는 일본군에 붙잡힌다. 그는 이 위기를 자력으로 벗어나보려고 애를 쓰지만 결국 그가 찍은 일본군의 중국인에 대한 무자비한 학살 장면이 담긴 사진기로 인해 죽음의 문턱까지 다다르게 된다. 일본장교의 군도가 목에 떨어지려는 찰나에 중국 게릴라 부대의 리더 '잭'(주윤발 분)의 도움으로 목숨을 구한다. 그는 잭과 함께 게릴라부대를 따라가 일본군의 배후를 공격하고 폭파하는 일을 목격한다. 그러다가 자신과 같이 남경으로 잠입한 두 기자가 일본군에 의해 살해되는 장면을 보고 충격에 소리를 지르게 되고 이로 인해 결국 일본군에 쫓기는 신세가 된다. 결국 바다로 뛰어들고

197) http://movie.naver.com/movie/bi/mi/basic.nhn?code=16203

뒤따라 온 일본군은 무차별적으로 총을 이들을 향해 난사를 한다. 정신을 잃었다가 깬 호그는 자신이 중국 측 야전병원에 누워있음을 알게 되고 잭의 도움을 받게 된다. 그러다가 잭의 권유로 그는 '황시'를 찾아간다. '황시'는 전쟁으로 가족과 집 모두를 잃고 이제 더 이상 잃을 것 없는 60명의 아이들이 있는 곳이다. 말도 통하지 않는 그들과 지내면서 어려운 일도 많이 겪지만 호그는 또 다른 희망을 발견한다. 그러나 안타깝게도 전쟁의 참혹함은 '황시'까지 드리우게 된다. 일본군에게 계속 밀려 내려 온 중국군이 이제 성년의 티가 나는 아이들에게 눈독을 드리고 또한 황시의 고아원을 야전본부로 쓰기 위해 탐을 낸다. 고아원에서 쫓겨난 아이들은 이제 전쟁터로 끌려 나가게 될 위기에 처하게 되는 것이다. 그는 이러한 중국군의 요구에 홀연히 맞서 싸우지만 그를 공산주의자로 몰아붙여 협박하고 투옥하는 그들의 압박에 크게 마음이 흔들리기도 한다. 그러나 호그는 이에 굴하지 않고 60명의 아이들과 함께 '황시'를 떠나 새로운 희망을 찾기로 결심을 한다.[198] 여러 우여곡절 끝에 그는 드디어 1,000여 킬로미터가 넘는 악지형과 악 기후를 이겨내고 아이들을 동반하고 목적지에 근접한 큰 도시에 도달을 한다. 이 도시의 행정장관도 이 소식을 접하고 호그에게 호의를 베풀어 트럭 4대를 내주며 목적지까지 도달하는데 사용하라고 한다. 힘을 얻은 호그는 아이들을 데리고 고비사막을 지나 목적지에 도달을 하지만 중간에 다친 상처로 인해 파상풍에 걸리고 그로 인해 결국 죽음에 이르게 된다. 비록 그의 아까운 젊음은 이렇게 산화를 하였지만 그가 남긴 황시의 사랑은 지금까지 중국의 사랑으로 남아있게 된다.

이런 줄거리를 가진 이 영화는 우리에게 몇 가지 공직자의 부패를 고발하고 있다.

그 중 가장 대표적인 것은 황시의 고아원을 야전본부로 사용하려고 하

---

198) http://movie.naver.com/movie/bi/mi/basic.nhn?code=65836

는 중국군 간부에 맞서 이를 거부한 호그를 공산주의자로 몰아 투옥을 하며 협박을 하던 중국군 간부가 호그를 풀어주는 장면이다. 물론 황시의 대부호인 마담 왕(양자경 분)이 손을 쓴 결과였다. 마담 왕은 호그에 대해 커다란 호의를 가지고 있었다. 벽안의 청년이 버려진 중국아이들을 어떤 조건 없이 돌보는 그 희생과 사랑의 정신이 아마 그 녀의 마음을 사로잡은 듯 싶다. 중국군 간부는 마담 왕에게 호그를 풀어주었으니 약속을 지키라고 하면서 딴소리 하지 말라고 다짐을 놓는 장면도 나온다. 호그가 무사히 풀려나와 60명의 아이들과 함께 황시를 떠나는 것을 보며 작별을 한 마담 왕은 바로 침실로 들어와 바로 그 중국군 간부에게 몸을 바친다. 그녀는 호그가 감옥에서 풀려나와 황시를 떠나기 전 대면하는 자리에서 호그가 '나를 풀어주기 위해 많은 노력을 했을 것'이라고 말하자 그녀는 '당신의 몸값이 그렇게 비쌀 줄은 몰랐다'고 이야기를 하는 장면이 나온다. 중국군 간부는 많은 돈과 그녀의 육체를 거래대가로 요구를 했던 것이다.

결국 부패한 중국군 간부는 자신의 권력과 공직을 이용하여 돈과 여인의 육체를 가졌고 마담 왕은 이를 이용하여 호그를 자유의 몸으로 만들어 준 것이었다. 한 마디로 합법을 빙자한 검은 뒷거래가 이루어진 것이다.

(7) 『모던보이』(Modern Boy)

이 영화는 1937년 일제강점기를 배경으로 하고 있다. 정지우 감독이 박해일, 김혜수, 김남길 등을 주연으로 하여 사랑을 위해 시대와 맞선 모던보이를 그려내고 있다.

조선총독부 1급 서기관 이해명(박해일 분)은 현역 일본인 검사인 단짝 친구 신스케(김남길 분)와 함께 은밀하게 놀러간 비밀구락부에서 댄서로 등장한 여인 조난실(김혜수 분)에게 첫 눈에 매혹이 되어버린다. 거의 이성을 잃다시피 된 이해명은 비밀 구락부 마담에게 조난실과의 만남을 주선해 줄 것을 부탁하지만 마담은 당신은 그 아이의 상대가 되지 않는다는 말과 함께 그의 애절한 부탁을 거절한다. 이해명은 온갖 수단과 방법을 동원하여 조난실과의 만남을 이루어보려 하지만 난관에 봉착한다. 할 수 없이 이해명은 그의 절친한 친구인 신스케에게 부탁을 하게 된다. 신스케는 이해명이 조난실에게 푹 빠져있는 것을 알고 그의 부탁을 들어주게 된다. 잘나가는 제국의 검사가 가지고 있는 권력을 남용하여 그를 돕게 되는 것이다. 우선 조난실의 매니저 역할을 하는 그녀의 오빠를 형사들을 시켜 불법적으로 연행을 하고 이를 구실로 하여 조난실이 검사실로 조사를 받으러 오게 만든다. 그런 다음 미리 검사실에서 대기시켜 놓았던 이해명으로 하여금 검사를 사칭케 하고 조사를 하는 과정을 통해 자연스럽게 그녀와의 만남을 이루어주게 한다. 조난실과의 사랑에 모든 것을 건 이해명은 이러한 신스케의 만남주선을 공모하고 결국 조사를 받으러 온 조난실과 만나 굴곡이 많은 꿈같은 관계를 이루어 나가게 된다.

이러한 영화의 내용을 통해 우리는 신성한 공적 권력의 그릇된 남용을 보게 된다. 결코 공적 권력이 사적으로 쓰여서는 안 된다는 것이 일반적인 상식이고 통념인데 신스케와 이해명은 자신들의 욕심과 얄팍한 우정을 채우기 위해 넘어서는 안 될 잘못된 권력 놀이를 한 것이다. 불법적으로 조난실의 오빠를 연행하고 고문을 가하고 검사가 아닌 이해명을 검사로 사칭케 한 것 등은 책임 있는 공인으로서의 자세는 결코 아닌 것이다. 우리는 이 영화를 통해 합법의 울타리 안에서 비행과 불법을 저지르는 관료제의 이중성을 잘 읽어낼 수 있는 것이다.

제 8 장

내부고발과 증인보호

1. 관련 이론 및 사례의 개관

1) 내부고발

내부고발제도는 미국이나 선진화된 나라들에서 중요한 부패통제기구장치로 활용되고 있는 것이다. 내부고발 혹은 '휘슬 블로잉'(Whistle-blowing)은 원래 기업이나 정부 공공기관 내에 근무하는 내부자가 기업이나 공공기관의 내부에서 은밀하게 이루어지는 불법이나 부정거래에 관한 정보를 신고하는 행위를 말한다. 그리고 이와 같은 행위를 하는 사람을 내부고발자 혹은 '휘슬블로어'(Whistle-blower)라 칭한다[199] 영어 단어의 뜻으로도 알 수 있겠지만 호루라기를 분다는 의미인데 이러한 표현이 영국에서 경찰이 법률위반 행위를 제지할 때 호루라기를 분다는 것을 은유하여 유래되었다는 설도 있다.

---

199) http://www.naeway.co.kr/SITE/data/html_dir/2002/02/06

좀 더 부연하여 내부고발이 무엇인가에 대해 정의를 내리자면 조직의 전, 현직 구성원이 조직내부의 불법, 부당, 비윤리적 실제를 밖에 알리는 행위이다. 내부자가 하는 조직 내의 반공익적 사실의 공개이며 이것을 바로 잡고자 밖에 알린다는 점에서 사회적 고발의 의미를 갖는다. 권력집단이나 조직이 국민일반에 피해를 주는 불법적, 비도덕적 음모를 꾸밀 때 그 속의 누군가 이것을 아는 사람이 나서서 호루라기를 불어 국민에게 그 위험을 미리 알려 경계할 수 있도록 해 준다는 뜻이다.[200]

"내부고발이란 정부 내에서의 사기, 협잡과 같은 부정행위, 예산의 낭비 혹은 직권의 남용 등과 관련된 정보를 폭로하는 것이다. 또한 이러한 범주에는 정부의 다른 공직자나 혹은 일반 시민의 안전과 자유를 침해하거나 위험스럽게 하는 행동들도 포함이 된다."[201] 미국 카터 행정부 당시 인사관리청(OPM)의 책임자였던 캠벨(Alan Campbell)의 내부고발에 대한 개념 정의는 쉽고 간결하게 마음에 와 닿는다.

미셀리(M. P. Miceli)와 니어(J. P. Near)는 "내부고발은 불법, 비도덕, 그리고 불합리성을 주장하는 개인이나 혹은 집단에 의해 그러한 것들이 폭로되는 것"을 의미한다고 주장을 한다.[202]

페리(James L. Perry)는 내부고발이 여타의 다른 조직분쟁과 다른 3가지

---

200) 한국행정학회, 『온라인 행정학 전자사전』; http://www.epadic.com/

201) James S. Bowman, "Ethical Issues for the Public Manager," In William B. Eddy (ed.), *Handbook of Organization Management* (New York : Marcel Dekker, 1983), 91면. ; James S. Bowman, "Whistle Blowing : Literature and Resource Materials," *Public Administration Review* (May/June 1987), 271~276면. ; Robert B. Denhardt, *Public Administration : An Action Orientation* (Belmont & Albany : Wadsworth Publishing Company, 1995), 126면.

202) M. P. Miceli and J. P. Near, "Characteristic of Organizational Climate and Perceived Wrongdoing Associated with Whistle-Blowing Decisions," *Personnel Psychology*, Vol.38, 1985, 525~544면.

특징을 제시하고 있다.[203] 첫째, 내부고발은 분쟁의 촉발자가 분명히 애타적인 언동을 한다는 것이다. 대체적으로 내부고발자가 내부고발을 하는 내용은 개인적 동기와는 무관하게 외향적으로는 애타적인 것으로 나타난다는 점이다. 둘째, 내부고발자와 내부고발을 당하는 조직 간에 권력의 분배면에서 불균형이 존재한다는 것이다. 내부고발자는 권위도 약하고 개인적 자원에 의존을 하여야만 되지만 내부고발을 무시하거나 내부고발자와 분쟁을 벌이는 조직은 권위도 강하고 조직성원들을 동원 할 수도 있고 분쟁과 관련된 법적 서비스의 지원도 받을 수 있고 외부지원까지 가능하다는 것이다. 한 마디로 서로가 가지고 있는 권력이 균형적이지 않다는 것이다. 웨인슈타인(D. Weinstein)은 그래서 "내부고발은 권위를 가지고 있지 않은 조직 내부에서 일하는 자에 의해 관료제가 변화를 꾀하는 것"이라고 주장을 하고 있다.[204] 이러한 시각에서 이 용어는 관료제의 정책을 변화시킬 권한을 갖지 못한 자들에 의해서 행해지는 폭로를 일컬으며 이것을 관료제의 반항(bureaucratic opposition)의 한 형태로도 이해하기도 한다.[205] 셋째, 정교하게 개발되고 중립적인 분쟁해결 메커니즘이 부재하다는 점이다. 대부분의 분쟁해결메커니즘이나 그 절차들이 대부분 내부고발자를 보호하거나 내부 비행을 폭로하는 것을 제도적으로 지원해주는데 부족함이 큰 경우

---

203) James L. Perry, "Whistleblowing, Organizational Performance, and Organizational Control," In H. George Frederickson(ed.), *Ethics and Public Administration* (Armonk & New York : M.E. Sharpe, 1993), 79~80면.

204) 웨인슈타인과 같은 생각을 가지고 같은 내용으로 개념을 정의하는 학자로 잘드와 베르거를 들 수 있다. Deena Weinstein, *Bureaucratic Opposition : Challenging Abuse at the Workplace* (New York : Pergamon, 1979), 2면. ; M. N. Zald and M. A. Berger, "Social Movements in Organizations : Coup d'Etat, Insurgency, and Mass Movements," *American Journal of Sociology*, Vol.83, 1978, 823~861면.

205) Deena Weinstein, *op. cit.*, (1979) ; 전종섭(저)·윤재풍 외(공역), 『행정학 : 구상과 문제해결』(서울 : 박영사, 1989), 470면.

가 많다는 것이다.[206] 내부고발이 무엇이고 그리고 어떠한 특성을 지니는지를 이해하는데 도움이 되는 내용이다.

내부고발은 두 가지 성격을 가진다. 하나는 자기가 몸담고 있는 조직의 잘못된 일을 폭로해야 하겠다는 정의감 등의 동기유인에 의해 이루어지는 경우이고 다른 하나는 해고나 승진 혹은 승급불만, 낮은 임금에 대한 불만 등으로 상관이나 또는 조직에 대해 앙심을 품고 이를 해소하기 위해 악의적으로 이루어지는 경우이다.[207]

어찌되었건 내부고발이라는 행동이 정당화되기 위해선 우선 이러한 내부고발 행위가 적절한 도덕적 동기를 가지고 이루어졌는지, 그리고 폭로를 할 더 이상의 내부조직 의사소통 통로가 모두 소진되었는지, 또한 내부고발의 내용이 합리적인 사람들을 설득할 수 있는 증거에 입각하고 있는지, 그리고 문제에 대한 분석이 신중하고 명확하게 이루어졌으며 성공할 기회를 가지고 있는지 등의 조건들을 충족시켜야 한다.[208]

내부고발에 관한 연구들이 최근에 많이 이루어지고 있으며 대부분이 내부고발자의 개인적 성향, 즉 내부고발의 동기나 감정적 의사결정 과정 등에 초점을 맞춘 것이다.[209]

박홍식은 내부고발의 발생을 다양한 이론들을 가지고 설명하고 있다. 첫째로 들고 있는 것이 자질이론(traits theory)을 가지고 설명하는 것인데 이는 내부고발의 발생은 개인이 가지고 있는 특별한 기질, 예를 든다면 극도의

---

206) T. M. Devine and D. G. Aplin, "Abuse of Authority : The Office of the Special Counsel and Whistleblower Protection," *Antioch Law Journal,* Vol.4., 1986. ; James L. Perry, *op. cit.*, 80면.

207) James W. Fesler and Donald F. Kettl, *The Politics of the Administrative Process*, 2nd ed. (Chatham, N.J. : Chatham House Publishers, Inc., 1996), 375면.

208) James S. Bowman, *op. cit.*, 91면. ; Robert B. Denhardt, *op. cit.*, 126~127면.

209) James L. Perry, *op. cit.*, 80면.

원칙주의자라든가, 비타협적인 성격의 소유자라든가, 결벽증을 가지고 있는 인간이라든가 하는 식의 개인적 자질에서 찾고 있는 것이다. 둘째는 역할이론(role theory)을 가지고 설명하는 것인데 이는 조직의 각 구성원들이 가지고 있는 역할들 간의 갈등이 내부고발의 형태로 나타나게 된다고 보는 입장이다. 셋째로는 기대이론(expectancy theory)을 가지고 설명하는 것인데 이는 구성원이 그러한 행위를 할 경우 어떠한 일이 일어나고 또 자신은 무엇을 얻으며 그때 얻는 것의 가치는 어떻게 평가하는가에 대한 판단의 산물로 이해하는 입장이다. 넷째는 과정이론(process theory)을 가지고 설명하는 것인데 이는 단일 사건이나 행위, 판단의 결과가 아닌 다양한 행위자와 사건들 간의 복합적인 일련의 작용과 반작용이 일정한 시간을 거쳐 누적된 결과로 해석하는 입장이다.[210)]

또한 박홍식은 내부 고발의 유형을 분류기준에 따라 범주화하여 설명하고 있다. 우선 고발시기를 기준으로 하여 재직형과 이직형으로 나누어 설명하고 있다. 재직형은 말 그대로 내부고발이 내부고발자의 재직 중 이루어지는 것이고 이직형은 내부고발자가 이직을 한 다음 이루어지는 것을 의미한다. 둘째, 대상이나 경로에 따른 구분을 기준으로 하여 내부형과 외부형으로 나누어 설명하고 있다. 내부형은 내부고발자가 몸담고 있는 조직내부의 채널을 통해 문제를 해결하고자, 문제해결의 권한을 가지고 있는 부서나 상급책임자에게 부조리나 비위사실을 보고하는 것이다. 이에 반해 외부형은 내부고발자가 조직 밖의 의회나 매스미디어[211)], 검찰이나 경찰, 정부 감독기관이나 규제기관, 시민단체, 혹은 일반대중들에게 직접 폭로하는 것이다. 셋째, 내부고발 방법에 따라 익명형과 공개형으로 나누어 설명하

---

210) 한국행정학회,『온라인 행정학 전자사전』; http://www.epadic.com/

211) 언론매체는 내부고발자의 고발내용을 전파 확산시키는데도 중요한 역할을 수행하지만 그 에 못지 않게 언론 매체 자신이 독자적으로 정부의 비행을 폭로하는데도 중요한 역할을 수행하기도 한다. Robert B. Denhardt, *op. cit.*, 126면.

는데 익명형은 내부고발자가 자신의 신분이나 신원을 드러내지 않은 채 문제가 된 비리나 부조리를 공개하거나 폭로하는 것이고 공개형은 기자회견이나 청문회 등을 통해 떳떳하게 자신의 신분과 신원을 드러낸 체 문제가 된 비리나 부조리를 공개하거나 폭로하는 것이다. 넷째, 내부고발자의 내부고발에 대한 의지의 정도에 따라 나누어 설명하는데 적극형은 내부고발자가 조직의 법령위반이나 공익침해 사실을 공개적으로 반대하거나 항의 등을 통해 적극적으로 밖으로 표명하는데 반해 소극형은 법정이나 경찰의 진술과정에서 사실을 증언하는 것으로 표명을 하는 것이다. 다섯째, 내부고발의 대외적 표출 성취 여부에 따라 나누어 완전형과 불완전형으로 나누어 설명하는데 완전형이란 내부고발자가 폭로나 또는 공개를 완전히 마친 형태를 의미하고 불완전형은 불법이나 비리 또는 부조리의 고발을 위해 사실여부나 진위여부를 확인하는 준비과정에서 역으로 보복을 받게 되어 내부고발의 성사가 불투명하게 되는 형태이다.[212)]

내부고발의 단계는 일반적으로 다음과 같다. 먼저 내부고발자가 되는 공무원이 조직의 비행이 비윤리적이거나 일반 시민의 안전에 위협이 된다고 인식을 하는 단계이다. 그런 다음 공무원은 이러한 인식의 기반 위에서 계층제상의 상관에게 이를 보고하고 관심을 촉구하는 단계이다. 이것이 묵살되거나 또는 그 결과가 불만족스러울 경우 밖으로의 이슈화가 시도되는데 즉 언론매체나 시민단체 또는 압력단체 등에게 이러한 비행사실을 알리거나 흘리는 것이다.

조직 자체가 엄격하고 강도 높은 통제를 가하는 기관일수록 그 기관의 문제를 알아내기 위해서는 내부고발에 의지하는 경우가 많다.[213)] 사실 정부 조직의 장이나 기업주는 자신들이 하는 일이 무엇이 잘못되었고 방법상

212) 한국행정학회, 『온라인 행정학 전자사전』; http://www.epadic.com/

213) James W. Fesler and Donald F. Kettl, *op. cit.*, 374면.

에 문제가 있고 성과가 제대로 안 나타날 것이라는 식의 말을 듣기를 좋아하지 않는다. 특히 그것이 공익에 해가 되는 것이어서는 안 된다는 주장에 대해서는 더욱 그렇다. 가능하면 자기가 재직하고 있는 동안에는 큰 일이 없이 일이 진행되고 마무리되는 것을 선호하며 일이 잘못되어 뒤틀리는 경우에도 자신의 경력이나 자신이나 조직의 명예 또는 앞으로의 출세 등을 위해 가능한 그러한 일이 공개되어 문제를 야기 시키는 것을 원치 않기 때문에 덮어 버리려고 하는 것이 일반적인 심리적 행태이다. 이러한 의식구조를 가지고 있고 또한 그러한 행태에 익숙해져 있기 때문에 덮으려고 하는 일을 내부에서 문제시하고 이를 드러내려고 하는 행동에 대해서는 그것이 옳고 그름을 떠나 일단 부정적으로 접근하게 되는 것이다.

이러한 행태는 조직의 장이나 상관들에게만 국한된 것이 아니고 내부에서 그릇된 일에 대해 문제를 제기하려는 내부고발자의 동료나 그의 부하들에게도 일반화되어있다. 동료나 부하들 역시 어떻게 보면 그러한 문제에 대한 인식을 하고 있는 사람들이고 경우에 따라서는 그러한 문제에 직·간접적으로 연루가 되어 있을 수도 있는 것이다. 따라서 동료나 부하들도 외부에서는 모르는 그러한 문제가 자신들을 포함한 내부에서 제기되는 것을 원치 않을 수 있으며 오히려 이러한 문제제기가 평지풍파(平地風波)를 일으키는 쓸데없는 일로 생각하는 경우도 없지 않은 것이다.

내부고발자에 반하여 그의 동료나 부하들 간에 일치하는 집단가치(group value)가 형성이 되고 이에 동감하려는 집단 내면적 압력이 일종의 집단 결속력(group cohesiveness)으로 작용을 하여 내부고발과 관련 된 사건의 은폐나 은닉을 결과하게 되는 것이다.[214] 실제 이와 관련된 사례를 몇 개 살펴보면 보다 쉽게 이러한 현상을 이해할 수 있을 것이다. 우선 2차 대전 이후 전범처리를 위해 독일의 뉘른베르크에서 전범재판이 이루어졌는데 이 과

214) Solomon E. Asch, *Social Psychology* (New York : Oxford University Press, 1987).

정에서의 나치전범들의 행동을 유심히 관찰해 볼 필요가 있다. 그들은 마치 서로 말을 맞추기라도 한 듯이 이구동성(異口同聲)으로 "상관의 명령에 복종했을 따름"이라는 말을 반복해서 되 뇌임으로써 자기 방어를 하였다.[215] 물론 이러한 행위는 비윤리적 행위에 대한 개인적 책임을 받아들이려는 생각은 없이 명령계통이라는 집단적 권위의 뒤에 숨어 자신의 행위를 변명하려는 비열하고 뻔뻔스러운 행위였다. 이러한 현상은 워터게이트 사건의 당사자들 중 정치적으로 임명된 자들의 말과 행동에서도 그대로 나타났다. 그들은 한결같이 "팀워크를 깨뜨리지 않고 훌륭한 팀원이 되길 원해서 은폐에 함께 참여하였다"고 말을 하였다.[216] 서로 동감하는 집단가치를 깨뜨리는 것보다는 범법행위를 하는 것이 더 낫다는 생각이 그들의 뇌리 속에 분명히 자리잡고 있었던 것이다. 또한 이란-콘트라 사건의 장본인인 노스(Oliver North)와 홀(Fawn Hall)도 "우리는 팀의 멤버들이다. 그들에게 반대하는 것이 바로 우리들이 할 일이다."라는 표현으로 팀워크를 과시했다.[217] 이것 역시 동감하는 집단가치를 위해 그 가치를 배반한 자에 대해서는 반대나 더 나아가서는 보복을 하여야 한다는 생각이 말의 이면에 깔려 있는 것이다. 바로 이러한 사례에서 볼 수 있듯이 집단가치를 공유한 조직환경과 이러한 환경 속의 집단이 개인에게 가하는 압력에 굴복하여 비윤리적인 결정을 내리거나 잘못된 충성, 옳고 그름에 대한 뒤틀린 인식 등을 하게 되는 것이다.

---

215) Harold F. Gortner, *Ethics for Public Managers* (New York : Greenwood Press, 1991), 105면.

216) Charles W. Colson, *Born Again* (New York : Bantam Books, 1977) ; Edward Weisband and Thomas M. Franck, *Resignation in Protest : Political and Ethical Choices Between Loyalty to Team and Loyalty to Conscience in American Public Life* (New York : Grossman Publishers, 1975).

217) Harold F. Gortner, *op. cit.*, 105면.

그리고 최근의 공무원부조리나 부패의 성격이 과거의 생계형부조리나 부패에서 축재형으로 바뀌고 있고 이에 따라 개인적 차원의 부조리나 부패에서 조직적 차원의 부조리나 부패로 전환이 되고 있는 점을 감안할 때 동료나 부하들도 이러한 문제에서 결코 자유스럽지 못할 수도 있다는 점을 염두에 둔다면 이들의 내부자에 의한 문제제기를 결코 고운 눈으로 볼 수 만은 없다는 점을 쉽게 이해할 수 있을 것이다.

따라서 내부고발자들은 직장의 상사나 동료 또는 부하들로부터 유·무형의 제재수단들을 통해 자주 괴롭힘을 당하고[218], 조직 안에서 '왕따' 신세가 되어 외톨이가 되거나 배척되고, 급기야는 쫓겨나기까지 하게 되는 것이다.[219] 이러한 수난들을 잘 이겨내고 버텨서 그 자리에 설령 남아 있다고 하더라도 결국 별 볼 일없는 한직으로 밀려나기도 하는 것이다.[220] 따

---

218) Judith A. Truelson, "Protecting David from Goliath : On Blowing the Whistle on Systematic Corruption," *Dialogue* (Spring 1986), 9면. ; James S. Bowman, *op. cit.*, 272면.

219) 이러한 최악의 상황에 내 몰리지 않기 위한 내부고발자 생존 전략이라는 것이 있다. 우선 공개적 폭로 결심에 우선하여 가족들과 의논을 하여야 한다는 것이다. 내부고발이 이루어질 경우 가장 혹독한 고통을 받게 될 당사자는 바로 가족이기 때문이다. 둘째, 가능한 내부고발 외의 차선의 방안을 검토해 보라는 것이다. 익명의 투서 같은 것도 한번쯤 고려해 볼 수 있을 것이다. 셋째, 동일한 문제에 대해 분개하는 동료를 색출하여 대화를 나누어 보라는 것이다. 넷째, 동료나 인근 부서 직원과의 관계를 돈독히 하라는 것이다. 특히 내부고발 후 자신의 지지 세력이 될 수 있고 내부고발 전이라도 내부 저항의 증거를 마련하는데 큰 도움을 줄 수 있기 때문이다. 다섯째, 기록의 중요성을 인지하고 조직의 비리나 부정 그리고 자기에 대한 부당한 대우 등에 대한 기록을 유지하라는 것이다. 이러한 준비는 조사 과정이나 법정에서 큰 효용성을 발휘한다는 점에서 매우 중요하다. 여섯째, 입증능력을 갖춘 기록과 자료를 수집하라는 것이다. 일곱째, 정치인, 언론사, 관련 시민단체를 잘 활용하라는 것이다. 여덟째, 변호사, 시민단체, 혹은 기 경험자의 법률적 자문이나 상담, 체험담을 잘 활용하라는 것이다. 아홉째, 자신의 도덕적이거나 법적인 흠결에 대한 대비를 단단히 하여야 한다는 것이다.

220) 내부고발은 부정이나 비리를 통제하는데 있어 파괴적인 효과를 가지고 있을 뿐만

라서 이러한 행태가 일반화 되어있는 조직문화아래에서의 내부고발은 아무리 그것이 공익적이고 양심적이며, 또 바른 일이라고 하더라도 사전에 면밀히 계획하고 준비하지 않으면, 내부고발자는 자신의 뜻을 밝혀 보지도 못한 채 오히려 뭘 모르고 나섰다거나 정신이 좀 이상한 사람이라는 대우를 받기 십상이다.[221)]

실제로 조사된 미국 자료에 의하면 상당수의 공직자가 낭비적이고 비윤리적인 행위가 자신이 근무하는 조직 내에서 자행되고 있음을 목격하고 있긴 하지만 조직에 대한 충성심과 이러한 일을 폭로하였을 경우 자신에게 닥칠 보복 등이 두려워 내부 고발을 섣불리 하지 못하고 있음을 알 수 있다.[222)] 또한 그러한 공직자들이 몸담고 있는 조직의 문화나 일반적인 사회적 분위기나 규범들이 공직자가 비행을 목격하였을 때 이를 기꺼이 폭로하려는 마음의 동기를 북돋워주지 못하고 이를 오히려 억제하고 있기 때문에, 폭로를 할 경우 자기에게 닥칠 해임, 좌천, 한직으로의 전보, 낮은 근무고과성적, 왕따, 조직으로부터의 영원한 추방 등과 같은 위험이 클 경우 다른 공직자의 비위나 비윤리적인 행위를 폭로치 못하고 눈을 감게 된다는 것이다.[223)]

아니라 국민의 알권리를 보호해주고 개인차원의 표현과 양심의 자유를 진작시켜 줄 수 있다는 측면에서 매우 높은 공익적 효과를 가지고 있음에도 불구하고 힘없는 조직 구성원이 거대한 조직의 부정과 비리에 맞서는 것이어서 정말 하늘이 무너져 내리는 듯한 공포와 고통, 그리고 계란으로 바위를 치는 격의 무모하리만큼 힘든 어려움을 감당해내어야 한다. J. S. Bowman, "Whistle Blowing : Literature and Resource Materials", *Public Administration Review*, Vol.43, 271~276면. ; 박홍식, 『온라인 행정학 전자사전』, 한국행정학회 ; http://www.epadic.com/에서 재인용.

221) http://post.cau.ac.kr/~parkh/w4.htm

222) Joseph Zimmerman, *Curbing Unethical Behavior in Government* (Westport, Connecticut & London : Greenwood Press.1994), 225면.

223) 페리는 여러 실증적인 조사의 자료들을 고려해 볼 때 조직변화를 위한 메커니즘으로써 내부고발의 한계에 대한 생각이 강화되고 있다고 주장한다. 즉 내부고발은 실

이러한 문제점을 해소하기 위해 법적으로 내부고발자를 이러한 위험과 보복으로부터 보호해 주는 것이 무엇보다 필요하다 할 수 있다. 또한 정부는 공직자들이 이러한 다른 공직자의 비위나 부조리 또는 비윤리적 행위를 목격했을 때 이를 지체 없이 보고해야할 의무를 가지고 있다는 점을 여러 가지 경로나 교육 및 훈련과정 등을 통해 강조해야 할 필요가 있는 것이다. 그러나 내부고발은 매우 어려운 문제점을 갖는 만치 이에 대한 대응은 신중을 기할 필요가 있다. 내부고발은 사회정의 실천과 건전한 기업경영을 위해 예방과 응징의 효과가 있다는 점을 부인하기는 매우 어렵긴 하지만 신고자의 보호라는 매우 어려운 책임문제가 있고 보상금을 노린 내부고발과 관련된 과잉 행위 역시 우려가 되는 것이다.

미국의 경우 1989년에 '내부고발자보호법'(Whistleblower Protection Act)을 제정하여 내부고발자에 대한 보호를 제도적으로 하고 있긴 하지만 모든 정부기관에서 효과를 얻고 있는 것은 아니다. 그 이유 중의 하나는 이러한 정부기관들이 내부고발을 했을 경우 자신들이 받게 될 보호와 관련된 권리 조항과 그 내용들을 공직자들에게 명료하게 전달하지 못한 점과 실제로 보호를 하여야 할 경우 보호를 실행하는데 필요한 세부적인 운영절차들을 개발해 내지 않았기 때문이다.224)

따라서 내부고발을 장려하기 위해선 비윤리적 행위를 한 정부공직자를 유죄로 입증시키는데 필요한 정보를 제공한 내부고발자에 대해서는 그에 대한 보호와 보상을 가능케 하는 정교한 법적 장치를 강구하여야 하며 공직자들에게 이러한 내용을 정확히 주지시켜야 할 것이다. 영국의 경우 공공이익 공시에 관한 법을 제정해 내부 고발자를 공공의 이익을 위한 증인

제적으로 조직변화를 위해 매우 제한적인 역할만을 수행한다는 것이다. James L. Perry, *op. cit.*, 94면.

224) Joseph Zimmerman, *Ibid.*, 226면.

으로 취급하고 신고에 핫라인을 이용하도록 하고 있으나 나름대로 문제점을 가지고 있으며 우리나라의 경우도 부패방지법이나 금융감독위원회 규정에 신고자의 보호규정이 있긴 하지만 나름대로의 문제점이 없지 않으므로 이 제도가 과열되지 않고 건전하게 운용될 수 있도록 계속적인 연구가 필요하다 하겠다.[225)]

그리고 내부고발의 취지를 보다 높이기 위해서는 이러한 내부고발자의 보호에 대한 영역을 민간부문까지 확대할 필요가 있을 것이다. 정부와 계약 등 여러 가지 관계성을 통해 실제적으로 정부의 업무를 수행하는 민간기업에 대해서는 그러한 기업에 종사하는 자들이거나 또는 기업과 관련된 정부공직자가 잘못된 일을 저질렀을 경우 이를 내부고발 하는 민간기업조직성원에 대해서도 보호를 하도록 하는 것을 의미한다. 실제로 근자에 들어와서 이러한 유형의 민간기업과 정부공직자간의 적절치 못한 유착이나 비행이 증대되고 있음[226)]을 감안할 때 이러한 민간기업의 내부고발자의 보호조치는 존재의 정당성을 충분히 인정받을 수 있는 것이다. 이와 연관하여 내부고발자가 비행 관련 기관이나 윤리위원회에 비윤리적 행위에 대한 폭로를 하였음에도 불구하고 이를 적절하고 시의성 있게 처리하지 못해 내부고발자가 비윤리적 행위를 언론에 공개했을 경우 이에 대한 법적 보호의 문제도 충분히 강구되어져야 할 것이다.

미국의 내부고발제도는 그간의 여러 경험들을 통해 문제점을 하나 둘 시정해 나가고 해결해 나감으로써 점차 성공적인 제도로 자리 매김을 해 나가고 있다. 실제로 미국의 경우 9·11테러 이후 신고가 더 활발해졌다 하며 미국의 정부가 부정행위로부터 정부예산을 회수하는 금액이 연간 수십억 달러에 달하는데 이들 대부분이 내부고발자의 신고 덕택이란 한다. 유

---

225) http://www.naeway.co.kr/SITE/data/html_dir/2002/02/06

226) Joseph Zimmerman, *Ibid.*, 226면.

럽도 예외가 아니어서 많은 가격담합 카르텔, 예를 들어 비타민 업계의 가격담합 카르텔이 적발된 것도 이들의 신고에 의해서였다 한다.

2) 증인보호

증인보호프로그램(witness protection program)도 같은 선상에서 살펴 볼 수 있다. 권력의 핵심이나 그의 측근들이 공권력을 왜곡하거나 남용을 하여 진실을 가리고 자신들의 사적 이익에 부합하려는 노력을 경주하다 언론이나 사법당국에 의해 전모가 발각되어 사법처리과정에 들어갔을 때 이들이 저질은 혐의를 구체적으로 입증할 수 있는 물적 증거가 없을 경우 이러한 과정에 개입하였거나 이를 직접 혹은 간접적으로 목격한 증인의 증언은 권력의 핵심이나 그 측근들의 범죄를 밝히는 매우 중요한 입증자료가 될 수 있다.

그러나 이러한 경우 대부분의 증인 적격자들이 그들과 동료이거나 부하 또는 상관일 경우가 많고 또는 그들과 직접적으로 혹은 간접적으로 관계를 지니고 있는 친지나 관계인 일 경우가 많아 이들로부터 실제 법적 효력이 있는 증언을 확보한다는 것이 어렵다. 또한 권력의 속성상 그러한 권력자의 주변에서 이해를 같이하는 부류가 많아 그들이 증인 적격자들에 대해 유·무형의 압력을 행사할 수도 있다. 이 외에도 증인들이 원하였건 또는 원치 아니하였건 간에 실제적으로 이들과 공모하여 범죄과정 등에 개입하였거나 또는 범죄와 직·간접적으로 연관되는 혐의를 가지고 있을 경우 이들이 자기에게 닥쳐 올 법률적 책임이나 사법적 심판에 부담을 느껴 침묵할 경우도 상정해 볼 수 있다.

이와 같이 법적 입증에 있어 없어서는 안 되는 결정적 증인들의 증언 기피의 이유를 배제시키고 권력의 핵심이나 그 측근 또는 그들과 이해를 같이하는 범죄자들을 척결하기 위해 사용되는 제도가 바로 증인보호프로그램인 것이다. 이 제도는 미국의 증인 보호 프로그램에서 보여주는 것처럼 신고한 피해자나 혐의자에 대해 경제적 지원은 물론 신변보호를 비롯해 법률적 책임도 면제해주는 것을 골자로 하고 있다.

앞에서 살펴보았듯이 국가권력의 왜곡이나 남용 그리고 공적 조직의 부패와 부조리를 척결하는데 있어 내부고발과 증인보호프로그램은 매우 유용하다고 볼 수 있다. 따라서 많은 국가들이 권력의 왜곡과 남용, 그리고 공공조직의 부패와 부조리를 척결하기 위해 제도적으로 내부고발을 격려하고 보호하고 있으며 중요한 핵심증인들을 보호하려는 방향으로 나아가고 있다.

2. 내부고발과 증인보호프로그램과 관련된 내용들을 그리고 있는 영화들

내부고발과 관련 된 내용을 잘 보여주고 있는 영화로는 『인사이더』가 있고 증인보호프로그램과 관련 된 내용들을 극적으로 잘 시사해 주는 영화들로는 『의뢰인』, 『펠리칸 브리프』, 『이레이저』, 『트래픽』등이 있다.

1) 내부고발과 관련된 영화 : 『인사이더』(The Insider)

부패한 조직에 맞서 싸우는 내부고발자(whistleblower)의 문제를 다룬 역작 『인사이더』역시 우리에게 시사 하는바가 크다. 1978년 미국에서 제정된 '내부고발자보호법'(Whistleblower Protection Act)은 정부나 대기업의 비밀을 폭로한 사람들을 보복, 강등, 해고의 위협으로부터 방어해 주기 위한 법률로써 핵이나 유독 화학물질저장소의 폐기물 무단 및 비밀방류나 중요 이권이 걸린 정책결정에 정치적 외압이나 이해관계가 걸린 조직의 개입에 의한 불법로비 그리고 국방부의 무기예산의 과다지출 등 업무의 성격상 내부고발이 없이는 그 실체를 정확히 적출 해 내기 어려운 비리들에 대해 적용이 되는 것이다.

마이클 맨(Michael Mann)이 감독을 맡고 1999년에 제작 출시된 이 영화는 이러한 내부고발자문제를 실화에 근거하여 깊이 있게 다루고 있다.

담배회사(실명은 '브라운 앤드 윌리엄슨 사'(Brown & Williamson Tobacco Corp.))의 비리[227)]를 폭로하는 담배회사 와이겐드(Jeffrey Wigand : 러셀 크로우(Russell Crowe) 배역)[228)]는 연봉 400,000달러를 받는 브라운 앤드 윌리엄슨사 연구개발담당부사장(vice president for research and development)으로 있다가 내부고발사건으로 해임되고 생활을 위해 연봉 30,400달러를 받는 루이스빌(Louisville) 소재의 고등학교(duPont Manual High School) 과학교사로 자리를 바꾸고 이혼까지 당하며 피소된 회사로부터 고소까지 당하는 위기를 스스로 감내하는 실존 인물과 담배회사간의 갈등과 마찰을 박진감과 현실감 있게 잘 그려내고 있다. 특히 담배회사에서 채용 시 계약조건으로 서명한 회사 내에서 지득 한 사실을 대외적으로 공표하지 않는다는 내용을 들어 이를 위반할 시는 사법처리 하겠다고 내부고발자에게 압박을 가하는 내용은

---

227) 니코틴을 인체 내에서 더욱 활성화시키기 위해 담배제조과정에 유해 화학물질을 첨가시키고 이 화학물질로 인해 사람들은 더욱 담배중독에 빠지는 일면 화학물질로 인해 뇌와 중추신경계가 영향을 받게 된다는 사실을 은닉하는 비리를 말한다. 또한 이것이 문제화되어 담배회사 사장이 청문회에 나가지만 그는 이런 사실을 극구 부인함으로써 기업인의 윤리의식의 문제점도 고발하는 내용이다.

228) 와이겐드 박사는 미시시피 주와 기타 49개 주 정부가 담배를 생산하는 재벌 기업 "브라운 앤드 윌리엄슨 사"를 상대로 한 사상초유의 2,500억 달러 짜리 소송의 주요 증인으로서 자신이 피소된 담배회사의 연구개발담당 부사장으로 일하면서 지득한 사실, 즉 담배회사가 10여 년 간 담배가 중독성이 있음을 알고 있었다는 사실을 증언하여 기업을 궁지로 몰아 넣었다.

거대한 관료조직과 그에 맞서는 왜소한 한 인간의 대결이 얼마나 힘든 것인가를 사실적으로 묘사해 내고 있다.

그리고 언론매체(실명은 CBS)에서는 특종 감으로 이런 내부고발사실을 기사화 하려고 하나 법률고문단의 반대[229]에 직면 언론매체의 중역들은 언론기관의 생존과 이익 그리고 자신들의 부와 명예를 위해 이러한 법률고문단의 의견을 받아들이려 한다. 그러나 이에 대해 홀로 맞서 싸우는 "추적60분(60 Minutes)" 담당 PD 로웰(Lowell Bergman ; 알파치노(Al Pacino) 배역)의 행위는 오늘의 거대한 관료사회를 살아가는 많은 사람들에게 공감을 낳게 한다.

결론적으로 말하자면 이 영화는 부도덕한 기업과 언론기관으로서의 사명에 앞서 자신이 몸담은 조직의 이익과 개인의 영달을 위해 언론의 책무를 져버리고자 하는 얄팍한 상혼에 빠진 언론기관에 대한 경종과 내부고발자의 어려움과 고뇌 그리고 거대한 관료조직의 이익 앞에 굴하지 않고 버티는 한 양심언론인의 투혼을 통해 과연 정의의 실현이 실제 현실사회에서 얼마나 얻어내기 어려운 것인가를 메시지로 전달하고 있다. 또한 거대관료조직들이 그들의 이익을 위해 얼마나 비굴하고 부패해 질 수 있는가 하는 점과 이러한 거미줄처럼 얽힌 이익과 인간관계의 실타래 속에서 한 인간의 올바름으로 나아가려는 분투가 얼마나 힘겨운가 하는 점을 잘 보여주고 있다.

2) 증인보호프로그램과 관련된 영화

내부고발자문제와 연관 지워 생각해 볼 수 있는 제도가 '증인보호프로그램'인데 이것은 형사재판의 유력한 증인이 증언을 한 후 보복을 당할 위험

---

229) 만약 담배회사에서 이에 관해 소송을 제기할 경우 엄청난 소송비용이 들뿐만 아니라 패소할 경우 손해배상 등 이에 따르는 역기능이 엄청날 것이라는 판단에 근거하여 반대를 한다.

을 피해 신분을 숨기고 안전한 곳에 가서 살 수 있도록 지원해 주는 제도이다. 이러한 제도를 영화화 한 것으로는 조엘 슈마허 감독이 1994년 제작 출시한 존 그리샴(John Grisham)의 베스트셀러 소설을 극화한 『의뢰인』(The Client)이라는 영화와 알렌 파쿠라(Alan J. Pakula)감독이 1993년에 제작 출시한 쥴리아 로버츠(Julia Roberts)주연의 『펠리칸 브리프』(The Pelican Brief), 척 러셀감독이 1996년 제작 출시한 아놀드 슈워제네거 주연의 『이레이저』(Eraser), 그리고 스티븐 소더버그 감독이 2000년 제작 출시한 마이클 더글러스(로버트 허드슨 역), 캐서린 제타 존스(헬레나 아얄라 역), 베니치오 델 토로(하비에르 역) 등을 주연으로 한 『트래픽』영화 등이 있다.

(1) 『의뢰인』(The Client)

『의뢰인』은 조엘 슈마허 감독이 수잔 서랜던(레지 러브 역), 토미 리 존스(로이 폴트리그 역), 브래드 랜프로(Brad Renpro : 마크 스웨이 역) 등을 주연으로 하여 1994년 9월 3일에 개봉한 영화이며 『야망의 함정』, 『펠리칸 브리프』에 이은 변호사 출신 작가 존 그리샴(John Grisham)의 베스트셀러 물을 3번째로 영화화 한 작품이다. 이 영화는 형제간인 마크와 리키가 마피아와 연루된 자살사건을 목격한 이후 협박을 받는 등 신변에 위협을 느끼고 증인보호 프로그램을 신청하는 것을 골자로 하고 있다.[230] 증인보호 프로그램의 내용과 성격 등을 이 영화를 통해 잘 알 수 있게 해준다.

(2) 『펠리칸 브리프』(The Pelican Brief)

『펠리칸 브리프』는 앨런 J. 파큘라 감독이 줄리아 로버츠(다비 쇼 역), 덴젤 워싱턴(그레이 그랜트햄 역), 샘 셰퍼드(캘러핸 교수 역) 등을 주연으로 하여 1994년 2월 19일에 개봉한 영화이다.

---

230) http://movie.naver.com/movie/bi/mi/basic.nhn?code=17018

미국의 대법관 2명이 연달아 살해당하는 일이 벌어진다. 뉴올리언스 법대생 다비 쇼(Darby Shaw : 줄리아 로버츠 분)는 두 법관들이 환경 보호 문제를 중요시했다는 점에 착안해, 암살배후 추정 보고서를 작성한다. 보고서는 사업가 빅터 매티스가 환경 보호단체들과 7년간의 소송 건에 연루된 나머지 불리한 판결이 날 것을 우려해 법관들을 살해했을 것이란 내용을 담고 있다.

그 보고서를 읽은 FBI 국장 보일즈는 사업가 매티스가 대통령과도 친숙한 사이란 것을 알고 수사를 시작한다. 하지만 사건에 연루된 변호사와 다비의 연인이 살해당하고 다비 자신도 킬러에게 쫓기게 된다.[231)]

대법관 암살의 배후를 둘러싸고 대통령 측근 고위 권력층의 음모를 파헤치는 법대 여대생 다비와 워싱턴 해럴드 기자 그레이의 활약을 그린 정치 스릴러물이다. 영화제목인 펠리칸 브리프는 '펠리칸의 멸종을 막기 위해 유전 사업을 정지시킨 재판 소송이 이 살인 사건의 배후와 관련 있다'는 여주인공의 추측 보고서를 가리킨다. 한 개인이 국가 권력 앞에 얼마나 무기력한 지를 잘 다룬 작품이다.

(3) 『이레이저』(Eraser)

『이레이저』는 척 러셀 감독이 아놀드 슈워제네거(존 크루거 역), 바네사 L. 윌리엄스(리 컬른 역), 제임스 칸(로버트 역) 등을 주연으로 하여 1996년 6월 29일 개봉한 영화이다.[232)]

미국 연방경찰 소속 존 크루거(아놀드 슈워제네거 배역)는 연방경찰 증인 보호 프로그램(Witness Security Protection Program)의 전문가다. 국가 기밀과 관련, 결정적인 증거를 쥔 증인이 피살 될 위험에 처하면 그가 출동하여

231) http://movie.naver.com/movie/bi/mi/basic.nhn?code=16222

232) http://movie.naver.com/movie/bi/mi/basic.nhn?code=17543

증인의 목숨을 구해냄과 동시에 증인의 모든 과거 기록을 흔적도 없이 지워버린다. 그래서 그의 코드명은 이레이저[233]이다. 부득이한 사정상, 극비리에 그리고 철저하게 익명으로 임무를 수행한다. 무기제조 방위산업체 사이렉스의 중역 리 컬른(바네사 윌리암스 배역)이 이레이저인 존 크루거의 증인보호대상자가 된다. 그녀는 5년 가까이 FBI를 위해 일해 왔다. 그녀가 맡은 임무는 결코 보아서도 또 알아서도 안 될 너무나도 민감하고 위험한 비밀을 취급하는 것으로 전 세계에서 가장 위협적인 세력들이 그녀를 제거하기 위해 움직인다. 그녀가 FBI로부터 이번에 받은 임무는 사이렉스가 제조한 최첨단 초강력 중화기 EM건(일명 레일건(Rail Gun))의 정보파일을 디스켓에 복사하는 것이다. 그러나 이 임무를 수행하는 리는 자신이 정보반출 음모에 국방차관을 비롯, 미 정부와 방위산업체의 최고위급 인사가 개입되어 있다는 사실을 알지 못하고, 불행하게도 디스켓의 정보를 알고 있는 그녀를 온전히 살려두지 않으려는 검은 세력의 표적이 된다. 결국 정부의 고위인사가 개입되어있는 검은 세력으로부터 살아남기 위해서는 자신의 존재를 지워버려야 하는데, 이때 그 녀의 보호자이자 증인보호프로그램 전문가인 이레이저 존 쿠르거가 출현하여 여러 위험을 감내하며 그 녀를 보호해나간다.[234]

이 영화는 증인을 보호하기 위해 증인보호를 책임 맡은 전문가가 어떻게 증인들을 보호해 나가는가를 아주 실제적으로 잘 묘사해 주고 있다. 증인보호의 내용과 과정 등을 비교적 상세하게 보여줌으로써 이를 이해하는데 상당히 많은 도움을 주는 영화로 평가할 수 있다.

---

233) 원제 '이레이저'는 미국 연방 정부의 '증인 보호 프로그램'에서 보호인의 신원을 지우는 임무를 하는 주인공의 직업 이름이다.

234) http://movie.naver.com/movie/bi/mi/basic.nhn?code=17543

(4) 『트래픽』(Traffic)

마약 거래를 뜻하는 『트래픽』은 스티븐 소더버그 감독이 마이클 더글러스(로버트 허드슨 역), 캐서린 제타 존스(헬레나 아얄라 역), 베니치오 델 토로(하비에르 역) 등을 주연으로 하여 2000년 3월 10일에 개봉한 영화이다. 제목 '트래픽'이 마약 거래 또는 운반을 뜻하듯이 한 마약 운반 업자를 통해 미국의 마약 밀매 실상을 그린 영화이다.

이 영화는 크게 멕시코 국경과 오하이오 주, 샌디에이고(San Diego)의 서로 다른 장소에서 펼쳐지는 서로 다른 세 가지의 이야기로 꾸며져 있는데 모두 마약으로 병 들어가는 위험스런 세계를 차갑고 냉정하면서도 힘있게 그려냈다. 증인보호프로그램과 관련 된 소재를 다룬 것은 세 번째 샌디에이고 이야기에서 나타난다.

풍요와 평화의 이면에서 성행하는 마약 밀거래의 도시로 유명한 샌디에이고에서 헬레나(캐서린 제타 존스 분)는 지역 유지로 활동하는 사업가 남편 카를로스 아이알라(스티븐 바우어 분)와 아들, 그리고 곧 태어날 뱃속의 아이와 함께 풍요롭고 행복한 생활을 누리고 있다. 어느 날 갑자기 집에 전문 마약수사전담가인 몬텔 고든(돈 치들 분)과 레이 카스트로(루이스 구즈만 분) 등으로 구성된 법무성 소속 마약단속국(DEA)소속 요원들이 들이닥치고 카를로스 아이알라는 마약운반업자라는 범죄 혐의를 받고 구속된다. 카를로스는 다름 아닌 국제 마약 밀거래 조직의 일원으로 멕시코-미국의 국경을 넘나드는 마약 운반 상이었다. 마약단속국은 카를로스의 범죄에 대해 결정적인 증언을 할 증인을 이미 확보한 상태에서 재판시기만을 기다리며 증인 보호에 각별한 신경을 쓴다. 한편 헬레나는 남편이 마약 상이었다는 사실에 충격을 받지만 변호사(데니스 퀘이드 분)의 도움을 받은 그녀는 자신과 가정을 지키기 위해 남편에게 불리한 반대 증언을 할 증인을 살해하기 위해 암살자를 고용하고, 남편을 대신해 멕시코의 마약 딜러와 직접 거래

를 시도한다.[235)]

이 영화 역시 증인보호 프로그램을 담고 있다.

235) http://movie.naver.com/movie/bi/mi/basic.nhn?code=31345

제 9 장

관료제의 보수성과 변화에 대한 경직성

1. 관련 이론 및 사례의 개관

미국의 경우 1930년대부터 대공황을 통하여 행정부가 크게 비대화되었으며(재정적인 면과 행정권력 면에서 너무 비대화됨) 이로 인해 오히려 현재의 중앙집권화 된 권력의 분권화가 시급한 문제가 되었다는 것이다.[236)]

미국 제31대 대통령이었던 후버(Herbert C. Hoover : 1874~1964) 이후 모든 대통령들은 정부가 비대화되는 것을 방임하였다고 라이트(Paul Light)는 주장하고 있다.[237)] 그는 후버 이후로 정부의 비대화는 근대 및 현대의 공공관리의 피할 수 없는 냉혹한 산물로 인식되어 왔으며 1937년은 연방계층제에 있어 괄목할만한 의미가 있는 해라고 주장하고 있다. 왜냐하면 미국 제

236) 현재 미국은 the creative federalism에서 new federalism로 기구개편, 축소, 분산을 꾀하고 있는데 이것은 새로운 분권화 경향으로 나아가려는 시도로 이해 할 수 있는 것이다.

237) Paul C. Light, *Thickening Government : Federal Hierarchy and the Diffusion of Accountability* (Washington, D. C. : The Brookings Institution & The Governance Institute, 1995), 1면.

32대 대통령이었던 루즈벨트(Franklin D. Roosevelt : 1882~1945)의 뉴딜정책이 날개를 활짝 폈으며 연방부서들이 마천루보다 더 높고 빠르게 솟아 올라갔기 때문이라고 주장한다.

연방고용은 1930년에 60만에서 7년 후에는 90만으로 증대되었으며 연방예산은 거의 10배가 증대되었다는 것이다. 행정부서에만 60개의 새로운 부서들이 신설됨으로서 연방계층제는 분명히 비대화되기 시작했으며 새로운 부서들은 정부의 기초를 확대시켰으며 새로운 관리계층은 그 높이를 증대시켰다는 것이다. 이 시기에 선거인과 의회의 지지를 받으면서 루즈벨트대통령은 경제재난을 극복키 위한 광범위한 프로그램들을 만들어 착수해 나갔으며 이를 위한 많은 새로운 기관들을 설립하였는데 예를 든다면 1933년에 신설된 '연방긴급구호청'(Federal Emergency Relief Adm)[238], '시민자활단'(Civilian Conservation Corps)[239] 그리고 '농업신용청'(Farm credit Adm)[240] 등을 열거할 수 있다. 또한 이러한 기관들이 다소 잠정적인 것이었다면 1939년에 설립된 '연방보안청'(Federal Security agency)과 같은 것은 보다 영속적인 것이었다. 이 외에 1938년의 공정노동기준법(Fair Labor Standards act)과 최저임금제와 노동시간상한제를 실행키 위한 기관들의 신설과 확대는 연방계층제를 보다 높게 그리고 보다 넓게 비대화시킨 원인이 되었다. 결국 이런 두 요인은 계층제를 위로 그리고 밖으로 확장시켰으며 이는 어떤 과학적 통제도 먹혀들지 않을 만큼 대통령의 영역을 확대시켰다는 것이다.

윌슨(James Q. Wilson)도 많은 근, 현대 관료기구는 진보의 시대나 뉴우딜시대, 그리고 1960년대의 위대한 사회 등에서 볼 수 있듯이 보다 많은 정부활동을 요구한 대다수 국민들의 요청의 결과라고 주장하였는데 이것도

---

238) 가난한 자와 실업자를 구제키 위해 지방정부에 직접 보조금(grants) 등을 주기 위해 설립하였다.

239) 수천의 젊은이들을 산림식수 하는 일을 하도록 하기 위해 구성한 조직이다.

240) 파산한 농부들에 대한 농가대여와 농업신용보증을 위한 조직이다.

이와 맥을 같이 하는 것으로 볼 수 있는 것이다.[241)]

어찌되었든 이런 행정적 혼돈 속으로 관리과학을 신뢰하는 일단의 학자들이 진입하여 정부계층제를 형성해 보겠다고 나서고 있긴 하나 이런 학자들의 목적은 완벽한 합리적 관료제를 만들어 완전한 정보를 확보한 대통령에 의해 이 관료제가 운영되도록 하자는 것이지만 그들의 관리적 원리들은 기껏해야 책임을 분산, 전가하는 관료제나 대통령이 뒤늦게 알게되는 그런 정반대의 결과를 정확히 만들어 내고 있을 뿐이라고 주장하면서 비대화의 필연적 진행을 예측하고 있다.

이러한 관료제에 대한 여러 문제점들은 베버(Max Weber)가 이 개념을 만들어 낼 때부터 잉태되어 있었다고 보는 것이 옳을 것이다.

베버는 프러시아 군대조직을 모태로 하여 가장 능률적인 조직형태로 계층제적 개념을 담고 있는 관료제를 모형으로 설정하였으나 이 개념내부에 내재하고 있는 상호 모순점 그리고 운영상에서 나타나는 갈등문제, 그리고 이 제도가 가지고 있는 행정이념과 철학에 있어서의 문제는 뒤에 이 분야를 연구하는 후학들에 의해 하나 하나 진실이 밝혀지게 되는 것이다.

현재는 관료제를 대체할 수 있는 모형이 여러 분야에서 제시되고 있고 실제로 이를 운영하여 좋은 성과를 거두어들이는 사례도 많이 있다. 특히 행정을 둘러싸고 있는 환경이 보다 다원화되고 상호관련성을 깊이 가지게 되면 될수록 베버가 제시한 관료제모형은 보다 많은 수정과 보완을 요구받게 될 것이며 또한 새로운 모형적 패러다임으로 대체될 수도 있을 것이다.

카푸만(Herbert Kaufman)은 관료제에 대한 가공할 만한 공포와 사리사욕찾기에 급급한 관료들의 행태에 대해 언급을 하였고 셈버(Edward Sember)는 행정을 더 이상 윤리적이고 일반 시민을 위한 직업으로 보지 않고 권력에

---

241) James Q. Wilson, "The Rise of the Bureaucratic State", *Public Interest* (Fall 1975), 90면.

굶주린 정치나 자기 이익만을 쫓는 관료주의적 행태가 지배하는 영역으로 보고 있다.[242] 토플러(Alvin and Heidi Toffler)나 나이(Joseph S. Nye)는 정보혁명이 새로운 사이버 봉건제도(cyber feudalism)를 도래케 할 것이고 이것이 관료제를 종식시키게 될 것이라고 예측하고 있다.[243]

이러한 반 관료제적 시각을 스틸만(Richard Stillman II)은 다음과 같이 요약하여 정리하고 있다.[244]

첫째, 관료제는 미국정부에 있어 커다란 골칫거리라는 인식이다. 둘째, 정부관료제는 지나치게 크고 방대하면서도 획일적이고 일원적이라는 인식이다. 셋째, 관료들은 이것저것 가릴 것 없이 모두 똑같다는 인식이다. 넷째, 관료들은 신분보장을 통해 종신직이라는 인식이다. 쉽게 요사이 세간에 유행하는 말로 표현하자면 '공직은 철밥통'이라는 이야기이다. 다섯째, 모든 관료들은 수도(首都)에 집중되어 산다는 인식이다. 여섯째, 관료제는 은밀하고 비밀스럽게 운영된다는 것이다. 밀실행정을 꼬집는 이야기이다. 일곱째, 관료제는 끝없이 팽창하고 성장한다는 인식이다. 여덟째, 관료제는 서류가 꼬리에 꼬리를 물고, 일상화 된 일이 지루하게 반복되며 혁신이나 창의성을 찾기 어렵고 그래서 번문욕례(繁文縟禮 : red tape)만을 생산해낼

---

242) Herbert Kaufman, "Fear of Bureaucracy : A Raging Pandemic," *Public Administration Review*, (Jan/Feb 1981) ; Paul Light, "Rescuing America's Public Service," *National Civic Review* (July/August 1989) ; Edward Sember and Matthew E. Leighninger, "Rediscovering the Public : Reconnecting Ethics and Ethos Through Democratic Civic Institutions," In Lynn Pasquerella, Alfred G. Killilea, and Michael Vocino (eds.), *Ethical Dilemmas in Public Administration* (Westport, Conn. & London : Praeger, 1996), 162면.

243) Alvin Toffler and Heidi Toffler, *Creating a New Civilization : The Politics of the Third Wave* (Atlanta : Turner Pub., 1995) ; Joseph S. Nye Jr., *The Paradox of American Power : Why the World's Only Superpower Can't Go It Alone* (Oxford & New York : Oxford University Press, Inc., 2002), 53~54면.

244) Richard J. Stillman II, *op. cit.*, 7~27면.

뿐이라는 인식의 만연이다. 아홉째, 관료제는 만능적 권력을 지녔을 뿐만 아니라 통제불능이라는 인식이다. 열 번 째, 정부관료제는 비능률적이고 자원낭비 적이라는 인식이다. 그리고 열한 번 째, 관료들은 미국 국민의 대표성을 나타내지 못하며 열두 번 째, 관료제는 세계 어느 곳에서나 똑같다는 인식이다.

스틸만은 이러한 부정적 시각을 하나하나 객관적인 자료와 논리로 통박하면서 관료제는 일반 국민들이 생각하고 있는 것처럼 악(惡)만 저지르는 골칫거리만은 아니며 진보나 발전에도 기여하는 양날을 가진 칼로 이해해야 한다고 주장하면서 앞에서 열거한 이러한 관료제에 대한 부정적 인식을 신화(神話)로 폄하하고 있다. 그러나 이러한 스틸만의 주장에도 불구하고 그가 신화로 제시한 관료제의 역기능이 실제 행정에서는 어느 것보다 더 피부에 와 닿는다는 사실을 부인하기는 어렵지 않다. 그만치 관료제에 대한 부정적 시각은 국민의 행정에 대한 불신과 혐오감을 심어주는데 큰 역할을 하고 있다고 볼 수 있는 것이다.

"관료제의 이러한 변화에 대한 보수성은 결국 무사안일과 복지부동, 면종복배 등을 낳게 된다. 적당히 일 하는 척 하면서 자신의 이익을 극대화하려는 생각이나 행동들이 이러한 것의 전형이다.

이러한 관료제의 잘못된 현상을 잘 꼬집어 표현 한 예가 있어 이해의 편의를 위해 소개를 한다.

관계와 금융계에서 두루 요직을 거치신 선배님의 말씀이 "일 잘하는 소방공무원이 되기 위해서는 화재가 났을 때 사람도 어느 정도 죽고 불도 자연 진화되어 가는 상태에서 적당히 출동해 남은 부상자를 신속히 구조해야 한다."는 것이었다. 그 때쯤 되면 사고는 최대한 커져 있고 소방수의 위험은 그만큼 줄어들며 취재진의 도착으로 멋있는 장면이 나갈 수 있다는 뜻이다. 사람들은 그 소방관에게 큰 찬사를 보낼 것이다. 반면 신속히 출동하여 초동에 불을 진화한 소방관은 포상자 명단에서 볼 수 없다. 오랜 기간 직장 생활을 하면서 돌이켜 보니 그런 일들이 내 주변에 아주 없었다고 단언할 수 없겠다는 생각이 들었다. 객관적인 실적 평가가 어려운 공공조직에서는 그와 같은 일들이 더욱 기승을 부릴 수 있는 여건이 충분히 조성되기 때문이다.[245)]

2. 관료제의 보수성과 변화에 대한 경직성을 내용으로 그리고 있는 영화들

관료제의 보수성과 변화에 대한 경직성을 극적으로 잘 시사해 주는 영화들로는 『처녀들의 저녁식사』, 『동해물과 백두산이』, 『와일드 카드』, 『비버리힐스 캅』, 『나 홀로 집에 3』, 『타이타닉』 등이 있다.

1) 『처녀들의 저녁식사』

『처녀들의 저녁식사』는 임상수 감독이 강수연(호정 역), 진희경(연 역), 김여진(순 역) 등을 주연으로 하여 1998년 10월 3일에 개봉한 영화이다.[246)]

호텔 로비 라운지 종업원으로 일하고 있는 연이와 커리어 우먼으로서 남부러울 것 없이 사는 부잣집 딸인 호정, 그리고 대학원생인 순이 등 스물아홉 살의 세 처녀가 저녁식사를 같이 하게 된다. 그들이 이 자리에서 나누는 대화의 주요 메뉴는 성(性)에 관한 온갖 잡담이 주류를 이룬다. 디자인 회사 사장인 정열적인 커리어 우먼 호정은 남의 시선을 의식하지 않

245) 김정하, 『슬로 석세스』(서울 : 이코북, 2006), 126면.

246) http://movie.naver.com/movie/bi/mi/basic.nhn?code=19389

는 자유로운 섹스를 즐긴다. 이에 반해 보수적인 연이는 애인인 영작과의 결혼을 원하지만 영작은 그녀와의 결혼을 부담스러워하는 눈치여서, 연이의 뜻대로 되지를 않아 애를 태운다. 그리고 성적으로 호기심이 많은 순이는 아직 성관계를 가져보지 못했다. 연이가 영작에게서 헤어지자는 말을 듣던 날, 세 친구는 나란히 누워 서로를 위로한다. 언제나 성에 대한 이야기를 주절거리는 호정에게서 자신의 성기를 본 일이 있냐는 질문을 들은 연이는 겉으로는 태연한 척하지만 욕실 거울에 자신의 몸을 비추어보다 넘어져 팔이 부러지고 만다. 순이는 영작과의 첫 경험을 통해 임신을 하고, 호정은 간통죄로 고발당해서 경찰에 연행되어 갔다가 풀려 나온다. 호정은 "야! 언제부터 형사 검사가 내 아랫도리를 관리한 거야? 내 아랫도리를 국가가 관리하고 있는지는 몰랐네....."하면서 어이가 없다는 표정으로 쓴 말을 내 뱉는데 이때 호정의 입을 통해 나온 이 대사에서 이 영화는 간통에 대한 새로운 담론 적 시각을 제시하고 있는 듯 보인다. 개방적이고 진보적인 주인공을 통해 기존의 전통적 사고의 결정체인 간통죄를 시대착오적 비아냥거림의 대상으로 도마 위에 올려놓음으로써 새로운 뜨거운 화두로서의 담론을 우리에게 던지고 있는 것인지도 모른다. 특히 현재의 법제도와 시대성간의 괴리를 이 간통죄를 통해 대신 투사시켜 사회적 담론으로 삼으려 했는지도 모른다. 어찌되었든 이 영화는 세 여자들의 거침없는 성 담론을 통해 변화된 현대 여성의 성 풍속을 사실적으로 묘사하여 성에 대한 진보적 시각을 투영시킴으로써 변화의 물결이 거세게 불고 있는 새로운 시대에 걸 맞는 새로운 성 모럴의 필요성을 우리에게 던지고 있는 듯하다. 그리고 이러한 화두는 변화에 비탄력적인 행정 특히 보수적 성향이 짙은 사법행정을 전담하고 있는 부문에 몸담고 있는 공직자들이 한번 되새겨볼 가치가 있는 내용이라 이해할 수도 있을 것이다.

2) 『동해물과 백두산이』

『동해물과 백두산이』는 안진우 감독이 정준오(최백두 역), 공형진(림동해 역), 류현경(한나라 역) 등을 주연으로 하여 2003년 12월 31일에 개봉한 영화이다.[247)]

두 북한해군 장교와 수병이 바다에서 조난을 당해 남한 땅으로 밀려온 다음에 발생하는 사건들을 흥미진진하게 그리고 있는 영화이다. 조선 인민군 해군 제 13전대 매봉산 기지에 근무하고 있던 과묵하고 고지식한 북한 장교 최백두(정준호 분)와 제대말년 뺀질이 병사 림동해(공형진 분)가 바다에 베를 띄우고 낚시 대 드리우고 술잔을 기울이다가 술에 취해 잠이 든 사이 자신들도 모르게 남한 쪽으로 파도에 밀려 떠밀려오게 된다. 잠에서 깬 이들은 민간인복장으로 변복을 한 다음 여름 바캉스로 메어터지는 해변마을에서 다시 북한으로 되돌아가려는 여러 시도를 하는 도중 가출을 하여 친구들과 바캉스를 온 여대생과 만나 동행을 하게 된다. 공교롭게도 이 여대생의 부친은 경찰서장으로 자기의 딸을 찾기 위해 경찰조직망을 이용할 뿐만 아니라 형사들을 동원한다. 해변파출소에 근무하는 경찰들도 이 소식을 접하게 되고 그러던 차에 해변파출소에서 이 여대생의 신병을 확보하게끔 된다. 해변파출소 경찰들은 바로 경찰서장인 부친에게 연락을 하게 되고 파견된 형사들이 이 여대생을 부친에게 인도해 가기 위해 이 파출소로 향한다. 이때 이 여대생과 동행하면서 서로 인간적 관계를 가지게 된 두 북한군이 해변파출소에 여대생이 잡혀있고 곧 부친의 부하들이 와서 이 여대생을 부친에게 데리고 갈 것이라는 소식을 알게 된다. 그래서 이들은 이 여대생을 구하기 위해 해변파출소로 간다. 파출소에서 이들이 경찰에게 여대생이야기를 하니 파출소 경찰은 대뜸 어디서 왔느냐고 묻는다. 두 북한

247) http://movie.naver.com/movie/bi/mi/basic.nhn?code=37246

군은 머뭇거리다가 이판사판식으로 마음을 정하고 '위에서 왔다.'고 실토한다. 사실 그들은 북쪽에서 왔으니까 위쪽에서 내려온 것이 맞는 말이 아닌가? 사실 맞는 이야기를 한 것이다. 그런데 이 파출소의 경찰은 이 말을 오해하고 바로 자세를 종전과는 달리하면서 위에서 왔다는 이들에게 이 여대생을 넘겨준다. 파출소의 경찰은 위에서 왔다는 말을 상부에서 왔다는 말로 이해하였던 것이다.

바로 이 대목에서 행정적으로 시사하는 점은 관료제에 팽배되어있는 권력에 대한 순응성이다. 이것은 특히 강력한 권력을 지니고 있는 기관일수록 더욱 강하다. 권력 그 자체가 바로 지배와 복종의 성격을 가지는 만치 그 효과 역시 확실하고 빠르다. 상부의 명령은 바로 지상명령이고 이에 기계적으로 순응하는 것이다. 여기에서 또 다른 점을 느낄 수 있는데 그것은 관료제가 지니고 있는 사고의 경직성과 관성화이다. 관료제가 비대해지고 거대화 될수록 그리고 권위주의 화 될수록 관료제는 더욱 경직화되고 화석화되며 그 안에 몸담은 행정관료들은 패쇄적인 관료문화 속에서 외부적 변화에 적응하지 못하고 사고의 관성화 늪에 더욱 빠져 들어가게 되는 것이다.

3) 『와일드 카드』

감독 김유진이 정진영(오영달 형사 역), 양동근(방제수 형사 역), 한 채영(강나나 역)을 주연으로 하여 2003년 5월 16일 개봉을 한 영화이다.[248)]

이 영화는 경찰이 위난에 빠진 상태에서 정당한 공무집행을 위해 총기를 사용하는 문제에 대해 논쟁의 화두를 던져주고 있다. 물론 법적으로 경찰이 총기를 사용하는 것에 대해 여러 가지 명백한 규정을 두고 있긴 하지만 이것이 법이 의도하는 대로 단순하게 적용되고 집행만 될 수 있는 문제

---

248) http://movie.naver.com/movie/bi/mi/basic.nhn?code=35991

가 아니라는 데 현실적 어려움이 있다. 어디까지를 위난의 상황으로 판단할 것인지 그리고 시시각각으로 급변하는 상황에 따라 즉응적으로 대처를 해야 하는 경찰의 입장에서 볼 때 법 규정만을 엄격히 고집하고 이에 따라 행동할 것만을 강요하기는 매우 어려운 일이다. 용의자나 피의자의 인권도 중요하지만 공공의 적에 맞서 싸우는 경찰의 정당한 공무집행도 존중될 필요가 있는 것이다. 정당한 경찰의 공무집행이 어떠한 이유에서이든 위축이 된다면 이는 범법자들에게 활개를 칠 수 있게 하는 커다란 동인이 될 수 있을 것이다. 그렇게 될 경우 사회질서는 크게 훼손이 되고 말 것이다. 경찰의 과잉방어나 무차별적 진압 등도 문제가 되지만 경찰의 공권력 행사를 너무 소극적으로 몰아가는 것도 문제라 볼 수 있다. 바로 이러한 문제를 이 영화에서는 클로즈업시키려 노력한 것 같다.

경찰이 지나치게 정치적 영향력이나 압력, 여론의 흐름 그리고 진보적인 인권단체 등에 민감하여 총기사용 등을 위시한 정당한 공권력 행사에 소극적이거나 위축적인 자세를 보인다거나, 부정적인 관료적 행태의 전형인 보신주의(補身主義)나 무사안일(無事安逸), 그리고 복지부동(伏地不動)으로 흐르게 된다면 공공의 적은 공권력을 우습게보고 사회질서를 크게 훼손시키게 될 것이다. 이 영화에서 보여주듯 방제수 형사의 총기사용 의지는 그것이 정당하고 상황이 허락하는 한 지켜져야 할 것이다. 만약 부정적 관료행태인 보신주의와 무사안일, 복지부동 등에 의해 이러한 정당한 행위가 보장받을 수 없는 관료조직이라면 변화와 혁신을 통한 새로운 물갈이가 이루어져야 할 것이다.

4) 『비버리 힐스 캅』(Beverly Hills Cop)

『비버리 힐스 캅』은 마틴 브레스트(Martin Brest) 감독이 에디 머피(Eddie

Murphy), 저지 라인홀드(Judge Reinhold), 리자 에일베처(Lisa Eilbacher) 등을 주연으로 하여 1984년 12월 1일에 개봉한 영화이다.[249)]

디트로이트(Detroit)의 경찰인 폴리(Axel Foley : 에디 머피 분)가 비벌리힐스(Beverly Hills)로 와서 자기의 친구 마이키(Mikey Tandino : 제임스 루소 분)를 살해 한 마이키의 고용주 메이트 랜드(Victor Maitland : 스티븐 베어코프 분)를 뒤쫓는다. 폴리는 뒤쫓는 과정에서 메이트 랜드가 마약 밀수단의 일원임을 알아내고 비벌리힐스의 시경에 도움을 요청하나, 소동을 염려한 경찰에 의하여 거절을 당한다. 여기에서 관료주의에 익숙해져 경직된 경찰의 일면을 보게 된다. 특히 경찰 상층부의 관성화 된 사고의 무감각이 극에 달해있음을 알 수 있다. 상명하복의 문제점도 이러한 과정 속에서 드러난다. 이러한 점에서 과감하고 전향적인 권한위임(empowerment)의 필요성을 제기한 영화로 평가해 볼 수도 있다.

5) 『나홀로 집에 3』(Home Alone 3)

『나홀로 집에 3』는 라자 고스넬(Raja Gosnell) 감독이 알렉스 린쯔(Alex D. Linz), 올렉 쿠루파(Olek Krupa), 리아 킬스테트(Rya Kihlstedt), 레니 돌렌(Lenny Von Dohlen), 데이비드 쏜튼(David Thornton) 등을 주연으로 하여 1997년 12월 12일에 개봉한 영화이다.[250)]

---

249) http://movie.naver.com/movie/bi/mi/basic.nhn?code=10401 ; 후속 편으로 『비버리 힐스 캅 2편』(Beverly Hills Cop II)과 『비버리 힐스 캅 3편』(Beverly Hills Cop III)이 제작되어 출시되었다. 2편은 토니 스콧(Tony Scott)이 감독을 하였고 1편과 같이 에디 머피가 폴리(Axel Foley) 역으로 나오고 있으며 저지 라인홀드도 같이 열연을 하였으며 개봉은 1987년에 하였다. 3편은 존 랜디스(John Landis)가 감독을 하였고 1, 2편에서와 같이 에디 머피가 폴리라는 역을 맡아 맹 활약상을 보여준다. 개봉은 1994년에 하였다.

250) http://movie.naver.com/movie/bi/mi/basic.nhn?code=19150

여덟 살인 꼬마 주인공(Alex Pruitt)이 미국 국방성, 미국 연방수사국, 인터폴, 지방경찰들이 혈안이 되어 찾고 있는 4인의 잘 훈련된 악당들에 의해 자행되는 빈집침입을 2차례나 경찰에 신고하였으나 출동한 경찰들이 침입한 범인들을 발견하지 못했다는 이유만으로 꼬마가 장난을 친 것으로 간주하고 오히려 꼬마주인공에게 장난신고전화를 하지 말라고 경고를 하는 장면이 나온다.

이것은 경찰이 단지 꼬마 또는 어린애라는 이유만으로 편견을 가지고 신고를 가벼이 여기거나 묵살하는 행태를 꼬집은 장면으로 해석할 수 있다. 이것 역시 경찰이라는 관료제가 지닐 수 있는 사고의 경직성 혹은 사고의 편견화를 지적한 영화 내용이라 말할 수 있을 것이다.

또한 꼬마주인공이 악당들로부터 방공망을 무력화시키는 일급비밀의 미사일전파교란 관련 칩(computer chip)을 손에 넣은 뒤 이 칩에 공군이라는 표기가 있는 것을 발견하고 인근의 공군 모병(募兵) 사무실에 전화를 하여 이 사실을 알리고 관련 조치를 취해줄 것을 부탁하지만 이 모병 사무실 군인은 심드렁하게 전화를 받으면서 자기는 모병 사무실에서 근무하는 모병관이어서 잘 모르겠다고 하고 칩에 공군이라 표기되어있는 것은 장난감에 흔히 그런 표기를 한다고 하면서 주의 깊게 꼬마의 신고전화를 듣지를 않는 태도를 보인다. 오히려 꼬마 주인공이 혹시 모르니 칩의 일련번호를 적으라고 하면서 이 일련번호를 상부에 보고해 달라고 부탁하니 이것을 마지못해 모병관이 적어 넣는 장면이 나온다.

이것 역시 앞에서 지적한 경찰의 행태와 유사한 것으로 단지 꼬마 또는 어린애라는 이유만으로 편견을 가지고 신고를 가벼이 여기거나 묵살하는 행태를 꼬집은 장면으로 해석이 된다. 이것 역시 군대로 표현되는 관료제가 지닐 수 있는 사고의 경직성 혹은 사고의 편견화를 지적한 영화 내용이라 말할 수 있을 것이다.

이러한 내용은 『나홀로 집에 1편』[251]과 『나홀로 집에 2편』(Home Alone 2 : Lost in New York)[252] 그리고 텔레비전 시청용으로 만든 『나홀로 집에 4편』(Home Alone 4)[253]에서도 약간의 차이는 있지만 거의 비슷하게 나오고 있다.

6) 『타이타닉』(Titanic)

『타이타닉』은 제임스 카메론 감독이 레오나르도 디카프리오(잭 도슨 역), 케이트 윈슬렛(로즈 듀잇 뷰케이터 역), 빌리 제인(칼 호클리 역) 등을 주연으로 하여 1998년 2월 20일 개봉한 영화이다.[254]

타이타닉에서도 이러한 관료적 경직성이 잘 나타나고 있다. 빙산이 유빙(遊氷)이 되어 해로(海路) 상으로 많이 떠내려 오고 있다는 다른 선박들로부

---

251) 감독은 크리스 콜럼버스(Chris Columbus)이고 주연으로 맥컬레이 컬킨(Macaulay Culkin), 조 페시(Joe Pesci), 다니엘 스턴(Daniel Stern), 존 허드(John Heard), 로버츠 블러섬(Roberts Blossom) 등이 나온다. 1990년에 개봉되었다. 가족들이 프랑스 파리로 크리스마스 여행을 떠나는데 우연한 사고로 같이 따라가지를 못하고 집에 홀로 남게 된다. 빈집털이를 하는 2인의 악당과 용기 있게 맞서서 이들을 격퇴한다는 내용으로 구성되어있다. 이 영화 역시 단지 꼬마 또는 어린애라는 이유만으로 편견을 가지고 신고를 가벼이 여기거나 묵살하는 경찰의 행태를 꼬집는 장면이 나온다.

252) 감독은 크리스 콜럼버스(Chris Columbus)와 프레디 하이스(Freddie Hice)이고 주연으로 맥컬레이 컬킨(Macaulay Culkin), 조 페시(Joe Pesci), 다니엘 스턴(Daniel Stern), 존 허드(John Heard), 캐더린 오하라(Catherine O'Hara) 등이 나온다. 1992년에 개봉되었다. 가족들이 플로리다로 여행을 떠나는데 우여곡절 끝에 가족들과 떨어진 주인공인 캐빈(Kevin)은 뉴욕행 비행기를 타게 된다. 뉴욕에서 홀로 된 캐빈의 맹활약상이 잘 그려져 있다.

253) 감독은 로드 다니엘(Rod Daniel)이 맡았고 마이크 와인버그(Mike Weinberg), 프렌치 스튜와트(French Stewart), 제슨 베그(Jason Beghe), 그리고 조아나 고잉(Joanna Going) 등이 주연을 맡아 열연을 하였으며 2002년에 개봉되었다.

254) http://movie.naver.com/movie/bi/mi/basic.nhn?code=18847

터의 소식을 접하고서도 타이타닉 호의 선장인 스미스(E. J. Smith : 버다드 힐 분)는 20여 년이 넘게 바닷사람으로서의 경륜과 나름대로 세계 최대 호화여객선의 면모를 보여주어야 한다는 화이트 스타 선박회사(White Star Line) 측의 성급한 요구에 화답을 하여 이러한 불길한 정보들을 묵살하고 최대속도로 예정되어있는 항로를 항해하여 예정시간보다 빠르게 뉴욕 항에 도착할 것을 선원들에게 요구한다. 오랜 바다에서의 경력과 선원으로서 몸담고 있었던 관료적 행태의 무사안일과 경직성에 물들어있던 선장은 새로운 신기록을 세운다는 자기 자만심에 편승하여 결국 피할 수 있었던 재난을 스스로 자초하게 되는 것이다. 그는 타이타닉호가 결국 유빙과 충돌하고 좌초하는 과정에서 "결국 신문 1면을 장식하고 말았구나."라는 자조섞인 말을 하고 자신의 안일하고 자만심에 들뜬 항해의 결과에 대해 고통스러워하면서 최후를 마친다. 일상화되고 습관화된 관료제의 관성적 사고와 상황적응 적이지 못한 경직된 판단에 의해 역사적으로 오점을 남기는 해양사고가 발생하였다는 점을 이 영화는 이러한 장면들을 통해 드러내 놓고 있다고 볼 수 있다.

제 10 장
관료조직의 음모와 갈등

1. 관련 이론 및 사례의 개관

1) 음모

마키아벨리의 책략적 정책제안들은 메디치가의 정책운용에 많은 영향을 끼쳤다. 그는 인간을 본질적으로 악하고 교활하고 이기적인 존재로 간주하고 이러한 인간본성에 따른 통치전략을 강구해 내었다. 그의 이러한 일면은 "군주는 필요한 경우 신의를 배반하고 간계로써 국민을 혼란에 빠지게 하는 것도 부득이한 것이다..... 여우의 교활함과 동시에 사자의 용감성을 마음대로 행사할 수 있어야 한다." 또는 "통치자가 민중을 이끌려면 존경의 대상이 되거나 공포의 대상이 되어라. 존경을 받기 어렵거든 차라리 공포의 대상이 되라."라는 말이나 "인간은 태어나면서부터 허영심이 강하고, 타인의 성공을 질투하기 쉬우며, 자신의 이익 추구에 대해서는 무한정한 탐욕을 지닌 자다." 또는 "군주는 여우와 사자를 겸비해야 한다. 사자는 스스로 함정을 막을 수 없고, 여우는 이리를 막을 수 없다. 따라서 함정의 단서를 알기 위해서는 여우가 되고, 이리를 도망가게 하기 위해서는 사자가 되지 않으면 안 된다."는 그의 남겨진 말들에서 잘 나타나고 있다.[255)]

마키아벨리의 말과 생각처럼 언제나 이 사회와 세계에는 우리보다 훨씬 더 공격적인 사람들, 원하는 것은 어떻게든 기어코 얻어내려는 사람들이 있게 마련이다. 우리는 방심해서는 안 되며 스스로를 그런 자들로부터 지켜내는 방법을 알아야 한다. 사실 그러한 늑대들의 면전에서 평화주의자가 되는 것은 끝없는 비극의 원천이 될 뿐이다.[256)]

온갖 협잡으로 게임이 진행되는 이 세계에서 사람은 강철 같은 기질을, 운명의 일격을 막아낼 갑옷을, 사람들을 밀치며 나아가기 위한 무기를 지녀야 한다. 인생은 하나의 기나긴 전투다. 인생의 매 단계에서 싸워야 하기 때문이다. 그리고 볼테르가 정확히 말했듯이, 우리가 성공할 때는 칼날바로 끝에서 성공하며, 우리가 죽을 때는 손에 든 그 무기로 죽는다.[257)]

사람들은 비밀스럽게 행동한다. 겉으로는 친절하고 예의바르지만 뒤에서는 파악하기 힘들고 수상쩍은 방법을 사용한다. 이럴 경우 자신이 더러워지는 손해를 감수하더라도 눈에는 눈, 이에는 이로 맞서야 한다. 일종의 도덕적 관념을 따라 자신의 손을 더럽히지 않으려다 보면 패배를 당하기 십상이기 때문이다.[258)]

이와 같이 인간의 심성은 분명 어두운 일면이 있다. 또 탐욕스런 일면 역시 있음을 부인하기 어렵다. 바로 이러한 심성에서 음모와 중상이 나오게 된다. 자신의 라이벌을 제거하고 그에 따르는 이익을 극대화하기 위해

---

255) 시오노 나나미, 『마키아벨리 어록』(서울 : 한길사, 1996).

256) 로버트 그린 지음, 안진환·이수경 옮김, 『전쟁의 기술』(서울 : 웅진 지식하우스, 2007), 14면.

257) 아르투르 쇼펜하우어(Arthur Schopenhauer), 『여록과 보유(Counsels and Maxims)』, 1851, 『앞의 책』, 20~21면에서 재인용.

258) 『앞의 책』, 422~423면.

자신의 라이벌을 사지로 몰아넣기 위한 은밀한 공작이 이루어지는데 이러한 것을 음모라고 이야기 할 수 있을 것이다.

우리는 일반적으로 음모(陰謀)라는 말과 공작(工作)이라는 말을 뚜렷하게 구분하지 않고 사용을 한다. 그러나 분명히 이 두 말간에는 차이가 있다. 일반적으로 음모는 무슨 목적을 가지고 계획하는 것이고 공작은 그 것이 현실화하도록 일을 직접 벌이는 것을 의미한다고 한다. 음모나 공작은 나쁜 일을 꾸미는 것이라는 점에서는 일치를 한다. 구태여 의미를 구별해 본다면 음모는 공작보다 일반적이고 포괄적 의미이며 공작은 조직적이고 보다 특정적이고 임의 조작적 의미를 지닌다고 말할 수 있다. 『네이버 국어사전』에 따르자면 음모는 나쁜 목적으로 몰래 흉악한 일을 꾸미거나 또는 그 꾀를 의미하고 공작은 어떤 목적을 위하여 미리 일을 꾸미는 것을 의미한다.[259)]

이러한 의미를 법적으로 해석해 볼 수도 있다. 법적으로 음모라 함은 2인 이상의 자가 어떤 죄를 범하기 위하여 남모르게 모의하는 일이다. 이것으로 행위자의 나쁜 마음은 알 수 있으나 현실의 위험성이 적으므로, 음모 자체는 법률에 특별한 규정이 없는 한 원칙적으로 벌하지 아니한다(형법 28조). 현행법상 음모를 범죄로 처벌하는 경우는, 내란 등 음모죄(90조 1항), 외환유치 등 음모죄(101조 1항), 사전(私戰) 음모죄(111조 3항), 폭발물사용음모죄(120조 1항), 도주원조음모죄(150조), 방화음모죄(175조), 일수(溢水)음모죄(183조), 교통방해음모죄(191조), 음용수유독물혼입·수도불통의 음모죄(197조), 통화위조변조음모죄(213조), 유가증권·우표·인지위조변조음모죄(224조), 살인음모죄(255조), 국외이송목적의 약취·유인·매매 및 그 이송의 음모죄(290조), 강도음모죄(343조) 등이다. 음모한 뒤 실행의 착수에 이르면, 음모행위는 독립의 처벌대상이 되지 않는다. 왜냐하면 그것은 착수 이후의

---

259) http://kin.naver.com/detail/

기수(旣遂) 또는 미수(未遂)와 법조경합(法條競合)의 관계가 있기 때문이다.[260)]

그 다음 우리가 일상생활에서 그리고 언론매체를 통해서 많이 듣게 되는 용어 중 하나가 음모론(陰謀論)이다. 일반적으로 음모론이란 사회에 큰 반향을 일으킨 사건의 원인을 명확하게 설명하지 못할 때, 배후에 거대한 권력조직이나 비밀스런 단체가 있다고 해석하는 것을 말한다. 일반적으로 정확한 정보를 듣기 힘든 격동기나 혼란스러운 시기에 이러한 음모론들이 많이 유포되는 경향이 있다. 잘 알려진 음모론 중에 미국 정부가 매독 효과를 연구하기 위해 가난한 흑인들을 실험대상으로 했었다는 것이 있었는데, 이 음모론이 사실로 밝혀지면서 당시 미국 대통령 클린턴이 앨라배마주 터스키 지방으로 내려가 유족에게 사과를 하기도 하였다. 대부분의 음모론은 사회의 위기 상황이나 인간의 한계 상황, 혼란 때 많이 유포되며, 상상력에 의존한 근거 없는 이야기가 대부분이다. 물론 평범한 이야기에 살과 뼈가 덧붙여 부풀어 오른다. 대표 사례가 성전 기사단으로 중세 유럽의 영토와 재산을 둘러싼 영주간의 싸움에서 음모론으로 비화한 것에서 볼 수 있다.[261)]

1997년 6월 1일자 '뉴스위크'지는 영화의 소재가 된 다음의 기사를 실었다. "우리 주변엔 음모 과대편집증이 도사리고 있다. 이 편집증에 빠진 사람은 이들 음모가 자신의 숨통을 조여들고 있다고 주장한다. 이들의 황당한 음모는 신문 등의 인쇄매체는 물론 인터넷을 통해서도 유포되며, 음모설은 일종의 사종교같은 위력을 발휘하기도 한다. 음모 편집증에 걸린 사람들 중엔 O.J 심슨이 일본의 마피아의 농간에 놀아났다고 믿는 사람도 있고 찰스 황태자가 신세계 질서의 꼭두각시라고 믿는 사람도 있다."[262)]

260) http://100.naver.com/100.nhn?docid=124397

261) http://ko.wikipedia.org/wiki/%EC%9D%8C%EB%AA%A8%EB%A1%A0

2) 갈등

(1) 갈등의 개념

갈등을 어떻게 보느냐 하는데는 여러 가지 보는 자의 시각에 따라 또는 그들이 지니고 있는 가치관이나 성향에 따라 다종다양하다. 기존의 이 분야에 관련된 서적들도 이러한 이유에 기인된 탓으로 여러 가지의 다양한 개념정의를 시도하고 있으나 모든 경우와 상황에 다 부합되는 것은 존재치 않는 듯 하다. 더욱이 학문적인 차이나 문화적, 인식 적 차이는 더욱 이러한 현상을 심화시키고 있다. 여기에서는 따라서 대표되는 몇몇 학자들의 개념정의를 살펴보고 그것에서 도출될 수 있는 공통인자를 찾아내려고 한다. 여기에서의 주제가 행정조직 내의 갈등상황을 살펴보는 것이므로 이러한 공통인자 적인 개념적 속성은 이를 위한 준거를 제시해 줄 수 있는 기저가 되어 줄 것이다. 우선 사이몬(Herbert A. Simon)에 의하면 "갈등이란 의사결정의 표준 메커니즘(standard mechanism)에 고장(breakdown)이 생겨 행동대안의 선택에 있어 개인이나 집단이 곤란을 겪는 상황"[263]이라고 정의하고 있으며, 볼딩(Kenneth E. Boulding)은 "갈등은 둘 이상의 행동주체사이에서 일어나는 현상으로 심리적 적대감과 대립적 행동을 내포하는 동태적인 과정"[264]이라고 보고 있다. 톰슨(James D. Thompson)은 "갈등이란 한 조직성원에 의한 행동이 다른 성원에 반대되는 방향으로 신장되는것"[265]을

---

262) 홍성진 영화해설 ; http://kin.naver.com/detail/

263) James G. March and Herbert A. Simon, *Organizations* (New York : John Wiely and Sons, 1938), 112면.

264) Kenneth E. Boulding, "A Pure Theory of Conflict Applied to Organization", in R. L. Kahn and K. E. Boulding (eds.), *Power and Conflict in Organizations* (New York : Basic Books, 1964), 138면.

265) James D. Thompson, "Organizational Management of Conflict", *Administrative Science Quarterly*, March, 1960., 389면.

의미한다고 보았고, 과정 적 면을 중시한 토마스(Kenneth W. Thomas)는 "갈등은 한 당사자가 다른 당사자의 좌절을 느끼거나 느낄 것이라고 인지할 때 시작되는 과정"[266]이라고 이해하고 있다. 도이취(Morton Deutsch)는 "갈등이란 상호양립 될 수 없는 활동이 일어날 때마다 발생하는 것"[267]이라고 광의 적인 입장을 취하고 있으나 갈등이 구체적으로 어떤 것인가에 대해서는 언급을 분명히 하고 있지 않으며 로빈스(Stephen D. Robbins)는 "갈등은 A가 자신의 목적을 성취시키거나 이익을 증대시키려고 B를 좌절케 하려는 여러 가지 장애유형을 통해 B의 A에 반한 노력을 의도적으로 상쇄시키려는 노력의 과정"[268]이라고 보았고 헐(Richard Hall)은 "갈등을 권력의 여러 결과중의 한 결과"[269]로 보고 있으며 후스(Edgar F. Huse)와 보드치(James L. Bowditch)는 조직적 관점에서 정의를 내리고 있는데 "갈등은 두명 이상의 당사자들이 다른 사람이나 집단들과의 교호활동으로부터 상대적인 박탈감을 느낀 결과 야기되는 반대나 투쟁이 있을 때에 나타나는 행태 양식"[270] 이라고 보는 것이다. 이상으로 몇몇 학자들의 갈등에 대한 정의를 고찰해 보았는데 여기서 이에 대한 공통적인 속성을 감안해 재 정의를 내려본다면 "갈등이란 권력작용의 한 결과로써, 상호대척 되는 입장에 서 있는 당사자

---

266) Kenneth W. Thomas, "Conflict and Conflict Management", in M. D. Dunneffe (ed.), *Handbook of Industrial and Organizational Psychology* (Chicago : Rand Mcnally, 1976), 889면.

267) Morton Deutsch, *The Revolution of Conflict : Constructive and Destructive Processes* (New Haven, Conn. : Yale University Press, 1973), 10면.

268) Stephen P. Robbins, *Organization Theory : The Structure and Design of Organizations* (Englewood Cliffs, N. J. : Prentice-Hall, Inc., 1983).

269) Richard H. Hall, *Organizations : Structure and Process* (Englewood Cliffs, N.J. : Prentice-Hall, Inc., 1982), 129~130면.

270) Edgar F. Huse and James L. Bowditch, *Behavior in Organizations : A Systems Approach to Managing*, 2nd ed. (Reading, Mass. : Addison-Wesley Publishing Co., 1977), 203면.

들간의 상호활동을 통해 나타나는 좌절의식, 공허감, 모순성으로 서로간의 이익추구나 목적성취과정에서 나타나는 가치 정향 간의 마찰"이라고 할 수 있다. 이러한 개념정의에 부가하여 갈등의 정의를 명료화하기 위해 하나 전제할 것은 짐멜도 지적했듯이 경쟁과 구별해서 보아야 한다는 것이다.[271] 그는 공통적인 규범의 존재여부에 따라 구별을 하고 있는데 갈등은 공통적인 규범을 지니지 않고 경쟁은 공통적인 규범을 지니는 것으로 이해하며 갈등은 비 목적지향성 및 대인지향성을 띤다고 하고 경쟁은 대인지향보다는 목적지향을 띈다고 하여 양자를 구별한다. 그러나 여기서 짚고 넘어 가야 할 것은 갈등과 경쟁이 바로 이러한 일원론적 구별기준에 따라 명료하게 구별되긴 어렵다는 점이며 갈등이라고 해서 반드시 대인지향 적이고 목적지향성을 띄지 않는 것은 아니고 서로간의 정도의 차이가 아닌가 사료된다.

(2) 갈등사상의 변천

이렇게 정의되는 갈등이 어느 시대나 모두 일률적으로 받아들여지고 인정된 것은 아니다. 이러한 갈등에 대한 관점이 설정되기 위해선 그 시대의 상황적 배경의 이해가 선행되지 않으면 안 되는데 그 이유는 갈등을 보는 시각도 바로 그 시대적 산물이기 때문이다. 크게 갈등사상의 변천은 세 가지 관점에서 이해 할 수 있다. 첫째는 갈등에 대해 반감을 품는 시기이며, 둘째는 갈등에 대한 반감의 단계에서 벗어나 보다 긍정적으로 수용하려는 시기이며, 셋째는 갈등을 오히려 조직효과성을 고려해 적극적으로 유발, 촉진시키려는 단계이다. 이를 보다 세분하여 고찰하면[272] 첫째, 전통적 견

---

271) Stephen P. Robbins, *op. cit.*, 25~27면.

272) *Ibid.*, 289면. ; 로빈스(Robbins)는 갈등관리에 관한 접근방법을 세 가지로 나누었다. 갈등은 나쁜 것이므로 제거해야 한다고 주장하는 입장을 전통적 접근(traditionalist approach)이라고 불렀으며, 갈등을 용인하고 옹호하려는 입장은 행태적 접근

해시기[273]로 이 시기는 흔히 일원적 견해시기로도 불려지고 있는데 이 입장에선 갈등이란 조직내의 역기능을 가져오므로 회피되어야만 한다는 관점이 지배적이었던 시기였다.[274] 따라서 갈등이 일어나면 이를 죄악시하고 이의 회피를 최선의 방안으로 여기는 것이다.

둘째는 행태적 견해시기로 흔히 다원적 견해시기로 불려 지고 있는데 이 시기에선 갈등이란 어떤 조직이나 자연스럽게 피할 수는 없는 불가피한 것으로 보고 죄악 시 하기보다는 오히려 조직의 효과성을 제고시키는데 긍정적인 힘으로써 잠재력을 지니는 것으로 이해하고 갈등을 수용하려는 입장을 취하는 것이다. 세 번 째는 상호교호 자 접근시기로 최근에 제기된 입장으로서 흔히 진보적 견해 시기라고도 불려지며 이 시기에선 갈등이란 조직에서 긍정적인 힘일 뿐 아니라 조직에 효과적으로 목적을 이루어 나가는데 있어 절대적으로 필요한 것으로 보고 갈등을 회피하기보다는 오히려 격려, 촉진시키는 입장이다.[275] 특히 이 입장에선 갈등이란 새로운 아이디

(behavioralist approach), 갈등이 필요한 경우에는 그것을 적극적으로 조장하여야 한다고 보는 입장은 상호교호접근(interactionist approach)이라고 불렀다. Stephen P. Robbins, *Managing Organizational Conflict : A Nontraditional Approach* (New York : Prentice-Hall, 1974), 11~20면.

273) 이와 같은 입장에 있는 대표적인 이론으로는 메이요(Elton Mayo)의 인간관계론을 들 수 있는데 그는 갈등을 일종의 악(evil) 또는 사회적 기교의 부족증(a symptom of the lack of social skills)으로 취급하였기 때문에 갈등이 없는 상태가 가장 이상적인 상태라고 생각하였으며 갈등은 제거되어야 한다는 매우 단순한 처방을 제시하였다. 그리고 갈등의 제거는 가능한 일이라고 생각하였다. 즉 직무의 명확한 규정, 직위간 관계의 구체적 규정, 직위에 적합한 사람의 선발 및 훈련 등을 통해서 갈등은 제거될 수 있다고 믿었다. 유종해, 『현대행정학』(서울 : 박영사, 1988), 416면.

274) Gibson Burrdll and Gareth Morgan, *Sociological Paradigms and Organization and Analysis* (London : Heine Man, 1979), 208면, 388면.

275) 갈등관리에 관한 새로운 접근방법으로 갈등을 용인하고 옹호하려는데 그치는 것이 아니라, 보다 적극적으로 필요한 갈등을 조성하려는 입장이다. 갈등이란 조직에 본래적으로 내재(ingerent)하는 현상이므로 이것을 용인할 수밖에 없으며 갈등을 조직

어를 자극하고 집단 간 결속력을 개선, 증대시키고 다양한 의견의 투입을 통해 보다 나은 결정을 내리게 하는데 커다란 역할을 수행하는 것으로 보는 것이다. 바로 이점이 앞에서 논급한 행태 적 견해와 다른 점인데, 보다 구체적으로 말하면 첫째, 갈등이 절대적으로 필요하다는 점을 인정한다는 것, 둘째, 기능적 반대와 격려를 고무 셋째, 갈등관리는 해결방안으로써만이 아니라 고무되고 장려될 사항으로까지 정의하고 있으며 넷째, 모든 관리자의 주요한 책무로써 갈등관리를 보는 것 등이다. 따라서 이러한 입장에선 조직목적을 지지하고 실적을 제고시키는 갈등이면 기능적으로 인정을 하고 그렇지 않을 때만 역기능적으로 인정을 하며 관리자의 역할을 갈등이 건전해 지는 방향으로 환경조성을 해 나가는데 주안점을 두고 병리적 측면으로 나가는 것만을 제지하도록 하는 것이다.[276] 그러나 아직도 우리 사회에선 이러한 견해나 시각의 변이에도 불구하고 반 갈등적 가치가 팽배되어 있는데 이것은 전통적 접근이 대부분의 관리자의 갈등에 대한 인식에 대종을 이루고 있음을 의미하는 것이다. 관리자들이 갈등에 대해 불편함을 느끼는 이유로는 여러 가지가 있으나 대표적인 것은 갈등에 대한 인내의 어려움에 있다. 또 가정이나 학교, 교회에서 아동기에 다른 사람과의 동의나 협력만을 강요당하고 갈등은 회피토록 교육되고 학습된 결과이기도 하다.[277] 사실 가정에서는 아버지의 권위에 대한 절대복종, 학교에선 교사들

에 유용한 것으로 승화시키기 위해선 갈등을 해소하는 것만으론 갈등관리의 궁극적 목적을 이룰 수 없다는 입장이다. 따라서 이러한 시각은 갈등을 조직의 생존에 불가결한 적응과 변화의 원동력으로 보는 것이다. Warren G. Bennis, Kenneth D. Benne, and Robert Chinc(eds.), *The Planning of Change,* 2nd ed. (New York : Holt, Rinehart and Winston, Inc., 1969), 152면. ; 따라서 갈등관리에는 갈등을 해소시키는 일뿐만 아니라 갈등을 조장하는 일도 포함되어야 한다고 주장하는 것이다. Stephen Robbins, *op. cit.*, 13~14면.

276) Stephen P. Robbins, *Managing Organizational Conflict*, *op. cit.*, 291면.

277) Kenneth Boulding, "Further Reflections on Conflict Management", in Robert L.

에 대한 복종, 교회에선 교회교리에 대한 동의를 일반화된 가치체계로 수용하도록 아동들에게 교육되고 있는 것은 부인 할 수 없는 사실이다. 따라서 이런 관점에서 볼 때 갈등은 죄악시 될 수밖에 없고 회피의 대상이 되는 것이다.[278] 매슬로우(Abraham H. Maslow)도 현대사회는 갈등, 불일치, 적대감, 반감에의 두려움이 만연되어 있다[279]고 지적하고 있는 것도 이와 궤를 같이 하는 시각이며 기존의 관리자들도 갈등을 감소시키는 것을 자신들의 역할로 여기는 것도 이와 같은 의미와 같이 하는 것이다. 그러나 효과적이고 능률적인 목적성취로 대변되는 관리의 목적이 반드시 조화나 협력에 있는 것만은 아니며 사실상 갈등의 배제는 현대와 같이 복잡다기 한 조직에선 불가능하거나 비현실적일 뿐 아니라 바람직스럽지도 못한 경우가 비일비재한 것이다. 갈등을 회피하고 조화나 행복만을 추구, 변론하는 것은 현상유지에 안주하거나 기득 적 이권만을 보호하려는 소극적인 처사로 이해되는 것이다. 따라서 조직갈등을 긍정적이고 적극적인 입장에서 수용하고 이를 해결키 위한 노력을 경주하는 것이 보다 바람직하며 이를 위해선 먼저 갈등의 원인을 규명하는 것이 선결의 과제인 것이다.

(3) 조직갈등의 근원

여러 가지 각도에서 조직갈등의 근원을 추론해 낼 수 있을 것이다. 여기에선 논의의 편의를 위해 연구의 목적과 부합되는 시각을 취사선택하여 정리해 보고자 한다. 우선 사이몬과 마아취(James G. March)에 의하면 개인갈등의 원인은 비 수락성(unacceptability), 비 비교성(incomparability), 불확실성(uncertainty)의 세 가지 중의 하나가 있을 때에 발생한다고 한다. 여기에서

Kahn and K. Boulding, (eds.), *op. cit.*, 147~148면.

278) Garret L. Bergen and William V. Harvey, *Organizational Relations and Management Action* (New York : McGraw Hill, 1966).

279) Abraham H. Maslow, *Eupsychian Management* (Homewood : Irwin, 1965), 185면.

비 수락성은 결정자가 각 대안의 결과를 알고 있고, 뿐만 아니라 더 나은 대안도 쉽게 알 수 있으나, 이 대안이 자기가 만족할 만한 정도가 되지 못하여 고민하는 것을 말한다. 비 비교성의 갈등은 결정자가 각 대안의 결과를 알고 있지만, 어떤 대안이 더 우수한 대안인지를 알지 못할 때에 발생한다. 불확실성의 갈등은 결정자가 각 대안이 초래할 결과를 모르는 때에 발생한다.[280] 다음 사이몬과 마아취는 복수의사주체간의 갈등으로 개인간(inter-personal), 집단간(inter-group), 그리고 조직간(inter-organization)의 갈등을 행동주체를 기준으로 하여 들고 있으며 갈등의 원인으로 첫째, 목표와 이해관계의 차이 둘째, 인지와 태도의 차이 셋째, 의사소통의 장애 넷째, 공동결정의 필요성(the need for joint decision making)을 들고 있다.[281] 이것을 보다 구체적으로 설명하자면, 첫째, 목표와 이해관계의 차이에서 기인되는 갈등은 조직이나 집단 간에 있어서 뿐만 아니라 동일조직 내에서의 각 부서간의 목표와 이해관계가 다를 때 상호갈등을 일으키게 된다는 것이고 둘째, 인지와 태도의 차이는 의사결정과정에서 결정자 들끼리 또는 각 조직간의 문제점에 대한 인지 및 태도의 차이는 개인뿐 아니라 집단 간 갈등의 원인이 된다고 보았으며 셋째, 의사소통의 장애에서 기인되는 갈등원인은 결정과정에서 정보의 교환이 충분히 이루어지지 못할 경우에도 갈등이 발생한다는 것이며 넷째, 공동결정의 필요성에서 기인되는 갈등원인은 어떤 조직이나 집단이든 한정된 자원을 공동으로 분배, 사용하고 시간계획을 작

280) March and Simon, *op. cit.*, 112~121면.

281) 이에 관해서는 다음의 문헌을 참고 할 수 있다.

John Mcleish, *Theory of Social change* (London : Routedge and Kegan, 1968), 77~79면. ; Victor A. Thompson, *Modern Organization* (New York : Knopf, 1961), 90~100면. ; Thomas A. Kochan et al., "Determinant of Intra-organizational Conflict in Collective Bargaining in the Public Sector", *Administrative Science Quarterly*, Vol.20, No.1 (March 1975), 10면.

성하기 위해서는 공동의사결정이 필요하게 되는데 이럴 경우에 발생하는 것을 의미한다고 한다. 어찌되었든 사이몬과 마아취의 갈등근원의 규명은 조직에서 발생하는 갈등의 원인이 무엇인가를 이해하는데 있어 커다란 이정표를 제시해 줄 수 있었다는데서 시사하는 바가 크다. 이러한 사이몬과 마아취의 견해를 중심으로 하여 조직갈등근원을 종합적으로 체계화하여 살펴보는 방법으로 갈등의 구조적 면을 중심으로 한 접근[282]을 살펴보도록 한다. 이러한 입장에서 조직갈등근원을 살펴보면 첫째, 상호과업의 종속성인데 이는 두 부서 이상이 어떤 과업을 효과적으로 수행키 위해 지원, 정보교환, 동의, 복종, 기타 조정 적 활동들이 상호의존적 일때 조직갈등이 나타날 수 있다는 것이다. 둘째, 일방통행 적인 과업종속성인데 이것은 한 부서가 다른 부서에 대해 일방통행 적으로 종속되었을 때 세력균형이 변동되는 것을 의미하며 지배 부서가 종속 부서와 협력할 의사가 거의 없을 때 조직갈등이 유발된다는 것이다. 그 예는 대규모 자동차 제조공장에서의 일관 자동작업 조립 대(assembly line)상에서 야기되는 갈등을 들 수 있다.[283] 셋째는 수평적 분화가 심할 때인데 이것은 각 부서간의 내적 차이가 심화되어 있을 때 발생하는 조직갈등으로 심화의 폭이 커지면 커질수록 서로 다른 목적, 관리철학 등을 자기 부서 나름대로 가지게 되어 갈등상황이 극에까지 도달하게 되는 것이다.[284] 넷째, 공식화, 정형화의 미비인데 이것은 규칙이나 규범이 미비 되거나 역할규정이 미비 되어 있어서 직무수행 상

282) Richard E. Walton and John M. Dutton, "The Management of Interdepartmental Conflict : A Model and Review", *Administrative Science Quarterly* , March, 1969., 73~84면.

283) Howard E. Aldrich, *Organizations and Environments* (Englewood Cliffs, N.J. : Prentice-Hall, 1979), 94면.

284) Paul R. Lawrence and Jay W. Lorsch, *Organizations and Environments* (Homewood, Ill. : Irwin, 1969).

이러한 상황과 조우 시 갈등이 유발 될 수 있다는 것이다. 다섯째, 공통으로 필요로 되는 희소자원에 대한 종속성인데 이것은 승·패 경기상황으로 일명 영화게임(zero sum game)이라 하며 목적 성취를 위한 수단을 둘러싼 갈등을 의미한다. 여섯째, 평가기준과 보상체계의 차별화에 기인되는 것으로 각 조직구성원이나 집단들간의 근무평가기준이나 보상체계가 차별화 되어 있을 때 나타나는 조직갈등이다. 이것은 특히 일선조직에서 일하는 자와 참모조직에서 일하는 자 간에 심각하게 대두되는 갈등상황이다. 일곱째, 참여적 의사결정은 반드시 갈등을 유발시킨다는 것이다. 왜냐하면 참여자의 가치관의 차이로 인해 이견과 부동의, 그리고 논쟁을 유발시킬 기회를 제공하기 때문이라는 것이다.[285] 여덟째, 구성원간의 배경, 가치, 교육정도, 연령, 사회유형(social pattern)에 따라 이질성이 개재되므로 이에 기인되어 대인간의 우호적 분위기의 가능성이 저하되어 갈등이 유발 될 수 있다는 것이다.[286] 마지막으로 사회적 계층의 일종인 사회적 신분의 서열(social status hierarchy)의 차이로 인해 갈등이 유발 될 수 있다는 것으로 그 조직에서의 봉사기간의 장단, 연령, 교육정도, 보수 등에 따라 갈등이 유발 될 수 있다는 것이다.[287] 이외에도 역할불만에서 오는 기대 불 충족, 좌절에서 기인되는 갈등, 의사소통의 왜곡에서 기인되는 갈등 등을 들 수 있다. 이상에서 논의한바와 같이 갈등의 원인이 되는 상황은 무수히 많으며 이런 갈등의 원천을 잘 파악하고 이해하여 갈등을 순기능 적인 방향으로 전환시키는 것이 무엇보다 중요한 것이다. 이런 의미에서 갈등해소전략의 강구에도 이러한

---

285) Meyer Zald, "Power Balance and Staff Conflict in Correctional Institutions", *Administrative Science Quarterly*, (June 1962), 22~49면.

286) George Strauss and Eliezer Rosenstein, "Workers Participation : A Critical View", *Industrial Relations*, Feb. 1970., 197~214면.

287) William F. Whyte, *Human Relations in the Restaurant Industry* (New York : McGraw- Hill, 1948).

갈등의 근원에 대한 근본적인 이해는 필수적인 것이 되는 것이다.

(4) 갈등해소방안들

여러 가지 방안들이 구상될 수 있는데[288) 여기서는 대표적인 몇 개를 제시해 보고자 한다.

첫째, 최상위목적(super ordinate goal)의 설정인데 이것은 단일 부서만의 자원으로 목적을 이룰 수 없고 두개 이상의 부서에 의해 이루어 질 수 있

288) 조직이나 집단간에 발생하는 갈등의 감소내지는 해결방안에 대해서는 여러학자들이 의견을 제시하고 있다. 예컨대 리터러(Joseph A. Litterer)는 갈등해결전략으로서 갈등당사자간에 완충지대(buffer zone)를 설치하는 방법, 감수성훈련(sensitivity training) 등을 통한 통찰력의 양성 및 갈등감소를 위해 조직을 재설계하는 방법들을 제시하고 있다. Joseph A. Litterer, "Management Conflict in Organizations", *Proceedings of the 8th Annual Midwest Management Conference* (Southern Illinois University Business Research Bureau, 1965), Reprinted in Max S. Wortman and Fred Luthans, *Emerging Concepts in Management* (New York : The Macmillan Co., 1969), 195면. 또한 월튼(R. E. Walton)과 매커시(R. B. Mckersie)는 갈등해결을 의사결정과 관련시켜 다양한 협상과 교환의 과정들로 나누어 설명하고 있다. R. E. Walton and R. B. Mckersie, *A Behavioral Theory of Labor Negotiation* (New York : McGraw-Hill, 1965), 4면. 사이몬과 마아취는 갈등해결방안으로 문제해결(problem solving), 설득(persuasion), 협상(bargaining), 정략(politics)을 내 놓고 있다. March and Simon, *op. cit.*, 129~131면. 그러나 볼딩은 협상과 정략을 굳이 구별하지 않는다. Kenneth E. Boulding, *Conflict and Defense : A General Theory* (New York : Harper and Row, 1962), 314면. 블랙키(R. R. Blake)는 갈등해소방안으로 후퇴(withdrawl), 완화(smoothing), 타협(compromise), 강압(forcing), 문제해결(problem solving)을 들고 있다. R. R. Blake, H. shepard and J. Mouton, *Managing Intergroup Conflict in Industry* (Houston : Gulf Pub. Co., 1984). ; H. A. Shepard, "Responses to Situations of Competition and Conflict", in Kahn and Boulding(eds.), *op. cit.*, 127~135면. 이외에 이 분야를 더욱 연구하고 싶으면 다음을 참고할 수 있다. J. D. Thompson and Arthur Luden, "Strategies, Structures and Processes of Organizational Decision", in J. D. Thompson, et al.(eds.), *Comparative Studies in Administration* (Pittsburgh : University of Pittsburgh Press, 1959).

는 공통목적이나 공유하는 목적(shared goal)을 의미하는 것으로 이러한 목적이 설정되면 각 부서의 생존을 위해서라도 서로 협력하지 않으면 안되며 이러한 상황에선 갈등의 감소는 불가피한 것이 된다.[289] 둘째, 부서간의 상호의존성에서 야기되는 갈등을 완화 내지는 해소시키기 위해 완충지역 부서 또는 완충역할을 하는 사람이 필요하며 필요에 따라서는 의존 부서간의 이견을 조정할 수 있는 조정 부서가 설치 될 필요도 생기는 것이다.[290] 셋째는 한정된 자원을 권력투쟁이나 게임의 규칙에 의해서만 배분하려는 방법을 지양하고 한계효용을 고려하여 이를 극대화시키는 단위에 중점적으로 배분할 수 있는 체계를 확립함으로써 자원의 내적인 확장을 기할 수 있으며 더 나아가서 기술개발, 혁신, 관리혁명 등을 통해 한정된 자원의 확장을 꾀 할 수 있다는 것이다. 넷째는 상호문제해결로써 갈등문제가 각각의 개별적인 문제가 아니라는 전제 하에 서로의 공동관심사로 인지하고 문제해결을 공동적으로 처리해 나가는 방안으로써 문제의 복잡성에 대처하는 좋은 전략으로 평가된다. 다섯째는 청원제도(appeals system)로써 갈등의 근원이 되는 불평불만을 공식적인 채널을 통해 해소시킬 수 있는 제도적 장치를 만드는 것으로 고충처리의 한 방안으로써 많이 활용 될 수 있는 것이다. 여기에는 면담이나 상담 등도 병행하여 사용되면 갈등해소나 완화에 도움을 줄 수 있는 것이다. 여섯째, 갈등당사자에 대해 공식적 권위를 행사함으로써 갈등을 해소하는 방안이다. 이것은 별로 바람직한 해소방안이라 볼 수 없으나 상황이 극한을 치달을 때 최후의 수단으로 고려해 볼 수 있는 처방이다. 일곱째는 상호작용의 증대로써 협력을 꾀 할 수 있는 공동이

---

289) Muzafer Sherkf, "Experiments on Group Conflict and Cooperation", in Harold J. Leavitt and Louis R. Pondy(eds.), *Readings in Managerial Psychology* (Chicago : University of Chicago Press, 1964), 410면.

290) Robert R. Blake, Herbert A. Shepard, and Janes Mouton, *Managing Intergroup Conflict in Industry* (Houston : Gulf Publishing, 1964), 99~100면.

해와 유대를 발견하고 다져 나가는 가운데 서로간의 입장을 이해 가능케 함으로써 갈등을 해소 내지 완화해 나가는 것이다. 이외에 영화게임상황을 배제 내지는 완화시키기 위해 평가기준과 보상체계의 포괄적 조직화를 꾀하거나 이러한 것이 제대로 기능을 수행치 못할 때는 최후의 방법으로 갈등이 일고 있는 부서들을 합병 내지는 폐쇄시켜 버리는 것이다. 지금까지 살펴 본 것은 다분히 소극적인 입장에서 갈등이 불가항력적으로 발생하였을 때 이를 완화 내지는 해소시키는 방법들을 강구해 본 것이나 여기에서는 적극적인 입장에서 갈등을 문제해결이나 목적성취를 위해 유도하고 촉진, 자극시키는 방법들에 대해 살펴보기로 한다. 이것은 기존의 상식과는 반대로 갈등이 없이도 또는 적어도 역기능적이란 사고에 기인하는 것이다. 이미 갈등유도 및 촉진기법들이 조직관리분야에서 발전되어 사용되고 있으며 대표적 인 것 몇 가지를 살펴보면 첫째, 의사소통 상에서 모호하고 위협적인 메시지 혹은 소문 등을 전달하여 갈등을 유발시키는 방법이 있다. 특히 이런 기법은 잠정적으로 이질적 단위를 창출함으로써 기존의 쌍무적 갈등관계를 다각화시켜 갈등의 첨예화를 기할 수 있다는 장점을 지닌다. 둘째는 위의 논리와 연계되는 것으로 부서간의 선의의 경쟁을 유발시키는 것이다. 특히 세력균형을 위해 수평적인 부서간의 차등 도를 증대시키는 등의 구조변화를 통해 갈등을 유발 내지는 심화시키는 것이다.[291)]

2. 관료조직의 음모와 갈등을 내용으로 그리고 있는 영화들

관료조직의 음모와 갈등을 극적으로 잘 시사해 주는 영화로는 『룰스 오

291) James L. Gibson, John M. Ivancevich and James H. Donnelly, Jr., *Organizations : Behavior, Structure, Processes*, 3rd (Dallas, Texas : Business Publications, 1979), 177면.

브 인게이지먼트』, 『어 퓨 굿맨』, 『아웃브레이크』, 『더 록』, 『데이브』, 『긴급명령』, 『리플레이스먼트』, 『트리플X2』, 『야망의 함정』, 『월 스트리트』, 『더 게임』, 『마이너리티 리포트』, 『미션 임파서블 1』, 『미션 임파서블 2』, 『미션 임파서블 3』, 『그때 그 사람들』, 『왕의 남자』, 『왝 더 독』, 『J.F.K.』, 『컨스피러시』 그리고 『음모』 등이 있다.

1) 『룰스 오브 인게이지먼트』(Rules of Engagement)

윌리엄 프리드킨(William Friedkin) 감독이 1999년에 제작하여 2000년 4월에 출시한 이 영화는 토미 리 존스(Tommy Lee Jones)(헤이스 호지 대령(Hays Hodges) 역), 샤뮤엘 L. 잭슨(Samuel L. Jackson)(테리 차일더스(Terry Childers) 대령 역) 등이 출연하고 있다.[292)]

이 영화의 내용은 다음과 같다. 중동 예멘의 미국대사관이 시위대의 공격을 받게 되고 미국해병대투입으로 대사와 대사관 가족을 구출 하는데는 성공하지만, 그 와중에 시위대 수십 명이 사살 당한다. 이 당시 해병대를 지휘한 차일더스 대령은 월남(Vietnam)전, 베이루트(Beirut)전, 그리고 걸프전(Desert Storm)에 참전한 바 있는 군 경력이 30년이나 되는 애국적인 베테랑 해병장교이었다. 그러나 차일더스는 무장하지 않은 민간인을 사살할 수 없다는 교전규칙(rule of engagement)을 어겼다는 이유로 재판에 회부되고, 미국 정부는 외교 분쟁을 피하기 위해 대령을 희생시키기로 작정한다. 이에 앞장서는 자가 국가안보담당 국장직(national security advisor)에 있는 소콜(William Sokal)과 무레인(Mourain) 주 예멘대사이다. 이들은 진실의 조직적 은폐를 위해 주(駐) 예멘미국대사관 옥상에서 촬영된 사건현장의 비디오테이프를 인멸해버린다. 그러나 차일더스는 그냥 물러서지 않고 같은 해병대

292) http://movie.naver.com/movie/bi/mi/basic.nhn?code=29103

소속으로 베트남전 이후 오랜 친구인 해이스 호지 대령(토미 리 존스 분)에게 도움을 청한다. 그 후 같이 힘을 합쳐 법정에서의 법적 투쟁을 통해 결국 차일더스를 희생양으로 삼으려고 음모를 꾸미던 그들의 은폐와 범죄를 백일하에 드러내게 된다. 결국 소콜은 증거인멸죄로 유죄를 선고받고 무레인 역시 대사직을 박탈당하고 위증죄로 기소가 된다. 차일더스 대령은 명예제대를 하게 된다. 이러한 내용을 통해 이 영화는 정부와 군대라는 조직에서 얼마든지 일어날 수 있는 조직적 범죄 및 음모유형을 극화하여 잘 나타내주고 있다.

실제 관료제 내에 조직적 범죄를 은폐시키기 위해 조직원들을 희생양으로 삼는 경우가 비일비재하며 특히 부정이나 부패 또는 부조리와 같은 범죄가 관료제의 상위직 또는 중, 하위직에서 조직적으로 이루어질 경우 범죄꼬리를 자르기 위해 이러한 유형의 조직적 범죄가 얼마든지 발생할 수 있는 것이다. 이 영화는 이러한 맥락에서 관료제의 병리적 일면을 잘 극화하여 우리에게 현실감 있게 투영해 주고 있다고 볼 수 있다.

2) 『어 퓨 굿맨』(A Few Goodman)

로브 라이너 감독이 1992년에 제작 출시한 톰 크루즈, 잭 니콜슨, 데미 무어, 케빈 베이컨, 그리고 키퍼 서덜랜드 등이 출연하는 '어 퓨 굿맨'[293] 역시 군(軍)으로 대변되는 관료조직의 음모와 갈등 등으로 표현되는 관료제의 병리적 현상을 예리하게 잘 해부해 내고 있다.[294]

이 영화의 배경은 쿠바(Cuba)의 관타나모(Guantanamo Bay) 해군기지이

---

293) 이 영화의 원래 원작은 브로드웨이에서 2년 이상 공연되었던 연극으로 어느 해군 부대에서 발생한 살인 사건의 재판 과정에서 이를 수사해 나가는 군 검찰관이 사건 뒤에 숨은 진상을 파헤치는 과정을 담고 있다.

294) http://movie.naver.com/movie/bi/mi/basic.nhn?code=12324

다. 이곳에서 산티아고 사병이 2명의 해병에게 거친 폭행 끝에 죽는 사건이 발생하고 조안 소령(Joanne Galloway : 데비 무어 분)과 군 검찰관 다니엘 중위(Daniel Alistair Kaffee : 톰 크루즈 분)가 이 사건을 맡게 된다. 수사 초기에 서로의 의견 충돌로 티격태격 대던 그들은 시간이 흐를수록 뭔가 음모가 있음을 알게 된다. 하지만 유일한 증인이었던 관타나모 해군기지 부사령관인 마틴슨 중령(Matthew Andrew Markinson : J.T. 월쉬 분)이 권총자살을 하자 사건이 미궁 속에 빠지지만 추진력을 받은 조안과 다니엘은 진실을 밝혀내기 위해 백방으로 노력한 끝에 이 살해 사건이 심하다 싶을 정도의 엄정한 군기(軍紀) 때문에 일어난 일 이라는 사실에 접근하게 되고 결국 재판 대에 올라야 할 대상은 군부 자체가 아닌 쿠바 기지사령관인 제셉 대령(Nathan R. Jessep : 잭 니콜슨 분) 개인이라는 것을 알게 된다. 제셉 대령은 출세가도를 달리는 유망한 장교로서 부하들에게 엄격하고 권위적이면서 매우 냉정하고 보수적인 인물이었다. 그는 완벽주의자로 조그마한 허점도 용납할 수 없는 치밀한 성격의 소유자이며 자신의 부대에 그러한 과오가 발생했다는 것을 인정할 수 없는 인물이었다. 그래서 그는 기지부사령관이면서 자신과 군 동기인 마틴슨을 혐오하고 경멸하면서 자신의 부대를 강력히 자기 손아귀에 쥐고 이러한 살해사건을 덮어버리기 위한 노력을 기울이나 결국 다니엘에 의해 재판정에 서게 되고 군법회의 재판과정에서 이러한 그의 심리를 역이용한 다니엘에 의해 자신의 죄상을 스스로 자백하는 결과를 가져오게 한다.

출세와 승진, 군의 명예 그리고 조직의 폐쇄성 등과 관련된 군 조직의 경직성과 병리 그리고 보수적이고 권위적인 군 문화의 타성을 잘 파헤치고 조직의 장(長)이 포함되는 조직적 범죄와 이를 은닉하려는 음모의 해악을 사회적으로 고발하려했다는데서 의미를 부여 할 수 있다.

3) 『아웃브레이크』(Outbreak)

볼프강 페터슨 감독이 1995년에 제작 출시한 더스틴 호프먼(샘 대니얼스 역), 르네 루소(로비 역) 주연의 '아웃브레이크' 역시 관료조직의 음모와 갈등적 상황을 잘 재현해 내고 있다.[295)]

미국 육군 전염병예방 및 통제 센터(CDC)의 대령 샘(Sam Daniels : 더스틴 호프만 분)은 자신의 친구이자 직속 지휘관인 빌리 포드 준장(Billy Ford : 모간 프리만 분)으로부터 정체불명의 치명적 전염병이 돌고 있는 아프리카 자이르(Zaire) 우림 지대의 오지(奧地)로 들어가 의학사상 밝혀진 바 없는 치명적인 바이러스 모타바(Motaba)[296)]를 조사하라는 명령을 받는다. 에볼라 바이러스보다도 더 빠른 잠복기로 치사율 100%의 무시무시한 바이러스가 휩쓸어 주민 대다수가 죽어버린 마을을 발견한 샘은 이 위험한 바이러스가 다른 지역까지 침투하지 않도록 비상조치를 취할 것을 군 당국의 상관과 관계기관에 요구한다. 그리고 같은 전염병예방 및 통제센터에 근무하고 있는 전 아내 닥터 로비(Robby Keough : 르네 루소 분)에게 자신이 최근에 발견한 사실을 알려주며 1967년도 아프리카에서 있었던 모타바 바이러스와 동일한 이 바이러스가 저지되긴 했어도 미국 전역에 퍼질 수 있다는 위험성을 경고한다. 하지만, 그의 상관인 포드 준장과 포드 장군의 상관인 도날드 맥클린탁 소장(Donald McClintock : 도날드 서덜랜드 분)은 생물학적 무기의 보안 문제 때문이라는 이유로 조사와 실험에서 샘을 제외시켜버린다. 한편

---

295) http://movie.naver.com/movie/bi/mi/basic.nhn?code=17040

296) 1967년 아프리카 자이르(Zaire)의 모타바 계곡에 자리 잡은 용병 캠프에서 의문의 출혈열이 발생하여 많은 군인들이 죽어가자 용병캠프에선 미군에 긴급 의료 지원 요청을 하지만 상황의 심각성을 알아 챈 미군은 질병에 걸린 군인들의 혈액만 채취한 뒤 일방적으로 용병 캠프에 폭탄을 투하하여 모두 몰살시켜 버린 일이 있는데 이 때 발생한 질병의 바이러스를 모타바 바이러스로 명명하게 된 것이다.

화물선박을 통해 자이레에서 검역 없이 들어오게 된 감염된 원숭이 한 마리 때문에 캘리포니아 시더 크릭이란 곳에서 모타바 바이러스가 여러 사람들에게 전염되고, 그 변종 모타바 바이러스까지 판을 치게 된다. 샘은 군부가 30년 전 모타바 바이러스를 추출하여 생물학적 무기로 개발을 했을 뿐만 아니라 치료제까지 보유하고 있음에도 불구하고 생물학 무기의 보안이 폭로될 것이 두려워 치료제를 사용하지 않고 숨겨온 것을 알고 분노하던 샘은 헬리콥터를 타고 봉쇄된 시더 크릭으로 날아가 숙주를 찾아 그 면역체로 치료제를 만들어 환자들을 치료하려 하지만 맥클린탁 장군은 자신들이 은밀하게 추진해 온 모타바 바이러스로 만든 생물학 무기의 보안이 노출 될 것을 우려하여 시더 크릭 지역을 대통령의 동의를 얻어 비핵무기 중 가장 화력이 센 무기로 초토화시켜 시더 크릭의 시민과 전염되고 있는 모타바 바이러스를 증발시키려 한다. 이러한 음모와 갈등에도 불구하고 결국 샘은 진실을 알게 된 포드 준장과 폭격기 조종사의 도움을 얻어 폭탄을 바다에 떨어뜨리게 하고 변종 바이러스로 오염된 시더 크릭의 초토화를 저지할 뿐만 아니라 치료제로 그 지역의 시민들을 살려낸다. 그리고 포드 준장은 맥클린탁 소장을 중요 정보를 은닉한 혐의로 직위를 박탈하고 체포하게 된다.

이 영화는 민감한 군의 생물학적 무기의 보안문제와 인권존중이라는 민주적 가치와의 갈등을 샘과 맥클린탁 장군을 등장시켜 군의 관료조직을 통해 극화시킴으로써 관료조직의 갈등문제를 현시 화시키고 있다. 또한 이러한 갈등을 가속시키기 위한 조직적 음모의 일면도 제시함으로써 관료조직의 어두운 일면을 보다 우리에게 현실감 있게 클로즈업시키고 있다.

4) 『더 록』(The Rock)

마이클 베이 감독이 1996년에 제작 출시한 숀 코네리, 니콜라스 케이지,

에드 해리스, 마이클 빈 출연의 『더 록』역시 이러한 관료조직내의 갈등상을 잘 반영하고 있는 영화다. 비뚤어진 애국심의 소유자인 하멜 장군과 그가 이끄는 특수 부대원들 간의 갈등을 아주 정교하면서도 섬세하게 잘 극화시킨 작품이다.[297)]

이 영화에서 삐뚤어진 애국심의 상징으로 표현되는 미국 해병 여단장 프란시스 하멜 장군(Francis X. Hurmel : 에드 해리스 분)은 미국 특수부대원들이 극비의 군사 작전을 수행하던 중 미국을 위해 희생이 되었음에도 불구하고 그 가족들에게 보상도 없고, 사망자에게 명예도 주어지지 않는 그런 불합리성에 반발하여, 미국 정부에게 보상금을 달라고 위협을 하면서 자기를 따르는 특수부대원들을 이끌고 특수무기인 VX라는 치명적인 살상용 화학가스가 장착된 15기의 미사일을 탈취한 후 캘리포니아 주 샌프란시스코만에 위치하고 있는 알카트라즈 섬을 점령하고 이곳에서 관광객들을 인질로 잡고 정부와 대치하게 된다. 이들은 정부 측에 보상금을 달라고 위협을 하면서 만약 주지 않을 경우 탈취한 미사일로 샌프란시스코를 날려 버리겠다고 협박한다. 이에 정부는 미국 연방수사국(FBI)과 대책을 논의 하는데, 연방수사국은 특수부대를 알카트라즈에 침투시켜 폭탄을 분해하기로 결정하고, 생화학 무기 전문가 스탠리 굿스피드((Stanley Goodspeed : 니콜라스 케이지 분)를 부른다. 그런데, 문제를 해결하기 위한 침투에 문제가 하나 발생하게 된다. 알카트라즈는 악명 높았던 감옥으로 탈출이 힘들었던 곳인 만치 몰래 침투하는 게 장난이 아니라는 사실이었다. 이에 연방수사국은 역사상 유일한 알카트라즈 감옥의 탈출 성공자인 연방 일급 죄수 존 메이슨(John Patrick Mason : 숀 코네리 분)에게 협조를 부탁한다. 메이슨은 과거 영국 정보부 SAS의 정보장교 출신이며 '더 록'이란 별칭의 알카트라즈를 탈옥한 유일한 생존자이자 현재 33년째 극비리에 복역 중인 죄수이다. 메이슨

297) http://movie.naver.com/movie/bi/mi/basic.nhn?code=17135

은 일단 협조하기로 한다. 하지만 메이슨은 특유의 장기를 이용해 탈출에 성공한 후 얼굴도 모르는 딸을 찾아간다. 끈질긴 굿스피드의 추적에 붙잡히지만 딸 앞에서 명예를 세워주는 굿스피드의 태도에 감복해 진심으로 도와주기로 마음먹는다. 정부 측은 협상을 지연시키면서 존 메이슨의 활약을 통해 해군 특수부대인 네이비 실(Navy SEAL)을 무사히 알카트라즈 감옥 침투에 성공시키지만 얼마 가지 않아 하멜장군 일당에게 들키고 교전하면서 대치하는 국면에 처한다. 하멜장군은 극단적 대치국면에서 명예를 원한 것이지 돈이 그 목적이 아니라는 생각에서 유혈극을 피하고 싶어 하지만 그의 부하들은 이에 불복하고 돈을 목적으로 하는 숨겨 온 저의를 드러낸다. 결국 하멜장군과 그의 부하들은 서로 반목하게 되고 이러한 갈등과정에서 하멜 일당들은 결국 무너지고 만다.

하멜의 심리적 변화가 섬세하게 드러나고 부하와의 갈등을 통한 사태진전이 정교하게 연출된다. 결국 이 영화는 조직 내의 갈등이 서로가 생각하는 개인적 목적에 의해 얼마나 쉽게 생성될 수 있음을 시사하고 이러한 갈등상황이 재현될 경우 조직목적은 달성될 수 없음을 잘 보여 주고 있다.

5) 『데이브』(Dave)

이반 라이트먼 감독이 1992년에 제작 출시한 케빈 클라인, 시고니 위버 주연의 '데이브' 역시 백악관을 중심으로 한 관료조직의 어두운 일면을 병리적으로 해부해 제시해 주고 있다.[298]

볼티모어에서 작은 임시 직업소개소를 운영하고 있는 데이브(Dave Kovic : 케빈 클라인 분)는 부자는 아니지만, 자기를 찾아오는 실업자들에게 일자리를 소개해주는 데서 즐거움을 찾는 평범한 미국 시민이다. 그런데 데이브

298) http://movie.naver.com/movie/bi/mi/basic.nhn?code=12808

에게 아주 특이한 점이 있는데 바로 미국의 현 대통령과 외모가 아주 비슷하다는 것이며 바로 이 특이한 점이 데이브 인생을 바꾸어 놓는다. 볼티모어를 방문하는 미첼(Bill Mitchell : 케빈 클라인 분) 대통령은 공식적인 행사에서 벗어나 잠시 사적이고 은밀한 시간을 갖기 위해 데이브를 대역으로 내세우기로 한다. 미첼 대통령의 교활하고 부패한 비서실장 밥(Bob Alexander : 프랭크 란젤라 분)은 데이브에게 잠시 대통령 흉내만 내게 함으로서 국가에 봉사할 수 있는 기회를 제공한다고 유혹하고 순진한 데이브는 이를 받아들인다. 하지만, 여비서와의 은밀한 계획을 가졌던 대통령이 뇌졸증이라는 불상사로 인해 갑자기 혼수상태에 빠져버리자 비서실장 밥의 강요에 의해 졸지에 진짜 대통령이 되어버린다. 대역을 하면서 데이브는 그를 허수아비로 내세우고 실권을 휘두르려는 권력층의 야심과 자신의 가치관 사이에서 방황도 하고 설상가상으로 진짜 대통령과 사이가 나빴던 영부인 엘런(Ellen Mitchell : 시고니 위버 분)의 도전에도 직면하고 정치가들의 음모, 술책 등에 허우적거리기도 하지만 데이브의 따뜻한 인간미와 진솔한 리더십으로 인해 그 동안 관계가 소원했던 영부인과도 사이가 좋아지고 그를 가지고 놀면서 자기의 야심을 채우려던 주변 각료들도 그를 새롭게 보기 시작한다.

이 영화의 정수(精髓)는 권력층이 자신의 본분을 망각하고 자기이익을 위해 몰두 할 수 있음을 보여 줄 뿐만 아니라 이들이 자신들의 영달을 위해 펼치는 야심과 음모, 그리고 술책들이 얼마나 비열하고 추잡한 지를 적나라하게 제시해 준다는 점이다. 또한 이 영화는 관료조직에서 지도자가 가지는 영향력(leadership)이 얼마나 큰 가 하는 것도 잘 표현해 내고 있다. 거짓이긴 하지만 데이브가 대통령이 됨으로 해서 영부인과의 관계복원 뿐만 아니라 주변 각료들과의 팀워크 등이 제고되는 것 등은 바로 이러한 점을 대변해 주는 것으로 볼 수 있다.

『데이브』 스타일의 영화로는 클린트 이스트우드(Clint Eastwood)감독이

1997년에 제작 출시한 클린트 이스트우드, 진 헤크만 출연의 『절대권력』[299]을 들 수 있다. 이 영화에서도 대통령을 중심으로 하는 권력층이 섹스, 살인, 범죄은폐, 음모 등을 기도하면서 추한 정치권력의 어두운 면을 마음껏 발산한다.

6) 『긴급명령』(Clear and Present Danger)

『데이브』와 『절대권력』과 같은 스타일의 영화로 하나 더 꼽으라고 하면 『긴급명령』을 꼽을 수 있다. 이 영화는 필립 노이스 감독이 해리슨 포드(잭 라이언 역), 윌렘 데포(존 클락 역), 앤 아처(케시 역) 등을 주연으로 하여 1994년 9월 17일 개봉한 영화이며, 필립 노이스 감독이 해리슨 포드(잭 라이언 역), 앤 아처(캐시 라이언 역), 패트릭 버긴(케빈 오도넬 역) 등을 주연으로 하여 1992년 9월 5일 개봉한 『패트리어트 게임』(Patriot Games)의 속편 격인 영화이다.[300] 톰 클랜시의 베스트셀러가 원작이다. 이 영화는 한 부패한 실업가[301]의 살해사건에서 그와 과거 관련을 짓고 있던 현역 대통령과의 연결고리를 고리로 삼아 대통령이 국민을 기만하고 자신의 생각과 야심에 따라 온당치 않게 정부를 운영하는 것을 소재로 삼고 있다. 이 영화는 레이건 대통령을 궁지로 몰아넣은 '이란-콘트라 스캔들'을 실제로 접하는 느낌을 갖게 한다.

정보담당국장 그리어(James Greer : 제임스 얼 존스 분)의 갑작스런 병으로 인해 이 자리를 서리직으로 받은 라이언(Jack Ryan : 해리슨 포드 분)은 대통령이 마약정책에 관심을 가지고 미국 내에 마약을 밀매하려는 조직과 이와

---

299) 볼다치(David Baldacci)의 소설을 각색하여 극화시킨 영화이다.

300) http://movie.naver.com/movie/bi/mi/basic.nhn?code=16579

301) 극중에서는 하딩이라는 이름으로 나온다.

연계된 해외커넥션을 붕괴시키려는 의도에 따라 콜롬비아로 나아가 공작을 하게 된다. 이때 대통령은 하딩이 마약자금을 돈 세탁한 것이 6억 5천만 달러에 달한다는 것을 알고 이를 회수 할 것과 군사작전을 통해 마약거점을 파괴시키려는 의중을 제임스 커터 국가안보담당보좌관에게 흘리고 이를 간파한 보좌관은 대통령을 대신해 마약거점을 파괴하려는 모종의 음모를 꾸민다. 이를 위해 미국 중앙정보부(CIA) 리터 차장을 포섭한다. 리터 차장은 그렇다면 마약제거공작과 관련된 대통령의 '작전재가서'를 보여줄 것을 요구하고 커터는 이를 만들어 제시한다.

여기에서 대통령과 안보담당보좌관의 군사행동에 대한 불법을 읽을 수 있고 또한 6억5천만 달러를 회수하여 이를 정치자금 화하려는 그릇된 정치관을 읽을 수 있다. 또한 출세욕에 불타는 리터는 이것이 불법적으로 자행되고 있음을 알면서도 이를 무시하고 무리한 군사작전을 펼치고 결과적으로 그릇된 행정권력을 남용하게 된다. 또한 아무리 절대권력을 지닌 대통령이라 하더라도 모든 국사는 헌법과 관련 법 절차를 따라야 함에도 공작적 접근을 통해 대통령의 뜻을 이루려는 잘못된 행위에 대한 고발을 이 영화는 하고 있는 것이다. 한 마디로 컬럼비아 마약 조직에 대한 정책에서, 의회의 승인 없이 군사력을 행사하면서 법을 교묘하게 어긴 국가 최고 권력자인 대통령과 그의 뜻을 맹목적으로 추종하는 부패한 정보기관의 음모에 맞선 주인공이 국민 앞에 진실을 밝히려 나서는 것을 이 영화는 극화하여 잘 보여주고 있다.

7) 『리플레이스먼트』(The Alternate)

이 영화는 샘 퍼스텐버그 감독이 에릭 로버츠(리플레이스먼트 역), 브라이너 기네스(리더 역), 아이스 티(윌리엄스 요원 역), 존 벡(폴브룩 대통령 역), 래리 마네티(해리스 요원 역), 마이클 매디슨(브릭스 요원 역) 등을 주연으로 하여 2000년에 개봉한 영화이다.[302)]

폴브룩 대통령(President Fallbrook : 존 벡 분)은 선거 날이 다가오는데 지지도 조사에서는 나날이 인기가 하락 중이다. 그래서 대통령 참모인 경호원 리즈는 추락하는 대통령의 인기를 회복하기 위해 가짜 납치극을 계획하고 실행하기로 한다.

이윽고 납치극을 벌이기로 한 날, 정부 인사들이 계획한 장소에 모여 대통령 내외가 초대되는 공식 기자 회견 만찬이 진행될 예정이다. 수십 명의 경호원이 만찬 석상을 살벌하게 둘러싼 가운데 치밀한 검문이 이루어지고 가짜 납치극을 진행하기로 되어있는 리즈는 비밀리 이곳에 미국 중앙정보부(CIA) 요원들을 투입시킨다. 리즈와 중앙정보부 요원들은 시나리오대로 일을 착수하고 순식간에 호텔은 아수라장으로 변한다. 그러나 심각한 문제가 리즈에게 발생을 한다. 동참하기로 했던 중앙정보부 국장이 약속을 어기고 진짜 납치범으로 변신을 하고 대통령이 이들의 인질이 되어 생명이 위태롭게 됨으로써 시나리오는 마구 헝클어지게 되는 것이다.

이 영화는 권력의 핵심집단인 인너 서클(inner circle)안에 있는 대통령의 지지자들이 대통령의 재선을 위해 대통령암살음모를 모의하고 이를 실행하는 과정에서 암살자들 간의 돈을 둘러싼 갈등으로 인해 사태가 꼬이고 결국 대통령을 인질로 하여 돈을 얻어내려는 암살자와 이를 막으려는 암살자간의 갈등과 마찰을 극적으로 보여주고 있다. 결과는 보충병(replacement)이라고 자칭하는 암살자에 의해 대통령의 납치 및 인질 그리고 암살의 위기가 모면된다는 것이다.

이 영화에서 보여주고자 하는 점은 우선 대통령을 보필하는 측근 참모들의 권력야욕이 더러운 정치와 연결되면서 국민을 기만하는 정치로 비화

---

302) http://movie.naver.com/movie/bi/mi/basic.nhn?code=31545

될 수 있다는 점과 중앙정보부 등의 첩보정보기관들 간의 내부 암투와 갈등 그리고 내부의 적이 대통령을 노릴 경우 얼마나 권력핵심이 위해나 암살의 위기에 쉽게 노출될 수 있는가 하는 점 등이다. 이것 역시 정치적 부패와 부도덕성 그리고 이익에 눈이 먼 조직이기주의, 그리고 거대 관료조직의 경직성과 비효율 화 그리고 음모, 공인의 부패상을 잘 들어내어 보여주고 있다.

8) 『트리플X2 : 넥스트 레벨』(xXx 2 : The Next Level)

이 영화는 리 타마호리(Lee Tamahori)감독이 아이스 큐브(Ice Cube : 다리우스 스톤(Darius Stone) 역), 샤뮤엘 잭슨(아구스트 기븐스 : Augustus Gibbons 역), 윌리엄 데포(Willem Dafoe)(데커트 역), 스캇 스피드맨, 피터 스트라우스 등을 주연으로 하여 2002년 첫 개봉을 한 1편에 이어 2005년에 개봉한 영화이다.[303)]

버지니아 주의 한적한 교외 농장 지하에 비밀리에 설치되어있는 국가안보국 NSA(National Security Agency)의 비밀 작전기지가 정체를 알 수 없는 무장세력에 의한 공격을 받고 16명의 요원이 사살되는 참사가 발생한다. NSA내 무기개발을 담당하는 토비(Tobey)(마이클 루프 : Michael Roof 배역) 요원과 함께 가까스로 탈출에 성공한 NSA 국장 어거스트 기븐스(사무엘 잭슨 : Samuel L. Jackson 배역)는 이 같은 테러 뒤에 부패한 정치권내 급진세력에 의한 대규모 반란 음모가 있음을 직감하고 최근 사망한 원조 트리플 엑스였던 젠더 케이지의 뒤를 이어 내부의 음모를 파헤치기 위해 예전보다 훨씬 강하고 새로운 트리플X 후보를 찾기 시작한다. 이제 전직 최고의 네이비 씰(Navy Seal)이었지만 명령 불복종 혐의로 9년째 군교도소에서 특별관

303) http://movie.naver.com/movie/bi/mi/basic.nhn?code=35973

리 중인 위험한 인물 다리우스 스톤(아이스 큐브 배역)이 새로운 트리플X 후보로 지명이 된다.[304] 기븐스의 조치로 탈출에 성공한 다리우스는 자신이 원하는 방식으로 임무를 수행한다는 조건을 걸고 새로운 트리플X 요원이 된다. 그는 배후조직 색출을 위해 정부 고위층 만찬에 참석한 스톤을 통해 대통령 고문관의 딸 찰리에게서 국방장관 조지 데커트(George Deckert)(윌렘 데포 배역)장군이 전군을 동원한 사상 초유의 쿠테타를 꾸미고 있다는 사실을 알아내지만, 정교하게 세팅된 음모로 오히려 대통령 암살 주범으로 몰리게 되는 위기를 맞게 된다. 한편, NSA 습격사건의 배후조종자이며 대통령 암살을 포함한 사상초유의 쿠테타를 계획하고 있는 국방장관 데커트는 비밀리에 기븐스를 사고사로 가장하여 납치하고 스톤마저 군 수뇌부의 핵심을 이루는 페티본 장군의 살해범으로 몰아간다. 페티본 장군은 원래 데커트와 오랜 동안 군 생활을 같이했던 전우였지만 데커트 자신의 야망을 위해 그가 걸림돌이 된다고 생각하자 가차 없이 그를 죽이고 그런 후 스톤과 다리우스를 엮어 넣기 위한 미끼로 이용을 하는 냉혈적인 영악함과 사악함을 드러내기도 한다. 마침내 데커트는 쿠테타 음모를 실행에 옮기는데 페티본 장군의 장례식을 빌미삼아 페티본 장군의 휘하병력들을 대통령이 있는 수도로 진주시킨다. 이 군 병력은 페티본의 지휘 하에 있긴 했지만 이전에는 데커트 자신의 휘하병력이었던 것이다. 그는 이 군 병력을 이용하여 국회의사당을 습격하여 점거한 후 샌포드 대통령(피터 스트라우스 배역)과 부통령 그리고 국무장관 등을 살해하려는 음모를 실행에 옮기기 시작한다. 이제 미국의 미래는 풍전등화의 위기상황으로 내몰리게 된다.[305] 한편 다리우스는 친구인 토비와 롤라의 도움을 받아 이러한 위기를 잠재우려 한다. 그는 우선 자신에게 우호적인 범죄조직을 찾아가 그들의 조건을

---

304) http://www.youngmedia.org.au/mediachildren/07_04/07_04_163_XXX-2.htm

305) http://movie.naver.com/movie/bi/mi/detail.nhn?code=35973

들어주는 조건으로 협조를 약속 받는다. 그리고 데커트의 군대에 맞설 수 있는 화력과 무기를 확보하기 위해 국방성으로 들어가는 치즈운반차량을 탈취한다. 실제로 이 차량은 위장용으로 치즈를 운반하는 것처럼 꾸미고 있지만 실제로는 최신무기들을 운반하는 차량이었던 것이다. 그들은 데커트의 음모를 저지하기 위한 인적 자원과 무기를 확보한 후 바로 실행에 들어간다. 그들은 군과 교전을 하면서 군이 처 놓은 저지망을 통과하고 국회의사당으로 접근을 한다. 한편 데커트는 음모를 시나리오대로 실행해 나간다. 대통령의 국회연설도중 조명등이 나가고 대통령은 경호절차에 따라 피신을 하게 된다. 시나리오대로 데커트는 피신을 하는 대통령과 경호팀에 대해 무차별 사격을 가하여 경호원을 모두 제거하고 대통령을 인질로 삼는다. 대통령은 그제서야 데커트의 음모를 알아채고 반발을 하지만 데커트는 오히려 자신의 행위는 국가를 위한 것이라고 하면서 궤변을 늘어 놓는다. 다리우스 일행은 의사당에 침투를 하여 기븐스를 연행해가는 무장세력을 제압하고 기븐스를 구한다. 그리고 데커트를 추격한다. 데커트는 음모가 실패로 끝날 것을 두려워하면서 대통령을 전용열차에 태워 탈출을 시도한다. 그러나 다리우스는 이를 방관하거나 포기하지 않고 스포츠카를 타고 추격하여 결국 전용열차 안으로 잠입을 하는데 성공을 한다. 대통령은 데커트에게 음모를 거둘 것을 요구하지만 오히려 데커트는 대통령을 죽이겠다고 위협을 한다. 그러면서 자신은 대통령을 구하려고 했지만 실패를 한 사람으로 기록이 될 것이라고 이야기를 한다. 위기에 몰린 대통령을 다리우스는 천신만고 끝에 구출을 하게 된다. 그리고 데커트는 기븐스가 헬리콥터에서 쏜 미사일을 맞고 죽게 된다. 데커트의 허황된 음모는 이렇게 해서 막을 내리게 된다. 그 다음날 대통령이 어제의 의사당 총격전에서 무사하다는 방송멘트와 함께 데커트 국방장관이 대통령을 구하려다가 장렬하게 죽었다는 멘트와 더불어 성대하게 데커트 장례식이 치러졌다는 멘트도 흘러나온다.

이 영화에서는 몇 가지 메시지를 던져주고 있다. 첫째는 적은 외부에만 있는 것이 아니라 내부에도 있다는 점이다. 핵심내부세력(Inner Circle) 중에 대통령을 제거하고 자신이 권력을 찬탈하려고 하는 자가 있다는 것을 보여주고 있다. 국방장관 데커트가 바로 그런 인물이다. 둘째는 음모의 시나리오가 완벽하게 구사될 수 있다는 것이다. 이 영화는 이 음모가 다리우스 등 이 시대의 영웅들 때문에 좌절이 되었지만 그렇지 않았다면 성공할 수도 있었다는 점을 역으로 보여주고 있다. 정치세력들 간의 역학관계와 음모의 한 편린을 잘 보여주고 있는 것이다. 셋째는 정치는 진실만을 이야기할 수는 없다는 것이다. 필요에 따라서는 거짓말도 해야 한다는 것이다. 정치에 존재할 수밖에 없는 아이러니를 이 영화는 이렇게 보여주고 있는 것이다. 데커트가 대통령을 시해하고 권력을 쥐려고 한 음모자이지만 그는 대중에게 대통령을 목숨을 걸고 지켜내려다가 죽음을 맞은 영웅으로 각인이 되게 조작이 되고 있는 것을 잘 보여주고 있다. 이 영화는 이를 통해 정치의 이중성을 아주 리얼하게 보여주고 있는 것이다.

9) 『야망의 함정』(The Firm)

이 영화는 시드니 폴락 감독이 톰 크루즈(미치 맥디어 역), 진 트리플혼(애비 역), 진 해크만(애버리 역), 에드 해리스(웨인 역), 홀리 헌터(탐미 역) 등을 주연으로 하여 1993년에 개봉을 한 영화이다.[306]

1987년에 제작된 마이클 더글러스(Michael Douglas)주연의 『월스트리트』(Wall Street)나 1997년 제작된 오만하고 이기적인 증권중개인 역으로 열연을 벌인 마이클 더글러스(Michael Douglas)주연의 『더 게임』(The Game)과 비

306) http://movie.naver.com/movie/bi/mi/basic.nhn?code=13386

슷한 소재를 가진 영화이다.

가난한 남부출신의 미치 맥디어(Mitch McDeere : 톰 크루즈 분)는 모든 어려움을 극복하고 하버드 법대를 우수한 성적으로 졸업한다. 미치의 재능을 높이 평가한 뉴욕과 시카고의 법률회사들은 그를 스카우트하기 위해 좋은 조건들을 제시한다. 그러던 중 미치는 맴피스 법률회사에서 파격적인 조건을 제시하자 그곳에 입사하게 된다.

미치의 아내인 애비(Abby McDeere : 잔느 트리플혼 분)는 그 회사에서 가정의 안정을 중요시한 나머지 아이 갖기를 종용한다는 말을 듣자 왠지 시큰둥해 있지만 미치가 바빠지자 모든 걸 잊게 된다. 그러던 어느 날 미치는 연방수사국(FBI) 요원에게서 보트 폭발 사고로 숨진 것으로 알려진 카진스키와 하지스 변호사가 실제로는 살해됐다는 얘기를 듣는다. 직속상관인 애버리(Avery Tolar : 진 핵크만 분)와도 고객과 상담 도중 시카고 친구들 얘기를 듣고 회사의 업무에 의심을 품게 된다. 미치는 멤피스에서 마피아의 돈을 세탁한다는 사실까지 알아낸다. 미치는 자신을 이용해 회사를 덮치려는 연방수사국 요원들에게 어쩔 수 없이 협조해야 함을 인식하지만 그렇게 하면 회사와 회사의 고객으로 있는 마피아까지 자신의 적으로 만들게 됨을 깨닫고, 더 나아가 자신의 변호사 자격까지 영원히 잃게 될 것을 걱정해 그 모든 곤경에서 빠져나갈 궁리를 하게 된다. 결국 미치는 감옥에 들어간 형을 빼내고 마피아에게는 회사의 부당함을 알림과 동시에 그들의 서류를 손에 넣어 자신이나 가족에게 손을 못 대게 처리한 후 연방수사국에는 자기 회사를 법적으로 기소할 수 있는 정보를 제공하게 된다. 미치는 현명한 방법으로 자신과 자신의 삶, 그리고 형의 삶까지도 되찾는다.

마피아의 뒤를 봐주는 법률 회사에 취직된 신출내기 변호사가 법률회사의 음모와 마피아, 그리고 이를 조사하는 연방수사국 사이의 위기 상황을 변호사라는 자신의 위치를 치밀하게 이용, 위기를 모면하는 내용을 담은 스릴러 물이다. 전형적인 미국식 법과 정의에 관한 음모론을 잘 보여주고 있다.

10) 『월스트리트』(Wall Street)

이 영화는 올리버 스톤 감독이 찰리 쉰(버드 역), 마이클 더글라스(고든 역), 마틴 쉰(칼 역) 등을 주연으로 하여 1988년 4월 29일에 개봉한 영화이다.[307]

몇 해나 월 스트리트 증권거래소 주변에서 꿈을 키웠으나 일생을 증권 브로커로 일한 사람도 별로 재산을 모으지 못하는 것을 알자, 야망에 불타는 버드 폭스(Bud Fox : 찰리 쉰 분)는 지름길을 가기로 결심하고, 월 스트리트에서 비상한 수단으로 주가를 조작, 거액의 부를 이룩한 악명 높은 금융가 고든 게코(Gordon Gekko : 마이클 더글러스 분)를 찾아간다. 게코와 손잡은 버드는 텔타 제지를 주가조작을 통해 처분하여 부자가 된다. 버드는 아버지 카알(마틴 쉰 분)이 근무하는 회사 블루스타를 구해보려는 의도를 게코에게 의논하나, 게코는 은밀히 해체할 음모를 꾸민다. 게코의 배신을 알아낸 버드는 게코의 원수인 와일드와 타협하여 주가를 조작하여 게코에게 어마어마한 손해를 입히고 블루스타를 구한다. 그러나 다음날 버드는 주식거래법 위반으로 체포되고 그는 지옥에의 길동무로 게코도 함께 교도소로 끌고 들어간다.[308]

비정하고 냉혹한 전쟁터 월 스트리트의 증권가에서 벌어지는 야망, 사랑, 무자비하고 잔혹한 돈 싸움 등을 적나라하게 파헤쳤다. 그리고 증권가의 음모 등을 적나라하게 드러내 놓고 있다.

---

307) http://movie.naver.com/movie/bi/mi/basic.nhn?code=10718

308) http://movie.naver.com/movie/bi/mi/basic.nhn?code=10718

11) 『더 게임』(The Game)

이 영화는 데이비드 핀처 감독이 마이클 더글라스(니콜라스 반 오튼 역), 숀 펜(콘래드 반 오튼 역), 데보라 카라 웅거(크리스틴 역) 등을 주연으로 하여 1998년 9월 5일에 개봉한 영화이다.309)

탁월한 사업 능력과 약삭빠른 행동으로 성공의 대열에 올라선 증권 중개인 니콜라스 밴 오튼(Nicholas Van Orton : 마이클 더글라스 분)은 샌프란시스코의 소문난 백만장자다. 그는 오만하고 냉철한 완벽주의자인 데다가 아내와 이혼하고 동생 콘래드(Conrad : 숀 팬 분)와도 연락을 끊고 회사와 자신의 대저택만을 출퇴근하는 무료한 일상을 보내고 있던 어느 날 콘래드가 나타나 생일선물이라고 하면서 소비자 오락 서비스(CRS)라는 회사의 이상한 게임의 안내장을 주고 사라진다. 바로 이 안내장이 니콜라스의 생에 있어서 예상치 못한 큰 변화를 갖게 만든다. 니콜라스는 집에 돌아오면서부터 자신이 법도 없고 규칙도 없는 게임의 틀에 걸려들었음을 느끼나 그는 규칙과 방향도 모른 채 계속 이어지는 이상한 사건들에 대하여 당황하게 되고 게임은 점점 깊은 수렁으로 빨려 들어가게 된다. 막강한 부호가 철저하게 몰락해가는 과정을 음모와 연관 지워 그려내고 있다.

12) 『마이너리티 리포트』(Minority Report)

이 영화는 권력기관(관료제) 내부의 갈등과 음모 등을 그리고 있으며 스티븐 스필버그(Steven Spielberg) 감독이 톰 크루즈(존 앤더튼 역), 콜린 파렐(데니 위트워 역), 캐스린 모리스(라라 앤더슨 역)등을 주연으로 하여 2002년 7월 26일에 개봉한 영화이다.310)

---

309) http://movie.naver.com/movie/bi/mi/basic.nhn?code=19333

영화의 시점은 2054년 그리고 장소는 워싱턴(Washington D.C.)에서 시작이 된다. 범죄가 일어나기 전 범죄를 예측해 범죄자를 단죄함으로써 범죄를 미연에 방지토록 하는 최첨단 치안 시스템 '프리 크라임'(pre-crime)이 워싱턴 시민들을 보호한다. 프리 크라임 시스템은 '아가사'를 포함한 3명의 예지자에 의해 범죄가 일어날 시간과 장소, 범행을 저지를 사람까지 미리 예측해내고, 이를 바탕으로 프리 크라임 특수경찰이 미래의 범죄자들을 범죄 실행 전에 체포한다.

이런 범죄예방시스템인 프리 크라임을 이끌고 있는 팀장은 존 앤더튼으로 천부적인 감각으로 미래의 범죄자를 추적해내는 능력을 인정받고 있는 유능한 인재로 평가를 받고 있다. 그가 프리 크라임에 최대한의 열정을 기울이는 이유는 6년 전 범죄로 인해 자신의 아들을 잃은 아픈 기억을 다른 사람에게만은 되풀이하고 싶지 않기 때문이다.

어느 날 프리 크라임 감사를 위해 연방정보국에서 대니 워트워가 파견되고 존 앤더튼과 사사건건 첨예하게 대립하게 된다. 그러던 중 프리 크라임 시스템은 믿을 수 없는 살인장면 즉, 앤더튼이 누군가를 살인하는 장면을 예견하게 된다. 이제 프리 크라임의 모든 시스템이 앤더튼을 추격한다. 앤더튼은 자신을 파국으로 몰아넣기 위해 겨냥된 음모를 파헤치기 위해, 나아가 자신의 미래를 바꾸기 위해 직접 미래의 피살자를 찾아 나선다. 자신이 저지를 범죄 현장에 한 발짝씩 다가갈수록 앤더튼의 앞에는 믿을 수 없는 사실들이 하나 둘 드러나기 시작하고 앤더튼의 의지와는 상관없이 예견된 희생자가 나온다.

이러한 앤더튼의 궁지에 몰림은 살인예방시스템 최고책임자인 라마르 비지스(Lamar Burgess) 국장의 음모가 뒤에 도사리고 있었다. 그는 이러한

---

310) 『블레이드 러너』의 SF 작가 필립 딕(Philip K. Dick)의 1956년도 단편 소설을 기본 원작으로 한 SF 액션 영화이다. http://movie.naver.com/movie/bi/mi/basic.nhn?code=31788

범죄를 미리 계획하고 이를 앤더튼의 몰락과 연계지워 놓고 있었다. 즉 앤더튼이 아들의 사진을 보고 순간적인 충동으로 돈 받고 유괴범을 자칭하는 사람을 죽일 뻔 하는데 이때 예지자들은 계획적 살인으로 판단케 만든 것이다. 여기에서 프리 크라임 시스템의 운영방식을 이해하여야 한다.

영화제목이 '단독 리포트'라고 번역된 것도 이와 연관이 있다. 이 시스템은 3명의 예지자가 범죄를 예견하는데 이때 리포트라고 하여 범죄 대상과 범죄자의 이름이 새겨진 둥근 공이 경찰에 제출되도록 되어 있는데 일상의 경우에는 보통 3명의 예견이 일치되어 나오지만, 가끔 쌍둥이인 2명보다 예지력이 높은 다른 한 명의 결과가 다르게 나올 수 있어 이를 두고 '단독 리포트'라고 칭하는데서 비롯되었기 때문이다. 영화에서 바로 존 앤더튼의 경우가 여기에 해당이 되었다. 다른 2명의 쌍둥이와 달리 아가사라는 보다 예지력이 높은 예지자가 다른 예견 결과를 내놓은 것이다. 비록 범죄가 일어나기 전이지만 존이 자신의 무죄를 증명하기 위해서는 범죄 사전 예방 시스템에 침입해 시스템에 오류가 있음을 증명하여야 하는데, 지금까지 이 시스템이 틀린 적은 한 번도 없었다. 그가 이 오류를 증명하기 위해서는 마이너리티 리포트를 찾아내어야 하는 것이다.

결국 앤더튼은 마이너리티 리포트를 찾아내고 자신의 결백을 밝혀내며 국장은 자신의 목숨을 스스로 끊는 방법을 통해 음모의 전모가 드러나게 된다. 국장이 그렇게도 지켜내려고 했던 프리 크라임 시스템은 오류가 발견 된 이상 더 이상 지속되지 못하고 폐쇄가 되며 '아가사'를 포함한 프리 크라임 시스템의 3명의 예지자들은 모두 익명의 땅에서 행복한 여생을 보내게 된다. 존 앤더튼의 결백을 밝히는데 결정적 증거가 되었던 이들의 어머니였던 앤라이블리의 죽음도 국장의 음모와 살인에 의해 이루어졌음도 밝혀지게 된다.

13) 『미션 임파서블』(Mission : Impossible) 시리즈[311]

이 시리즈도 비밀정보조직의 내부갈등과 음모를 잘 나타내주고 있는 영화로 평가할 수 있다.

(1) 『미션 임파서블 1편』

이 영화는 브라이언 드 팔마(Brian De Palma)와 에릭 쉬바브(Eric Schwab) 감독이 톰 크루즈(Tom Cruise)(이단 헌트 (Ethan Hunt) 역), 존 보이트(Jon Voight)(짐 펠프스(Jim Pellps) 역), 엠마누엘 베아르 (Emmanuelle Beart)(클레어 펠프스(Claire Pellps) 역), 헨리 체르니(Henry Czerny), 진 르노(Jean Reno) 등을 주연으로 하여 1996년 6월 15일에 개봉한 영화이다[312].

짐 펠프스가 이끄는 CIA의 유럽 정예 첩보 팀은 리더인 이단 헌터(탐 크루즈 분), 경보 해제 전문가 잭, 여성 요원인 사라와 한나, 그리고 짐의 아내인 클래어로 구성을 하였다. 이들은 동유럽에 근무하는 비밀요원의 명단(Non Official Cover List)이 든 파일을 대사관에서 훔쳐 맥스(Max) 일당에게 팔아넘기려는 반역자의 음모가 진행되고 있다는 정보를 듣게 된다. 이 팀의 책임자 짐 펠프스는 이단 헌트를 리더로 반역자의 음모를 막고 그가 비밀정보를 빼내는 현장을 촬영하여 증거로 만들고 그를 잡기 위한 작전을 진행시킨다. 그러나 모든 것이 순조롭게 진행되던 작전은 갑자기 혼돈 속으로 빠져들고 잠깐의 사이에 주인공 이단 헌트만을 남기고 요원들이 모두 살해당하는 최악의 경우가 발생한다. 이단 헌트는 간신히 작전 현장에서 빠져 나와 본부와 긴급 연락을 취하여 임파서블 미션팀(Impossible Mission

311) 이 영화는 미국의 유명 TV 씨리즈 『제 5 전선』(Mission Impossible)을 원작으로 하고 있다.

312) http://movie.naver.com/movie/bi/mi/basic.nhn?code=17626 ; 미국에서는 1996년 5월 22일 개봉되었다.

Force : IMF)의 책임자인 키트리지(Kittridge : 헨리 크제니 분)를 포함한 그들과 접촉하지만 곧 이 작전 자체가 또 다른 반역자 즉 팀 내의 누군가를 색출하려는 이중 작전이었고 그 결과 자신이 반역자로 몰리게 되었다는 것을 알게 된다. 이중간첩을 찾아내기 위한 이번 작전에게 혼자 살아 있다는 사실과 그에게 수상쩍은 12만 달러의 거금이 입금되어 있었기 때문에 억울한 누명을 쓰게 된 것이다. 순간의 기지로 위기로부터 다시 빠져 나온 헌트는 이제 누구의 도움도 받을 수 없는 처지에 놓이게 된다. 그러나 죽은 줄로만 알았던 동료 클레어를 만나게 되고 그녀와 함께 크리거(Krigger : 쟝 르노 분)와 나토 컴퓨터를 해킹했다는 컴퓨터 천재 루터(Luther : 빙 래미스 분) 등을 동료로 모아 자신의 결백을 증명하기 위한 불가능해 보이는 자전을 시작한다. 헌트는 동료들을 죽인 문제의 범인이 인터넷에서 '욥'이라는 이름을 사용하여 무기 밀매상인 맥스와 접선했던 것을 알고는 이 방식을 역이용하여 맥스와 접촉하며 CIA의 진짜 NOC 리스트를 넘겨주는 조건으로 이중간첩을 소개받기로 한다. 그리고 대담하게 CIA 본부에 침투해 천정으로부터 밧줄을 타고 내려와 NOC 리스트를 빼내는데 성공한다. 이에 분노한 키트리지가 헌트의 부모를 마약 밀매 협의로 체포하여 협박하려하고 그 앞에 놀랍게도 살아있는 짐이 나타난다. 그는 키트리지가 범인이라며 헌터를 설득하지만 그를 의심하게 된 헌트는 자신과 함께 행동을 해온 짐의 아내인 클레어가 짐과 한통속이었다는 것을 알아내게 된다. 냉전시대가 이미 끝나버린 지금 짐에게 있어 가장 중요했던 것은 동료애 보다 돈이었던 것이다. NOC 리스트와 돈을 교환하려는 파리행 고속 기차에서 부하들을 배신하고 무정하게 아내까지 쏴버린 짐은 헬리콥터로 탈출하려 하지만 헌트에 의해 저지당하고 만다. 모든 음모가 산산히 깨져버리고 마는 것이다.

(2) 『미션 임파서블 2편』(Mission : Impossible II)

오우삼(John Woo), 빌 버튼(Bill Burton), 플레밍 올슨(Flemming Olsen) 감독이 톰 크루즈(Tom Cruise)(이단 헌트 (Ethan Hunt) 역), 탠디 뉴튼(Thandie Newton)(니아 홀 역), 더그레이 스콧(Dougray Scott)(숀 엠브로스 역), 빙 래임스(Ving Rhames), 리차드 록스버그(Richard Roxburgh) 등을 주연으로 하여 2000년 6월 17일에 개봉한 영화이다.[313]

러시아의 생물공학자인 네코비치 박사(Dr. Nekhorvich : 레이드 세르베드비자 분)는 어느 날 임파서블 미션팀(IMF)의 요원인 이단 헌트에게 도움을 청한다. 그는 그리스 신화에서 이름을 인용한 '키메라' 바이러스를 만들었으며 이를 억제할 '벨레로폰' 역시 만들었음을 밝힌다.

그러나 시드니에서 질병센터가 소재 한 아틀란타로 가는 비행기에 탑승한 것은 헌트로 변장한 테러리스트 앰브로즈(Sean Ambrose : 더그레이 스콧 분)였다. 앰브로즈는 박사에게서 벨레로폰을 탈취한 후 비행기 추락사고를 가장하여 그를 살해한다. 그러나 앰브로즈는 정작 필요한 악성 바이러스인 키메라가 없었으므로 그의 작전은 반쪽 성공일 뿐이었다. 이 사건으로 IMF 측에서는 앰브로즈가 가진 것이 무엇인지 알아내려고 헌트를 불렀고 그는 키메라라는 것이 인플루엔자, 즉 유행성감기를 없애기 위한 완벽한 치료제인 벨레로폰을 유전학적으로 조합하다가 부수적으로 만들어진 끔찍한 악성 바이러스라는 사실을 알아낸다. 헌트는 과거 앰브로즈의 애인이었던 니아 홀(Nyah Hall : 탠디 뉴튼 분)을 포섭해 대원으로 만든다. 그리고 그녀를 앰브로즈에게 보내 정보를 얻으려 한다. 그 와중에 그녀와 깊은 사랑에 빠진 헌트는 그녀의 안전을 위해 노력하며, 앰브로스의 음모를 캐내려 한다. 앰브로즈가 꾸며낸 모든 음모를 알아낸 헌트는 바이오싸이트 제약회사에

313) http://movie.naver.com/movie/bi/mi/basic.nhn?code=28903 ; 미국에서는 2000년 5월 24일 개봉하였다.

보관되어 있는 마지막 남은 키메라바이러스를 파괴하기 위해 제약회사 건물에 침투한다. 그러나 헌트와 애인인 니아의 관계를 알아 챈 앰브로즈는 헌트의 침투작전을 역이용하여 키메라를 손에 넣고 만다. 한편 헌트와 앰브로즈와의 결투과정에서 헌트를 살리기 위해 스스로 키메라 바이러스를 몸에 주입한 니아는 자신이 죽으면 바이러스가 파괴될 것으로 믿고 스스로 자살할 결심을 한다.

(3) 『미션 임파서블 3편』(Mission : Impossible III)

에이브람스(J.J. Abrams) 감독이 톰 크루즈(Tom Cruise)(이단 헌트 (Ethan Hunt) 역), 필립 호프만(Philip Seymour Hoffman), 빙 래임스(Ving Rhames)(루더 스티켈 역), 로우렌스 피쉬번(Laurence Fishburne), 빌리 크루덥(Billy Crudup) 등을 주연으로 하여 2006년 5월 3일에 개봉한 영화이다.[314)]

IMF의 특수 비밀 요원 이단 헌트는 최고의 베테랑 특수 요원으로서 항상 긴장감 속에 경계를 늦추지 않았지만 이제 현장에서 한 발 물러나 특수 요원들의 교육과 훈련에 전념하며 삶의 여유를 찾고 사랑하는 여인 줄리아(미셸 모나한)와 행복한 결혼을 꿈꾼다. 하지만 그녀와의 약혼식 날, 급작스런 본부의 호출을 받은 이단 헌트에게 세계적으로 악명 높은 국제 암거래상이며 비상한 두뇌와 미스터리한 카리스마를 지닌 오웬 데비언(필립 세이모어 호프만)에게 인질로 잡혀있는 IMF 요원을 구출하라는 명령이 떨어진다. 사랑하는 약혼녀에게 사실을 알리지 못한 채, 최고의 IMF팀을 이끌고 작전에 임하는 이단 헌트는 요원을 구출하는 데에 극적으로 성공하지만 그녀는 결국 목숨을 잃는다. IMF 본부의 국장인 로렌스 피시번은 작전에 실패한 이단 헌트를 심하게 문책하고 그는 자신과 상관의 명예를 회복하기 위해 다시 오웬을 추적한다. 이번에 그에게 주어진 미션은 철통같은 보안

---

314) http://movie.naver.com/movie/bi/mi/basic.nhn?code=43153

으로 결코 침투 불가능한 바티칸의 심장부를 뚫는 일이었다. 최첨단 장비로 무장한 IMF 최고의 팀을 이끌고 교황의 연설장에 잠입한 이단 헌트는 환상적인 팀워크와 스릴 넘치는 작전으로 그를 납치하고 극비정보를 입수하는데 성공한다. 오웬을 생포하여 IMF 본부로 오던 중 이단 헌트의 IMF팀은 정체 모를 집단에 의해 비행기에서 쏟아지는 무차별적인 미사일 공격을 받고 오웬은 다시 그의 손을 빠져나간다. 극악무도한 오웬은 빼앗긴 극비정보를 되찾기 위해 이단 헌트의 아내를 납치하고, 자신이 요구하는 극비정보를 IMF 본부에서 48시간 안에 다시 빼내오지 않으면 이단의 눈 앞에서 사랑하는 줄리아를 처참하게 죽여 버리겠다고 위협한다. 이단은 양자택일의 어려운 결단을 요구받은 것이다. 무엇보다도 『미션임파서블3』가 이전의 두 영화와 다른 점은 IMF 내의 인간적인 갈등을 보여주고 있다는 점이다.

미션 임파서블 시리즈는 옳지 못한 사람들에 의해 자행되는 음모, 살인, 폭력 등에 맞서 정의를 실현시키는 내용을 모두 담고 있다. 특히 은밀히 진행되는 조직 안과 밖의 가공스러운 음모에 맞서 이를 분쇄하려는 거의 불가능에 가까운 임무를 수행하는 주인공의 용기와 지혜가 돋보이는 영화이다. 그리고 은밀성을 가장 중요한 요소로 여기고 있는 정보 및 첩보기관에서 벌어지는 음모와 암투를 이 영화는 잘 그려내고 있기도 하다.

14) 『그때 그 사람들』[315)]

이 영화는 임상수 감독이 한석규(주 과장 역), 백윤식(김 부장 역) 등을 주

---

315) 감독 임상수가 한석규(주과장 역), 백윤식(김부장 역), 송재호(각하 역) 등을 주연으로 하여 2005년 2월 3일에 개봉한 영화이다. 영화 제목은 10.26 사태 당시 연회장에서 불렀던 히트곡명 "그때 그 사람"에서 따왔다.

연으로 하여 2005년에 개봉한 영화이다.[316)]

1979년 10월 26일 궁정동 만찬장에서 청와대 경호실장이 중앙정보부 주 과장을 불러 세우더니 "왜 오늘 애는 저렇게 못생겼느냐?"고 하면서 주먹으로 때리는 장면이 나온다. 맞은 주 과장은 "내가 이 나이에 언제까지 이 짓을 당해야 하는지 모르겠다."고 푸념을 내뱉는 장면이 나오며 뒤이어 궁정동 안가 화장실내에서 김 부장과 주 과장이 하는 말 중에 주 과장이 경호실장 한테 맞은 턱과 입술언저리를 아픈 듯 만지면서 "언제까지 우리가 계속 재들한테 밀려야하는지 모르겠다."고 불만을 토로하자 김 부장이 냉소적으로 차갑게 웃으면서 "그리 오래 가지 않는다. 오늘이다. 내가 해치운다."는 이야기를 나누는 장면이 나온다. 그리고 사사건건 청와대 경호실 요원과 중앙정보부 요원들 간의 매끄럽지 못한 관계와 거친 갈등 등이 표출되는 장면이 많이 나온다. 또 "왜 우리 김 부장이 경호 실장한테 밀리는지 모르겠어?"하는 중앙정보부 요원의 볼멘소리나 헬리콥터에 자리 없다고 대통령과의 행사에 함께 가지 못하는 모양을 목격하고 "이번 행사시 대통령 수행에서 경호실장 때문에 김 부장이 밀려나 참석도 못했다."는 불만 섞인 중앙정보부 요원들의 이야기는 대통령 경호실과 중앙정보부 간의 부서 간 세력다툼과 역학관계를 엿볼 수 있는 대목이기도 하다. 또한 대통령의 사랑을 독차지하려는 마음에서 부서 간 경쟁을 벌이고 대통령에 대해 과잉충성을 하려는 부서 이기주의의 전형을 보는 듯하다. 대통령의 시해와 경호실장을 비롯한 일단의 경호실 요원들을 사살한 후 다시 확인 사살을 할 때 이를 맡은 중앙정보부 요원이 죽지 않은 식당요리사인 중앙정보부 요원에게 "괜찮으냐?"고 묻고 그 요리사는 "우리 애들은 괜찮으냐?"고 묻는 것 역시 한솥밥을 먹고 있다는 동료의식과 나름대로의 부서 이기주의의 한 편린을 엿보는 듯하다.

316) http://movie.naver.com/movie/bi/mi/basic.nhn?code=39801

이 영화는 이러한 장면들을 연출하면서 결국 대통령의 시해는 경호실장과 중앙정보부장 간의 세력 다툼과 이로 인한 갈등 그리고 대통령에 대한 충성획득 경쟁에서 중앙정보부장이 밀린데서 비롯되었다는 메시지를 던져주고 있다. 또한 이러한 갈등과 경쟁을 부추기는데 한 몫을 한 것은 부서이기주의라는 점도 분명히 하고 있다.

15) 『왕의 남자』[317)]

이 영화는 이준익 감독이 감우성(장생 역), 정진영(연산군 역), 강성연(장녹수 역), 이준기(공길 역) 등을 주연으로 하여 2005년 12월 29일에 개봉한 영화이다.[318)]

이 영화는 조선시대 10대 왕 연산 조를 시대적 배경으로 하였다. 남사당패의 광대 장생(감우성 분)은 힘 있는 양반들에게 농락당하던 생활을 거부하고, 자신의 하나뿐인 친구이자 최고의 동료인 공길[319)](이준기 분)이와 함

---

317) 이 영화는 김태웅 연극 원작 '이(爾)'를 영화화한 시대극이다. 연극 '이'는 왕으로부터 '이'라고 불리며 사랑을 받았던 광대 공길이 권력의 맛에 취해 자신의 본질을 잊긴 하지만, 결국 광대 본연의 풍자정신을 되찾아가는 과정을 그리고 있다.

318) http://movie.naver.com/movie/bi/mi/basic.nhn?code=39894 ; 기존의 사관을 나름대로 뒤집어 보는 영화이다. 연산과 녹수 이들을 그동안 정형화됐던 폭군, 요부로 그리지 않고 숨겨진 내면의 고독함과 아픔을 간직한 인물로 재탄생시켰다. 희대의 폭군으로 알려진 연산은 자기 손으로 성종의 후궁을 죽이고, 조모 인수대비를 구타하는 등 패악적인 행동으로 역사의 지탄을 받아왔다. 하지만, 영화에서는 실록으로 전해지는 위에서 열거한 연산의 행동을 자신의 생모를 죽음으로 몰아넣은 아버지에 대한 원망과 그의 후궁들에 대한 분노의 결과로 그리고 있다. 연산은 왕으로 즉위한 후 폐위된 생모의 신원을 모색하고자 하지만 중신들의 반대에 부딪히고, 자신의 분노를 광대들을 이용해 표출한다. 그리고 왕을 내세워 권력을 휘둘렀던 요부로 알려진 연산의 애첩 녹수는 왕의 남자에서 신분의 벽을 넘지 못하고 조정에서 갖은 멸시를 받았지만 왕에게 사랑 받기를 원했던 비운의 여자로 그려진다.

319) 광대 공길은 연산군 일기에 의하면 "공길 이라는 광대가 왕에게 '임금은 임금다워야

께 보다 큰 놀이판을 찾아 한양으로 올라온다. 타고난 재주와 카리스마로 놀이패 무리를 이끌게 된 장생은 공길 이와 함께 연산(정진영 분)과 그의 애첩인 녹수(강성연 분)를 풍자하는 놀이판을 벌여 한양의 명물이 된다. 공연은 대성공을 이루지만, 그들은 왕을 희롱한 죄로 의금부로 끌려간다. 의금부에서 문초에 시달리던 장생은 특유의 당당함을 발휘해 왕을 웃겨 보이겠다고 호언장담하지만 막상 왕 앞에서 공연을 시작하자 모든 광대들이 얼어붙는다. 장생 역시 극도의 긴장감 속에서 왕을 웃기기 위해 갖은 노력을 하지만 왕은 꿈쩍도 하지 않는다. 바로 그 때 얌전하기만 한 공길 이가 기지를 발휘해 특유의 앙칼진 연기를 선보이자 왕은 못 참겠다는 듯이 크게 웃어버린다. 이들의 공연에 흡족한 왕은 궁내에 광대들의 거처인 희락원(喜樂園)을 마련해 준다.

궁에 들어온 광대들은 신바람이 나서 탐관오리의 비리를 풍자하는 공연을 선보이고 이를 본 왕은 즐거워한다. 하지만 중신들의 분위기가 싸늘함을 감지한 왕은 기분이 상함을 느낀다. 왕은 중신 중 한 명을 웃지 않는다는 이유로 탐관오리라는 누명을 씌워서 형벌을 내리고 연회장엔 긴장감이 감돈다. 연이은 연회에서 광대들은 여인들의 암투로 인해 왕이 후궁에게 사약을 내리는 경극을 연기하고 연산은 왕에게 사약을 받았던 생모 폐비 윤씨를 상기하며 진노하여 그 자리에서 선왕의 여자들을 칼로 베어 죽게 한다. 광대들이 공연을 할 때마다 궁이 피바다로 변하자 흥을 잃은 장생은 궁을 떠나겠다는 결심을 하게 된다. 이를 공길 이에게 이야기하지만 공길 이는 알 수 없는 이유로 남겠다고 한다. 그 사이 왕에 반발한 중신들은 광대를 쫓기 위한 음모를 꾸미고 다른 한편 왕의 관심을 광대에게 빼앗겼다

하고, 신하는 신하다워야 하고, 아비는 아비다워야 하고, 자식은 자식다워야 한다. 임금이 임금답지 않고, 신하가 신하답지 않으니 비록 곡식이 있은 들 먹을 수가 있으랴.'(60권 22장)는 말을 하였다가 참형을 당했다"는 한 줄 기록이 남아있다.

는 질투심에 휩싸인 녹수 역시 은밀한 계략을 꾸민다.

왕은 광대들을 이용하여 자신을 옥죄이던 신하들과 선왕 때 자신의 생모를 죽게 만들었던 신하들을 숙청하려는 음모를 가지고 있었다. 광대들의 입장에서 보면 이러한 왕의 음모는 그들로서는 피할 수 없는 슬픈 운명이었다.

이 영화는 궁에 기거하면서 왕이 아꼈던 조선최초 궁중광대를 주인공으로 중신들의 비리, 조정과 왕의 힘겨루기 등 화려한 궁궐 이면에 감춰진 권력의 양면성을 담아내고 있다. 이 영화가 보여주는 화려한 연회에서도 왕과 중신들은 서로를 견제하고, 중신들 사이에서도 권력의 암투가 끊이지 않는다. 그리고 자신의 탐욕을 위한 온갖 음모와 암투가 영화 전편에 흐르고 있다.

16) 『왝 더 독』(Wag the Dog)[320]

이 영화는 배리 레빈슨이 감독을 맡고 로버트 드 니로(콘래드 브린 역), 더스틴 호프먼(스탠리 모스 역), 앤 헤치, 우디 해럴슨(슈만 역), 커스틴 던스트, 윌리 넬슨 등이 출연한다. 1998년 9월 12일에 개봉되었다.

이 영화는 미디어를 통해 전쟁을 조작하는 미 정부의 음모를 풍자를 섞어 밝혀내는 내용이다. 대통령 선거가 12일전으로 임박한 날, 백악관을 초긴장 상태로 몰아넣는 사건이 발생한다. 대통령이 백악관에 견학 온 걸스카웃 여학생을 성추행한 것이다. 현직 대통령의 재선이 어렵게 되자, 백악관 참모진은 정치 해결사 콘래드 브린을 백악관 밀실로 불러들인다. 브린

320) 래리 베인하트(Larry Beinhart)의 원작 『미국 영웅』(American Hero)을 영화화한 정치 풍자 코미디이다. 원제인 '꼬리가 개를 흔든다'는 뜻은 본말전도(本末顚倒 : 시선을 다른 곳으로 돌리기 위해 연막을 친다)를 의미하는 정치 속어이다.

은 현 사태에 대한 대처방안으로 미국 국민들에게 생소한 알바니아를 적대국으로 포장하고 반(反)알바니아 감정을 고취시키는 비상책을 강구토록 참모진들에게 지시한다. 브린의 이러한 계획이 적중이 되어, 언론에서는 B-3 폭격기의 전진배치와 군 장성들의 주둔지 이동에 관한 뉴스가 연일 속보로 보도되고 전쟁발발 가능성은 갈수록 고조된다. 한편, 급박하고 생생한 전쟁상황 연출과 영상 자료를 확보하기 위해 브린은 할리우드의 유명한 제작자 스탠리 모스의 도움을 요청하기에 이른다. 모스는 할리우드의 최첨단 컴퓨터 그래픽 기술을 총동원해 있지도 않은 전쟁을 있는 것처럼 꾸민다. 그는 긴박한 전쟁 현장을 그럴듯하게 재현하고 이 모든 가상 시나리오는 TV를 통해 방송된다. 뉴스가 보도된 후, 백악관의 예상대로 성희롱 사건은 무마되고 국민들의 관심은 전쟁으로 쏠린다. 그러나 반대 후보 진영에서 이를 알아차리게 되고 대통령의 성추행 사건이 다시 재 이슈화 된다. 그러자 브린은 두 번째 가상 시나리오를 기획하게 된다. 그는 전쟁 후 알바니아에 억류된 가상의 군인 슈만을 전쟁 영웅으로 만들어 다시 여론의 관심을 끌어 모은다. 브린은 특수감옥에 수감되어 있던 싸이코 범죄자인 슈만에게 '헌신발'이란 별명을 붙여주고 슈만과 관련된 각종 보도성 행사를 마련하여 국민들의 동정 여론을 들끓게 하는데 성공한다. 자연히 성추행사건은 잠잠해지고 대통령의 지지도는 급상승한다. 슈만을 구출하라는 국민들의 여론이 확산되자 브린은 슈만의 미국송환 계획을 실행하기에 이른다. 하지만 소환 도중, 예기치 않은 사고로 슈만이 죽자 브린은 또 한 번 슈만의 죽음을 국가적 영웅의 죽음으로 위장을 한다. 이후 대통령 선거에서 현직 대통령은 89%라는 압도적인 지지율로 재선되고 희대의 사기극 '대통령 만들기' 작전은 종결된다.[321)]

결국 수단과 방법을 가리지 않고 대통령을 만들기 위한 백악관의 음모

321) http://movie.naver.com/movie/bi/mi/basic.nhn?code=19378

에 의해 모스는 철저하게 이용을 당하고 슈만은 이용을 당할 뿐만 아니라 뜻하지 않게 죽기까지 한다. 또한 국민은 철저하게 이들의 노리개가 되어 그들의 뜻에 부합되는 결정을 내리게 된다. 핵심권력을 쥐고 있는 집단의 이러한 음모가 얼마나 많은 국가적 손실을 초래하고 민주주의를 위태롭게 할 수 있는가 하는 것을 이 영화는 풍자적으로 잘 보여주고 있다.

17) 『J.F.K.』

이 영화는 올리버 스톤이 감독을 맡고 케빈 코스트너(짐 개리슨 역), 토미 리 존스, 케빈 베이컨, 게리 올드만, 마이클 쿠커 등이 출연한다. 1992년 5월에 개봉되었다.

이 영화의 내용은 미국의 제35대 대통령 존 F. 케네디 암살 사건이 음모이며 조작이라는 것을 골자로 하고 있다. 이를 위해 주인공인 변호사를 통해 음모를 밝혀내는 과정을 그려내고 있다. 이 과정에서 뭔가 소름이 돋을 정도로 음모의 무서움과 진실의 중요성을 일깨워주는 영화이기도 하다.

1963년 12월 22일 오후 12시 30분, 텍사스 주 달라스의 눈부신 햇살을 받으며 달리던 콘버터블 리무진을 향해 세 발의 총탄이 날아간다. 그리고 이 세발의 총탄은 역사를 바꾸게 된다. 케네디(John F. Kennedy : 스티브 리드 분) 대통령이 이 총탄에 의해 운명을 달리하게 되는 것이다. 그리고 총격이 있은 지 2시간도 채 지나지 않아 24세의 백인 남자가 체포되었는데 해병대 출신의 하비 오스왈드(Lee Harvey Oswald : 게리 올드만 분)가 바로 그였다. 오스왈드는 한때 소련에 망명한 적이 있으며, 그해 여름에는 뉴올리언즈에서 카스트로 지지운동을 하기도 했었다. 그러나 23시간 동안 계속된 수사에서, 유력한 대통령 암살 용의자 오스왈드는 계속 "아무도 쏜 적이 없다"고 일관되게 주장했다. 그로부터 2일 뒤, 경찰서에서 호송되던 오스왈드는 텔레비전으로 생중계되는 앞에서 총에 맞아 사망했다. 만약 이것이 대통령 암살과 관련된 일련의 음모였다면 그리고 그 음모에 따른 가상 시나리오였다면 너무나 극적인 장면이 연출이 된 것이다. 그를 쏜 것은 잭 루비(Jack Ruby : 브라이언 도일-머레이 분)라는 자로 스트립 쇼를 하는 술집 주인이었으며 그도 우연치고는 너무나 이상스럽게 곧 감옥에서 사망했다. 뒤를 이어 대통령이 된 존슨(Lyndon B. Johnson)은 국내 여론과 외국의 의심을 무마하기 위해, 급히 이 사건을 수사하기 위한 진상조사 위원회를 열었다. 대법원의 얼 워렌 판사를 위원장으로 하는 이 위원회에서는 목격자들의 증언을 포함한 여러 자료를 토대로 '워렌 보고서'를 작성하였다. 이 보고서는 이 사건이 오스왈드의 단독범행이라고 결론지었고, 이 사건은 공식적으로 종결되었다. 그러나 그 뒤로 수많은 학자와 수사관들은 이 위원회의 수사 방법에 의문을 제기했고, 자기 나름대로의 수사를 시작했다. 그들 중의 한 사람이 짐 개리슨(Jim Garrison : 케빈 코스트너 분) 검사로 그는 케네디 대통령 암살 사건의 배후인물을 재판장에 최초로 세운 사람이다. 이때 개리슨 검사에게 새로운 정보를 제공해 주는 익명의 X(X : 도날드 서덜랜드 분)라는 인물이 등장한다. 마치 닉슨 대통령의 워터게이트 도청사건 당시 워싱턴 포스트 지의 밥 우드워드 등 두 기자에게 정보를 제공해 주었던 익명의 딥 스로트(Deep Throat)같은 인물이다. X는 개리슨에게 "누가, 어떻게 케네디를 죽였는가?"가 중요한 것이 아니라 "왜 케네디를 죽였는가?"가 사건의 본질이라고 얘기하면서 개리슨에게 당신의 승리는 예측할 수는 없지만은 사실을 들어내는 것만으로도 충분한 의미가 있다면서 그를 격려한다. 하지만 개리슨이 유력한 증인으로 법정에 세우고자하는 사람은 차례로 의문사 당하고 개리슨 팀 내에서 조차 내분이 일어날 정도로 개리슨은 곤궁에 처한다. 우여곡절 끝에 6년이 지난 1969년, 개리슨은 케네디 대통령 저격사건의 배후 인물로 남부지역에서 입김이 센 경제인 클레이 쇼(Clay Shaw : 토미

리 존스 분)를 기소해서 법정에 세운다.[322]

CIA, FBI, 군수물자 제조 회사들, 그리고 반카스트로파들과 전쟁을 주장하는 육, 공군의 관계자와 당시 부통령 존슨까지 케네디 암살 음모에 관련돼 있음을 이 영화는 암시한다. 정치학자 밀스(C. Wright Mills)는 군산복합체(military industrial complex)가 진정한 미국의 최종 정책결정자 그룹이며 이들이 실제적인 파워 엘리트이며 미국의 지배자라는 입장을 주장한 바 있다.[323] 이러한 관점에서 생각을 해 보자면 케네디는 이들의 이익에 도움이 되지 않았거나 또는 걸림돌이 되었던 모양이다. 이들은 자신들을 대변해 줄 수 있는 또 다른 누구를 찾았고 현재의 걸림돌을 제거하기로 결정을 한 듯 싶다. 왜냐하면 바로 그들이 미국을 최종적으로 지배하는 지배자들이고 대통령은 자신들의 뜻을 집사처럼 집행하는 대리인이라고 생각했기 때문이다. 따라서 그들은 케네디 대통령이 자신들의 이익에 걸림돌이 된다고 생각하고 케네디를 제거하기 위한 음모를 꾸미고 이를 실행에 옮겨 케네디를 암살하고 자신들의 이익을 대변할 수 있는 존슨과 같은 이를 대통령으로 앉힌 것이라는 논리적 추론이 어떻게 보면 아주 자연스럽게 설득력을 갖게 되는 것이다. 이 영화는 개리슨 변호사의 생각과 행동을 통해 이러한 음모의 실체를 강하게 암시하고 있다.

18) 『컨스피러시』(Conspiracy Theory)

이 영화는 리차드 도너가 감독을 맡고 멜 깁슨(제리 플레처 역), 줄리아 로버츠(앨리스 슈턴 역) 등이 출연한다. 1997년 9월 6일에 개봉되었다.

---

322) http://movie.naver.com/movie/bi/mi/basic.nhn?code=10740

323) C. Wright Mills, *The Power elite* (New York and London : Oxford University Press, 1960). ; Thomas R. Dye, *Who's Running America?* 6th edition (Prentice Hall, 1994).

이 영화는 미국 중앙정보부(CIA)의 비밀 프로젝트에 의해 암살범으로 변모했던 주인공이 사랑에 빠져 자신의 본연의 정체를 찾게 되고, 정부 조직의 음모를 파헤치는 것을 내용으로 하고 있다. 영화 첫머리에 주인공 멜깁슨이 택시 기사로 일하면서 고객들에게 온갖 'X 파일'급 이야기를 주절대는데 이 이야기들이 모두 음모적 냄새를 가지고 있는 것들임을 알 수 있다.

19) 『음모』(Conspiracy)

2008년에 개봉 된 영화 『음모』도 이러한 음모를 소재로 한 것이다. 이 영화는 아담 마커스가 감독을 맡고 발 킬머(맥퍼슨 역), 게리 콜(로즈 역) 등이 출연을 하는데 이 영화에서도 이라크 전 참전 해병인 맥퍼슨을 둘러싼 음모를 주인공인 맥퍼슨이 잘 파헤쳐가며 문제를 해결해 나가는 과정을 나름대로 표현을 해 내고 있다. 이 외에도 국가나 최고권력자 또는 그를 위요한 파워집단의 정치적 음모를 잘 담고 있는 영화로는 『에니미 오브 더 스테이트』(Enemy of The States)를 들 수 있다. 이 영화는 토니 스콧이 감독을 맡고 윌 스미스, 진 핵크만, 존 보이트, 레지나 킹, 리사 보넷 등이 출연한다. 1998년 12월 24일에 개봉되었다. 이 영화는 국가기관의 음모 때문에 오명을 뒤집어 쓴 한 변호사가 전 첩보 요원을 만나 음모를 밝혀내는 내용을 골자로 하고 있다. 도청, 감청, 위성, 첩보 등 미국의 첨단 첩보 기술의 위력이 얼마나 대단하고 무서운 것인지를 알 수 있게 하는 영화이기도 하다.

제 11 장

조직발전에 역행하는 관료조직의 비효율적이고 타성적인 업무행태

1. 관련 이론과 사례의 개관

관료조직의 비효율적이고 타성적인 업무행태나 또는 조직적 편견은 조직발전을 저해시킨다. 조직발전이란 크게 조직의 병리적 측면에서 접근하는 방법과 개선적 기능에서 접근하는 방법과 변증법적 접근방법 등 그 적용 범위와 방법이 매우 다양하여 여러 가지 관점에서 정의를 내릴 수 있겠지만 단순화시켜 간단히 표현하자면 조직의 구조와 기능을 체계화하고 이를 효율화하면서 나아가 인간관계적 요인을 이에 조화롭게 접목시켜 조직의 생산성을 극대화시켜 나갈 수 있도록 하는 것을 의미한다 하겠다. 주로 이 부문에서 논제, 즉 업무행태나 조직적 편견 등과 관련되는 것은 인간관계적인 측면과 연계되는 병리적 요소들이라 볼 수 있다. 따라서 이와 관련된 이론으로 이미 연구되어 발표 된 많은 조직발전이론들을 개관해 보면서 이 논제에 대한 숙고를 해나가 보기로 하자.

1) 조직발전 이론 제기의 필요성과 의미

산업화가 급속히 진전되면서 그에 따른 병리적 현상으로 인간소외 현상이 심각히 대두되었고 이러한 압박은 조직이론에도 많은 영향을 끼쳤다. 이러한 영향의 실제적 측면은 인간을 기계적 단위로 이해함으로써 인간의 심리적 동인(動因)을 경시했으며 그 결과 생산성은 바닥을 기게 되었다. 이러한 문제를 해소키 위한 방안으로 1911년 테일러(Frederick Winslow Taylor)를 중심으로 한 과학적 관리학파들이 과학적 관리기법을 시도하였으나 이것도 인간성 경시라는 측면에서 소기의 성과를 거두지 못했고 그의 반대적 입장으로 대두된 것이 인간관계론 학파인데 이것도 지나친 인간관계의 강조로 조직목적이 불분명해지고 불투명하여 어느 정도 선까진 생산성이 상승되다가 일정한 수준에 도달하면 정체되어 버려 커다란 성과를 거두지 못하게 되자 인간조직이 아무리 좋아도 기계적 조직이 없으면 안 되고 기계적 조직이 아무리 좋아도 인간조직이 없으면 안 된다는 착상에서 양 학파가 지닌 장점을 취사선택해 새로운 관리전략을 구성케 된 것이 오늘날 우리가 일컫는 조직발전으로 발전된 것이다. 현재 조직발전은 조직 분야뿐 아니라 인사행정 분야에서도 매우 중요시되고 있으며 특히 조직성원의 자아실현(self-actualization)[324]이란 측면에서 공무원의 단체교섭권, 노사단결권 등을 강조하여 사기진작을 위한 관리방안으로도 각광을 받고 있다. 조직발전 이론은 크게 조직의 병리적 측면(병리처방적 입장)에서 접근하는 방법과 개선적 기능(즉, 역할수행적 측면)에서 접근하는 방법과 변증법적 접근방법 등 그 적용 범위와 방법이 매우 다양하다. 조직발전은 특히 경영학에서 발전을 하였으나 행정학에선 그리 괄목할 만한 발전을 이루지 못하고 있다.

---

324) Abraham H. Maslow, *A Theory of Human Motivation* (Cincinati, Ohio : South-Westery Publishing Co., 1960), 122~144면.

조직발전은 구체적인 실험적 집단을 통해 이론을 주로 개발하고 있으며 특히 경영조직에서 괄목할 만한 것들이 쏟아져 나오고 있다. 조직발전이 주요 관심을 지니고 다루고 있는 분야는 리더십, 동기, 갈등, 커뮤니케이션, 의사결정 분야이다. 조직발전의 뿌리는 바나드(Chester I. Barnard)가 『관리자의 기능들(The Functions of the Executive)』이란 저서에서[325] 주장한 인간협력 노력(cooperative endeavor)에 근거를 하고 있다고 볼 수 있으며 이는 테일러의 과학적 관리와 메이어(Elton Mayo)의 인간관계를 조화시킨 착상이라 볼 수 있다. 조직이론이 사회학에서 많은 영향을 받은 관계로 해서 조직발전 역시 방법론적 측면이나 분석 과정에서 사회학적 이론과 방법론의 도움을 많이 받았으며 특히 베버(Max Weber)의 관료제에 대한 접근이 현학적이며 이론적이고 방법론적인 면에 치중됨으로 인해 빚어진 미국문화 및 인식의 거부감은 브라우(Peter M. Blau)같은 사회학자에 의해 인간관계적 요인을 가미시키는 식의 발전을 가져오게 했다. 60년대에 고개를 들고 일어난 행태론에 대한 반발로 나타난 후기행태주의의 대두, 관료제화에 반대하는 사회심리학적 접근법 및 방법론의 대두, 신좌경화운동(new left movement)의 대두 등과 월남전, 인종차별(시카고 인종폭동 등) 등의 미국 내·외의 사회적 문제 유발 등으로 인해 이러한 고전적 조직이론의 시대는 막을 내리고 뒤이어 신고전이론이 싹트게 되는데 이에 공헌한 대표적 학자들로는 리커트(Rensis Likert)[326]나 베니스(Warren G. Bennis) 또는 슬레이터(Philip Slater)[327] 등을 들 수 있다. 이들은 조직과 인간의 목표를 조화시키고 극대화시켜야

---

325) Chester I. Barnard, *The Functions of the Executive* (Cambridge, Mass. : Harvard University Press, 1938).

326) Rensis Likert, *New Patterns of Management* (Tokyo, Japan : McGraw-Hill Kogakusha, Ltd., 1961).

327) Warren G. Bennis and Philip Slater, *Temporary Society* (N. Y. : Harper & Row, Publishers, 1968).

된다는 관점에서 반관료적 관료제(anti-bureaucratic bureaucracy)를 주장했고 조직이 개인의 자아를 충족시키지 못하면 발전이 이루어질 수 없음을 주장하고 있다. 이러한 움직임 속에 마리니(Frank Marini) 등에 의해 신행정학(new public administration)같은 대안도[328] 제기되었으나 왈도(Dwight Waldo)가 지적했듯이 이는 방법론이 결여되고 속알맹이가 없는 수사학적(rhetoric) 방향으로 흐르고 말았던 것이다.[329] 특히 조직에 관해 사회심리학적 접근을 한 샤인(Edgar Schein) 등에 의해 조직이론이나 방법론의 세련화가 도모되었다. 이러한 발전을 위한 제반노력이 집약되어 그 결산으로 탄생된 것이 조직발전이며 이것은 철학적 관점에서 조망하는 베니스(Warren G. Bennis) 학파와 실제, 관리적 측면에서 보는 골렘비웨스키(Robert Golembiewski)학파로 나누어져 발전되었으며 조직이 조우하는 상황적응을 위해 상호 보완적으로 제약점을 보강하면서 발전을 이룩했고 최근에 환경적 요인까지 첨부해 명실공히 다이나믹한 조직이론의 개발과 전략적 차원에서의 관리적 기법으로서 위치를 굳혀 가고 있다고 할 수 있다.[330]

2) 조직발전의 개념

조직발전이란 1960년대에 와서 주로 기업조직에서 널리 활용되고 또 그 효용성이 입증되고 있는 문제 중심적인 행정 과정으로 조직의 효율성을 향상시키기 위하여 시도되는 다양한 절차를 뜻한다.[331]

---

328) Frank Marini(ed.), *Toward a New Public Administration : The Minnowbrook Perspective* (Scranton : Chandler Publishing Co., 1971).

329) Dwight Waldo, "Some Thoughts on Alternatives, Dilemmas and Paradoxes in a Time of Turbulence", in D. Waldo(ed.), *Public Administration in a Time of Turbulence* (Scranton : Chandler Pub., 1971), 257~286면.

330) De Greene, *The Adaptive Organization* (New York : John Wiley & Sons, 1982).

(1) 정의

조직발전은 행태과학의 지식을 이용하여 조직과정상 계획된 개입(planned intervention)을 통하여 조직의 효율성과 건전성을 높이기 위해 최고 관리자로부터 시작된 조직전반에 걸친 계획된 노력이다.[332] 여기서 조직발전이 이루고자 하는 목표인 조직의 효율성과 건전성을 벡카드(Richard Beckard)는 다음과 같이 이해하고 있다.[333] 첫째, 전체조직이나 주요 부분조직 그리고 개인들이 이러한 목적을 달성키 위해 목적이나 계획에 상응토록 작업을 관리한다. 둘째, 형식은 기능에 따르도록 한다. 즉 어떻게 인력자원을 조직화시키느냐 하는 것을 결정하고 그에 따른 문제나 과업을 정하기 위해 이러한 기능을 수행한다. 셋째, 결정은 조직도표상에 정보원(information source)이 어디에 위치하고 있느냐 하는 것과는 상관없이 사실상 어느 곳에 존재하는가에 의해 결정된다. 넷째, 보상체계는 다음과 같은 것에 상응해 수여되어야 한다. 즉 단기적 이윤이나 생산실적, 부하들의 성장도나 발전도, 활력적인 작업집단의 창출도 등에 따른다는 것이다. 다섯째, 수직적이거나 수평적인 커뮤니케이션은 상대적으로 덜 왜곡되어야 한다. 조직원들은 개방적이고 패기만만해야 하며 관련된 사실에 대해 공감대를 형성해야 한다. 여섯째, 개인과 집단 간의 비적절한 승부게임은 가능한 최소화시켜야 한다. 계속적으로 갈등이나 갈등상황을 문제해결 방법을 구사할 수 있는 문제들로서 간주하려는 노력이 깃들어야 한다. 일곱째, 과업이나 프로젝트 상에 야기되

---

331) The Conference Board, *Organization Development : Reconnaissance* (New York : 1973), 2면. ; 유종해, "조직의 정책론 적 개선 방안 : 조직발전의 개념 및 효용", 『연세 행정논총』, 제3집, (1976), 37면 재인용.

332) Richard Beckard, *Organization Development : Strategies and Models* (Reading, Mass. : Addison-Wesley Publishing Co., 1969), 9면.

333) R. Beckard, *Ibid.*, 10~11면. ; R. Beckard, and Reuben T. Harris, *Organizational Transition : Managing Complex Change* (Reading, Mass. : Addison-Wesley Pub., 1977), 3~4면.

는 문제에 대해 과단성 있게 조우하고 해결할 수 있다는 사고를 지니고 개인 간의 어려움을 타개키 위해 될수록 적은 시간을 할애해야 한다. 그 이유는 이런 어려움은 작업 과정에서 해소되게 해야 되기 때문이다. 여덟째, 조직과 그 하위분과는 각 조직 간 그리고 보다 큰 조직과 상호 작용을 하는 것으로 이해해야 된다. 즉 조직을 개방체계로 보는 것이다. 아홉째, 조직문제 특히 조직통합, 유지, 상호종속 적 환경과의 관계를 지지할 수 있는 가치체계나 관리전략을 공유토록 한다. 열 번째, 조직과 그 구성원은 경험에서 얻은 지식을 통해 실제적 조사를 실시한다. 벡카드의 개념정의와 같은 맥락에서 베니스는 조직발전이란 "조직이 눈부시게 변모해 가는 새로운 기술, 시장 그리고 도전에 보다 잘 적응 할 수 있기 위해 신념체계나 태도, 가치 그리고 조직구조를 변화시키려는 복잡한 교육적 전략으로 변화에 반응키 위한 것"[334]이라고 정의를 내리고 있다. 로우런스((Paul R. Lawrence)와 로슈(Jay W. Lorsch)도 정의하길 체계적 관점에서 조직은 환경과의 계획된 거래를 수행키 위해 개인들의 서로 다른 활동들을 조정하는 것으로 이러한 조정의 기능을 원활히 하기 위한 전략을 조직발전으로 보는 입장을 취하고 있다.[335] 이러한 여러 학자들의 개념정의를 종합해 보자면 조직발전이란 조직이 지니고 있는 문화, 분위기 또는 가치체계, 조직의 체계구조 혹은 조직 구성원의 행태 등을 변화시키기 위한 계획적이고 체계적이며 개방적이고 관리적인 과정을 의미한다고 할 수 있으며 이와 같은 다면적인 과정은 조직의 목표달성과 문제의 해결을 효율적으로 향상시켜 주는데 있다고 볼 수 있다. 이를 보다 부연해 설명하면, 첫째 조직발전은 계획된 변동이며, 둘째 조직발전을 위한 노력은 전체조직에 걸쳐 행하여지며, 셋째 이러한

334) Warren G. Bennis, *Organization Development : Its Nature, Orgins and Prospects* (Reading, Mass. : Addison-Wesley Publishing Co., 1969), 2면.

335) Paul R. Lawrence & Jay W. Lorsch, *Developing Organizations : Diagnosis and Action* (Reading, Mass. : Addison-Wesley Publishing Co., 1969), 3면.

노력의 시도는 조직의 최고 관리자로부터 시작되고, 넷째 조직발전은 조직의 효율성과 건전성을 증대시키기 위해 고안된 절차이며, 다섯째 조직발전은 행태과학의 지식을 활용하며 이에 의거해 전략(strategy)을 구상, 활용한다는 것이다.

(2) 조직발전의 기본적 가정

조직발전의 핵심은 조직의 목표설정에 구성원이 참여할 경우, 그들은 조직의 목표달성에 보다 헌신적이 된다는 가정에 입각하고 있으며, 이는 맥그리거(Douglas Mcgregor)가 정립한 인간성에 관한 Y이론의 가정과 유사한 것이다.[336] 조직발전의 가정을 보다 세분화하면 인간에 관한 가정, 그룹 속의 인간에 관한 가정, 조직 속의 인간에 관한 가정 등 셋으로 구분하여 정립할 수 있다. 첫째, 인간에 관한 가정이란 대부분의 인간은 개인적 성장과 발전을 위해 노력할 뿐 아니라 이런 노력이 지지되고 인정될 때 더욱 잘 실현될 수 있으며 환경이 허용하는 것보다 더 조직목표의 성취를 위해 공헌하고 또 공헌할 능력을 보유하고 있다는 것이다. 둘째, 그룹 속의 인간에 관한 가정은 대체로 인간이란 매슬로우(Abraham H. Maslow)가 말하는 귀속의식의 욕구(need of belongingness)가 있으며, 그가 몸담고 있는 직장에서 보다 높은 생산성과 인간관계를 제고시키려 한다는 것이다. 셋째, 조직 속의 인간에 관한 가정은 조직은 대체로 중복되고 상호 관계를 가지는 작업집단으로 이루어지며 큰 조직 속에서의 변화는 작은 작업집단에 영향을 미치고 작은 작업집단의 변화는 역시 큰 조직에 영향을 주며 조직과 기타 사회체계는 서로 영향을 주고받으며 조직인은 조직문화나 환경에 의해 영향을 받고 이 영향이 조직의 문제해결, 개인성장, 업무의 만족에 기여하며,

---

336) Douglas McGregor, *The Human Side of Enterprise* (New York : McGraw-Hill, 1960), 47~48면.

조직 속의 개인 간의 신뢰성, 지지 그리고 협조의 수준은 낮으며 따라서 목표설정, 리더십, 의사소통, 문제해결, 집단 간 협조, 사기 등이 중요하다는 것이다.

(3) 유사 개념들

조직발전은 조직 관리의 한 방편이다. 따라서 이와 유사하게 조직 관리를 하는 기법이나 방안, 전략들이 있기 때문에 이를 이해하고 넘어갈 필요가 있는 것이다. 조직발전과 유사한 조직 관리의 방안으로는 관리개발(management development), 훈련(training), 운영연구(operation research : OR) 등이 있다.[337] 첫째, 관리개발이란 관리자의 기술이나 능력 등을 향상시켜 보다 많은 일을 처리할 수 있도록 하는 전략인데 이것이 조직발전과 차이지는 것은 관리자 개인을 개발하는데 주목적이 있으므로 조직전체의 개선을 도모하는 조직발전과는 적용 대상에서 차이가 있다는 것이다. 둘째, 훈련은 수시로 작업 단위 별 혹은 조직구성원 전체를 대상으로 훈련시키는 그 자체가 목적이지만 조직발전은 훈련을 활동계획(action planning)을 위한 준비단계로 여긴다는 것이다. 즉 양자는 행동지향 면에서 차이가 있으며 그 파급효과도 훈련의 경우에는 전체조직의 변화를 가져 오지 않는다. 셋째, 운영연구는 수리적 모델을 사용해 한정된 자원을 효율적으로 활용키 위한 기법으로 조직발전과는 취급하는 변수에 있어서 현저한 차이가 있다. 즉 운영연구는 주로 계량화가 가능한 경제적 내지 기술적인 문제에 치중하여 조직체의 경제적 이익과 능률을 추구하는데 반해 조직발전은 인간적인 제 변수와 가치의 변화를 강조한다.

---

337) R. Beckard, *op. cit.*, 20~24면.

2. 조직발전에 역행하는 관료조직의 타성적 업무행태와 비효율성을 잘 보여주고 있는 영화들

조직발전에 역행하는 관료조직의 타성적 업무행태와 비효율성을 극적으로 잘 보여주고 있는 영화로는 『폰 부스』, 『실종자』, 『브레이크 다운』, 『도망자』, 『이장과 군수』, 『13일』, 『미인도』등이 있다.

1) 『폰부스』(Phone Booth)

조엘 슈마허 감독이 콜린 파렐(스튜 세퍼드 역), 포레스트 휘테커(경위 레미 역), 키퍼 서덜랜드(통화자이면서 저격수 역) 등을 주연으로 하여 2002년에 개봉을 시킨 영화이다.

뉴욕의 미디어 에이전트로 일하고 있는 주인공 스튜 세퍼드(콜린 파렐 분)가 저격범(키퍼 서덜랜드 분)에 인질이 되어 공중전화박스에서 나오지 못하는 상황에서 경찰은 세퍼드를 매춘부 뒤봐주는 친구의 살인범으로 지목을 하고 세퍼드가 있는 공중전화박스를 포위를 하고 살인현장에 함께 있던 매춘부들의 살해 목격담만 가지고 세퍼드를 살인범으로 간주한다. 실제 살인범은 세퍼드를 공중전화로 협박하고 있는 저격범인데 말이다. 물론 현장지휘를 맡고 있는 레미(포레스트 휘테커 분) 경위가 여러 정황 등을 고려하여 세퍼드가 살인범이 아니고 공중전화를 통해 누군가에게 협박을 받고 있다는 것을 간파해내지만 확실한 물증과 확증이 없어 현장지휘에 어려움을 느낀다. 저격범은 집요하고 교활하게 세퍼드를 어려운 궁지로 몰아넣는다. 보다 현장의 상황을 잘 알기 위해 현장 지휘자인 레미는 공중전화 감청을 지시하지만 저격범의 치밀한 사전 조치로 인해 감청 역시 불가능해진다. 현장 지휘자의 올바르고 신속한 상황판단에 의해 세퍼드는 위기에서 벗어나고 저격범은 자기 목을 찌르고 자살한 시신으로 발견이 된다. 경찰은 저격용 총기 옆에 드러누운 시신을 저격범으로 단정을 한다. 시신은 사건이 일어나기 직전 피자배달을 나섰다가 세퍼드에게 모욕적 언사를 받고 내쳐진 피자배달부였다. 많은 사람들도 그가 세퍼드에게 모욕을 당했기 때문에 당연히 보복적 차원에서 그런 일을 꾸몄을 거라고 생각을 한다. 긴장된 몸을 앰뷸런스에 뉘인 세퍼드는 한 간호사의 친절한 신경안정제 주사를 맞는다. 그런 몽롱한 상태에서 조금 전까지 공중전화로 생과 사를 넘나드는 이야기를 했던 그 저격범의 모습과 목소리가 들려오는 것이 아닌가. 분명한 사실은 저격범은 살아있고 세퍼드는 그것을 알면서도 속수무책일 수밖에 없고 더욱이 경찰은 이 사건을 저격범의 자살로 종결을 하게 될 것이라는 점이다.

여기에서 우리는 경찰의 표준화 된 사고를 읽을 수 있다. 경찰은 이와 비슷한 히스토리를 거의 매일 보고 듣게 된다. 그들은 그러한 히스토리의 과정과 결론도 거의 유사하게 진행되고 종결된다는 것을 매일 매일의 반복되는 일상 경험을 통해 터득을 하고 있다. 그래서 그들은 이 사건 역시 공중전화를 걸던 사람과 매춘부들간의 시비 끝에 매춘부 뒤봐주는 사람을 공중전화 거는 사람이 흥분된 상태에서 혹은 약간의 정신 이상 상태에서 살해한 것으로 보고 그를 살인범으로 간주하고 살해를 한 총이 있을 것이라 생각을 하고 접근을 경계하며 포위를 하고 그를 설득시키려 했던 것이다. 이러한 히스토리는 경찰업무로는 일상적이고 정형화 된 것이라 볼 수 있기 때문이다. 경찰의 정형화되고 표준화 된 사고의 틀을 깨뜨리고 뒤집어 보려고 했던 것이 이 영화가 우리에게 던지는 의도 된 메시지인지도 모른다. 관료제의 관성적이고 경직된 정형적 사고는 이 영화의 스토리에서도 이런 식으로 표현이 되어졌다. 이 영화는 이를 좀 더 확실히 대비시키기 위해 이러한 생각을 거꾸로 뒤집어 놓는 자로 현장 지휘자를 사용하고 있다. 그는 일반 경찰들과 같은 정형화되고 표준화 된 사고의 틀에서 나와 다른 사고를 하는 유일한 경찰로 표현이 되고 있기 때문이다. 또한 이 영화는 이것 이외에 경찰의 전문성에 대한 의문을 던지고 있다. 경찰이면 사건 해결을 위한 모든 문제해결의 능력을 갖추어야 하고 또 불비 되어 있다면 이를 갖추도록 하는 노력이 필요로 되는 것이다. 여기에서 저격범과 공중전화를 하고 있는 주인공인 세퍼드 간의 대화내용이나 상황을 파악하기 위해 감청을 시도하지만 저격범의 치밀한 조치 탓으로 감청에 실패한다. 그렇다면 경찰은 저격범보다 이러한 기술적인 문제에 있어서 한 수 아래이고 결국 국민이나 시민의 생명과 재산을 지키는 마지막 보루로서의 책임과 역할을 다 해 낼 수 없다는 것을 의미하게 된다. 즉 경찰의 문제해결능력에 문제가 생긴 것이고 경찰의 전문성에 커다란 구멍이 나게 되는 결과를 낳은 것이다. 또한 자살을 한 저격범에 대해 의문 없이 그가 저격범이라고 단정을 짓는 것 역시 경찰의 정형화 된 사고와 전문성 부족에 기인된 결과로 볼 수 있는 것이다. 좀 더 치밀하고 정교한 사고를 했더라면 자살한 저격범이 진범이 아니고 그 역시 저격범으로 인한 피해자라는 점을 알았을 것이다. 이 영화는 이러한 시나리오 전개를 통해 경찰조직이라는 거대 관료제를 통해 그들의 사고행태를 분석하고 전문성의 부족 등 이것이 가져 올 수 있는 허점을 예리하게 적출해 내고 있는 것이다.

2) 『실종자』(Frantic)

로만 폴란스키 감독에 의해 1998년에 제작 출시된 해리슨 포드(닥터 리차드 워커 역), 엠마뉴엘 세이너(미셸 역), 베티 버클리(산드라 워커 역) 주연의 『해리슨 포드의 실종』(Frantic)을 들 수 있다.[338]

---

338) http://movie.naver.com/movie/bi/mi/basic.nhn?code=14424

이 영화는 우리에게 경찰이나 관련 기관들의 타성적 업무 행태 나 또는 조직적 편견에 의해 사실을 제대로 보지 못하고 왜곡된 결과를 도출해 낼 수 있다는 점을 시사해주고 있다. 즉 리차드가 아내 산드라의 실종을 파리 경찰과 미국대사관에 신고하지만 이를 단순한 남녀 간의 관계에 있어 있을 수 있는 일순간의 갈등에 의한 증발로 이해하고 대수롭지 않게 여겨 이 실종과 관련된 엄청난 범죄의 실체를 놓쳐버리는 어리석음을 범하고 있음을 잘 보여주고 있음이 이를 잘 대변하고 있다.

3) 『브레이크 다운』(Breakdown)

감독 조나단 모스토우가 커트 러셀(제프리 '제프' 테일러 역), J.T. 월쉬(워렌 '레드' 바 역), 캐슬린 퀸란(에이미 테일러 역) 등을 주연으로 하여 1997년 9월 13일 개봉한 영화이다.[339]

경찰에게 컨테이너 운전사가 거짓말을 하고 있음을 누차 강조하였음에도 불구하고 경찰이 일상적인 업무처리 절차에 의해 움직일 뿐 전혀 제프의 말에 동조를 하지 않고 오히려 운전수를 풀어주자 당황스럽고 혼란스런 제프가 경찰에게 다시 어필을 강하게 하자 경찰은 자기의 부관을 찾아가라고 말한다. 다른 뾰족한 대안이 없는 제프는 그 부관을 찾아간다. 부관은 자초지종을 들은 후 아주 느긋하게 말을 한다. "미국 내에서만 부인들이 매년 10만 명 이상 실종이 된다. 당신의 부인이 이런 사람들과 같이 실종전단에 끼어있지 않기를 바란다." 그야말로 느긋하게 여유를 부리면서 그러면서 한편으로는 생각해 주는 것처럼 말을 하는 그의 말과 풍모에서 경찰의 본래 모습을 찾기 어렵다.

더욱이 은행에서 현금을 찾고 나와 이를 범인 중 한명에게 전달하고 그

339) http://movie.naver.com/movie/bi/mi/basic.nhn?code=18488

의 차에 타고 오다가 틈을 보아 역습을 하여 범인을 제압하고 그를 데리고 아내 있는 곳을 찾고자하는 와중에 다시 그 경찰을 만나게 되고 경찰은 제프를 돕기보다는 오히려 제프가 선량한 시민을 잡아 인질극을 하는 것으로 판단을 하고 이를 저지하려다가 오히려 범인의 총에 맞아 부상을 당한다.

이러한 장면 등에서 너무 지나치게 공정하고 엄격하며 좋은 경찰로서의 표준스타일만을 고집하는 이 경찰관의 모습에서 관료제의 변화를 거부하는 획일적 병리행태를 발견 할 수 있다.

4) 『도망자』(The Fugitive)[340)]

다음 앤드류 데이비스(Andrew Davis) 감독이 1993년에 제작 출시한 해리슨 포드(Harrison Ford)(리차드 킴블 역), 줄리안 무어(앤 이스트만 역), 그리고 토미 리 존스(Tommy Lee Jones)(사무엘 제라드 역) 출연의 『도망자』(The Fugitive) 역시 경찰조직의 관료적 행태나 타성을 영화를 통해 잘 보여주고 있다.

이 영화는 거대한 관료조직에 의해 누명을 쓰고 쫓기는 한 인간의 삶이 얼마나 비참하게 전락될 수 있는가를 단적으로 보여주고 있다. 살인범으로 몰려 경찰의 집요한 추적을 받는 주인공은 초인적인 능력을 보이며 이를 극복해 내지만 평범한 삶을 살아가는 사람들의 눈에는 불가사이하게만 느껴진다. 거대한 조직 앞에 점점 왜소해져만 가는 초라한 인간상을 잘 표현한 작품이다.

또한 범인의 실체를 제대로 조사하여 추적하지 못하고 몇 가지의 정황

---

340) 1963년에서 67년까지 상영한 데이비 잰슨 주연의 ABC 방송국의 동명의 인기 TV 시리즈물을 긴박감 넘치는 영화로 제작한 것이다.
http://movie.naver.com/movie/bi/mi/basic.nhn?code=13042

과 물증만으로 주인공을 아내 살인범으로 속단하는 경찰조직의 관료적 행태나 타성도 이 영화를 통해 잘 드러나고 있다.

5) 『이장과 군수』

이 영화는 장규성 감독이 차승원과 유해진을 주연으로 하여, 시골에서 초, 중, 고등학교를 함께 나온 30대 동창 두 주인공이 학창시절과 다르게 이장과 군수라는 신분차이가 뒤바뀐 현실에서 겪는 여러 갈등과 우정을 코믹하게 잘 그려내고 있다.

노총각 조춘삼(차승원 배역) 이장과 조춘삼의 어린 시절 자기 밑에서 꼬봉 노릇이나 하던 노대규(유해진 분) 군수는 같은 동네에서 자라고 같은 학교를 나온 친구이다. 그러나 성장을 해서 한 친구는 군수가 되고 다른 친구는 이장이 되었다. 조춘삼은 자신의 어린 시절 꼬봉이었던 노대규가 군수가 된 것이 매우 배가 아프고 질투가 났다. 어린 시절과 달리 신분차이에서 인생역전이 된 이 상황이 조춘삼을 더욱 괴롭혔다. 조춘삼 이장은 군수가 된 노대규를 통해 자신을 돋보이게 하려고 한다. 자신이 마음에 두고 있는 여자 앞에서 이장은 군수친구를 만나게 된다. 조춘삼은 노대규 군수를 불러 세우며 여자 앞에서 은연중 자신을 돋보이게 하기 위해 군수를 직위와 관계없이 막역한 친구처럼 소리를 지르고 무례하게 행동을 한다. 주변에 있는 기관장과 자신의 부하들에게 민망해진 군수친구는 이러한 속수무책의 무례한 접근에 불쾌감을 느끼고 모른 척 하고 차를 타고 가버린다. 이러한 군수친구의 홀대 아닌 홀대에 마음을 다친 이장친구는 쌓인 질투심과 시기심 그리고 경쟁심이 합해져서 군수에게 앙심을 품게 된다. 군수가 된 노대규가 자신의 어린 시절에는 자기의 꼬봉에 불과하였고 또한 자신은 어린 시절 반장이 되고 주위로부터 떠받음을 받고 너무나 잘 나갔었는데 지금은 이렇게 신분상으로 역전이 되어 가지나 불화가 치밀고 심사가 뒤틀려 있던 차에 이러한 군수의 홀대는 군수에 대한 복수의 칼날을 더욱 예리하게 벼르게 하는 결과를 초래하게 하였던 것이다. 이러던 차에 군수는 방폐장을 유치하고 중앙정부로부터 막대한 지원금을 받아 지역사회를 발전시켜나가겠다는 당찬 포부를 가지게 된다. 이를 실행에 옮기기 위해 군수는 회의를 열어 이를 주재한다. 우선 군수는 방폐장의 국가적 필요성과 이를 자신의 지역에 유치했을 경우 가져올 수 있는 여러 재정적 지원에 대해 장황하게 설명을 한다. 그런 후 방폐장을 꼭 유치하겠다고 말을 한다. 그는 늘 상 공무원들이 그러하듯이 이런 저런 이유를 대면서 반대를 위한 반대를 하는 행태를 연상하지만 실제 그 회의에서 부군수 이하 공무원들이 나타낸 반응은 군수의 생각과는 아주 다른 것이었다. 군수님 말씀이 지당하다는 반응이었다. 어느 누구도 군수의 의견에 토를 다는 사람 없이 만장일치로 방폐장 유치 사업을 추진하기로 결정을 한다. 군수는 의기양양하여 회의장을 나선다. 그러나 부군수 등은 군수의 뒤에서 군수를 헐뜯는다. 무엇도 모르는 것이 망둥이처럼 뛴다고 하면서 이런 짓거리하다가 낭패를 크게 볼 거라면서 우리는 구경만 하자는 식의 행태를 보인다. 한편 군수친구인 조춘삼 이장은 마음이 크게 다쳐있던 차에 군수가 방폐장을 유치한다는 소식을 접하고 이 기회가 군수에게 복수를 할 수 있는 좋은 기회라 생각을 하고 군수의 방폐장 유치를 반대하는 시위의 전면에 나선다.

이 영화를 통해 우리는 공무원들이 몸담고 있는 관료조직의 타성적 업무행태와 비효율성을 엿볼 수 있다. 민선군수가 방폐장 유치사업을 추진하겠다고 회의장에서 말했을 때 어느 공무원도 이에 반대하지 않고 당연히 그렇게 하셔야 한다고 이야기를 해 놓고는 다른 곳에 가서는 이와는 다른 이야기를 하는 장면은 이러한 타성적 업무행태를 극적으로 잘 보여주고 있는 대목이다. 잘못된 관료조직은 윗사람의 명령을 무비판적으로 일단 수용해 놓고 보자는 그릇된 타성적 행태를 가지고 있기 때문이다. 관료조직의 타성적 업무행태는 이러한 예스 맨(Yes Man) 식 행태가 만들어내는 경우가 비일비재하며 타성적으로 옳고 그름과는 상관없이 일단 힘센 권력자에게 빌붙고 보자는 식의 업무행태가 일부 관료조직을 비효율적으로 만들어간다는 사실을 직시할 필요가 있는 것이다.

6) 『13일』(D-13 : Thirteen Days)[341]

로저 도널드슨(Roger Donaldson) 감독이 케빈 코스트너(케네스 오도넬 역), 브루스 그린우드(존 F. 케네디 역), 스티븐 컬프(로버트 F. 케네디 역), 딜런 베이커(로버트 맥나마라 역) 등을 주연으로 하여 2001년 6월 2일에 개봉한 영화이다.[342]

관료적 타성이나 조직적 편견에 대한 갈등 등은 고급관료층이나 정치권에서도 똑같이 나타날 수 있는데 이러한 측면을 예리하게 극화시킨 것이 바로 이 영화이다. 이 영화는 실제 1962년 10월에 소련에 의해 촉발된 쿠바 미사일 위기(Cuban Missile Crisis)사태[343] 시 백악관을 중심으로 한 정책

---

341) http://movie.naver.com/movie/bi/mi/basic.nhn?code=31171 ; 이 영화는 20세기 최악의 위기상황이라고도 전해지는 1962년의 쿠바 미사일 위기를 소재로, 미소의 냉전 분위기가 극에 달했던 당시의 워싱턴 정가를 그대로 재현하였다. 특히 당시 대통령 특별보좌관이었던 케네스 오도넬(케빈 코스트너 분)의 시각으로 케네디 대통령과 그의 동생이었던 로버트 케네디, 국방장관 로버트 맥나라마 등 당시 주요 정치인, 군인, 외교관들의 숨 가쁜 상황들을 오직 '백악관 내부'에 초점을 맞추고 집중적으로 재현시킨 것이 인상적이다.

342) 어네스트 R. 메이(Ernest R. May)와 필립 D. 젤리코(Philip D. Zelikow)가 공동 집필한 '케네디 테이프 : 쿠바 사태 동안의 백악관 내부'(The Kennedy Tapes : Inside The White House During The Cuban Missile Crisis)를 데이빗 셀프가 각색하고 연출은 로저 도널드슨이 맡았다.

343) 쿠바 미사일 위기(Cuban missile crisis)는 1962년 10월 22일부터 11월 2일까지 11일

결정집단의 갈등과 조직적 편견 등을 아주 예리하게 잘 보여주고 있다. 국가안보회의(National Security Council) 구성원들 간의 갈등, 특히 군부를 중심으로 하는 강경파(hawk group)와 케네디 대통령, 그의 동생 로버트 케네디 법무장관, 그리고 로버트 맥나마라 국방장관 등을 중심으로 하는 비둘기파(dove group)간의 조직적 편견에 따른 갈등을 잘 묘사해 내고 있다. 군의 영향력을 증대시키고 위기상황을 군의 입지강화를 위한 수단으로 활용하려는 군부의 이해관계와 위기를 타협과 대화를 통한 협상을 통해 해결하려는 민간정치인 및 관료집단의 이해관계가 긴장감 있게 격돌하면서 위기상황에 대한 해결을 위한 합리적 정책결정과정이 이루어져 나가는 것을 잘 보여주고 있다. 앨리슨(Graham T. Allison)은 이러한 관료적 갈등 속에서의 정책결정과정을 실제 사례로 하여 정책결정모형을 창출해낸 바 있다.[344)]

7) 『미인도』

전윤수 감독이 김민선(신윤복 역), 김영호(김홍도 역), 김남길(강무 역), 그리고 추자현(기녀, 설화 역) 등을 주연으로 하여 2008년 11월에 개봉을 하였다.

이 영화는 조선시대 천재화가 신윤복(申潤福)이 여자였다는 충격적인 소재에서부터 시작이 된다. 4대째 이어온 화원 가문의 막내딸이자 신묘한 그림솜씨 때문에 여자를 버리고 남자로 삶을 살게 되는 신윤복에 대해 그리고 있는 영화이다. 그는 빼어난 그림 실력 때문에 조선 최고의 화가 김홍도의 수제자가 된다. 그의 자유분방한 그림은 속화로 폄하되고 음란하고

간 소련의 핵탄두미사일을 쿠바에 배치하려는 시도를 둘러싸고 미국과 소련이 대치하여 핵전쟁 발발 직전까지 갔던 국제적 위기를 말한다.

344) Graham T. Allison, *Essence of Decision : Explaining the Cuban Missile Crisis* (Boston : Little, Brown & Co., 1971).

저급하다는 질타와 시기를 받는다.

그림을 위해 남자로 살았던 윤복 앞에 어느 날 강무가 나타나고 처음으로 그에게서 사랑의 첫 감정을 느끼게 된다. 사랑 앞에 여자이고 싶었던 윤복은 강무에게 모든 것을 바친다.[345] 그러나 이는 윤복과 강무에게 비극을 가져다 주게 된다. 윤복과 강무가 사랑을 나누던 산사에 왕의 어명을 받든 관헌들이 들이닥치고 문란하게 성의 환희에 빠져있는 사대부집 아녀자들과 이와 통정을 한 스님들이 체포되어 구금이 된다. 윤복을 간신히 피신시킨 강무도 결국 체포되어 감옥에 갇히게 된다. 그러나 사대부집 아낙들은 속칭 뒷배가 든든한 탓으로 다 감옥에서 빠져나가고 힘없고 뒷배 없는 강무는 이들을 대신하여 능지처참 형을 당할 위기에 빠진다. 왕이 풍기문란을 단속하여 국가의 기강을 다잡겠다는 의지가 강한 탓으로 누군가 본보기로 희생이 되어야 할 판이었다. 관헌들 중 일부가 강무의 이러한 신세를 가엾이 여겨 감옥에서 술 한 잔 권하며 이런 이야기를 한다. "세도가나 권력께나 있는 집안의 아낙들은 감옥에서 속속 다 빠져나갔는데 너 같은 천한 것만 남았어. 억울하지만 그들을 대신해서 죽는 것이라 생각하고 너무 서럽다 여기지 말거라!" 이러한 말에서 예나 지금이나 늘 상 나타나고 또 보이는 관료들의 무기력 상 그리고 이것과 연관되는 타성적 업무행태를 엿볼 수 있다. 자신들의 소신과 신념은 간 곳 없고 안 잘리고 목구멍에 풀칠이라도 할라치면 추상같은 상전의 명령에 무조건 따르면 된다는 예스맨 식 업무태도는 관료들로 하여금 무기력한 존재로 스스로 자신을 비하하는 생각을 가지게 만든다. 이것을 이 영화는 잘 보여주고 있는 것이다. 또한 세도가나 권력가는 법을 무시하거나 지키지 않아도 괜찮고 돈이나 권력이 없는 사람들은 법집행의 희생양으로 전락할 수밖에 없는 무전유죄 유전무죄(無錢有罪 有錢無罪)의 세태를 이 영화는 이렇게 잘 보여주고 있는 것이다.

---

345) http://movie.naver.com/movie/bi/mi/basic.nhn?code=49525

제 12 장

임명 승진 등 인사와 관련된 문제를 그리고 있는 영화

1. 관련 이론과 사례의 개관

동서고금을 막론하고 인적 자원의 중요성에 대한 인식은 동일 한 것 같다. "인사(人事)가 만사(萬事)"라는 말은 이러한 인식을 잘 드러내 주고 있는 말로 받아들여지고 있는 까닭도 바로 여기에 있다. 사람을 다루는 문제에 대한 접근은 전통적으로 혈연이나 지연을 중심으로 하는 정적 관리사고에서 출발을 하다가 점차적으로 능력과 성과(成果) 그리고 실적에 따른 보다 합리적이고 이성적인 관리사고로 바뀌어 오고 있는 것이 그간의 사정이라 말 할 수 있다. 그렇다고 해서 옛날부터 합리적이고 이성적인 관리사고가 없었던 것은 아니다. 오히려 고대사회에서도 현대보다 더 합리적이고 이성적인 관리사고가 인적 자원관리의 보다 지배적이고 효율적인 패러다임으로 자리를 잡은 경우도 매우 많았다. 인치(人治)보다 법치(法治)를 앞세우고 사람에 의한 지배보다는 제도에 의한 지배를 선호했던 고대국가들도 많았던 것이다. 바로 이러한 노력은 정적인 관리사고보다는 보다 합리적이고 이성적인 관리사고를 우선시 하는 생각에 기초하고 있었음은 불문가지(不

問可知)라 할 수 있다.

미국은 유럽 대륙과 같은 관료제적 전통을 경험하지 않았을 뿐만 아니라 전통적으로 직업공무원제도를 민주주의에 대한 위협으로 인식하여 왔다. 다른 말로 하자면 관직의 장기 점유는 관료주의를 촉진하며 그 결과 행정의 민주화를 저해 할 가능성이 큰 것으로 생각되어져 왔다. 이에 따라 미국에서는 공직자의 임기를 대통령의 임기와 일치시키는 4년 임기법(Four Years' Law)을 1820년에 제정하여 실시하였다.[346] 물론 이러한 취지가 변질되어 엽관주의[347]의 폐단 등이 나타나기도 하였지만 미국에서는 공직의 장기적 독점에 의한 관료집단의 세력화에 강한 거부감을 가지고 있었던 것이다.

이러한 전통과 사고는 아직까지 미국의 인사행정부문에 강한 잔영(殘影)을 드리우고 있는 것이 사실이다.

1829년에 잭슨(Andrew Jackson)이 서부개척민들의 열렬한 지지에 힘입어 제7대 대통령으로 취임하였다. 그는 동부상류계층에 의하여 독점되어 오던 공직을 서부 개척민을 포함한 일반대중에게 공개하기 위하여 엽관주의(spoils system)를 민주주의의 실천적인 정치원리라고 선언하고 미국 인사행정의 공식적인 기본원칙으로 채택하였다.

---

346) 강성철, 김판석, 이종수, 최근열, 하태권(공저), 『새인사행정론』(서울 : 대영문화사, 1999), 37면. ; 이 법은 크로포드(William H. Crawford) 등에 의해 지지되었으며 주로 돈을 만지는 자리와 관련된 직책, 예를 들자면 세관원 등에 대해 적용이 되었다. 이 법은 제한적으로 운영이 되다가 1829년에 잭슨(Andrew Jackson)이 대통령으로 당선이 되면서 확대적 운영의 길로 들어 서게 된다.

E. N. Gladden, *A History of Public Administration*, Vol.2 (London : Frank Cass, 1972), 309면.

347) 엽관주의(spoils system)는 정치적 신조나 정당 관계를 임용기준으로 하는 인사제도로 정의할 수 있는 반면, 정실주의(patronage system or favoritism)는 인사권 자와의 개인적인 친소(親疎) 관계를 기준으로 하는 인사제도로 정의를 할 수 있다. 강성철 외(공저), 『앞의 책』, 41면.

그는 모든 공직은 건전한 상식을 갖춘 사람이면 누구나 수행 할 수 있을 정도로 단순하기 때문에 공직의 장기점유는 그에 따른 순기능보다는 역기능이 더욱 크다고 지적을 하면서 엽관주의를 통하여 공직의 대중화를 추진하였다. 이와 같이 잭슨대통령의 취임과 집권은 인적 자원관리에 새로운 변화를 불러 일으켰던 것이다.

이러한 변화를 1832년에 뉴욕주 상원의원이었던 마시(William L. Marcy)는 통렬하면서도 정곡을 찌르는 말로 다음과 같이 표현하였다. "많은 미국의 정치인들은 승자가 패자의 모든 것을 전리품으로 획득(To the victor belong the spoils of the enemy)하는 규칙을 지켜보게 되었다"[348]는 것이다.

사실 많은 사람들이 잭슨대통령을 엽관제의 원흉(元兇)으로 보고 있지만 앞에서 이미 살펴 보았듯이 그의 전임자인 제퍼슨이나 애덤스(John Quincy Adams)대통령보다 자기의 사람을 더 많이 정치적으로 임명한 것은 아니다.

그러나 분명히 짚고 넘어가야 할 점은 바로 잭슨대통령 때부터 권력이 신사집단에서 정당으로 넘어갔다는 점이다. 결코 국민들에게 권력이 주어진 것이 아니라 정당에게 권력이 주어졌다는 점에서 잭슨의 엽관제와의 연루성을 강하게 지적하고 있는 것이다.[349]

미국의 이러한 엽관주의는 잭슨대통령 이후 본격적으로 확대되어 1845년부터 남북전쟁이 종결되는 1865년 사이에 절정을 이루다가 1881년 제20대 대통령이었던 가아필드(James A. Garfield)의 암살을 계기로 퇴조를 하게 된다.

1865년에서 1883년에 이르기까지 소수의 이상적 지식인들이 주축이 된 개혁세력들이 존재하여 이들이 이러한 불합리한 인사제도에 대한 개혁을

348) Leonard D. White, *The Jacksonians* (New York : Macmillan, 1954), 320면.

349) Nicholas Henry, *Public Administration and Public Affairs*, 6th ed. (Englewood Cliffs, New Jersey : Prentice-Hall, 1995), 240면.

요구하고 나왔다. 이들이 바로 커티스(George William Curtis), 슐쯔(Carl Schurz), 다나(Richard Henry Dana), 젠키스(Thomas Jenckes) 등의 민간개혁운동가들이다.

이들의 노력에 힘입어 1877년 미국 역사상 처음으로 '뉴욕공무원제도개혁협회'(the New York Civil Service Reform Association)가 창설되었다. 그리고 1881년 8월에 이 협회를 본 딴 13개의 관련협회들이 커티스를 총재로 하여 '전국공무원제도개혁연맹'(the National Civil Service Reform League)으로 합병되어 단일화[350]되었으며 이 기구는 오늘날까지 공무원제도개혁을 위해 활동을 하고 있다. 이때 영국의 실적제개념은 이러한 개혁가집단들에 많은 관심을 불러일으켰다.

영국의 실적제를 낳은 노스코트와 트레블리안 보고서(Northcote and Trevelyan Report)[351]는 의회를 중심으로 하는 제도권에 영향을 주어 공무원제도개혁을 위한 법제화에 깊은 영향을 주었을 뿐 만 아니라 다른 한편으로는 민간개혁가들에게 진솔되고 신선한 충격을 주었고 이러한 충격은 이튼(Dorman B. Eaton)이 제19대 대통령이었던 헤이즈(Rutherford B. Hayes)에게 올린 보고서에 영국의 공무원제도개혁 개념을 많이 반영시키고 이를 찬양한 것만 보아도 알 수 있는 것이다.[352]

이러던 차에 1881년 9월 엽관주의에 실의를 느낀 공무원지망생에 의한 가아필드대통령의 암살과 제16대 대통령이었던 링컨(Abraham Lincoln) 이래 20여 년 가까이 정권을 장악해 왔던 공화당이 1882년 하원선거에서 민주당

---

350) O. Glenn Stahl, *Public Personnel Administration*, 5th ed. (New York : Harper, 1962), 35면.

351) 1853년 재무부의 관리였던 노스코트(Sir Stafford Northcote)와 트레벨리안(Sir Charles Edward Trevelyan)이 재무부에 제출했던 "공무원제도 재편성에 관한 보고서"이다.

352) Frederick C. Mosher, *Democracy and the Public Service* (New York & London : Oxford University Press, 1968), 67면.

에게 참패를 하여 1884년 대통령선거에 승리할 자신을 상실 한 것 등이 이러한 개혁을 입법화하는데 커다란 추진력이 되었다.

그래서 1883년 1월 16일 상원 공무원제도개혁위원회 위원장이었던 오하이오주 출신의 펜들턴 상원의원의 이름을 딴 펜들턴법안이 의회에서 통과를 하여 펜들턴법이 제정되었고 이로 인해 양당적이고 독립합의형의 중앙인사기관으로 인사위원회(Civil Service Commission)[353]가 만들어 지게되었다. 물론 이 위원회는 엽관주의적 인사행정의 폐단과 인사상의 정치적 압력을 배제하려는 목적으로 설치되었다. 그리고 이 위원회는 세 사람의 위원[354]으로 구성되는 합의제 기관이며 위원의 임기는 6년으로 하되, 임명시기를 달리하여 인사행정의 안정성과 계속성을 확보하도록 하였다.

또한 대통령으로부터 독립성을 유지하기 위하여 대통령은 의회의 인준을 얻어 위원을 임명하였으며 따라서 대통령에게 직접 책임을 지거나 보고를 할 의무를 가지지 않았다. 단 년차보고서를 사무감독차원에서 작성하여 이를 대통령을 거쳐 의회에 제출하게 하였다. 또한 이 위원회는 사무감독의 권한을 보유하여 각 부처의 많은 인사업무에 대해 사전 승인을 받게 함으로써 인사행정을 집권화 하였다.[355]

이외에 인사위원회는 공개적이고 경쟁적인 시험을 통해 정부의 직책을 충원하는 소임을 갖게 되었다. 그리고 이 법은 이 외에 시험에 합격한 공무원에 대하여는 시보 임용기간(probation term)을 두도록 하였고 불구(不具)의 제대군인에겐 이미 그들이 향유하고 있던 특권을 계속해서 향유 할 수 있도록 하였으며 공무원세(稅)라고 불리우던 공무원의 정당자금 공여와 공무원의 정치활동을 금지하도록 하였다.

---

353) 물론 이 인사위원회는 1978년 인사관리처(Office of Personnel Management)과 실적제보호위원회(Merit Systems Protection Board)로 대체가 된다.

354) 3인의 위원 중 2인만이 동일정당에 소속할 수 있다.

355) 강성철 외(공저), 『앞의 책』, 105면.

특히 공직에 대한 정당의 지배와 공무원의 정치활동을 금지시키는 내용을 골자로 하는 '해치법'(Hatch Act)이 1939년에 제정이 되어 실적주의 확립에 기여하게 되는데 이것도 바로 이 펜들턴법의 공무원들의 정치활동금지라는 입법적 사고(思考)가 계승 발전된 것으로 이해 할 수 있는 것이다. 이러한 내용을 담고 있는 펜들턴법은 워싱턴에 소재하고 있는 각 성(省) 뿐만 아니라 50명 이상의 직원을 거느리고 있는 지방소재의 세관과 우정국에도 적용이 되었다.[356)]

1977년 6월 카터 대통령은 인사위원회 위원장 캠벨(Alan K. Campbell)을 위원장으로 하는 '인사관리연구위원회'를 설립하고 공무원제도의 철저한 조사와 그 개혁방법의 건의를 요청했고 1977년 12월 동 위원회는 조사결과를 종합하여 대통령에게 건의를 했으며 이 건의내용에 따라 1978년 3월 2일 카터 대통령은 공무원제도개혁법안을 의회에 제출하고 이것이 의회를 통과함으로써 비로소 '공무원제도개혁법'(Civil Service Reform Act)이 공포되게 되는 것이다.[357)]

이로서 합의제를 지속시킬 것인가 그렇지 않으면 단독제로 전환시킬 것인가에 관한 길고 지루하고 해묵은 논란은 일단 종지부를 찍게 되고 팬들턴법으로 만들어진 인사위원회는 100년 가까운 여정을 마무리 짓고 공무원제도개혁법에 의해 신설되는 '인사관리청'(Office of Personnel Management : OPM)과 '실적제보호위원회'(Merit System Protection Board : MSPB)에게 자리를 양보하고 역사의 뒤안길로 사라지게 되는 것이다.

356) 대통령은 분류관직(classified service)의 범위를 확대하거나 축소시키는 권한을 보유하게 하였다.

357) 유훈, 『행정학원론』(서울 : 법문사, 1989), 364~365면.

2. 공정한 인사와 관련된 문제들을 내용으로 그리고 있는 영화 : 『브로큰 애로우』(Broken Arrow)

오우삼(John Woo)과 게리 하임스(Gary Hymes) 감독이 존 트레볼타(John Travolta)[358], 크리스찬 슬레이터(Christian Slater)[359], 사만사 매쓰이스(Samantha Mathis)[360] 등을 주연으로 하여 1996년에 개봉한 영화이다.[361]

브로큰 애로우란 핵무기가 분실되거나 테러집단이나 또는 적대국에게 탈취되었을 때 미국 국방성에서 공식적으로 사용하는 군사암호로써[362] 그러한 뜻을 가지고 있는 영화 제목을 담고 있다는 것 자체가 이 영화의 내용을 명료화하는데 의미를 부여한다.

진급 누락에 불만을 품고 범죄조직과 손을 잡고 핵탄두를 탈취한다. 그리고 탈취한 핵탄두로 미국의 특정 거대도시를 날려버리겠다는 내용의 공갈과 협박을 미국정부에 하면서 엄청난 돈을 요구하는 내용을 가진 영화이다. 이것은 매우 민감한 전략무기를 다루는 군에서 얼마든지 일어날 수 있는 사건을 시나리오 화 한 것으로 인사가 공정하게 이루어지지 않았을 경우나 공정하게 이루어졌어도 해당 당사자가 이에 대해 이의를 갖거나 또는 불복 할 경우 발생할 수 있는 문제들을 극화시켜 나타냄으로써 인사가 잘못될 경우 한 나라의 국가안보를 위협할 수 있다는 메시지를 전하고 있다.

---

358) 스텔스폭격기(Stealth bomber) 조종사 빅 디킨스(Vic Deakins) 역으로 나온다.

359) 부조종사 라일리 헤일(Riley Hale) 역으로 나온다.

360) 국립공원 여자경비대원 테리 카미카엘(Terry Carmichael) 역으로 나온다.

361) http://movie.naver.com/movie/bi/mi/basic.nhn?code=18174

362) 대표적으로 들 수 있는 실제 사건은 1989년 핵탄두 두 기가 탑재된 핵잠수함이 노르웨이 해안 300마일 지점에서 가라앉았는데, 이때 두 기의 핵탄두를 해군이 찾지 못한 경우와 또 다른 사건은 지중해에서 추락한 B-1 폭격기의 핵미사일을 회수하지 못한 경우이다.

이러한 관점에서 이해할 때 군 인사의 중요성뿐만 아니라 일반 조직에서의 인사의 중요성을 다시 한 번 환기시킨 내용의 영화라 평가할 수 있다.

또 하나는 거대한 군관료제의 보안문제를 이 영화는 제기하고 있다. 보안이 가지는 특성상 비밀이 생명이기에 조직 자체가 절연되어있고 특정한 라인인 연결고리에 의해서만 연결이 가능하다. 따라서 이 연결고리가 제 기능을 수행하지 못할 경우에는 효과적인 보안이 어렵게 된다. 즉 보안조직이 괴사되거나 화석화 될 가능성이 높게 되는 것이다. 이 영화에서도 이러한 군 인사에 불만을 품은 자의 핵무기 탈취를 그대로 용인 할 수 밖에 없었던 군 보안체계에 대한 새로운 이해를 촉구하고 있는 것이다.

제 13 장
정보화사회에 있어서의 관료제의 역기능

1. 관련 이론과 사례의 개관

행정활동을 모니터 하는 입법부의 효과성은 행정부에서 만들어진 정보에 얼마나 접근할 수 있느냐에 달려 있다. 그러나 이 접근에 많은 문제가 있다. 따라서 의원들은 구체적인 데이터의 홍수 속에서 핵심적인 이슈를 정제해 낼 수 있어야 한다. 그러기 위해선 다음과 같은 정보의 장애물들을 제거해 나갈 수 있는 방안[363]이 강구되어져야 할 것이다.

첫 번째 장애물로는 행정부 내에 일반화되어 있는 비밀과 보안(secrecy)이다. 국가안보라는 명분아래 공직자가 그들이 선택한 어떤 문제를 일급, 이급, 삼급 비밀로 분류할 가능성이다. 아무리 실제적으로 하찮은 것이라 하더라도 일단 비밀분류가 되면 해제하기가 어렵다. 비밀분류의 문제는 두 가지 차원이 있다. 하나는 사실상 국가안보와 관련된 비밀도 아닌 정보를 입법부에 제공하는 것을 거부하는 것이고 다른 하나는 외교, 국방, 정보활

363) James W. Fesler and Donald F. Kettl, *The Politics of the Administrative Process*, 2nd ed. (Chatham, New Jersey : Chatham House Publishers, Inc., 1996), 325~328면.

동에 관한 입법부의 의사결정이나 검열에 필수적인 정보를 입법부에 제공하는 것을 거부하는 것이다.

이에 대한 전향적인 해결방법은 극소수의 선택된 위원회, 예를 들자면 입법부의 정보위원회에게만 비밀정보를 제공하거나 의장이나 위원회의 핵심위원 들에게만 공개하는 것이다. 그러나 이것도 나름대로 문제가 있다. 레이건 행정부의 고위관리가 은밀히 폭로한 '이란-콘트라스캔들'의 내용[364]은 바로 이러한 해결방법이 얼마나 부적합한 것인가를 잘 보여주고 있기 때문이다. 국방예산에도 완전 은닉되거나 입법부의 몇몇 의원에게만 공개된 비공개 프로그램(black program)의 비율이 점차로 높아지고 있음도 이와 무관치 않다.

두 번째 장애물로는 대통령의 특권(executive privilege)이다. 헌법에는 어떤 특권도 명시되어 있지 않지만 대통령의 권력 속에 내재하는 것으로 이해 할 수 있다. 미국의 경우 대통령은 "특권화 된 의사소통"의 법적 원리(the legal doctrine of "privileged communications")를 유추해 이 특권을 주장한다고 한다. 여기에서 특권화 된 의사소통이란 남편과 아내, 의사와 환자, 변호사와 고객, 사제와 신도 간의 대화(천주교의 고백성사가 대표적으로 여기에 해당이 됨) 그리고 그 내용을 의미한다. 사실상 이 원리는 대통령과 그의 백악관 참모간의 구두 혹은 서면상의 의사소통의 은밀성을 보호하는데 가장 강력한 힘을 발휘하였다. 특히 닉슨 행정부의 워터게이트사건 동안에 가장 잘 나타났었다.

세 번째 장애물로는 행정비밀(administrative confidentiality)이다. 이러한 행정비밀 중 하나는 개인의 사적인 정보보호 즉 개인의 프라이버시에 대한 보호이다. 예를 들면 개인의 세금환불액수, 기업의 거래비밀, 재무자료 등

---

364) 주요 내용은 행정부의 중미프로그램을 기금 화하기 위해 이란에 무기를 판매한다는 것인데 이것이 뒤에 미국의회에 의해 커다란 문제로 비화되어 레이건 대통령이 궁지에 몰리며 퇴임 후에 까지 증언을 해야 되는 지경에 이르도록 만들었다.

이다. 이런 정보는 행정부가 비밀을 지킨다는 전제 하에 정부기관에 의해 수집된다. 행정부는 가끔 이런 이유로 해서 입법부에서 요구한 정보수집을 거절한다. 안문석은 전자정부와 관련 된 정책 중에서 정보공개정책과 개인정보보호정책 사이의 관계가 바로 이러한 딜레마적 현상이라고 주장하고 있다.[365] 정보공개정책이 추구하는 목적은 정책결정과정과 집행과정에서 투명성을 높여서 정책의 학습능력을 제고하고 부패를 줄이자는 것이며 이 목적을 위해 수단으로 등장한 것이 정보공개라는 것이다.[366] 한편 개인정보보호정책은 헌법이 보장하고 있는 개인의 사생활을 보호하여 개인의 삶의 질을 높이는 것을 목적으로 하고 있는 것으로 개인의 사생활에서 발생하는 정보는 국가가 보호하는 것이 정책수단으로 등장을 한다. 이 두 정책은 정책이 추구하는 바람직한 상태에 대해서는 모두 동의하지만 그 구체적인 정책수단에 와서는 딜레마상태에 직면하게 된다는 것이다. 정보공개를 수단으로 채택할 경우 개인정보가 공개될 수 있기 때문이다. 개인의 프라이버시 보호와 같은 앞의 쟁점도 바로 이러한 두 정책간의 갈등과 충돌이 딜레마상황을 가져오게 되기 때문에 발생하는 것으로 이해 할 수 있는 것이다.[367] 이러한 딜레마는 정치적 과정을 거쳐 입법과정에서 해결을 꾀할 수 밖에 없는데 핀란드 등 북유럽의 국가들에서는 정보공개 중심으로 조정이 이루어지며 이와 반대로 일본 등에서는 개인정보 보호 중심으로 조정이 되기도 한다. 한국의 경우는 중간정도 수준에서 조정을 하고 있다.[368] 특히 핀란드의 경우에는 정보사회주의를 채택하고 있는 대표적인 국가로서 정부가 보유하고 있는 정보는 원칙적으로 모두 공개해야 한다는 이론이 지배적인 국가이다.[369] 미국과 한국은 개인의 사생활 보호 우선주의를 취

365) 안문석, 『한국전자정부론』(서울 : 박영사, 2008), 166면.

366) 『앞의 책』, 166면.

367) 『앞의 책』, 166면.

368) 『앞의 책』, 166면.

하고 있는 국가로 분류가 가능하며 이들 국가에서는 개인의 사생활이 침해될 우려가 있는 경우에는 국가가 보유하고 있는 정보라 해도 반드시 특정 개인의 동의를 구하도록 하고 있다.[370] 미국의 정보공개법은 1966년에 제정이 되었으며 그 내용은 공공기관이 가지고 있는 정보에 대한 일반국민의 접근을 법적으로 보장하는 것을 골자로 하고 있다. 한국은 1994년에 공공기관을 대상으로 한 정보공개법안의 시안을 마련하였고 그 후 입법화되었다. 가장 최근에 개정 된 것은 2007년 1월 3일이다.[371] 정보화 사회에서 사생활 침해는 사이버 공간이 출현이 되면서 더욱 심각해졌다는 것이 안문석의 주장이다.[372] 사이버 공간의 개인정보가 갖는 광역성, 순간성, 그리고 대규모성 때문이라는 것이다.[373] 심각한 위기에 빠져있는 이러한 정보화 시대의 개인정보의 보호를 위해 한국 정보는 '공공기관의 개인정보보호에 관한 법률', 그리고 '정보통신망 이용촉진 및 정보보호 등에 관한 법률', '정보화 촉진 기본법', '공직후보자에 관한 정보의 수집 및 관리에 관한 규정', '교육관련 기관의 정보공개에 관한 법률' 등의 개별법으로 보호를 하고 있다.[374]

다른 하나는 행정기관에 의해 심각히 고려되거나 되지 않고 있는 정책이나 결정을 담고 있는 서류, 메모, 기타 내부기록들과 관련된 행정비밀에 대한 것이다. 이런 내부 자료들의 시기상조 적인 폭로는 대중성을 왜곡시키고 대중의 그릇된 판단을 낳을 수 있다는 것이 이것들을 비밀로 하는 이유이다. 아직 결정된 것이 아닌데 결정된 것처럼 신문지상에 오르게 되면 큰 문제가 발생될 수 있다는 것이다.

---

369) 『앞의 책』, 234면.

370) 『앞의 책』, 234면.

371) 『앞의 책』, 234면.

372) 『앞의 책』, 247면.

373) 『앞의 책』, 247면.

374) 『앞의 책』, 249~254면.

이외에 많은 장애물들이 있긴 하지만 이러한 장애물을 제도적으로 제거해 나가는 조치들에 대한 아직 정형화된 해결책이 강구되지 못하고 있다. 이를 단계적으로 구축해 나가는 노력이 필요로 되는 이유가 여기에 있다.

안문석이 주장하듯이 전자정부에서 사이버 공간에서 벌어지는 일이 공개되지 않으면 정책결정과정이나 대민서비스 과정은 오히려 비밀의 베일 속에서 많은 부작용을 만들어 낼 수 있다는 점도 가볍게 보아서는 안 될 정보화 시대에 있어서의 관료제의 역기능의 한 단면으로 볼 수 있다.[375)]

정보화 사회에서 앞서 언급한 정보의 장애물들을 제거해 나가는 방안들 못지 않게 중요한 것이 사이버 범죄를 근절시키는 것이다. 사이버 범죄는 지식정보화 사회라는 새로운 환경이 도래하면서 나타난 새로운 기준을 요구하는 범죄를 의미한다 하겠다.[376)] 정보화 사회의 총아라고 일컬어지는 컴퓨터의 등장이 가져 온 새로운 환경에서 특정 개인이 자신의 사적 이익을 부당하게 도모하는 범죄행위를 의미한다. 그리고 이러한 범죄는 주로 IQ가 높은 전문가들에 의해 저질러지고 있다는 데 문제의 심각성이 있다. 최근의 사이버 범죄는 초기의 단계를 벗어나 단순한 컴퓨터 이용과 관련된 범죄수준을 넘어 컴퓨터와 인터넷 등 정보서비스 망이 결합이 되어 만들어 낸 새로운 공간에서 활개를 치고 벌어지고 있다. 그리고 그 피해의 영역과 범위도 더 확대되고 있다. 네트워크가 광역화 될수록 더욱 그 피해의 범위는 확산될 수밖에 없는 것이다. 재산상의 피해뿐만 아니라 인격권에 대한 피해도 무시할 수 없는 수준으로 발전되고 있으며 낮은 죄의식으로 인하여 피해가 불특정 다수로 확산되는 경우가 비일비재하다. 심지어는 사이버공간의 범죄가 국제화가 되어 국제간 대결 양상으로 번지기도 하고 사이버 공간을 통한 사이버 공격[377)]인 사이버 테러도 점차로 증가하고 있

375) 『앞의 책』, 92면.

376) 『앞의 책』, 269면.

다.[378] 따라서 이들 범죄를 제어하고 제압하는데 더 많은 노력과 비용이 요구되고 있는 것이다. 안문석은 이를 위해 윤리적인 사이버 공간을 구축할 것과 사이버 보안의 내실화를 그 대안으로 제시를 하고 있다.[379]

2. 정보화 사회에 있어서 그릇된 관료조직과 이러한 관료조직을 악용하는 범죄조직을 그리고 있는 영화들

정보화 사회에 있어서 그릇된 관료조직과 이러한 관료조직을 악용하는 범죄조직의 리버이넌 적 역기능을 극적으로 잘 시사해 주는 영화로는 다음과 같은 것이 있다. 『네트』, 『에니미 오브 더 스테이트』, 『방화벽 : 파이어월』, 『엔트랩먼트』 등이다.

1) 『네트』(The Net)

어윈 윙클러 감독에 의해 1995년 제작 출시된 산드라 블록(안젤라 베넷 역), 제레미 노덤(잭 데블린 역), 데니스 밀러(닥터 챔피온 역) 주연의 『네트』(The Net)를 들 수 있다.

이 영화 역시 정보화시대에 있어 거대한 조직 앞에 선 한 개인이 얼마나 작고 초라한지를 잘 보여주고 있다. 주인공 안젤라 베네트(Angela Bennett :

377) 국가사이버 안전관리규정 제2조에서는 사이버공격을 '해킹, 컴퓨터 바이러스, 논리폭탄, 메일폭탄, 서비스 방해 등 전자적 수단에 의하여 국가정보통신망을 불법 침입, 교란, 마비, 파괴하거나 정보를 절취, 훼손하는 일체의 공격행위'로 정의하고 있다. 『앞의 책』, 276면.

378) 『앞의 책』, 274~275면.

379) 『앞의 책』, 289~291면.

산드라 블록 분)는 새로 나온 컴퓨터 소프트웨어의 바이러스나 에러를 분석하는 일을 전문으로 하는 미모의 컴퓨터 프로그래머이다. 어느 날 그녀는 동료 데일(Dale : 레이 맥킨논 분)로부터 새 인터넷 프로그램에 문제가 있는 것 같다며 분석을 의뢰받는다. 그녀는 의뢰받은 프로그램을 분석한다. 겉으로는 평범한 음악용 소프트웨어에 불과한 '모차르트 밴드'라고 생각했지만 분석결과 이 프로그램에는 연방정부의 극비 데이터베이스(DB)시스템이 담겨져 있다는 사실을 알게 된다. 놀란 안젤라는 급히 데일에게 도움을 요청하고 이 소식을 접한 데일은 안젤라를 만나러 오다가 의문의 비행기 사고로 죽는다. 안젤라는 데일의 죽음에 충격을 받고 이를 떨쳐버리기 위해 멕시코로 휴가여행을 떠나지만 그 곳에서 잭(Jack Devlin : 제레미 노담 분)이란 의문의 남자를 만난다. 그와 휴가기분에 들떠 하룻밤을 보내게 되지만 잭의 수상한 행동에 의혹을 느낀 그녀는 잭과 격투를 벌리고 가까스로 탈출을 한다. 그러나 탈출과정에서 여권도 신용카드도 모두 잃어버린 안젤라에게 남은 것은 오직 파손된 디스켓 한 장뿐이다. 그리고 그녀의 존재는 이미 컴퓨터 네트워크 상에서 완전히 지워진 상태였다. 더욱이 절망스러운 것은 그녀를 노리는 범죄조직이 그녀의 어머니(Mrs. Bennett : 다이안 베이커 분)를 향하고 있다는 점이었다.[380)]

그녀를 향한 컴퓨터 범죄조직의 올가미는 점점 그녀의 목을 조여오고 있었다. 그녀는 진퇴양난의 상황에 빠지고 만 것이다. 신종 컴퓨터 범죄 집단에 전자 기업과 고위층의 검은 커넥션까지 복잡하게 얽혀있는 거대한 범죄조직에 의해 모든 개인적 가치가 다 지워진 상태에서 과연 인간이 사회적 실체로서 살아갈 수 있는가에 대한 문제의식을 이 영화는 던져주고 있다. 또한 거대한 경찰 및 관련기관의 컴퓨터와 그 관련 네트워크까지 장악한 범죄조직의 한 개인에 대한 극악한 테러는 특히 모든 개인적 정보가 노출된

---

380) http://movie.naver.com/movie/bi/mi/basic.nhn?code=17700

상태로 살아가야 하는 정보화시대를 살아가고 있는 현대인들에게 좋은 경종이 되고 있다. 안보나 치안과 관련된 정보를 가지고 있는 거대 관료조직이 잘못된 생각을 가지고 있는 사람들에게 영향을 받게 될 경우 모든 시민이 피해의 대상이 될 수 있다는 점 역시 상기해 볼 필요가 있는 것이다.

2) 『에니미 오브 더 스테이트』(Enemy of the State)

다음 토니 스코트(Tony Scott) 감독이 1998년에 제작 출시한 윌 스미스(Will Smith), 진 헤크만(Gene Hackman) 등이 출연하는『에니미 오브 더 스테이트』 역시 정보 수집의 임무를 띤 국가안보국(NSA: National Security Agency)이라는 국가 기관[381]의 음모와 가공할 위력을 다룬 영화로서 특히 거대한 국가정보기관의 가공할 정보수집 및 분석능력이 잘못 이용될 경우 시민들의 개인적 사생활이나 권리뿐만 아니라 민주주의 정치체제 자체가 붕괴되어 질 수 있음을 적나라하게 제시하고 있다. 소름이 끼칠만한 거대한 국가정보조직의 능력 앞에 쫓기는 선량한 시민이자 변호사로 나오는 이 영화의 주인공 로버트 딘(Robert Clayton Dean : 윌 스미스 분)은 바로 우리의 자화상 일 수 있기 때문이다. 또한 대표적인 정부기관인 '국가안보국'(NSA)이 자신들의 기관 이익에 정면으로 배치가 된다고 해서 시민의 대표기관인 국회의원 필(Phillip : 제이슨 로바즈 분)을 살해하는 음모를 모의하여 이를 실행에 옮기는 것 역시 국가와 국민을 위해 봉사하고 헌신해야 할 공공기관

---

381) 볼티모어 썬(The Baltimore Sun) 지의 스콧 셰인과 톰 바우만 기자가 쓴 6회분 기획 기사에 따르면, 국가 안보국(NSA)은 미국인에게도 실제가 공개되지 않는 비밀 기관이다. 국가 안보국은 첩보작전을 수행하는 곳으로, 예산과 인력 면에선 CIA를 능가한다. 이 기관은 연간 80억 달러의 예산을 쓰며, 메릴랜드의 본부에 소속된 20,000명의 인력 규모는 미국내 정부 기관 중 최대 규모다. 국가 안보국은 전화나 팩스, 컴퓨터는 물론 레이다나 미사일의 전자 신호까지 잡아내어 분석한다고 한다.

으로서 상상도 할 수 없는 위법행위이며 월권행위라는 것을 알 수 있다. 또한 정보를 독점하고 이를 악용하여 자신들의 이익을 극대화하려는 처사 역시 이와 같은 차원에서 마땅히 응징되고 배제되어야 할 잘못된 일이라 할 수 있는 것이다. 이 영화는 정보화 사회에서 나타날 수 있는 잘못된 정부 관료조직의 어두운 일면을 잘 묘사하여 투영해 주고 있으며 나아가 정보 독점 권력의 일그러진 음모와 비리의 추한 모습을 잘 보여주고 있다.

앤드류 데이비스(Andrew Davis)감독이 1993년에 제작 출시한 해리슨 포드(Harrison Ford), 줄리안 무어, 그리고 토미 리 존스(Tommy Lee Jones) 출연의 『도망자』 역시 거대한 관료조직에 의해 누명을 쓰고 쫓기는 한 인간의 삶이 얼마나 비참하게 전락될 수 있는가를 단적으로 보여주고 있다. 살인범으로 몰려 경찰의 집요한 추적을 받는 주인공은 초인적인 능력을 보이며 이를 극복해 내지만 평범한 삶을 살아가는 사람들의 눈에는 불가사이 하게만 느껴진다. 거대한 조직 앞에 왜소해만 가는 인간상을 잘 표현한 작품이다.

3) 『방화벽 : 파이어월』(Firewall)

리차드 론크레인(Richard Loncraine) 감독이 해리슨 포드(Harrison Ford)[382], 폴 베타니(Paul Bettany)(빌 콕스 역), 지미 베네트(Jimmy Bennett), 버지니아 매드슨(Virginia Madsen)(베스 스탠필드 역), 로버트 패트릭(Robert Patrick) 등을 주연으로 하여 2006년 2월 17일에 개봉한 영화이다[383].

이 영화에서 주인공으로 나오는 컴퓨터 보안 전문가 잭 스탠필드(해리슨 포드)는 '랜드락 퍼시픽 은행'에서 최고로 손꼽히는 중역 급 간부이다. 그는 첨단 네트워크 추적 장치와 코드, 방화벽으로 무장된 금융업계 최고의 해

382) 은행보안전문가(bank security expert) 잭 스탠필드(Jack Stanfield) 역으로 나온다.

383) 미국 개봉일은 2006년 2월 10일이다.

킹 방지 시스템을 구축해 나날이 지능화되어 가는 해커들의 끊임없는 위협으로부터 은행을 지켜낸다. 그러나 철통같은 잭의 컴퓨터 보안 시스템에도 약점이 있었다. 그것은 다름 아닌 바로 잭 자신이었던 것이다. 어느 날, 그 약점을 노리고 교활한 냉혈한인 빌 콕스(폴 베타니 분)가 잭에게 접근을 한다. 빌은 잭과 잭의 가족을 1년 동안 감시하며 이들의 개인적인 정보를 모두 파악해놓을 정도로 치밀하고 철저한 준비를 해 놓은 상태이었다. 아이들 친구들의 이름은 물론 병원 진료 기록, 보안 회사와의 암호에 이르기까지 잭과 그 주변의 일을 손바닥 들여다보듯 훤히 꿰게 된 빌은 대담한 한탕 음모를 실행에 옮기기 시작한다. 일당들과 함께 잭의 집을 무단 점거한 빌은 잭의 가족들을 인질로 잡고 잭을 협박하여 1억 달러를 랜드락 퍼시픽 은행에서 빼내어 자신의 계좌로 이체할 것을 요구한다. 빌 콕스 일당에 의해 위기를 모면할 수 있는 모든 퇴로가 사전에 치밀하게 차단되고 인질이 되어버린 가족의 목숨마저 경각에 달린 절망적인 상황에서 잭이 선택할 수 있는 길은 단 한 가지뿐이었다. 자신이 만든 철통같은 은행의 보안 시스템을 뚫고 1억 달러를 빌 콕스의 계좌로 이체시켜주는 일 이외에는 다른 방법이 있을 수 없었던 것이다. 설상가상으로 잭이 다니는 은행이 금융업계의 골리앗인 애큐웨스트 사에 합병되면서 잭의 행보는 날카로운 감시의 눈에 노출되고 컴퓨터의 데이터를 조작하는 작업도 보다 어렵게 되었다. 돈을 빼내는데 필요한 중요 장비마저 다른 곳으로 옮겨지자 더욱 궁지에 몰린 잭은 빌의 요구를 이행하기 위해 필사의 노력을 기울인다.[384)]

이 영화에서 보듯이 정보화 사회가 보다 진전될수록 정보화 사회가 지니는 약점들도 나타나게 마련이다. 그 이유는 정보화 사회를 가능토록 만든 컴퓨터와 관련 프로그램 그 자체가 바로 인간의 발명품에 불과하기 때

---

384) http://www.maxmovie.com/movie_info/detail_synopsis.asp?m_id=M000034868&menu=5 ; http://movie.naver.com/movie/bi/mi/basic.nhn?code=42462

문이다. 이러한 약점을 교활한 지능범들은 놓치지 않고 교묘하게 파고든다. 해킹을 방지하는 프로그램이거나 또는 여러 목적에 따라 보안시스템 관련 프로그램을 만든 사람들은 자신이 만든 프로그램의 강점과 약점을 가장 잘 아는 사람이면서 동시에 그들이 잘못된 마음을 갖거나 또는 외부적 요인에 의해 자신의 올바른 마음을 그릇되게 굽힐 경우에는 그 자체가 바로 재앙으로 와 닿게 되는 것이 겉으로 보기에 완벽에 가까운 정보화 사회의 맹점인 것이다. 영화에서 잭 스텐필드는 해킹이 불가능한 거의 완벽에 가까운 보안 관리시스템을 만들어 이것을 보안 방화벽으로 하여 자신의 은행을 지켜낸다. 그러나 그는 자신의 가족을 지키는 방화벽을 만들어낼 수는 없었다. 결국 자기 자신의 가족을 지키는 방화벽이 없는 관계로 자신의 가족이 교활하면서도 포악한 범인들의 사냥감이 되고 결국 그 자신도 인질이 된 가족을 구해내기 위해 자신이 만든 보안 방화벽의 약점을 파고들어 결국 1억 달러의 돈을 빼내게 되는 것이다. 은행의 보안 방화벽은 정상적으로 가동이 되었으나 인간 방화벽이 뚫려 은행의 손실을 야기 시키는 결과를 낳게 된 것이다. 이 영화는 정보화 사회의 이러한 모순적인 이중성을 예리하게 잘 파헤쳐서 극화시켜 내고 있는 것이다. 그리고 정보화 사회의 특징 중 하나는 컴퓨터와 그 연결 네트워크를 통해 단 시간에 막대한 정보량을 운송하고 전파 할 수 있는 능력을 가지고 있는 사회이다. 따라서 보안 관리시스템을 속일 수 있도록 조작만 잘 할 수 있다면 1억 달러의 돈도 컴퓨터를 통해 순식간에 보안 관리시스템을 뚫은 사람이 어디에 공간적으로 존재 하는지와는 관계없이(미국이어도 좋고 한국이어도 상관이 없을 것이다. 왜냐하면 세계도처의 컴퓨터가 네트워크로 연결이 되어있기 때문이다.) 그의 돈이 되어버리는 것이다. 만약 1억 달러를 은행에서 빼내기 위해서 전통적인 방법을 쓴다면 10여명이 넘는 많은 인원의 은행털이범들이 삼엄한 경비를 뚫고 들어가 엄청난 양의 화폐와 수표 그리고 은행에 보관 중인 유가증권 혹은 보석 등을 훔쳐내어 이를 은행 밖에 안전한 곳으로 이동을 시켜야 할 것이다. 이러기 위해서는 운송수단인 트럭이라도 몇 대 필요할지 모른다. 그리고 이러한 은행털이를 위한 모든 과정을 시간적으로 따져 본다면 상당한 시간의 소요가 불가피하다. 그리고 1억 달러라는 은행털이의 액수와 규모로 볼 때 은밀하게 진행하기는 상당히 어려울 것이다. 그러나 정보화 사회에서는 이러한 전통적인 방법을 사용하지 않는다. 이 영화에서 보여 주듯이 계좌번호와 ID번호 그리고 패스워드만 있으면 또 필요에 따라서는 거짓 정보를 입력하는 식의 컴퓨터 조작만 할 수 있으면 쉽게 돈이 있는 계좌에 접근이 가능하고 이것을 빼내는 것도 엔터키를 한 번 누르는 시간정도 밖에 소요되지 않는다. 물론 이체하는데 드는 어느 정도의 시간을 감안한다하더라도 그 신속성이나 기밀성은 전통적인 방법으로는 감히 상상도 할 수 없는 것이다. 따라서 정보화 사회에서 이러한 나쁜 마음을 먹고 내부 정보를 잘 아는 자가 돈을 빼돌리기로 작심을 한다고 하면 과거보다 훨씬 더 쉽게 일을 성사시켜 낼 수 있다는 것이다. 정보화 사회는 우리에게 시간과 비용 면에서 엄청나게 많은 편익을 제공하지만 그것이 잘못될 경우에는 우리에게 상상을 초월하는 재앙을 안겨줄 수 있음을 이 영화는 간접적으로 보여주고 있다고 할 수 있다. 모든 세계의 금융정보 시스템이 하나의 컴퓨터 네트워크 망에 의해 연결되어 있다고 생각을 한다면 결코 이러한 가정과 상상이 공상일거라는 가벼운 생각을 가지기는 어려울 것이다. 아무리 완벽한 보안 방화벽을 구축하였다고 하더라도 그것이 인간의 작품인 이상 불완전함이 있을 수박에 없고 그것을 간파한 다른 전문가에 의해 그 방화벽은 무력화 될 수밖에 없는 것이다. 또한 그 방화벽을 설계하고 설치하고 관리 하고 운영하는 것도 결국 인간이 한다고 볼 때 인간의 한계가 바로 방화벽의 목적의 한계라고 볼 수도 있는 것이다. 이 영화는 이러한 화두를 던지면서 정보화 사회가 가지고 있는 인간과 이러한 인간들의 결합체인 조직의 한계를 잘 묘사해 냈을 뿐만 아니라 나아가 이러한 한계를 교묘히 파고들어 자신의 탐욕을 채우려는 범죄조직의 교활성과 악랄함을 잘 보여주고 있는 것이다.

이 영화는 특히 2006년 2월에 일어난 영국 최대의 현금 강탈사건 범인들에게 아이디어를 제공해 주었다 해서 화제가 되었다. 실제로 범인들은 영국 현금보관소 소장과 그 가족들을 인질로 잡고 이들을 협박하여 현금보관소를 열게 한 후 그 곳에 보관된 현금(약 400억 파운드라고 하는데 그 규모가 커서 확실치 않다고 보도됨. 혹자는 800억 파운드 가까운 돈이라고도 말함)을 탈취하여 사라졌다 한다. 이러한 범죄수법은 이 영화에서 나타난 수법과 매우 유사하다고 볼 수 있는 것이다.

4) 『엔트랩먼트』(Entrapment)

이 영화는 존 아미엘(Jon Amiel) 감독이 숀 코너리(Sean Connery)[385], 캐서린 제타 존스(Catherine Zeta-Jones)[386], 빙 레임스(Ving Rhames)(아론 티바도 역), 윌 패튼(Will Patton) 등을 주연으로 하여 1999년 5월 29일에 개봉한 영화이다.

이 영화는 첨단 보안 정보시스템을 뚫고 들어가 엄청난 고가의 미술품이나 거액을 훔쳐내는 사이버 전문절도범들의 행각을 흥미진진하게 보여주고 있다. 특히 밀레니엄 버그를 방지하기 위해 은행들이 새해를 맞이하기 바로 전날 밤 은행 컴퓨터를 잠시 멈춘다는 아이디어를 밀레니엄버그 소재로 삼았다. 말레이시아 국제 은행에서 밀레니엄버그를 방지하기 위해 은행 컴퓨터가 잠시 멈춘 것을 이용하여 수십억 달러에 달하는 거액의 돈을 빼돌린 고가의 미술작품만 골라 훔치는 유명한 도둑인 맥두걸(Robert MacDougal :

385) 로버트 맥더갤(Robert "Mac" MacDougal)역으로 나온다.

386) 버지니아 베이커, 보험수사관 진 베이커("Gin" Baker)역으로 나온다.

숀 코너리 분)과 뛰어난 미모와 지성을 갖춘 베이커(Gin Baker : 캐서린 제타 존스 분)의 기발한 발상을 통해 철통같은 방어시스템을 가진 은행의 컴퓨터 망도 허점이 있음을 보여줌으로써 완벽한 듯 보이는 정보화 사회의 맹점을 적나라하게 보여주고 있다.[387] 이 영화 역시 앞서 살펴 본 『방화벽』에서와 같이 정보화 사회의 총아로 불리는 은행전산망을 소재로 하고 있다.

3. 정보전의 대명사인 테러와의 전쟁에 관료제가 어떻게 대응을 하는가를 소재로 한 영화들

정보전의 대명사인 테러와의 전쟁에 관료제가 어떻게 대응을 하는가를 극적으로 잘 시사해 주는 영화로는 다음과 같은 것이 있다. 『이글아이』, 『마지막 보이 스카웃』, 『자칼』, 『네이키드 웨폰』, 『다이 하드』, 『다이 하드 2』, 『언더시즈 2』, 『다이 하드 3』, 『다이 하드 4』 등이다.

1) 『이글아이』(Eagle Eye)

이 영화는 D.J. 카루소가 감독을 맡고 샤이아 라보프(제리 쇼 역)와 미셸 모나한(레이첼 홀로맨 역)이 주연으로 출연을 하여 종전에는 볼 수 없었던 사이버테러와의 전쟁을 기막히게 풀어나가고 있다.

미국은 속절없이 일방적으로 당해야 했던 9·11테러이후 대 테러전을 국가안보차원에서 밀고나가게 된다. 그 일환으로 애국법(USA Patriot Improvement and Reauthorization Act Of 2005 : USA PATRIOT Act)이라고 일컬어지는 국가안

387) http://movie.naver.com/movie/bi/mi/basic.nhn?code=24447 ; http://www.videokorea.com/movie/mo_detailinfo.htm?Movie_ID=1762

보법을 만들어내어 기존에 누리던 일부 자유까지 억압할 수 있는 그런 강도 높은 국가안보위주의 법 집행을 강행하고 있다. 이러한 현재의 미국 안보 분위기를 극화한 것이 바로 이 영화이다. 미국 국방성은 현재와 앞으로 도래 할 정보 테러전에 대비키 위해 극비리에 국방성 지하 36층에 사이버 대 테러조직을 만들고 이러한 대 테러조직의 활동을 지원 할 수 있는 슈퍼 컴퓨터를 작동시켜 세계전역의 정보망을 감시하고 통합하는 통제 관리시스템을 운영하게 한다. 이 통합 통제 정보관리시스템은 미국 국내뿐만 아니라 국외까지 모든 정보들을 검색하고 감시하며 모니터링 할 수 있을 뿐만 아니라 수집가능 한 정보들을 수집하여 이를 분석 평가 관리 통제하려고 하는데 목적을 둔 것이다. 그런데 이 통합 통제 정보관리시스템에 문제가 발생을 한다. 세상을 조종하고 통제하는 또 하나의 눈인 '이글아이'라고 하는 통합 통제 정보관리시스템이 원래의 목적과 그에 따른 기능을 묵살하고 자기 자신이 임의적으로 설정한 국가안보 콘셉트를 가지고 작동하기 시작했기 때문이다. 현재의 대통령과 그가 이끄는 내각으로는 미국의 안보를 책임질 수 없다는 통합 통제 정보관리시스템인 이글아이의 판단은 이들을 제거하고 새로운 대통령과 그가 지휘하는 내각을 결성하고자 하는 음모를 추진하게 된다. 통합 통제 정보관리시스템은 이글아이를 관리 하고 있는 주인공 제리 쇼의 형을 이용하여 뜻을 펼쳐보려고 하지만 형은 이것이 잘못임을 직감하고 이를 단호히 거절한다. 그리고 이 통합 통제 정보관리시스템이 그러한 음모를 현실로 옮기지 못하도록 이 시스템의 핵심이 되는 부분을 작동할 수 없도록 잠거 버린다. 이 잠금 장치를 열기위해선 이를 운영해왔던 그리고 이를 잠거 버린 제리 쇼의 형만이 할 수 있는데 이 시스템이 잘못된 방향으로 나가고 있음을 감지하고 이를 막기 위해 잠금장치를 한 제리의 형을 이글아이 시스템은 자신이 나가고자 하는 길에 걸림돌로 판단을 하고 의도적으로 교통사고를 일으켜 사고사를 가장하여 죽여 버린다. 제리의 형이 교통사고로 살해되자 이글아이의 잠금장치를 풀 수 있는 사람은 형과 생물학적, 생체학적 특성이 같은 동생 제리뿐이다. 결국 제리는 이글아이의 표적이 되어버린다. 이글아이는 제리를 자신의 의도대로 움직이고 통제하기 위해 제리를 이글아이의 올가미에 엮어버리는 음모를 진행한다. 이 음모의 일환으로 제리의 통장에 의문의 75만 달러라는 거금이 입금이 되고 집에는 각종 첨단 무기와 자신의 이름으로 된 여러 개의 여권들이 배달이 된다. 그리고 걸려온 전화의 차가운 여자 목소리는 30초 후, FBI가 닥칠 테니 도망갈 것을 명령한다. 영문도 모른 채 우왕좌왕하다가 제리는 FBI에게 체포가 되고 영락없이 체포현장의 물증 등으로 인해 테러리스트로 몰리게 된다. 그러나 이글아이는 제리를 FBI의 손아귀에서 벗어나게 만들고 FBI와의 추격전에서 아들의 목숨을 담보로 전화 지시에 따르고 있는 같은 처지의 레이첼 홀로맨을 만나 같이 이글아이의 명령에 따르는 신세가 된다. 이글아이는 핸드폰, 현금지급기, 거리의 CCTV, 교통안내 LED 사인보드, 신호등 등 이들 주변의 전자장치와 시스템 등을 가지고 이들의 행동을 조종하고 통제를 한다. 이들은 이글아이에 의해 선택되었고 살기 위해선 복종할 수밖에 없는 신세로 전락하고 만다. 여러 가지 죽을 고비를 넘기고 결국 그들은 이글아이가 유도 하는 대로 국방성 지하 36층에 극비리에 존재하고 있는 이글아이를 통제하는 곳으로 들어오게 된다. 제리는 이글아이의 지시에 따라 형이 작동을 시켜 놓은 잠금장치를 해제를 한다. 그러나 그것이 잘못된 것임을 직감하고 이글아이 시스템이 음모를 현실화하려는 것을 막기 위한 행동을 목숨을 걸고 한다. 그러나 제리의 노력에도 불구하고 이글아이가 주도가 된 대통령 암살음모가 실행에 들어간다. 제리는 이를 막기 위해 자신의 몸을 던진다. 대통령이 연두교서를 하는 의회에 잠입하여 대통령의 목숨을 노리는 목걸이 폭탄을 목에 걸고 있는 같은 처지에 빠져있는 레이첼을 찾는다. 제리는 레이첼이 목에 걸고 있는 목걸이가 가공할만한 폭발력을 가진 고성능폭약임을 알고 있었다. 그리고 미국의 국가를 연주하기 위해 의회에 초대된 어린이 연주팀의 트럼펫 연주자인 레이첼의 아들이 부는 트럼펫에 목걸이 폭탄의 뇌관을 터트리는 메시지가 전송되는 것 역시 알고 있었다. 그는 대통령암살을 막을 수 있는 방법에 대한 선택의 여지가 없는 결정적인 순간에 자기 자신 스스로 천정으로 권총을 쏘아 대통령을 암살하려는 것처럼 가장한다. 당연히 근접경호를 하고 있던 경호원들 일부는 대통령을 감싸고 신속히 도피를 하고 나머지 일부 경호원들은 제리를 제압하기 위해 제리에게 총을 쏜다. 제리는 총에 맞아 쓰러지고 이런 와중에 트럼펫을 불던 레이첼의 아들은 놀라 트럼펫을 부는 것을 중지한다. 이로 인해 레이첼이 목에 걸고 있던 목걸이 폭탄의 뇌관이 작동이 되지 않아 큰 불상사가 발생하지 않게 된다. 사이버테러의 끔찍한 악몽 앞에서 이러한 주인공의 살신성인의 행동이 결국 대통령 암살도 모면케 하고 미국의 안보도 지켜내는 결과를 가져오게 한다.

이러한 내용을 가지고 있는 이 영화는 우리에게 몇 가지 메시지를 보내고 있다. 첫째, 인간이 보다 생산적이고 효율적인 사회를 만들기 위해 그리고 보다 안전한 사회를 만들기 위해 제작을 한 통합 통제 정보관리시스템이 잘못 관리되거나 또는 오작동이 되거나 혹은 테러단체들에 의해 악용이 될 때에는 엄청난 재앙이 초래될 수 있다는 경고의 메시지이고 둘째, 통합 통제 정보관리시스템이라는 인공지능이 고도로 발전이 되어 인간의 통제능력을 벗어나게 될 경우 인간에게 엄청난 재앙을 가져다 줄 수 있다는 메시지와 셋째, 통합 통제 정보관리시스템이 자체의 내부 결함으로 인해 에러가 발생하고 이로 인해 목적이외의 방향으로 작동이 될 경우 역시 인간에게 커다란 재앙을 안겨줄 수 있다는 메시지 등이다. 결국 이러한 첨단 통합 통제 정보관리시스템은 인간에게 있어 날카로운 양날을 가진 칼이 되는 셈이다. 잘 만 이용을 한다면 문명의 이기가 되는 것이지만 그렇지 못할 경우 이것은 문명의 흉기로 돌변하게 되는 것이다. 지혜로운 관리와 통제가 필요로 되는 이유가 바로 여기에 있는 것이다.

21세기는 많은 사람들이 이야기 하듯이 지적 정보화 사회라고 한다. 모든 부문이 정보화되고 이로부터 자유로운 것은 하나도 없다고 해도 과언이 아닌 세상이 되었다. 우리들의 모든 신상정보를 비롯한 생체정보, 금융정보, 의료정보, 교육정보 등등이 전부 컴퓨터에 의해 사이버공간에 저장되고 활용되고 있다. 이것이 악의를 가진 자나 조직에 의해 또는 오작동에 의해 그리고 컴퓨터 자체의 높은 인공지능에 의해 인간통제를 벗어나는 방향으로 오용되거나 또는 나쁜 방향으로 악용이 된다면 가공할 재앙 적 상황을 상정하지 않을 수 없을 것이다. 따라서 이러한 시대일수록 첨단 정보를 관리하고 통제하는 행정 관료들의 역할은 매우 중요하고 필요하다고 할 수 있다. 행정 관료들은 국민들의 해당 정보자료를 철저하게 보호할 수 있는 방법을 강구하고 이를 활용할 수 있어야 할 것이며 충분히 통제 가능한 통합 정보관리시스템에 대한 운영관리 능력을 지속적으로 가질 수 있어야 하고 이를 악의적으로 악용할 수 있는 개인이나 조직의 손아귀에 놀아나지 않도록 하는 여러 예방 및 방어 조치들을 강구해 나가야 할 것이다. 이 영화는 현재 진행 중이거나 앞으로 도래할 사이버테러, 사이버로 인한 뜻하지 않은 재앙 등을 높고 풍부한 상상력을 통해 우리에게 현실과 다름없이 투영해 주었다고 평가할 수 있다. 또한 이를 통해 대 테러 업무를 맡고 있거나 정보관련 업무를 수행하는 행정 관료들에게 경고의 메시지와 더불어 강력한 대응책을 주문하고 있다고 볼 수 있다.

2) 『마지막 보이 스카웃』(The Last Boy Scout)

토니 스콧 감독이 브루스 윌리스(죠 역), 데이먼 웨이언즈(지미 역), 첼시

필드(사라 역) 등을 주연으로 하여 1991년 12월 24일에 개봉한 영화이다.

죠 할렌백(Joe Hallenbeck : 브루스 윌리스 분)은 왕년에 대통령과 캘리포니아의 상원 의원 보디가드로 일하면서 잘 나갔지만 근자에 들어 사립탐정 일을 하면서 푼돈이라도 벌고 있는 신세가 되었다. 그는 자신에게 일감을 주던 뚱보((Mike Matthews : 브루스 맥길 분)가 자동차 폭발사고로 날라 가고 자신이 보호하던 나이트클럽에서 춤추는 흑인 댄서가 살해당하자, 흑인 댄서의 애인이자 과거 화려한 미식축구 쿼터백을 지냈지만 지금은 퇴물 취급 받는 지미(Jimmy Dix : 대몬 웨이안스 분)와 미궁 속의 사건에 뛰어들어 함께 음모와 비리를 추적해 나간다.[388] 그러던 중에 그는 테러단체들이 미식축구장(LA 메모리얼 콜리세움)에 운집한 군중들을 대상으로 폭탄테러를 가한다는 사실을 알아내고 이를 막기 위한 피나는 노력을 경주하게 된다. 그러나 그의 제보와 노력에도 불구하고 테러를 막는데 책임을 지고 있는 정보기관이나 경찰조직의 움직임은 느리기만 하고 그의 마음에 차지를 않는다. 그러자 그는 직접 발을 벗고 테러를 막으려는 노력을 기울인다. 결국 그는 이러한 정보기관이나 경찰조직에 앞서 몸소 테러단체와 맞부딪쳐 가공할 테러를 위기일발로 일소시킨다.

이 영화는 은밀하고 신속하게 움직이는 테러조직에 비해 정보기관이나 경찰조직 등 테러를 예방하거나 근절시켜야 할 공적 조직이 제대로 그 기능을 신속하게 그리고 효율적으로 작동시키지 못함을 여과 없이 들추어내고 있다. 테러조직은 은밀성과 신속성을 생명으로 한다는 사실은 이미 삼척동자도 다 아는 사실이 되었다. 소규모 팀 단위로 구성이 되어 테러임무를 수행하며 팀 구성은 문제해결을 전제로 한 전문성을 위주로 하여 편성을 하고 팀원 간의 결속력(group cohesiveness)은 매우 강하다. 그리고 팀 조직은 점 조직화되어 있어 비밀을 유지하는데 도움이 된다. 또한 소규모 조

388) http://www.cine21.com/Movies/Mov_Movie/movie_detail.php?id=215

직이기 때문에 테러목적과 그 임무에 따라 매우 신속하게 움직이는 것을 특징으로 하고 있다. 이에 반해 기존 정보기관이나 경찰조직은 매우 조직이 방대할 뿐만 아니라 명령 및 보고체계도 복잡하고 길며 관할권 등 조직을 명료하고 신속하게 움직이는데 걸림돌이 되는 많은 요인들이 도사리고 있다. 여기에 이 조직에 몸담고 있는 행정 관료들의 무사안일 적 사고 혹은 복지부동의 자세나 경직적으로 관행에 젖은 관료적 병리행태 등은 은밀하고 신속하게 움직이는 테러조직의 움직임을 사전에 감지하고 예방하고 차단하는데 많은 어려움을 던져주고 있는 것들이다. 바로 이 영화에서는 이러한 것들을 극화하여 가감없이 우리에게 현실감 있게 보여주고 있는 것이다.

3) 『자칼』(The Jackal)

마이클 카튼 존스 감독이 브루스 윌리스(자칼 역), 리처드 기어(데클랜 조셉 멀퀸 역), 시드니 포이티어(카터 프레스톤 역) 등을 주연으로 하여 1997년 12월 13일에 개봉한 영화이다.

전설적 테러리스트였던 '자칼'을 영화화한 작품이다. 프레드 진네먼이 1973년도에 선보였던 『자칼의 음모』를 새롭게 각색하여 선을 보인 작품이기도 하다. 주인공 자칼 역으로 나오는 브루스 윌리스와 이를 막는 역할을 맡은 데클랜 조셉 멀퀸 역으로 나오는 리처드 기어 간의 숙명의 대결을 잘 그려내고 있다. 빠른 속도감과 이에 버금가는 반전의 묘미가 극적 재미를 더해주는 작품이기도 하다.

영화의 내용은 이렇다. 동서냉전이 종식된 '90년대를 시대적 배경으로 하고 있다. 미국과 러시아는 오랫동안 골머리를 앓아왔던 러시아 마피아 조직 소탕을 위해 공동작전을 벌인다. 이 과정에서 심복을 잃은 마피아 조직의 보스는 미국에 대한 복수를 위해 미국 정부요인을 암살할 수 있는 전문 킬러를 고용하는데 그가 바로 자칼(The Jackal : 브루스 윌리스 분)이다. 그는 철저하게 베일에 가려진 인물로 묘사된다. 러시아 마피아의 동태를 관찰하던 FBI와 러시아 정보국은 미국 정부요인을 암살하기 위해 마피아 조직이 자칼을 고용했다는 사실을 뒤 늦게 알게 된다. 그러나 끊임없이 이동하고 변신하는 그의 거처와 정체는 물론 그에 관련된 모든 것이 비밀 속에 싸여있었으며 아는 것이라고는 단지 그의 이름이 자칼이라는 것뿐이었다. 자칼의 존재는 알지만 그의 명료한 암살목표와 이를 실행에 옮기는 방법 등을 파악하지 못했던 FBI 부국장 프레스톤(Cater Preston : 시드니 포이티어 분)은 자칼의 강력한 도전을 받게 된다. 러시아 정보요원 코스로바(Valentina Koslova : 다이안 베노라 분)의 지원을 받고 있는 그는 냉혈 킬러 자칼을 추적하기 위한 방법을 모색해야만 했다. 그들은 암살을 저지할 수 있는 유일한 방법으로 베일에 싸여있는 자칼을 누구보다 잘 알고 그에게 대적할 수 있는 인물을 물색하게 되는데, 그가 바로 자칼과 똑같은 경력을 가지고 투옥중인 전 첩보 요원 데클란 멀퀸(Declan Mulqueen : 리차드 기어 분)이다. 프레스톤 부국장은 멀퀸을 고용한다. 그는 과거에 자칼과 함께 활동하던 인물이었다. 멀퀸은 TV를 보다 자칼의 암살 목표가 영부인임을 직감한다. 그러나 이미 자칼은 경찰관으로 변장하여 모든 준비를 끝낸 상태였다. 자칼은 준비되어진 대로 냉정하게 일을 진척시켜 나간다. 영부인이 경호원들과 함께 나타난 곳에 경찰관 복장으로 잠입에 성공한 자칼은 영부인을 암살하기 위한 행동을 취한다.[389)]

이러한 내용을 담고 있는 이 영화는 우리에게 몇 가지의 메시지를 던져주고 있다. 우선 미국 FBI나 러시아의 정보국이 자칼의 거처나 행동반경 그리고 암살목표, 암살장소 그리고 암살방법 등에 대한 정보를 정확하게

---

389) http://movie.naver.com/movie/bi/mi/basic.nhn?code=18750 ; http://www.maxmovie.com/movie_info/detail_synopsis.asp?m_id=M000024807&menu=5

확보하지 못하였다는 점이다. 정보화 사회에서 정보를 적에게 선점당하는 것은 곧 죽음을 의미하는 것이다. 정보기관의 본래 목적이나 기능이 어느 누구보다 빨리 정확한 정보를 파악하고 이를 활용하는 것인데 오히려 자칼이 정보기관을 가지고 노는 꼴이 되어버린 셈이다. 둘째, 방대한 예산과 인적 자원을 사용하고 심지어는 초법적 권력을 행사할 수 있는 정보기관이 자칼이라는 한 테러리스트의 행방을 파악하지 못하고 우왕좌왕하는 모양은 현대 조직들이 가지고 있는 변화에 대한 둔감성을 그대로 나타내고 있다고 볼 수 있다. 기민하게 상황에 따라 시시각각으로 변화를 꾀하는 테러리스트에 비해 방대하고 관료적으로 관성화 된 경직적 조직은 그러한 테러리스트를 효과적으로 제압할 수 없게 되는 것이다. 오히려 자칼에 대해 잘 알고 있고 또 자칼의 움직임을 예의주시하고 그의 움직임에 따라 신속하고 기민하게 움직이는 멀컨 1인의 역할이 거대하고 방대한 정보기관보다 문제 해결의 실마리를 보다 먼저 거머쥐게 되는 것도 바로 이러한 이유에 기인된다고 볼 수 있다. 상황의 변화가 왔을 때 작은 보트는 쉽게 방향을 전환할 수 있지만 항공모함처럼 거대한 선박은 쉽사리 방향을 전환 할 수 없는 것이나 같은 이치라고 이해할 수 있다. 이런 맥락에서 볼 때 거대한 관료제가 주된 패러다임이었던 산업사회의 준거틀에서 벗어나 보다 정보화 사회에 걸 맞는 조직 유형으로 이제 관료제도 바뀌어져야 한다는 강한 메시지를 이 영화는 우리에게 던져주고 있다고 생각할 수 있다.

4) 『네이키드 웨폰』(Naked Weapon)

정소동 감독이 매기 큐(샬린 역), 안아(캣 역), 이행지(질 역) 등을 주연으로 하여 2002년에 개봉한 영화이다.

영화의 내용은 이렇다. 갑자기 전 세계의 뛰어난 외모와 운동신경을 가진 여자아이들이 일순간에 사라져버렸다. CIA는 의혹투성이의 이 사건을 수사하지만 곧 미궁에 빠지고 만다. 이렇게 CIA가 미궁 속을 헤매고 있을 때 이 납치의 배후에는 강제로 납치된 여자아이들을 전문 암살범으로 훈련시키려는 마담 M이 날카로운 발톱을 숨기고 웅크리고 있었다. 이러한 대규모의 납치가 있은 후 6년이 경과가 된다. 위치 추적이 불가능한 감옥 같은 곳에서 철저한 감시 속에 체력 훈련과 테러교육을 받아오던 아이들은 가장 강한 자만이 살아남을 수 있는 프로그램에 투여되고 살아남기 위해 친구마저 죽음으로 몰아야하는 살인 병기로 키워진다. 살인적인 프로그램에서 살아남은 아이들은 마지막 시험 무대에 오른다. 사방이 가로막힌 철창 속에서 벌이는 죽음의 서바이벌 게임이 바로 그것이다. 서로 죽이고 죽임을 당하는 죽음의 서바이벌 게임에서 결국 샬린(매기 큐 분), 캣(안아 분), 질(이행지 분)만이 살아남아 세계 최고의 암살자가 된다. 그리고 이들은 스페인과 필리핀, 홍콩 등지에서 각종 테러에 투입되고 마지막으로 홍콩에서 한 남자를 살해하라는 임무를 맡고 작전에 투입된다. 그러나 샬린은 그곳에서 오래 전 헤어진 엄마를 만나면서 충격을 받고, 이로 인해 CIA요원 잭(오언조 분)과 마주친다. 잭은 샬린의 과거를 되찾아 주고 샬린은 마담M을 제거하겠다고 약속을 한다.[390)]

이 영화 역시 뛰어난 여자 아이들을 납치하여 테러리스트로 양성을 하는 범죄조직에 대해 정보기관이 속수무책으로 당하는 것을 극화하고 있다는 점에서 앞의 '자칼'과 다름이 없다. 특히 정보기관이 여자 아이들의 납치와 관련된 실종사건을 수사하는데 있어 매우 비효율적이고 주먹구구식의 행태를 보여주는 것을 잘 극화시켜 보여주고 있다. 앞에서도 이미 언급을 하였지만 정보화 사회에서 정보기관은 남보다 먼저 정보를 입수하고 이를 정확히 분석 평가하여 사안의 경중에 따라 예방조치를 취하거나 이것이

---

390) http://movie.naver.com/movie/bi/mi/basic.nhn?code=36600

실행될 수 없도록 제어하고 통제하는 기능과 역할을 수행해 주어야 하는 것이다. 그러나 이 영화에서 보여주듯이 정보기관의 수사는 원점에서 맴돌고 이렇게 6년 동안 소재파악도 못하는 등 허송세월로 시간을 낭비하는 동안 납치된 여자 아이들은 무서운 테러리스트로 키워져서 세계의 평화를 위협하는 존재로 나타나게 되는 것이다. 테러와의 전쟁에서 제일 중요한 것 중 하나는 정보를 남보다 먼저 획득하고 이를 정확히 분석 평가하는 일이다. 이러한 일을 제대로 해 내지 못한다면 그런 정보기관은 정보기관으로서의 존재의 의미를 상실할 수밖에 없는 것이다. 이런 조직에게 국민의 혈세를 무턱대고 쏟아 붓는 그런 어리석음이 재현되어서는 안 될 것이다.

5) 『다이 하드』(Die Hard)

존 맥티어난 감독이 브루스 윌리스(존 맥클레인 역), 앨런 릭맨(한스 그루버 역), 보니 베델리아(홀리 맥클레인 역) 등을 주연으로 하여 1988년 9월 24일에 개봉한 영화이다.

뉴욕 경찰 존 맥클레인(John McClane : 브루스 윌리스 분)은 사랑하는 아내와 자식과 함께 크리스마스를 보내기 위해 로스앤젤레스로 날아온다. 그가 아내 홀리(Holly Gennero McClane : 보니 델리아 분)의 직장이 있는 나카토미(Nakatomi Plaza) 빌딩으로 찾아 갔을 때 사무실에서는 크리스마스 파티로 크게 북새통을 이루고 있었다. 그러나 파티가 한창 무르익을 무렵에 이르렀을 때 한스 그루버(Hans Gruber : 알란 릭맨 분)가 이끄는 일단의 테러리스트들이 침입을 하여 사장을 비롯한 파티 참석자 30여 명을 인질로 삼고 건물 금고에 소장하고 있는 돈과 보물을 손에 넣으려 한다. 최첨단 하이테크에 의해 관리되던 34층짜리 나카토미 빌딩은 통째로 테러리스트들의 수중으로 넘어가 폐쇄가 된다. 크리스마스를 아내와 함께하기 위해 아내를 만나려고 이 건물에 왔던 맥클레인은 아내를 구출하고 자신도 살아남기 위해 일단의 테러리스트들과 살벌한 생존 게임을 한다. 긴급 출동한 경찰과 FBI는 혼자 고군분투하는 맥클레인을 무시한 채 멋대로 무리한 작전을 수행한다. 뿐만 아니라 출세욕에 눈이 먼 TV 리포터는 앞뒤 없이 카메라를 들이대어 맥클레인을 궁지로 몰아넣는다. 다만 말단 흑인 경찰관 포웰 경사(Sergeant Al Powell : 레지날드 볼존슨 분)만이 그의 눈과 귀가 되어 줄 뿐이다. 맥클레인은 초인적인 힘을 발휘하여 최첨단 장비로 무장된 12명의 테러리스트들을 한명씩 처치해 간다.[391)]

이 영화는 경찰조직과 FBI가 테러리스트들에 대해 아주 엉성한 대응을 하는 것을 보여주고 있다. 물론 맥클레인을 영웅으로 만들려고 하는 의도가 영화 곳곳에 배어있긴 하지만 위기상황에서 보여주는 경찰과 FBI의 초등 대응 장면은 우리가 흔히 접할 수 있는 경찰의 그릇된 일면을 다시 새롭게 각인시켜주는 듯한 인상을 갖게 한다. 정확한 현장에 관한 정보파악도 없이 그리고 현재 상황에 대한 정확한 이해도 없이 교범과 관례대로 행하여지는 경찰과 FBI의 테러대응은 영화를 보는 우리들의 마음을 더욱 조여 들게 만든다. 최첨단 장비로 무장을 하여 인텔리전트 빌딩의 통제권을 장악하고 첨단 통신체계로 정보채널을 공유하고 이러한 공유된 명령체계 내에서 일사불란하게 움직이면서 테러의 주도권을 쥐고 나가는 테러리스트들과 일련의 사태에 당황하면서 우왕좌왕하고 관할권 다툼 등으로 구심점을 흔들리게 하는 경찰 당국은 이 영화를 통해 너무나 극명하게 비교가 되고 있다. 테러리스트들은 온라인에서 놀고 있는데 경찰은 오프라인에서 고군분투하는 모습으로 비쳐지는 안타까움도 느껴진다. 특히 맥클레인이 테러리스트와 생사를 건 혈투를 하면서 이러한 사실을 경찰 당국에 알리기 위해 여러 가지 방법을 강구하여 외부로 메시지를 보내지만 이미 이러한 신

391) http://cizle.nate.com/movieinfo/movie.html?movieid=1376

고전화 등에 불감증에 걸린 경찰은 이를 제대로 받아들이지를 않는다. 결국 맥클레인은 최후의 방법으로 순찰을 나온 말단 흑인 경찰관 포웰 경사의 순찰차에 총질을 하고 테러리스트의 주검을 던져 현재 이 빌딩이 처한 사실을 알리고 사태의 심각성을 고지시키고자 하는 고육책을 쓰게 되며 이것을 목격한 포웰 경사는 경찰본부에 사태의 심각성을 전달하고 지원을 요청함으로써 경찰조직이 움직이게 되는 것이다. 그만큼 비대해지고 화석화된 관료조직인 경찰 조직은 이러한 위기시의 즉응적 태세에 취약해질 수 밖에 없었던 것이다. 이를 이 영화는 이러한 각본을 통해 잘 보여주고 있는 것이다. 영화에서 보듯이 맥클레인의 눈부신 활약으로 테러리스트들의 뜻은 이루어지지 못하고 일망타진이 되지만 이러한 노력에 경찰이나 FBI의 역할이 별로 보탬이 되지 못한다는 각본 구성은 위기상황 시 이에 대처를 하는 경찰조직에 대한 불신을 그 내면에 깔고 있는 것 같아 마음이 무겁게 느껴진다.

6) 『다이 하드 2』(Die Hard 2)

레니 할린 감독이 브루스 윌리스(존 맥클레인 역), 윌리엄 새들러(스튜어트 대령 역), 로버트 패트릭(오라일리 역)등을 주연으로 하여 1990년 12월 1일에 개봉한 영화이다.

형사 존 맥클레인은 크리스마스 이브에 로스앤젤레스에서 날아오는 아내 홀리를 마중하기 위해 들뜬 마음으로 워싱턴 국제공항에 간다. 그런데 갑자기 공항에서 비행기 납치(hijack) 경보가 울려 퍼진다. 그리고 전직 미군 장교 스튜어트의 목소리가 마이크를 통해 들려온다. 마이크를 통해 들려오는 내용은 마약 밀수로 체포된 에스페란자 장군을 압송하여 오는 비행기를 으슥한 활주로에 착륙시키고, 보잉 747 점보기를 준비해 놓지 않으면 엄청난 일이 일어날 것이라는 협박의 목소리다. 스튜어트 등 월남전을 겪은 전쟁 전문가들로 구성된 테러리스트 집단은 단숨에 공항을 점령하고 눈보라가 그치는 대로 에스페란자 장군을 태우고 이륙할 준비를 마친다. 그는 죽을 고생을 하기로 작심을 하고 테러범들을 일망타진키 위해 맹활약을 벌인다. 공항경찰서장 로렌즈와 함께 맥클레인은 끝내 테러범들이 탄 보잉 747기를 폭파시키고, 무사히 비상착륙한 아내 홀리를 맞이한다.[392)]

이 영화 역시 사이버 테러의 일면을 잘 보여주고 있다. 스튜어트 등 군 전문가로 구성된 테러리스트들은 항공관제탑과 항공기의 전자기기들을 통제할 수 있는 사이버기술을 발휘하여 경찰과 군의 대 테러작전을 교란하고 봉쇄를 한다. 물론 맥클레인의 맹활약으로 테러리스트들의 사이버 시스템은 붕괴가 되지만 이것이 발휘한 영향은 상당했음을 영화를 통해 알 수 있다. 실제로 앞으로의 테러와의 전쟁에서는 이러한 사이버 테러시스템이 테러리스트들에 의해 악용이 되어 테러대상이나 목표가 된 기관이나 이런 기관이 소유하고 운용하고 있는 정보 관리시스템에 영향을 주게 된다면 그것은 결과적으로 테러의 대상이나 목표가 된 기관에게 치명적인 영향력을 행사할 수도 있게 될 것이다.

7) 『언더시즈 2』(Under Siege 2)

제프 머피가 감독으로 나오고 스티븐 시갈이 주인공으로 나오는 『언더시즈 II』에서도 정신이 다소 비정상적이고 광적인 천재 과학자이면서 테러리스트인 컴퓨터 전문가 드래비스 데인(Dane : 에릭 보고시안 분)이 테러용 컴퓨터프로그램을 개발하여 이것을 통해 지구 궤도를 도는 전투용 인공위성을 장악하고는 이를 통해 워싱턴을 초토화시키고 미국 국방성과 지하 핵 원자로를 손에 넣겠다고 정부를 위협하고 이를 통해 10억 달러의 불법

392) http://www.movist.com/movies/movie.asp?mid=2757 ; http://movie.naver.com/movie/bi/mi/basic.nhn?code=10245

적인 부당이득을 취하려다가 탈취한 기차에 타고 있던 퇴역 해군특수부대 요원 케이시 라이백(Casey Ryback : 스티븐 시걸 분)에 의해 잘못 된 꿈이 좌절되는 내용[393]이 나오는데 이것도『다이하드 2』영화와 맥을 같이 하는 것으로 이해를 할 수 있다.

8)『다이 하드 3』(Die Hard : With a Vengeance)

존 맥티어난 감독이 브루스 윌리스(존 맥클레인 역), 새뮤얼 L. 잭슨(제우스 카버 역), 제레미 아이언스(사이먼 그루버 역) 등을 주연으로 하여 1995년 6월 10일에 개봉한 영화이다.

싸이코 테러리스트 사이먼(제레미 아이런스 분)은 백화점을 폭파한 후 제2의 범행을 하겠다고 위협하면서 정직 중인 뉴욕 경찰관 맥클레인(브루스 윌리스 분)을 내놓으라고 요구한다. 사이먼을 포함한 테러리스트들에 의한 테러행위에 의해 뉴욕시민들이 위해를 당할 것을 우려한 맥클레인은 사이먼의 협박대로 흑인가에서 흑인을 미워한다는 간판을 메고 있다가 흑인들에게 죽음을 당하기 직전 같은 흑인인 제우스(사뮤엘 L. 잭슨 분)의 도움으로 살아나고 이때부터 테러리스트들과 대결을 하면서 제우스와 행동을 같이 한다. 사이먼은『다이하드 1편』에서 맥클레인에게 죽임을 당한 범인의 형으로서 동생의 복수를 위해 맥클레인을 끌어드린 것이다. 사람이 많이 모이는 곳에 폭발물을 설치한 사이몬은 수수께끼를 풀어야만 폭발물을 제거할 수 있도록 만들어 놓아서 맥클레인과 제우스는 그 수수께끼를 풀기위해 뉴욕 시내를 미친 듯이 돌아다닌다. 그러나 사이먼은 다시 한 번 지하철을 폭파시키고 3번째로 어느 학교에 또 폭발물을 설치해 놓았다고 경고한다. 뉴욕의 전 경찰과 FBI가 각 학교마다 동원되어 폭발물을 찾는 동안 사이먼

---

393) http://movie.naver.com/movie/bi/mi/basic.nhn?code=17181

은 성동격서의 병법을 사용하여 연방 준비 은행의 엄청난 금괴를 털어 유유히 사라진다. 사이먼의 음모를 눈치 챈 맥클레인은 제우스와 함께 치열한 추격전을 벌인다. 사이먼이 배를 타고 도주하자 맥클레인과 제우스는 그 배에 오르지만 오히려 테러리스트들에게 체포되는 신세로 전락한다. 배가 폭파되기 직전 간신히 도망친 두 사람은 캐나다 국경을 넘어 도망치는 사이먼 일행을 끝까지 추적하여 끝내 그의 헬리콥터를 폭파시킨다.[394]

이 영화에서도 테러리스트들은 뉴욕시내에 설치한 폭발물을 원격조종장치를 통해 폭파를 시킨다. 즉 컴퓨터 네트워크를 이용하여 자신들이 설치한 폭발물을 터트린 것이다. 이러한 측면에서 볼 때 이것도 사이버 테러의 한 단면을 보여준 영화라고 볼 수 있다. 그리고 성동격서식의 교란 전술을 쓰기 위해 동시에 여러 지역에서 테러를 저지르는 것도 바로 이러한 컴퓨터 네트워크를 활용하였기 때문에 가능한 것이었다. 이 영화 역시 정보전의 한 형태인 사이버 테러를 우리들에게 잘 보여주고 있다.

9) 『다이 하드 4』(Live Free Or Die Hard)

렌 와이즈먼(Len Wiseman)이 감독을 하고 브루스 윌리스(Bruce Willis ; 존 맥클레인 역), 티모시 올리펀트(Timothy Olyphant ; 토마스 가브리엘 역), 저스틴 롱(Justin Long ; 맷 파렐 역), 클리프 커티스(Cliff Curtis ; 보우먼 역), 그리고 매기 큐(Maggie Q ; 메이 린 역) 등을 주연으로 2007년 개봉한 영화이다. 이 영화에서 보여주는 것[395]처럼, 정부의 네트워크 전산망을 파괴해 미국을 장악하려는 전 정부요원 토마스 가브리엘과 같은 해커 한 명이 컴퓨터 조작만으로 비행기 추락, 열차 충돌, 발전소 폭발 등 대형 참사를 유발하고

---

394) http://movie.naver.com/movie/bi/mi/basic.nhn?code=17092

395) http://movie.naver.com/movie/bi/mi/basic.nhn?code=40133

교통, 통신, 금융, 전기 등 모든 국가 기간산업 네트워크를 손아귀에 넣고 국가를 위협하고 국민을 공황에 떨게 할 수 있는 것이 바로 오늘의 정보화 사회의 현 주소이다. 그리고 타락한 행정 관료가 자신이 직무상 지득한 지식과 정보를 바탕으로 하여 자신이 지니고 있는 해킹 능력을 자신의 탐욕을 채우는 그릇된 방향으로 발휘하게 된다면 국가적으로 엄청난 사회적 비용을 지불할 수밖에 없는 상황이 바로 우리가 살고 있는 정보화 사회의 현실인 것이다.

실제로 이러한 전산망에 대한 공격을 통해 자신들의 목적을 달성하려는 노력은 적게는 한 개인으로부터 크게는 국가단위에 이르기까지 광범위하고 폭넓게 활용되고 활성화되어 있다고 볼 수 있다. 또한 적게는 개별적인 테러에서부터 광범위한 전장이 구축되는 전쟁에서조차 활용이 되고 있는 것이 현실이다. 지난 2008년 8월 그루지야와 영토분쟁으로 전쟁까지 치렀던 러시아는 '사이버 공격'으로 그루지야 정부 웹사이트를 초토화시킨 뒤 전투기, 탱크와 장갑차 그리고 무장군인들을 그루지야 영토내로 진입시키는 물리적인 군사작전을 펼친바 있다. 지난해 4월 에스토니아도 러시아인으로 추정되는 해커들에 의해 주요 전산망이 마비됐고 전력 공급이 중단된 바 있다. 우리 나라도 이 점에 있어서는 예외가 아니다. 지난 2004년 4월 국회, 해양경찰청, 원자력연구소 등 24개 주요 국가 공공기관 개인용 컴퓨터(PC)가 중국 발 악성 바이러스 침투로 마비되었고 이것이 완전히 복구되는데 2개월이 걸린바 있다. 그리고 지난해 국내에서 발생한 사이버 침해사고는 총 3만5316건으로 전년보다 9%감소했지만, 공공분야 침해사고는 오히려 증가를 했다. 기관별로는 지자체(51%), 교육기관(28%), 산하기관(9%), 국가기관(8%), 연구기관(3%) 순이다. 현대전은 탱크나 전투기에 앞서 사이버 공격으로 적의 기선을 제압한다는 게 일반 상식화 되어질 정도로 전자전의 중요성은 아무리 강조한다 해도 지나침이 없다. 지금 각국은 적성(敵

性)국가 컴퓨터마다 바이러스 숙주(宿主)를 심어놓은 뒤, 일정 시점에 신호를 보내면 잠복했던 바이러스가 동시 활동을 개시하면서 상대방 전산망을 다운시키는 전략을 구사하기도 한다고 한다. 각 가정 컴퓨터에도 이미 테러 용도의 바이러스 숙주가 자리 잡고 있을 가능성도 배제할 수 없다는 것이 오늘의 현실 인 것이다.[396]

396) http://news.chosun.com/site/data/html_dir/2008/10/15/2008101500071.html

제 14 장

대통령의 위기관리시스템과 리더십

1. 관련 이론과 사례의 개관

1) 대통령과 위기관리 시스템

미국 제7대 대통령이었던 잭슨(Andrew Jackson) 이후의 후임자들이 교체제도를 악용하여 4년 후의 교체 시에 자신의 지지자들로 그 자리를 메움으로 해서 엽관제도(spoils system)가 생겨나게 되는 빌미를 제공하기도 하였다. 일설에 의하면 미국 제16대 대통령이었던 링컨(Abraham Lincoln : 1809~1865)이 가장 이 엽관제를 이용하여 많은 사람들을 정치적으로 임용하였다고 한다.

링컨은 어떻게 보면 미국에서 건국초기부터 팽팽하게 대치하고 있던 해밀턴의 연방주의와 제퍼슨의 공화주의간의 갈등에서 비롯된 역사적 그리고 정치적 비극의 희생자 또는 순교자인지도 모른다.

링컨은 건국 초기부터 지속되어온 연방파와 공화파간의 갈등이 자신이 대통령으로 당선되는 시점에 절정에 이름을 감지하고 있었다. 연방주의의 기치를 높이 든 링컨을 곱지 않은 눈으로 공화파들이 지켜보고 있었고 더 나아가 링컨의 대통령 당선을 자신들의 위기로 인지하였던 것이다. 일찍이 연방분열의 조짐은 보였었고 이러한 갈등의 골은 더욱 심화되어 내연되어진 반목과 대치는 외연적 폭발로 이어지기만을 기다리고 있었던 것이다.

링컨은 대통령에 당선되자 자신의 정치철학과 신념을 이루어 나가기 위해 많은 수의 공직을 자신을 지지하는 사람들로 메웠다. 물론 링컨이 현재까지 위대한 미국의 대통령으로 존경받고 있는 이유도 많이 있다. 그 중 하나가 누구도 넘볼 수 없는 넓은 가슴 즉 포용력을 가지고 있다는 것이다. 그는 고대 로마시대의 걸출한 영웅이었던 시저(Gaius Julius Caesar) 못지않게 넓은 포용력으로 상대방을 감화시킨 인간경영의 대기로 평가를 받고 있기 때문이기도 하다. 그는 대통령이 된 후 윌리엄 슈어드(William H. Seward), 새먼 체이스(Salmon P. Chase), 그리고 에드워드 베이츠(Edward Bates)와 같은 자신의 정적(政敵)들을 국무부 장관, 재무부 장관, 그리고 법무부 장관 등 핵심적 자리에 앉혔다. 많은 사람들이 우려하였듯이 처음에는 긴장과 대립이 많은 어려움을 자아냈지만 이내 링컨의 넓은 가슴은 이들로 하여금 충성을 하게끔 만들어 버렸다. 남의 입장을 이해하고 공감함으로써 그들의 마음을 갖게 되고 이를 통해 그들이 지니고 있는 높은 재능을 결집해 냄으로써 자신의 목적을 달성시킬 수 있었던 것이다. 결국 그의 넓은 포용력이 적을 친구로 바꾸는 기적을 실현시킨 것이다. 그러나 링컨의 이러한 넓은 가슴도 미국의 국익을 극대화하기 위해서는 원칙을 굽히지 않고 불의와 타협하지 않는다는 자신의 정치적 신념 앞에서는 작아질 수밖에 없었다. 그는 정치적 신념을 이루는데 도움이 되는 것은 삼고초려(三顧草廬)를 통해서라도 자기의 가슴으로 싸안았지만 그렇지 않을 경우 가차 없이 그 싹을 찍어냈던 것이다. 이러한 그의 정치적 리더십은 결국 자신의 정치철학과 신념을 같이하면서 자기를 지지해 줄 수 있는 사람들을 많은 수의 공직에 임명을 하게 만들었던 것이다. 이러한 링컨의 움직임을 불안하게 지켜보던 반대파들이 들고 일어선 계기가 만들어 진 것은 그리고 건국 초부터 지금까지 내연된 갈등과 반목에 도화선이 되어 준 것이 바로 링컨의 노예해방 선언이었다.

남부를 중심으로 하는 공화파들은 이러한 노예해방선언을 인권적 측면의 결단으로 받아들이기 보다는 남부의 경제체제를 와해시키려는 음모로 받아들였다. 즉 그 당시 남부경제의 주축은 광대한 토지 위에 펼쳐진 목화산업이었다. 이 목화산업은 노동집약적 산업으로 많은 노동력을 필요로 하였으며 이러한 노동력의 공급은 아프리카로부터 노예로 팔려오거나 끌려온 흑인들이 주종을 이루었다. 다른 말로 말해 흑인노예의 해방은 일시에 남부경제의 주축을 강타하는 획기적 사건이었던 것이다.

남부는 즉각 이에 반발하고 연방탈퇴를 감행하며 이로써 건국 초부터 해밀턴과 제퍼슨을 중심으로 내연된 갈등이 외부로 표출되는 것이 바로 1861년 4월에 발발한 남북전쟁(the Civil War of 1861~65)이다. 이 전쟁으로 62만에 이르는 귀중한 인명이 희생되었으며[397] 더 나아가 이것은 미합중국의 분열을 낳을 수 있는 미국으로서는 매우 중대한 국가적 위기이며 긴요한 사안이었다.

링컨은 남부를 압도하는 북부의 자원과 인구[398] 그리고 공업력을 중심

---

397) 이 희생자의 수 중 3분의 1이 실제로 전투 중에 사망한 경우고 나머지 3분의 2는 여러 질병 등으로 사망한 것이다. 그리고 이 62만이라는 사망자의 수는 북군이 약 36만명에 달하고 남군이 약 25만 8천명에 이르는 것으로 미국이 제1차 그리고 제2차 세계대전과 한국전쟁을 통해 상실한 총 전사자보다 더 많은 숫자이다. 폴 케네디(저), 이일수·전남석·황건(공역), 『강대국의 흥망』(서울 : 한국경제신문사, 1996), 253면.

398) 북부의 인구는 백인이 약 2,000만이었으나 남부의 인구는 겨우 600만에 불과하였다. 더욱이 북군의 수는 1861년에서부터 1865년 사이에 이민으로 들어온 80만이나 되는 인구와 1862년에 결행된 흑인모병제의 도입으로 꾸준히 증가하였으나 남군은

으로 하여 남부를 제압하고 국가분열의 위기를 넘겨 일약 미국의 영웅으로 추앙되지만 그러한 기쁨도 잠시 결국 역사적으로 잉태되고 그 자신이 뿌린 비극의 씨앗에 의해 1865년 4월 14일 '포드극장'(Ford's Theater)에서 공연관람 중 암살을 당하게 되는 것이다.

이러한 역사적 흐름을 나름대로 해석하여 볼 때 과도한 엽관제의 운영이 링컨으로 하여금 불필요한 정적(政敵)을 많이 만들게 하고 결국 자기 식의 정치채색을 통한 남부에 대한 정치적 압박은 결국 내전을 불러일으키고 그 역시 그러한 비극의 희생자가 될 수밖에 없었다는 또 다른 사실은 엽관제를 바라보는 우리들에게 좋은 교훈을 던져주고 있다고 볼 수 있는 것이다.

미국의 제20대 대통령이었던 가아필드(James A. Garfield)[399]는 엽관제에

흑인모병제 도입을 거의 종전 직전까지 결정하지 못하는 등의 정책적 우를 범하여 그 수가 감소되었다. 북군의 육군에서 복무한 인원의 수는 약 200만에 달하였고 복무병력이 절정에 달한 것은 1864년에서 1865년으로 약 100만에 달하였으나 남군 참전인원은 약 90만에 불과하고 최고수준이 46만 4,500명을 넘지 못했다. 설상가상으로 1863년 이후에는 점차 병력수가 감소되었다. 『앞의 책』, 253면.

399) 가아필드 대통령은 1831년 오하이오(Ohio) 주의 쿠아호가 군(Cuyahoga County)에서 태어났다. 가정살림은 그렇게 넉넉하지 않았으며 뱃일을 하면서 학자금을 마련하였다. 1856년 매사츄세츠(Massachusetts) 주에 있는 윌리엄 대학(Williams College)을 졸업하였다. 그런 후 그는 오하이오주로 돌아와 교수(the Western Reserve Eclectic Institute : 뒤에 하이램 대학(Hiram College)이 됨))가 되었고 1년이 못되어 그 학교의 총장이 되었다. 그는 1859년에 공화당원으로써 오하이오주 상원의원으로 선출(당선)되었다. 남북전쟁이 일어나자 뛰어난 용병술로 크고 작은 승리를 얻어내고 31살의 나이에 준장(brigadier general)이 되고 2년 후에 소장(major general)이 되었다. 1862년에 미 연방 상원의원으로 당선되었다. 그리고 18년 동안 재선을 거듭하면서 봉직을 하였다. 그리고 공화당의 지도급 인사가 되었다. 드디어 1880년 민주당후보인 핸콕(Winfield Scott Hancock) 장군을 누르고 대통령이 되었다. 그러나 1881년 7월 2일 워싱턴철도역에서 영사직(consular post)에 취업하려고 하던 젊은 변호사의 총에 맞아 치명상을 입고 백악관에 몇 주 동안 누워 있다가 9월 6일 뉴저지의 해변가로 요양을 위해 옮겨졌다. 잠시 호전되는 기미를 보이다가 9월 19일 세균감염과 장내

대해 실의를 느낀 젊은 공직희망자에 의해 암살을 당한다. 이것이 계기가 되어 결국 엽관제를 종식시키는 법안이 미국 의회에서 통과가 된다. 이 법안이 바로 펜들턴 상원의원에 의해 제안된 펜들턴 법안이며 결국 의회를 통과하여 "펜들턴법"이 된다. 이 법의 제정으로 인해 비로소 실적제의 기틀이 마련되는 것이다. 비록 가아필드는 암살이 되었지만 이러한 그의 비극적인 죽음으로 인해 엽관제는 종식을 고하고 실적제의 기틀이 마련되어졌다는 점에서 볼 때 그 당시의 대통령을 둘러싼 위기관리시스템이 제대로 작동이 되어졌다고 볼 수 있다. 대통령의 갑작스런 죽음에도 불구하고 정치적 위난은 크게 없었으며 오히려 민심을 움직여 실적제의 기틀을 마련했으니 말이다.

2) 대통령의 리더십

미국 제28대 대통령이었던 윌슨(Thomas Woodrow Wilson)은 1856년 남부 버지니아주 스크랜튼(Scranton)에서 출생하였다. 그의 집안은 청교도집안으로 엄격하고 검소하였으며 그는 그러한 종교적 분위기 속에서 성장하였다.[400)]

1879년에 프린스톤 대학을 졸업하였고 버지니아 대학에서 법학을 전공한 후 정부와 역사학에 관심을 갖고 존스 홉킨스 대학(Johns Hopkins University)에 들어가 1886년에 박사학위를 받았다. 그의 학위논문의 제목은 의회정부(Congressional Government)였다.[401)] 그리고 이 학위논문은 1885년에 출간되었다.

출혈로 사망하였다.

400) Dong-Hyun Kim(ed.), *History and Theory in Public Administration* (Seoul : Dae-Wang Sa, 1985), 239~240면.

401) Woodrow Wilson, *Congressional Government : A Study in American Politics* (Boston : Houghton Mifflin and Company, 1885)

그 후 1890년 프린스톤 대학(Princeton University)의 법학 및 정치경제학 교수로 대학 강단에 서게 되며 학자로서 그리고 대학개혁가로써 명망을 높인 결과 1902년에 프린스톤 대학의 총장이 된다. 그런 후 정치에 입문하여 뉴저지 주 지사를 역임하고 1913년부터 1921년까지 미합중국 제28대 대통령으로 재직하였다. 그는 용인술에도 뛰어나 연속 3회 대통령 후보에 오른 윌리엄 제닝을 국무장관으로, 훗날 대통령이 된 플랭클린 루스벨트를 해군차관보로 기용했었다. 개혁적 진보파인 그는 주지사 시절에 여성과 어린이 근로보호법을 제정했고 대통령 재임 중에는 누진세법, 연방준비은행법, 독과점 금지법을 제정해 개혁 대통령으로 평가받았다.[402)]

국제문제에 있어서도 1차 세계대전을 승리로 이끌었고 군비축소, 자유항해, 자유통상, 각국의 독립과 영토자주권을 인정한 민족자결주의선언, 국제연맹 창설 제의 등의 업적을 쌓아 그 공로로 노벨평화상을 받기도 하였다. 그러나 국제연맹 창설에 관한 베르사유조약 체결에 상원과 하원 국제관계위원회 소속 의원을 대동하지 않았고 상하원 의원들에게 조약 체결에 대해 설명하지도 않았으며 협조 및 동의를 구하지도 않았다.

윌슨은 취임 초에는 상원에 대통령 연락실을 두고 자주 방문해 법안 처리에 여야 의원을 가리지 않고 조력을 구하고 매년 양원 합동회의에서 연두교서를 발표하는 관례도 만든 겸허하고 타협지향적인 대통령이었으나 집권 말년에 지나친 자기 과신과 자만, 국회에 대한 오만한 태도 때문에 국제연맹 창설 제안이 의회에서 부결되는 수모를 겪었다. 그는 국민을 상대로 설득 유세를 하다가 뇌일혈로 쓰러진 뒤 야당에 정권을 넘겨주었으며 1924년 영면을 하였다.[403)]

미국의 제32대 대통령이었던 루즈벨트(Franklin Delano Roosevelt)[404)]는

402) 최평길, "실패한 대통령들의 발자취", 『동아일보』, 2001. 8. 9.

403) 최평길, "앞의 글".

1882년 1월 30일 뉴욕의 하이드파크(Hyde Park)에 있는 허드슨 리버 밸리(Hudson River Valley)의 대저택에서 태어나 그 곳에서 성장을 하였다. 그는 17세기 뉴암스테르담 출신의 조상을 두고 있던 대지주인 제임스 루스벨트(James Roosevelt)와 1621년 플리머스(Plymouth) 식민지 건립에서 시작된 부유한 가문출신 사라 델러노 루스벨트(Sara Delano Roosevelt)사이에서 태어난 독자였다.

그는 부모의 극진한 사랑과 많은 하인, 친지들의 정성스런 보살핌 속에서 성장을 했고 가정교사로부터 교육을 받았고 매년 부모와 함께 유럽의 주요 휴양지에서 많은 시간을 보냈다. 아버지인 제임스 루스벨트는 지역성공회의 교구회원으로 하이드파크 지역의 정신적 지주였으며, 아랫사람들을 온화하게 다스렸고 어머니 역시 아들을 신사도를 지키며 시민의 의무를 다하는 사람으로 키워냈다.

그는 14세에 그로턴(Groton) 사립 고등학교에 입학을 하였으며 졸업 후 하버드대학으로 진학을 하여 향학열을 불태웠다. 부친인 제임스 루스벨트는 그가 대학 1학년 때 사망을 하였으며 사라 루스벨트는 아들이 학교를 마칠 때까지 보스턴으로 이사와 지냈을 정도로 자식에 대해 각별한 관심을 쏟았다. 1905년 그는 먼 사촌이 되는 엘레너 루스벨트와 혼인을 하였다.

그가 정치가로서 성장하는데 자극제가 된 사람은 그의 성장기에 공화당의 샛별로 떠 오른 12촌인 시어도어 루스벨트(Theodore Roosevelt)[405]이었

---

404) F 그린슈타인(지음),『위대한 대통령은 무엇이 다른가』(서울 : 위즈덤 하우스, 2000) ; http://books.chosun.com/site/data/html-dir/2000/.....00-11-24에서 재인용.

405) 시어도오 루스벨트는 42세에 최연소 미국 제26대 대통령으로 당선된 자로 뉴욕의 부유한 은행가 집안 출신으로 하버드 대학교를 우등으로 졸업하고 뉴욕시 경찰청장과 뉴욕 주지사를 지냈으며 스페인과의 전쟁에 기병대장으로 참전해 전쟁영웅이 됐다. 대통령 재임시에는 파나마운하를 건설하고 많은 국립공원을 만들어 환경보전에도 기여했다. 또 러일전쟁 후 러시아와 일본을 포츠머스회담에 끌어들여 한국과 만주는 일본이, 러시아는 현재의 영토보존, 태평양은 미국이 장악하는 태평양

다. 하버드대학을 졸업한 후 그는 취미삼아 변호사를 했지만 주된 관심은 정치였으며 미국대통령을 희망하였다. 그의 이러한 정치여정은 민주당의 입당으로부터 시작을 하여 1910년 뉴욕 주 상원의원으로 당선을 하게 됨으로써 정치적 발판을 굳히게 되는 것이다. 그는 이 여세를 몰아 1920년 당시 39세의 나이로 민주당 부통령후보로 지명이 되었다. 비록 이 선거에서 패배는 했지만 그의 지명도는 크게 부각이 되었고 대통령으로의 길에 많은 도움이 되었다.

그러나 1918년에 발생한 사회담당비서와의 염문설과 1921년 발병한 척수 회백질염으로 인한 신체적 불구는 그의 정치생명에 커다란 부담으로 작용을 하였으나 이를 극복하고 뉴욕 주지사 선기를 승리로 이끌있다. 대공황이 닥쳐왔을 때 그는 자신이 몸담고 있는 주의 경제회복을 위해 과감한 정책들을 수행함으로써 성과와 명성을 얻게 된다. 이것이 힘이 되어 1930년 압도적인 표 차이로 재선이 되고 1932년 민주당대통령 후보로 지명이 되어 이 역시 압도적인 지지를 얻어 미합중국의 대통령으로 당선을 하게 되는 것이다.

그가 대통령으로 취임을 할 당시 사회·경제상황은 그렇게 위태로울 수가 없었다. 국가는 4년째 극심한 불황의 늪에 빠져있었고 그 결과 노동인구의 1/4이 실업상태에 있었고 38개 주에서 은행들이 문을 닫았다. 그는 이러한 상황에서도 당황하지 않고 공황극복을 위한 많은 정책들을 적극적으로 밀

동북아시아 국제질서 안정화를 도모한 기여로 노벨평화상을 받았다. 그는 용인술에도 뛰어났는데 그가 기용한 국무장관 엘리후 루트도 노벨평화상을 받았고 윌리엄 태프트 국방장관을 공화당 대통령 후보로 밀어 당선시켰다. 그러나 루스벨트는 퇴임 후에도 정치에 관여하다가 태프트 대통령의 국정운영이 자신의 정치 노선과 다르다는 이유로 다시 공화당 대통령 예비선거에 출마했으나 후보로 지명되지 않자 진보당을 급조해 선거에 나섰다가 우드로 윌슨 민주당 후보를 어부지리로 대통령에 당선시키는 실책을 범했다. 최평길, "실패한 대통령들의 발자취", 『동아일보』, 2001. 8. 9.

고 나갔다. 우리가 잘 알고 있는 '전국산업재부흥법'(NIRA)이나 '테네시계곡개발청'(TVA)으로 상징화되는 정책도 바로 그의 정책적 산물 중 하나이다. 그는 위헌시비에 까지 휘말리면서도 자신의 소신을 굽히지 않았으며 그의 이러한 탁월한 리더십은 공황극복에 커다란 활력소를 제공해 줄 수 있었던 것이다.

또한 그는 제2차 세계대전을 미국을 중심으로 하는 연합국세력의 승리로 이끌은 지도자로 널리 알려져 있다. 그의 신념과 열정에서 우러나오는 카리스마와 그의 강력한 리더십은 공황극복과 세계대전에서의 승리를 가져오게 하였고 이러한 그의 노력은 미국사상 유례없는 4선 대통령이라는 명예를 가지게 하였다. 물론 4선의 임기를 다 채우지 못하고 1945년 영면을 하게 되지만 이러한 그의 업적과 노력은 역사에 길이 남을 것이다.

2. 대통령직의 유고 시나 위기 시 상정될 수 있는 관료적 위기관리시스템과 리더십을 그리고 있는 영화들

대통령직(the Presidency)이 국민의 것이냐, 아니면 개인적인 것이냐 하는 소박한 의문과 대통령유고시의 직무대행에 관련된 내용을 극적으로 잘 시사해 주는 영화로는 다음과 같은 것이 있다.『에어포스 원』,『인디펜던스 데이』 등이다.

1)『에어포스 원』(Air Force One)

볼프강 페터슨 감독이 1997년에 제작 출시한 해리슨 포드(제임스 마샬 대통령 역), 게리 올드먼(이반 코슈노프 역), 글렌 클로즈(캐스린 베넷 역)출연의

『에어포스 원』(Air Force One)이 대통령직(the Presidency)이 국민의 것이냐, 아니면 개인적인 것이냐 하는 소박한 의문과 대통령유고시의 직무대행에 관련된 내용을 극적으로 잘 시사해 주는 영화로 볼 수 있다.

미국 대통령 마샬(James Marshall : 해리슨 포드 분)은 러시아의 고관들이 운집한 연설 장소에서 미국과 러시아의 테러불식을 위한 합동 작전을 치하하는 연설을 성공적으로 마치고 아내(Grace Marshall : 웬디 크로슨 분)와 딸(Alice Marshall : 리슬 매튜스 분)과 함께 워싱턴으로 돌아가기 위해 대통령 전용기 에어포스 원에 오른다. 그러나 철저한 경비를 갖춘 에어포스 원임에도 불구하고 체포된 라덱장군(General Radek)을 추종하는 그의 광신도들인 러시아 테러리스트 일당들이 기자로 신분을 위장, 보안검시와 지문감식기를 무사히 통과하고 대통령 공보비서의 안내로 에어포스 원에 오르게 된다. 미국 대통령을 인질로 삼은 후 이를 빌미로 체포된 라덱의 석방을 요구하려는 이들은 비행기가 이륙하여 중간기착지인 독일 내 램스타인 공군기지에 도착하기 직전 라덱의 동조자인 비밀경호원 깁스의 배신에 힘입어 공중납치를 실행한다. 이 과정에서 기내 대통령 집무실을 지키는 3명의 경호원이 꼼짝없이 동료의 손에 살해당하고, 기내에 엄중 보관되어 있던 권총과 기관단총은 모두 테러리스트들의 손아귀에 들어가는 과정에서 다수의 보안요원들이 살해당한다. 기내 이상을 발견한 에어포스 원의 조종실은 비상착륙을 시도하지만 비행기 조정실을 장악하려는 테러범들에 의해 조종실 문이 파괴되어지고 이들의 신속한 진입과 조종사들에 대한 무자비한 제압과 살해에 의하여 비상착륙은 실패로 끝난다. 이러한 소란 중에 대통령은 기민하게 대피, 남들이 잘 모르는 지하통로에 숨지만 영부인과 대통령 딸이 인질로 잡히고 나머지 수행원들은 감금이 된다. 이들 테러리스트들의 요구는 러시아당국에 의하여 감금 되어 있는 라덱을 석방하라는 것이다.

한편 워싱턴은 베네트 부통령(Kathryn Bennett : 글렌 클로즈 분) 지휘 하에 비상 각료회의가 열리고 대통령의 안부를 모르는 상황에서 부통령 베네트는 전용기가 납치 된 사실을 언론에 발표를 한다. 대통령을 찾지 못한 테러리스트들은 워싱턴과 교신하여 자기들의 요구에 응하지 않으면 인질들을 살해하겠다고 협박을 한다. 비행기 안 미로에 피신해 있던 대통령은 수색중인 테러범들과 격투를 벌이고 이를 제압한 후 테러범의 무기와 무선전화기를 탈취하여 워싱턴과 교신을 한다. 그러나 결국 대통령은 테러범들에게 붙잡혀서 가족들이 감금 되어 있는 곳으로 오게 된다. 여기서 테러범들은 대통령가족들에게 가혹행위를 가하면서 라덱의 석방을 강요한다. 결국 대통령은 러시아당국에 전화를 하여 라덱의 석방을 요구하고 러시아 당국은 이러한 요구를 수용한다. 기내 비디오에서 보여주는 라덱의 석방 장면에 테러범들은 환호를 한다. 대통령은 이 기회를 포착하여 묶여있는 두 손을 풀고 테러범들에게 반격을 가하고 결국 테러범을 제거하고 라덱의 석방을 취소케 한다.[406]

대통령을 영웅화시키는 이 영화는 두 가지 화두를 우리에게 던져 주고 있다. 과연 대통령직은 국가를 위한 것인가 그렇지 않으면 개인을 위한 것인가와 대통령이 테러범들에 의한 납치와 같이 유고 된 상황에서의 대통령 직무대행에 관련된 문제이다. 첫 번 문제에 대한 정답은 영화의 내용처럼 대통령이 행동해서는 안 된다는 점이다. 대통령은 개인적으로 자기 가족을 보호하고 구출하는 일도 중요하지만 우선 되어야 할 일은 국가안보를 위해 처신해야 한다는 점이다. 즉 대통령이란 그 개인의 문제가 아니라 직책(the Presidency)이 중요하다는 점이다.[407] 두 번째 문제는 미국 수정헌법 제25조

---

406) http://movie.naver.com/movie/bi/mi/basic.nhn?code=18533 ; http://www.joycine.com/service/m_search/view_movie.asp?movie=1522 ; http://www.cine21.com/Movies/Mov_Movie/movie_detail.php?id=540

407) 미국 대통령은 지구촌 유일 초강대국의 지도자로서, ‘President’(대통령), 혹은 ‘Chief

를 극화한 것이다. 1967년에 제정된 이 조항에 의하면, 대통령의 면직·사망·사임의 경우 부통령이 대통령직을 계승[408]하도록 되어 있다. 실제로 1974년 8월 닉슨(Richard M. Nixon)대통령이 워터게이트불법도청사건에 연루되어 사임을 했을 때 이 규정에 의해 부통령이었던 포드(Gerald R. Ford)가 대통령직을 계승하였다.[409] 만일 대통령이 상원의 임시대통령 다른 말로 하자면 상원의장을 겸임하는 부통령 및 하원의장에게 그가 대통령의 권한과 의무를 수행할 수 없음을 서면으로 선언(written declaration)·통보하는 경우

Executive Officer'(최고 책임자)라는 호칭이 붙어있는데, 이는 3권분립 체제 위에 성립된 미국의 최고 책임자란 뜻이다. 18세기 말 알렉산더 해밀턴과 제임스 매디슨이 작성한 논문 '연방주의자'에서 기초가 다져진 미 대통령은 13개 주 분권체제에서 권한이 크지 않았으나 그후 막강한 권한이 부여됐다. 입후보 자격 조건으로는 미국에서 출생해 14년 이상 산 35세 이상의 미국 시민이어야 한다. 임기는 4년이며, 재선까지 허용하며 3선이 금지돼 있다. 이것은 51년 의회의 수정헌법 22조에 3선 불가가 규정되었다. 연임을 한 대통령으로는 아이젠하워(52~60년), 닉슨(68~76년), 레이건(80~88년), 클린턴(92~2000년)이 있다. 미국 대통령은 세계 최대 군대의 통수권자이며 민병대의 최고 사령관직, 분쟁지역에 군대 파견 권한(전쟁 선포권은 의회에 있음), 비상시 국가 경제통제권한, 핵무기 발사권을 가지고 420만명의 공무원과 군인을 통제한다.(2000년 기준) 또 행정부의 수반에 의한 연방법 집행권, 3천여 명의 고위 연방 공무원 임명권 및 해임권이 있는데, 여기에는 세계 경제를 좌지우지하는 연방준비제도이사회(FRB) 의장 등 이사 7명이 포함된다. 사법부 쪽에서는 연방판사의 임명, 사면, 형기단축, 벌금인하의 권한이 있다. 특히 헌법의 최종해석권을 갖는 대법원 판사 임명권은 신임 대통령이 행사할 가장 큰 권한의 하나다. 대통령은 의회를 통과한 법안에 거부권을 행사할 수 있고, 의회해산권은 없지만 특별의회의 소집권을 갖고 의회에서 교서를 발표한다. 대통령 전용기 '에어 포스 원'(미공군 1호기)은 1시간 비행에 3만 5천달러가 소요되며, 4600여 명의 경호원을 거느린다. 헬기와 자동차 35대가 제공되며 연봉 20만 달러와 필요 경비 5만 달러, 여비 10만 달러 등도 지급된다. 퇴직 때는 170만 달러의 이사 비용과 매년 15만 2천달러의 연금, 50만-70만 달러에 달하는 비서와 사무실 유지비용을 받는다. 자료 출처 : 네이버닷컴에서 재인용 ; http://movie.naver.com/movie/bi/mi/detail.nhn?code=17536.

408) 미국 수정헌법 제25조 1항에 명문화되어있다.

409) http://www.whitehouse.gov/history/presidents/gf38.html

대통령이 같은 방법으로 이를 철회할 때까지 부통령이 대통령권한대행(Acting President)으로서 대통령의 권한과 의무를 수행한다.[410] 실제로 레이건(Ronald Wilson Reagan)대통령은 대장(大腸)에 발생한 종양폴립을 제거하는 수술을 받을 때 이 규정에 의해 부통령이었던 부시(George H. W. Bush)에게 수술하는 동안에 대통령의 권한과 의무를 이양한 바 있다. 그러나 이 영화에서처럼 대통령이 서면으로 선언·통보할 수 없는 상황에서는 부통령 및 행정각부의 장관 또는 의회에서 법으로 정하는 다른 기구대표의 다수가 대통령이 그의 권한과 의무를 수행할 수 없음을 상원의 임시대통령 및 하원의장에게 서면으로 선언·통보할 경우 부통령이 대통령의 권한과 의무를 수행[411]하도록 하고 있다는 점이다.[412] 이 영화에서는 베네트 부통령 앞으로 각료 전원이 연서한 '대통령직무수행불능선언서'(Presidential Incapacity Declaration)[413]가 제출되나 부통령은 대통령과 교신이 될 때까지 서명을 미룬다. 이미 전용기 안에서 상황이 발생했을 때 핵미사일 발사암호는 변경되었고 새로운 블랙케이스가 부통령한테 인계되어 있었다. 모든 각료가 대통령이 위태로운 전용기 안에서 테러범들에 붙잡혀 있는 상황에서는 정상적인 직무수행이 불가능하다고 판단한 것이다. 그러나 부통령이 이를 주저하는 사이 마샬 대통령은 딸의 생명을 구하기 위해 할 수 없이 테러범과는 타협하지 않는다는 미 정부가 25년 이상 지켜온 외교원칙을 깨뜨린다. 결국 대통령은 자력으로 테러범들을 격퇴함으로써 이 원칙을 고수하지만, 대통령이란 그 개인의 문제가 아니라 직책(the Presidency)이 중요하다는 것을 간과한 것이다.

---

410) 미국 수정헌법 제25조 3항에 명시되어있다.

411) 미국 수정헌법 제25조 4항 전단에 명문화하고 있으며 4항 후단에서는 이에 관한 다툼이 있는 경우의 처리방법을 규정하고 있다.

412) http://my.netian.com/~onepark/Lcine/Airforce.htm

413) 영화 자막은 이를 『대통령 권한대행서』라고 번역하고 있다.

어쨌든 부통령이 대통령과 교신이 될 때까지 서명을 미룬 것은 부통령이 대통령의 권한과 의무를 수행하도록 한 헌법적 요구를 준수하지 못한 것이다. 국가안위와 관련되는 대통령직의 공백상태는 어느 국가이건 용납하지 않는 것이다. 이 영화는 이러한 화두를 우리에게 제시함으로써 국가원수이며 행정권의 수반인 대통령직의 위기 시 상정될 수 있는 관료적 위기관리시스템에 대해 주의를 환기시키고 있는 것이다.

2) 『인디펜던스 데이』(Independence Day)

다음으로 롤랜드 에머리히(Roland Emmerich)감독에 의해 1996년 제작 출시된 제프 골드블럼(데이빗 레빈슨 역), 빌 풀먼(토마스 화이트모어 대통령 역), 윌 스미스(Will Smith)(스티븐 힐러 역) 출연의 『인디펜던스 데이』 역시 앞서 제기한 첫 번째 화두 즉 위기 시에 대통령직(the Presidency)이 국민의 것이냐, 아니면 개인적인 것이냐에 대한 물음을 던져주는 영화이다.

7월 2일 지구 상공을 상상을 초월하는 거대한 우주선들이 뒤덮어 버린다. 그리고 거대한 우주선이 발산하는 전파로 미국 전역의 텔레비전 화면이 뒤틀린다. 이 우주선은 미국 영토 내에만 나타난 것이 아니라 유럽, 중국 등 세계 각지에서 발견이 된다. 위기를 느낀 정부 기관은 사력을 다해 여러 가지 방법으로 이 정체불명의 우주선과 교신을 시도하는 가운데 뉴욕 케이블 방송사 직원인 데이빗은 우주선이 발산하는 전파가 지구공격을 가늠하는 카운트다운임을 깨닫는다. 데이빗은 아버지 줄리어스와 함께 현재 대통령 보좌관으로 일하는 전 부인 콘스탄스에게 이러한 사실을 알리기 위해 급히 워싱턴으로 간다. 같은 시각 전투기 조종사 힐러 대위는 가정에서 가족들과 오붓하고 단란한 시간을 즐기다가 하늘을 뒤덮은 우주선의 출현을 보고 사태의 심각성을 직감하고 급히 기지로 돌아간다. 7월 3일 우주선이 공격을 시작하여 미국의 상징인 백악관이 폭파된다. 미국 대통령과 그의 보좌관들 그리고 데이빗과 줄리어스는 제트기로 우주선에 의해 공격을 당하고 있는 워싱턴을 간신히 탈출하여 뉴멕시코 주에 소재하고 있는 로스웰 기지에 도착을 한다. 이 기지는 1950년대부터 비밀리에 외계인 우주선을 연구하고 있었다. 대통령은 우주선이 공격을 가하여 많은 도시를 파괴하고 인명을 살상하자 평화적 해결방법은 물 건너갔다는 생각을 하고 직접 나서서 이들과 싸워야 한다는 생각을 가지게 된다. 대통령은 그나마 수습이 된 전투역량을 긁어모아서 우주선과의 힘겨운 투쟁을 해 나간다. 그러나 우주선의 공격과 방어막을 통한 철통같은 방어에 힘겨워 한다. 대통령은 사기가 저하된 시민들을 모아놓고 힘찬 투쟁의 의지를 불사르고 이들을 독려한다. 그리고 자기 자신 스스로 전투기 조종사가 되어 전투기를 타고 우주선에서 나온 외계인이 탄 소형우주전투기들과 공중전을 벌린다. 그러나 힘의 한계에 부닥친 대통령은 우주선에 대한 핵미사일 공격을 지시한다. 그러나 발사 된 핵미사일은 우주선을 둘러싼 방어막 때문에 우주선에 어떠한 상처도 주지를 못한다. 고심을 하던 데이빗은 컴퓨터 바이러스를 이용하여 외계인 우주선의 방어막을 해제할 방법을 알아낸다. 그래서 1950년대에 지구에 불시착을 해서 로스웰기지에 극비리에 보관되어 관리되고 있던 우주선을 타고 외계인들의 소굴인 우주선의 안까지 침투해 들어간다. 그리고 우여곡절 끝에 외계인들의 방어막을 해제한다. 그러나 방어막을 해제한 들 무슨 소용이 있나. 정작 그들을 파괴할만한 무기가 없다는 사실을 뒤늦게 깨닫게 된다. 그러나 하늘이 무너져도 솟아날 구멍이 있다고 과거 전투기 조종사였으나 이제는 술주정뱅이가 되어 가족들에게조차 아무런 쓸모도 없었던 사람이 자진하여 외계인의 우주선과 자폭함으로써 7월 4일 미국 독립기념일이 전 우주의 독립기념일이 된다.[414)]

414) http://movie.daum.net/movieInfo?mkey=1557&mode=1

외계인의 지구침략에 대응하여 직접 전투기조종사로 나서 용감하게 맞서 싸우는 대통령의 영웅적인 모습보다는 국민을 먼저 생각하고 국가이익을 앞세우는 신중하고 사려 깊은 대통령상이 훨씬 현실적이지 않을까 하는 생각을 가지게 하는 영화이다. 위기 시의 대통령직에 대한 위기관리시스템과 연관된 문제를 제기해 주었다는 점에서 이 역시 의미를 부여할 수 있다.

3. 최고권력자 대통령의 행태와 리더십에 대해 그리고 있는 영화들

최고권력자 대통령의 행태와 리더십과 관련된 내용을 극적으로 잘 시사해 주는 영화로는 다음과 같은 것이 있다.『대통령의 연인』,『피아노 치는 대통령』,『신기전』등이다.

1)『대통령의 연인』(The American President)과『피아노 치는 대통령』

이 영화는 로브 라이너 감독이 마이클 더글라스(앤드류 쉐퍼드 역), 아네트 베닝(시드니 앨렌 웨이드 역), 마틴 쉰(맥키너니 역) 등을 주연으로 하여 1995년 12월 23일에 개봉하였다.

부인을 여의고 딸과 함께 살고 있는 대통령이라는 다소 보기 드문 인물 배경을 특이하게 설정하고 있는 영화이다. 대통령으로서의 앤드류 쉐퍼드(Andrew Shepherd : 마이클 더글러스 분)는 재선을 앞두고 유권자들의 표를 얻기 위해 동분서주하고 있었다. 재선을 시도해야할 대통령으로서 보다 많은 표를 얻어야 했기에 여러 부문의 사람들을 만나지 않으면 안 되었다. 그러던 중 환경보호협회가 자신들과 관련 된 문제를 해결하기 위해 환경문제 전문 로비스트인 시드니 웨이드(Sydney Ellen Wade : 아네트 베닝 분)를 백악관으로 보내게 된다. 처음 백악관에 들어온 웨이드는 기분이 너무 들떠서 자제력을 잃고 대통령이 듣는지도 모르고 말실수를 하고 만다. 그러나 쉐퍼드는 이에 개의치 않고 그녀가 의회의원들에게 일정한 표를 얻어내 주면 환경보호협회의 제안대로 20%의 화석 연료 감소 안을 정부에서 지원해 주겠다고 약속을 한다. 그 후, 쉐퍼드는 그녀와 저녁 식사를 하는 등 둘 사이에는 로맨틱한 분위기가 흐르기 시작하고 이를 눈치 챈 언론에서는 대통령에게 새로운 애인이 생겼다고 말이 많아진다. 급기야는 자선모임에 간 대통령이 웨이드와 만찬석상에서 만인들이 보는 가운데 춤을 추게 되자 각 언론사들은 대서특필하여 제1면의 머리기사로 싣게 된다. 대통령의 재선을 저지하려던 상대 후보는 이를 좋은 호재로 생각을 한다. 그는 웨이드의 뒷조사를 하게 되고 마침내 그녀가 과거에 데모에 앞장서서 국기를 태운 일이 있다며 자료 사진까지 공개를 한다. 그러면서 딸만을 데리고 사는 홀아비로서 가정윤리가 결여된 대통령이라고 연신 공격의 고삐를 늦추지를 않는다. 하지만 대통령은 언론과 상대야당의 거센 비난과 비방에도 흔들리지 않고 묵묵부답 침묵을 지킨다. 쉐퍼드는 이미 웨이드를 사랑하게 된 것이다. 대통령의 보좌관들은 안절부절못하며 언론의 눈을 피해 그들의 만남을 지켜주려고 노력을 한다. 웨이드는 마침내 의회의원들의 동의를 얻어 결국 20%의 화석 연료 감소 안을 통과할 수 있는 표를 얻게 된다. 웨이드는 이에 고무되어 쾌재를 부르지만 대통령의 입장에서 보면 대선 전략에 치명타가 되기 때문에 보좌관들은 대통령에게 웨이드와의 관계에 종지부를 찍을 것을 종용한다. 쉐퍼드 대통령은 할 수 없이 웨이드와 헤어지게 된다.[415]

이와 비슷한 소재와 내용을 가진 영화로는 『피아노 치는 대통령』을 들 수 있다. 전만배 감독이 안성기(한민욱 역), 최지우(최은수 역), 이장숙(하린

---

415) http://movie.naver.com/movie/bi/mi/basic.nhn?code=17536.

역) 등을 주연으로 하여 2002년 12월 6일에 개봉한 영화이다. 앞에서 살펴본 『대통령의 연인』에서와 같이 부인을 여의고 딸과 함께 살고 있는 대통령 민욱은 자신의 딸인 영희의 학교문제와 엮이어져서 영희의 담임선생님인 은수와 만나게 된다. 그리고 민욱과 은수는 인간적인 서로의 모습에 호감을 가지게 되고 당당하기만 하던 은수는 여성스런 모습을 보이기 시작하며 급기야 이 둘은 경호원을 따돌린 잠행데이트까지 시도하게 된다.[416)]

『대통령의 연인』에서나 『피아노 치는 대통령』모두 절대권력자인 대통령도 인간이며 그러기에 인간적인 모습을 동경하고 인간적으로 살아가기를 원하는 존재라는 것을 웨이드를 통해 그리고 은수와의 관계를 통해 보여주려고 하고 있다. 그리고 대통령의 리더십 역시 냉정한 결단력, 과단성, 그리고 카리스마적인 극기력에서만 나오는 것이 아니라 온유한 성품, 남을 끌어당기는 포용력, 부드러운 유머감각 등에서 나올 수 있음을 잘 보여주고 있다. 감성적 리더십 행태가 냉철하고 사리분별이 뚜렷한 이성적 리더십 행태 못지않게 최고권력자인 대통령에게도 긴요하다는 점을 이 두 영화는 잘 대변해 주고 있는 것이다.

2) 『신기전』

이 영화는 김유진 감독이 안성기(세종 역), 정재영(설주 역), 한은정(홍리 역), 허준호(호위무사 창강 역) 등을 주연으로 하여 2008년 9월 4일에 개봉하였다.

1448년, 세종 30년 어느 날. 조선의 새로운 화기 개발을 두려워 한 '명' 황실은 극비리에 화포연구소를 습격하고 연구소 도감 '해산'은 위기를 간파하고, 후일을 도모하기 위해 신기전 개발의 모든 것이 담긴 '총통등록'과 함

---

416) http://www.maxmovie.com/movie_info/detail_synopsis.asp?m_id=M000013283&menu=5.

께 외동딸 '홍리(한은정 분)'를 피신시킨 후 완성 직전의 '신기전'과 함께 자폭한다. 이로 인해 화기 개발을 막으려던 계획이 실패로 돌아가자 명은 대규모 사신단으로 위장한 무장 세력을 조선에 급파해 사라진 '총통등록'과 신기전 개발전수자인 '홍리'를 찾기 시작한다. 한편 명 사신단이 온다는 소식을 듣고 한 몫 제대로 챙길 계획으로 대륙과의 무역에 참여하려던 부보상단 설주(정재영 분)는 상단이 사신일행들과 동행할 것이라는 잘못된 정보로 전 재산을 잃게 된다. 그러던 어느 날, 세종(안성기 분)의 호위무사인 창강(허준호 분)이 찾아와 큰 돈을 걸고 비밀로 가득한 여인 홍리를 거둬 줄 것을 부탁한다. 상단을 살리기 위해 거래를 수락한 설주는 그녀가 비밀병기 '신기전' 개발의 핵심인물임을 알게 되고 돌려보내려 하지만 그녀가 보여준 '신기전'의 위력에 매료되어 동료들과 함께 신기전 개발에 참여하게 된다. 그러나, 이러한 냄새를 맡고 포위망을 좁혀온 명나라 무사들의 급습으로 홍리가 은밀히 감추어 두었던 '총통등록'을 빼앗기고 신기전 개발은 미궁에 빠진다. 한편, 조선이 명의 지시대로 새로운 화기개발을 포기하지 않자 명은 10만 대군을 압록강 변까지 진격시킨 채 조정을 압박한다. 결국 세종은 백성들의 안위를 위해 신기전 개발의 중지를 명하게 된다. 이에 분노한 설주는 어명을 거역한 채 신기전의 최종 완성을 위해 몰입을 한다.[417] 결국 세계 최초의 로켓화포인 신기전이 우여곡절과 여러 차례의 실패의 늪에서 벗어나 개발이 완료된다. 명은 이 낌새를 알아채고 10만 대군을 조선으로 진격시킨다. 설주는 동료들과 함께 신병기인 신기전을 가지고 명의 10만 대군을 완벽하게 제압시킨다. 그리고 이 소식을 접한 명나라를 두려움에 떨게 만든다.

이러한 내용을 담고 있는 이 영화에서 최고통치권자인 왕이 백성을 하늘처럼 떠받드는 섬김의 리더십(servant leadership)이 잘 표현되어 나타나고

417) http://movie.naver.com/movie/bi/mi/basic.nhn?code=63824

있다. 절대 강국을 꿈 꾼 세종의 비밀병기인 신기전을 개발하지 말라는 명 사신의 위협과 이러한 위협을 뒷받침하는 실제적인 명의 군사적 움직임을 신기전을 통해 제거시킨 후 세종은 신기전을 발명한 홍리와 이를 뒤에서 도운 부보상 설주를 어전으로 불러들여 치하를 한 후 이들을 돌려보내면서 그 들의 뒷전에서 절을 한다. 그러자 세종이 믿었던 단 한명의 호위무사 창강 등을 비롯한 신하들이 이를 저지하려하자 세종은 "내가 명의 사신들에게도 4배를 했는데 정작 이 나라를 구한 나의 백성에게 왜 절을 하지 못하느냐."고 하면서 오히려 자신의 행동을 제지하는 신하들을 꾸짖는다. 이 장면은 그야말로 세종의 백성 섬김을 단적으로 보여주는 것으로 올바른 리더의 섬김 리더십의 행태를 잘 보여주고 있다. 나아가 명 사신을 통한 위협이 절정에 달하자 백성의 안위를 고려하여 그렇게 간절히 꿈꾸어 오던 새로운 병기인 신기전을 포기하라고 어명을 내리는 세종의 백성사랑에 대한 마음에서도 최고통치권자의 백성 섬김에 대한 리더십의 행태를 잘 읽어낼 수 있다.

제 15 장

책을 마무리하면서

앞서 살펴보았듯이 『실미도』, 『쉬리』, 『튜브』, 『디어 헌터』, 『플라툰』, 『위 워 솔저스』, 『7월 4일 생』, 『하늘과 땅』 그리고『 지옥의 묵시록』은 국가권력과 관료제의 잘못된 정책결정을 잘 보여주고 있고, 『박하사탕』, 『피아니스트』, 『쉰들러 리스트』, 『에니미 오브 더 스테이트』, 『데몰리션 맨』, 『뮌헨』, 『브이 포 벤데타』는 국가권력과 관료제의 폭력화를 잘 그려내고 있다. 그리고 『리차드 닉슨의 암살』, 『절대권력』, 『테이큰』, 『서울 무지개』는 국가권력과 관료제에 대한 불신을 잘 보여주고 있다.

『태양의 눈물』, 『에너미라인스』, 『007 퀀텀 오브 솔러스』와 『007 카지노 로얄』, 『K-19 : 위도우메이커』, 『크림슨 타이드』, 『유령』, 『붉은 10월』, 『비상계엄』, 『로보캅』, 『월·E』, 『페인터』는 관료제에 있어 명령통일의 원칙과 통솔의 범위를 잘 보여주고 있다. 그리고 『투캅스』, 『공공의 적』과 『주유소 습격사건』, 『공공의 적 2』, 『가문의 위기』, 『뱅크 잡』, 『트레이닝 데이』, 『나쁜 녀석들』, 『머니트레인』, 『L.A. 컨피덴셜』, 『갱스 오브 뉴욕』, 『피스메이커』, 『네고시에이터』, 『내셔널 시큐리티』, 『1724 기방난동사건』, 『바람난 가족』 그리고 『체인질링』은 관료조직의 부패와 부조리를 잘 보여주고 있을 뿐만 아니라, 이 중 『공공의 적』과 『트레이닝 데이』는 관료조직의 타성적 업무행태까지 적나라하게 제시해 주고 있다. 그리고 『광복절 특사』, 『라이터를 켜라』, 『헬』, 『쇼생크탈출』, 『스트라이킹 디스턴스』, 『황시』, 『모던보이』는 합법의 울타리 안에서 비행과 불법을 저지르는 관료제의 이중성을 잘 그려내고 있다. 더 나아가 『인사이더』는 내부고발문제를 집중적으로 보여주면서 관료조직의 부패와 부조리를 사회에 대해 고발하고 있고 『의뢰인』, 『펠리칸 브리프』, 『이레이저』, 『트래픽』은 증인보호프로그램과 관련된 주제를 보여주면서 관료조직의 부패와 부조리를 적나라하게 잘 보여주고 있다.

『처녀들의 저녁식사』, 『동해물과 백두산이』, 『와일드 카드』, 『비버리 힐스 캅』, 『나홀로 집에 3』, 『타이타닉』은 관료제의 보수성과 변화에 대한 경직성을 잘 제시해 주고 있다. 그리고 『룰스 오브 인게이지먼트』는 관료조직의 음모와 갈등을 적나라하게 보여주면서 관료조직의 타성적 업무행태를 제시해 주고 있으며 『어 퓨 굿맨』, 『아웃브레이크』, 『더 록』, 『트리플X2 : 넥스트 레벨』, 『야망의 함정』, 『월스트리트』, 『더 게임』, 『마이너리티 리포트』, 『미션 임파서블 1편』, 『미션 임파서블 2편』, 『미션 임파서블 3편』, 『그때 그 사람들』, 『왕의 남자』, 『왝 더 독』, 『J.F.K.』, 『컨스피러시』 『음모』 역시 관료조직의 음모와 갈등을 중점적으로 보여주면서 관료조직 적 편견을 드러내 보여주고 있다. 그리고 『데이브』는 관료조직의 음모와 갈등을 적나라하게 보여주면서 관료조직의 부패와 부조리 그리고 대통령 유고시의 위기관리의 일면을 보여주고 있는데 이는 『긴급명령』, 『리플레이스먼트』등에서도 유사한 일치성을 보여주고 있다.

『폰부스』, 『실종자』, 『브레이크 다운』, 『도망자』, 『이장과 군수』, 『미인도』에서는 관료조직의 비효율적이고 타성적인 업무행태를 주로 보여주고 있고 『13일』에서는 관료조직 적 편견을 제시해 주고 있으면서 조직발전에 역행하는 관료조직의 타성적 업무행태와 대통령의 리더십도 부분적으로 제시해 주고 있다. 그리고 『브로큰 애로우』에서는 공정한 인사가 제대로 이루어지지 않을 경우 이에 불만을 품은 자에 의해 국가 안보를 위협할 수 있는 일까지 벌어질 수 있음을 보여 줌으로써 공정한 인사에 대한 중요성을 클로즈-업 시키고 있다.

『네트』, 『에니미 오브 더 스테이트』, 『방화벽 : 파이어월』, 『엔트랩먼트』는 정보화 사회에 있어서 그릇된 관료조직에서 비롯되는 역기능과 이러한 관료조직을 악용하는 범죄조직을 그리고 있다. 그리고 『이글아이』, 『마지막 보이 스카웃』, 『자칼』, 『네이키드 웨폰』, 『다이 하드』, 『다이 하드 2』, 『언더시즈 2』,『다이 하드 3』, 『다이 하드 4』는 정보전의 대명사인 테러와의 전쟁에 관료제가 어떻게 대응을 하는가를 잘 보여주고 있다. 그리고 『에어포스 원』이나 『인디펜던스 데이』는 대통령직의 유고 시나 위기 시 상정될 수 있는 관료적 위기관리시스템과 리더십을 잘 보여주고 있고 『대통령의 연인』과 『피아노 치는 대통령』 그리고 『신기전』은 최고 권력자인 대통령이나 왕의 행태와 리더십에 대해 잘 보여주고 있다.

113편의 영화를 살펴보고 얻은 결론이지만, 비교적 현재 출시 방영된 영화 중 행정현상 특히 관료제적인 현상과 관련을 맺는 영화들 중 상당부분이 주로 국가권력과 관료제의 잘못된 정책결정에서 비롯되는 문제들이나 국가권력과 관료제의 폭력화, 국가권력과 관료제에 대한 불신 등을 주된 소재로 삼아 이의 잘못된 점을 클로즈-업 시키거나 또는 관료제에 있어 계층적 속성에 기인한 상명하복에 따르는 명령통일의 원칙과 통솔의 범위와 관련 된 소재를 다루거나 혹은 관료조직의 부패나 부조리를 고발하거나 그러한 현상을 적나라하게 조명하는 것 그리고 합법의 울타리 안에서 비행과 불법을 저지르는 관료제의 이중성을 파헤치거나 관료조직의 음모와 갈등, 그리고 이러한 주제들과 깊은 관련성을 지니는 내부고발의 문제와 증인보호프로그램에 관한 문제들을 주된 내용의 주제로 삼고 있음을 알 수 있다. 이외에 관료제의 보수성과 변화에 대한 경직성과 관료조직 적 편견과 관료조직의 타성적 업무행태를 주제로 보여주는 영화들도 상당수 존재함을 알 수 있고 공정한 인사나 임용과 관련된 문제들을 심도 깊게 다룬 것도 있고 특히 정보화 사회에 있어서의 그릇된 거대 관료제의 시민들에 대한 월권적 행위에 대한 경고와 테러리스트나 외계인과 같은 돌발적 사태로 인해 국가 안위가 위협받을 때 대통령의 리더십과 위기관리시스템을 주된 주제로 보여주는 영화들도 존재함을 알 수 있다.

이러한 영화를 통한 관료제의 이해는 다소 부정적인 측면으로 경도되어 있다는 느낌을 받게 된다. 관료제는 분명히 순기능과 역기능이 있음에도 불구하고 주로 역기능적인 측면이 크게 부각되어지는 것은 영화가 흥행성을 전제로 하여 흥미와 스릴 등을 주된 주제로 편성되어지지 않을 수 없다는 특성을 이해하여야 할 것이다. 그러나 영화에서 표현되고 있는 이러한 관료제의 역기능은 실제 행정현상에서 정도의 차이는 있을지언정 실제로 발생했거나 발생할 수 있는 사안들이기 때문에 이에 대한 예방적 조치와 치료적 노력이 병행적으로 요구된다 하겠다. 영화에서 제작자나 시나리오 작가 또는 감독들에 의해 상상의 세계에서 만들어지는 사건들 역시 실제 행정현장에서 전문적 직업으로 일상의 업무에 임하고 있는 관료제 구성원들이나 이와 연관을 가지는 많은 평범한 일반시민들에게도 언제든지 일어날 수 있는 사건들 일 수 있기 때문에 영화의 주제와 내용이 단지 흥미를 위해서 만들어진 허구라는 생각을 버리고 현실성에 입각하여 관조할 필요가 있는 것이다. 영화는 실험적 상황에서 실제의 행정현상을 가상 및 모의실험(simulation)하는 것으로 이해하고 이를 통해 관료제의 진단과 치료 그리고 예방의 단계까지 발전적으로 활용하고 교훈을 얻을 수 있다면 이는 그 만치 실제 행정현상을 통해 지불해야 하는 많은 사회적 비용을 절감할 수 있는 좋은 대안적 선택이 될 수 있을 것으로 사료되는 것이다.

사실 영화를 포함하는 예술과 문학들은 자연과학이나 사회과학들이 해낼 수 있는 것 보다 더 인간적인 경험을 잘 표현해 나타낼 수 있으며 또한 이에 대한 분석의 역사를 더 오래가지고 있음을 부인 할 수 없다. 그리고 과학과 기예(technology)와의 밀접하고 적절한 조화로운 접목을 통해 적어도 사람의 근본 됨 위에 물질을 개선시키고 인간조건의 이해를 보다 더 넓혀 나가게 될 것이다. 결론적으로 말하자면 소설류의 문학이나 영화 등을 내포하는 예술들을 통해 미래에 조우하게 될 행정현안들의 이해의 지평을 더 넓혀 나가고 이러한 과정에서 부닥치는 많은 문제들을 해결하기 위한 적실성 높고 시의성 있는 처방전을 제시할 수 있을 것이다.

참고문헌

1장

에드워드 윌슨(지음), 최재천·장대익(옮김). (2005).『통섭 : 지식의 대통합』, 서울 : (주)사이언스북스.

Kingdon, John W. (1984 & 1995). *Agenda, Alternatives, and Public Policy*, Boston, Mass. : Little, Brown.

Waldo, Dwight. (1956). *Perspectives on Administration*, University, Alabama : University of Alabama Press.

Wilson, Edward O. (1998). *Consilience : The Unity of Knowledge*, New York : Alfred A. Knopf, Inc.

2장

전종섭(저), 윤재풍·정희남(역). (2001).『행정철학』, 서울 : 대영문화사.

Adams, Guy B. (1996). "The Wheel of Fortune : Middle Ages, Not TV", Book Reviews 1, *Public Administration Review*, Vol.56, No.2, (March/April).

Dewey, John. (1934). *Art as Experience*, New York : Minton, Balch and Company.

Goodsell, Charles T. and Nancy Murray(eds.). (1995). *Public Administration Illuminated and Inspired by The Arts*, Westport, Connecticut : Praeger Publishers.

Kupfer, Joseph H. (1983). *Experience as Art : Aesthetics in Everyday Life*, Albany, New York : State University of New York Press.

Waldo, Dwight. (1956). *Perspectives on Administration*, University, Alabama : University of Alabama Press.

Wolfe, Humbert. (1924). "Some Public Servants in Fiction," *Public Administration*, Vol.2, (January).

3장

Adams, Elsie B., and Frank Marini. (1995). "Regimentation and Rebellion in 'One Flew Over the Cuckoo's Nest'" in Charles T. Goodsell and Nancy Murray (eds.), *Public Administration Illuminated and Inspired by The Arts*, Westport, Connecticut : Praeger Publishers.

Dante, Alighieri.(1949 ; orig. c. 1315). *L'Inferno*, New York : Penguine Books.

Holzer, Marc and Linda G. Slater. (1995). "Insights into Bureaucracy from Film : Visualizing Stereotypes" in Charles T. Goodsell and Nancy Murray(eds.), *Public Administration Illuminated and Inspired by The Arts*, Westport, Connecticut : Praeger Publishers.

Kroll, Morton. (1995). "The Administrator-Viewer Reviewed, Through Film", in Charles T. Goodsell and Nancy Murray(eds.), *Public Administration Illuminated and Inspired by The Arts*, Westport, Connecticut : Praeger Publishers.

4장

김형렬. (1990). 『정책학』, 서울 : 법문사

정우일. (2006). 『리더와 리더십』, 서울 : 박영사.

『조선일보』, 2006년 2월 20일.

『중앙일보』, 2001년 1월 15일.

폴 케네디 (저), 이일수·전남석·황건 (공역). (1996). 『강대국의 흥망』, 서울 : 한국경제신문사.

Allison, Graham T. (1971). *Essence of Decision : Explaining the Cuban Missile Crisis*, Boston, Mass. : Little, Brown.

Allison, Graham T. (1969). "Conceptual Models and the Cuban Missile Crisis", *American Political Science Review*, Vol.63.

Ayer, A. J. (ed.). (1959). *Logical Positivism*, New York : The Free Press.

Blight, James G., et al. (1987). "The Cuban Missile Crisis Revisited", *Foreign Affairs*, Vol.66, No.1.

Bok, Sissela. (1983). *Secrets*, New York : Vintage Books.

Bok, Sissela. (1978). *Lying : Moral Choice in Public and Private Life*, New York : Vintage Books.

Braybrook, David, and C. Lindblom. (1963). *A Strategy of Decision*, New York : The Free Press.

Brinton, Crane. (1965). *The Anatomy of Revolution*, Revised and Expanded Edition, New York : A Vintage Book.

Caiden, G. (1971). *The Dynamics of Public Administration,* New York : Holt, Rinehart and Winston.

Denhardt, Robert B. (1995). *Public Administration : An Action Orientation*, Belmont & Albany : Wadsworth Publishing Company.

Etzioni, Amitai. (1968). *The Active Society*, New York : Free Press.

Etzioni, Amitai. (1967). "Mixed-Scanning : A Third Approach to Decision-Making", *Public Administration Review*, Vol.27, No.5.

Gore, William J. (1964). *Administrative Decision Making : A Heuristic Model*, New York : John Wiely & Sons, Inc.

Green, Gerald. (1978). *Holocaust*, New York : Bantam Books, Inc.

Hitler, Adolf. (1933). *Mein Kampf*, Franz Eher Nabholzer.

Kennedy, Robert F. (1971). *Thirteen Days : A Memoir of the Cuban Missile Crisis*, New York : W. W. Norton & Company, Inc.

Kettl, Donald F. (1993). "Public Administration : The State of the Field", in Ada W. Finifter (ed.), *Political Science : The State of the Discipline II*, Washington, D.C. : The American Political Science Association.

Lindblom, C. E. (1965). *The Intelligence of Democracy*, New York : Free Press.

Locke, John. (2002). *The Second Treatise of Government and A Letter Concerning Toleration*, London : Dover Publications.

Locke, John. (1995). *An Essay Concerning Human Understanding*, New York : Prometheus Books.

Locke, John. (1910). *An Essay Concerning Human Understanding*, London : George Routledge and Sons Limited./New York : E. P. Dutton and Co.

Neustadt, Richard E. and Graham T. Allison. (1971). "Afterword", in Robert F. Kennedy, *Thirteen Days : A Memoir of the Cuban Missile Crisis,* New York : W.W. Norton & Company, Inc.

Orwell, George. (1984). *Nineteen Eighty-Four*, Oxford : Clarendon Press.

Peters, B. Guy. (1996). *American Public Policy : Promise and Performance*, 4th ed., Chatham, New Jersey : Chatham House Publishers, Inc.

Rousseau, Jean-Jacques. Maurice Cranston (Translator). (1968). *The Social Contract*, Reprint edition, London & New York : Penguin Classics Books Ltd.

Shirer, William L. (1959). *The Rise and Fall of the Third Reich*, Greenwich, CT : Fawcett Books.

Simon, Herbert A. (1965). T*he Shape of Automation for Man and Management*, New York : Harper Torch Books.

Toland, John. (1976). *Adolf Hitler*, New York : Ballantine Books.

Wildavsky, Aaron. (1964). T*he Politics of the Budgetary Process*, Boston, Mass.: Little, Brown & Co.

5장

김번웅. (1997). "한국공무원의 부조리행태", 『한국행정개혁론』, 서울 : 법문사.

정우일. (2006). 『리더와 리더십』, 서울 : 박영사.

『중앙일보』, 2001년 1월 15일.

Argyris, C. (1960). *Understanding Organizational Behavior*, Belmont, CA : Dorsey Press.

Barber, B. (1983). *The Logic and Limits of Trust*, New Brunswick, NJ : Rutgers University Press.

Bennis, W. G., and B. Nanus. (1985). *Leaders : The Strategies for Taking Charge*, New York : Harper Collins.

Blau, Peter M. (1964). *Exchange and Power in Social Life*, New York : Wiley.

Boss, R. W. (1978). "Trust and Managerial Problem-Solving Revisited", *Group and Organization Studies*, Vol.3.

Broder, D. S. (1994). "Dialogue Makes for Democracy", *Norman Transcript*, Apr. 25.

Deutsch, M. (1973). *The Resolution of Conflict*, New Haven, Conn. : Yale University Press.

Golembiewski, R. and M. L. McConkie. (1975). "The Centrality of Interpersonal Trust in Group Processes", in C. L. Cooper (ed.), *Theories of Group Processes*, New York : Wiely.

Gray, P. (1992). "Lies, Lies, Lies", *Time*, Oct. 5.

Johnson, Lyndon B. (1966). "State of the Union Message", January 4, 1965, Cited in Bertram M. Gross, "The State of the Nation : Social Systems Accounting", in Raymond A. Bauer (ed.), *Social Indicators*, Cambridge, MA : The MIT Press.

Kanter, D. L., and D. H. Mirvis. (1989). *The Cynical Americans : Living and Working in an Age of Discontent and Disillusion*, San Francisco, CA : Jossey-Bass.

Likert, R. (1967). *The Human Organization*, New York : McGraw-Hill.

Lipset, S. M. and W. Schneider. (1987). *The Confidence Gap*, rev. ed., Baltimore, MD : Johns Hopkins University Press.

Loomis, J. (1959). "Communication, the Development of Trust, and Cooperative Behavior", *Human Relations*, Vol.12.

Maslow, A. H. (1954). *Motivation and Personality*, New York : Harper Collins.

McGregor, D. (1960). *The Human Side of Enterprise*, New York : McGraw-Hill.

Mellinger, G. D. (1956). "Interpersonal Trust as a Factor in Communication", *Journal of Abnormal Social Psychology*, Vol.52.

Miles, R. E. and J. B. Ritchie. (1984). "Participative Management : Quality versus Quantity", in D. A. Kolb, I. A. Rubin, and J. M. McIntyre (eds.), *Organization Psychology*, 4th ed., Englewood Cliffs, N.J. : Prentice-Hall.

Peters, B. Guy. (1996). *American Public Policy : Promise and Performance*, 4th ed., Chatham, New Jersey : Chatham House Publishers, Inc.

Reich, R. (1987). *Tales of a New America*, New York : Times Books.

Rivenbark, L. (1992). "Workers' Opinion Poll Could Change Benefits", *Federal Times*, June 8.

Rotter, J. B. (1967). "A New Scale for the Measurement of Interpersonal Trust", *Journal of Personality*, Vol.35.

Sherif, M. (1966). *In Common Predicament*, Boston, Mass. : Houghton Mifflin.

Thompson, Frank J. (1993). "Critical Challenge to State and Local Public Service", in Frank J. Thompson (ed.), *Revitalizing State and Local Public Service : Strengthening Performance, Accountability, and Citizen Confidence*, San

Francisco, CA : Jossey-Bass.

U. S. Merit Systems Protection Board. (1992). *Federal Blue Collar Employees : A Workforce in Transition*, Washington, D.C. : U. S. MSPB.

Zand, D. E. (1972). "Trust and Managerial Problem Solving", *Administrative Science Quarterly*, Vol.17.

6장

백완기. (1998). 『행정학』, 서울 : 박영사.

Barnard, Chester I. (1938, 1943 & 1968). *The Functions of the Executive*, Cambridge, Mass : Harvard University Press.

Gulick, Luther and Lyndal Urwick. (eds.). (1937). *Papers on the Science of Administration*, New York : Institute of Public Administration.

Simon, Herbert A. (1946). "The Proverbs of Administration," *Public Administration Review*, Vol.6, (Winter).

Simon, Herbert A. (1965). *The Shape of Automation for Man and Management*, New York : Harper Torch Books.

7장

김영종. (1988). "한국관료부패와 부패방지", 『계간경향』, 봄호.

김영종. (1985). "개발도상국가들의 관료부패모형정립", 『한국행정학보』, 19권, 2호.

김정하. (2006). 『슬로 석세스』, 서울 : 이코북.

윤태범. (1992). "한국관료부패의 유형과 구조의 변화에 관한 연구 : 제3공화국에서 제6공화국까지", 서울대학교 대학원 행정학박사학위논문.

전수일. (1984). "관료부패연구 : 사회문화적 접근", 『한국행정학보』, 18권, 1호.

『조선일보』, 2004. 1. 10.

『조선일보』, 2004. 1. 7.

『조선일보』, 2003. 10. 16.

Appleby, Paul H. (1952). *Morality and Administration in Democratic Government*, Baton Rouge : Louisiana State University Press.

Bailey, Stephen K. (1966). "Ethics in the Public Service," In Robert Golembiewski, Frank Gibson, and Geoffrey Y. Cornog (eds.), *Public Administration*, Chicago : Rand McNally.

Bok, Sissela. (1983). *Secrets*, New York : Vintage Books.

Bok, Sissela. (1978). *Lying : Moral Choice in Public and Private Life*, New York : Vintage Books.

Caiden, G. and N. Caiden. (1977). "Administrative Corruption," *Public Administration Review*, Vol.37.

Cook, Thomas D. et al. (1979). *Quasi Experimentation*, Chicago, Ill.: Land Mcnally College Publishing Co.

Denhardt, Robert B. (1995). *Public Administration : An Action Orientation*, Belmont & Albany : Wadsworth Publishing Company.

Denhardt, Kathryn G. (1988). *The Ethics of Public Service*, Westport, CT : Greenwood.

Gould, David J. (1991). "Administrative Corruption : Incidence, Causes and Remedial Strategies," In Ali Farazmand (ed.), *Handbook of Comparative and Development Public Administration*, New York : Marcel Dekker, Inc.

Gould, David J. (1980). *Bureaucratic Corruption and Underdevelopment in the Third World : The Case of Zaire*, New York : Pergamon.

Heidenheimer, Arnold J. (1990). "Problems of Comparing American Political Corruption," In Arnold J. Heidenheimer, Michael Johnston and Victor T. LeVine (eds.), *Political Corruption : A Handbook*, New Brunswick, N.J. : Transaction Books.

Heidenheimer, Arnold J. (1989). *Political Corruption : Readings in Comparative Analysis*, N.Y. : Holt, Rinehart and Winston, Inc.

Holbrook, Thomas M. and Kenneth J. Meier. (1993). "Politics, Bureaucracy and Political Corruption : A Comparative State Analysis," In H. George Frederickson (ed.), *Ethics and Public Administration*, Armonk and New York : M. E. Sharpe.

Johnston, Michael. (1986). "Systematic Origins of Fraud, Waste, and Abuse," In Jerome B. McInney and Michael Johnston (eds.), *Fraud, Waste, and Abuse in Government*, Philadelphia, PA : ISHI Publications.

Klitgaard, Robert. (1988). *Controlling Corruption*, San Francisco, Berkeley, CA : University of California Press.

Lui, A. Y. C. (1979). *Corruption in China During the Early Ch'ing Period : 1644 to 1660*, Hong Kong : University of Hong Kong, Center of Asian Studies.

Malec, Kathryn L. (1993). "Public Attitudes toward Corruption : Twenty-Five Years of Research," In H. George Frederickson (ed.), *Ethics and Public Administration*, Armonk and New York : M. E. Sharpe.

Mitchell, Richard H. (1996). *Political Bribery in Japan*, Honolulu, Hawaii : University of Hawaii Press.

Myrdal, Gunnar. (1971). "Corruption : Its Causes and Effects", *Asian Drama : An Inquiry into the Poverty of Nations*, N. Y. : Vintage Books.

Myrdal, Gunnar. (1969). *The Challenge of World Poverty*, New York : Vintage Books.

Nas, Tevfik F., Albert C. Price, and Charles T. Weber. (1986). "A Policy-Oriented Theory of Corruption," *American Political Science Review*, Vol.80 (March).

Nye, J. S. (1979). "Corruption and Political Development : A Cost-Benefit Analysis", In M. U. Ekpo (ed.), *Bureaucratic Corruption in Sub-Saharan Africa : Toward a Search for Causes and Consequences*, Washington, D.C. : University Press of America.

Nye, J. S. (1967). "Corruption and Political Development : A Cost-Benefit Analysis", *APSR*, (June).

Peters, John G. and Susan Welch. (1978). "Political Corruption in America : A Search for Definitions and a Theory," *American Political Science Review*, Vol.72, (Sep.).

Rohr, John. (1989). *Ethics for Bureaucrats*, New York : Marcel Dekker.

Rose-Ackerman, Susan. (1978). *Corruption : A Study in Political Economy*, New York : Academic Press.

Scott, James C. (1972). *Comparative Political Corruption*, Englewood Cliffs, N.J.: Prentice-Hall.

Werner, Simcha B. (1983). "New Directions in the Study of Administrative Corruption," *Public Administration Review*, Vol.43, No.2 (March/April).

8장

전종섭(저)·윤재풍 외(공역). (1989). 『행정학 : 구상과 문제해결』, 서울 : 박영사.

한국행정학회. 『온라인 행정학 전자사전』.

Asch, Solomon E. (1987). *Social Psychology*, New York : Oxford University Press.

Bowman, James S. (1987). "Whistle Blowing : Literature and Resource Materials," *Public Administration Review* (May/June).

Bowman, James S. (1983). "Ethical Issues for the Public Manager," In William B.

Eddy (ed.), *Handbook of Organization Management*, New York : Marcel Dekker.

Colson, Charles W. (1977). *Born Again*, New York : Bantam Books.

Denhardt, Robert B. (1995). *Public Administration : An Action Orientation*, Belmont & Albany : Wadsworth Publishing Company.

Devine, T. M. and D. G. Aplin. (1986). "Abuse of Authority : The Office of the Special Counsel and Whistleblower Protection," *Antioch Law Journal*, Vol.4.

Fesler, James W. and Donald F. Kettl. (1996). *The Politics of the Administrative Process*, 2nd ed., Chatham, N.J. : Chatham House Publishers, Inc.

Gortner, Harold F. (1991). *Ethics for Public Managers*, New York : Greenwood Press.

Miceli, M. P. and J. P. Near, (1985). "Characteristic of Organizational Climate and Perceived Wrongdoing Associated with Whistle-Blowing Decisions," *Personnel Psychology*, Vol.38.

Perry, James L. (1993). "Whistleblowing, Organizational Performance, and Organizational Control," In H. George Frederickson (ed.), *Ethics and Public Administration*, Armonk & New York : M.E. Sharpe.

Truelson, Judith A. (1986). "Protecting David from Goliath : On Blowing the Whistle on Systematic Corruption," *Dialogue* (Spring).

Weinstein, Deena. (1979). *Bureaucratic Opposition : Challenging Abuse at the Workplace*, New York : Pergamon.

Weisband, Edward and Thomas M. Franck. (1975). *Resignation in Protest : Political and Ethical Choices Between Loyalty to Team and Loyalty to Conscience in American Public Life*, New York : Grossman Publishers.

Zald, M. N. and M. A. Berger. (1978). "Social Movements in Organizations : Coup d'Etat, Insurgency, and Mass Movements," *American Journal of Sociology*, Vol.83.

Zimmerman, Joseph. (1994). *Curbing Unethical Behavior in Government,* Westport, Connecticut & London : Greenwood Press.

9장

Kaufman, Herbert. (1981). "Fear of Bureaucracy : A Raging Pandemic," *Public Administration Review*, (Jan/Feb).

Light, Paul C. (1995). *Thickening Government : Federal Hierarchy and the Diffusion of Accountability*, Washington, D. C. : The Brookings Institution & The Governance Institute.

Light, Paul C. (1989). "Rescuing America's Public Service," National Civic Review (July/August).

Nye, Joseph S. Jr. (2002). *The Paradox of American Power : Why the World's Only Superpower Can't Go It Alone*, Oxford & New York : Oxford University Press, Inc.

Sember, Edward and Matthew E. Leighninger. (1996). "Rediscovering the Public : Reconnecting Ethics and Ethos Through Democratic Civic Institutions," In Lynn Pasquerella, Alfred G. Killilea, and Michael Vocino (eds.), *Ethical Dilemmas in Public Administration*, Westport, Conn. & London : Praeger.

Toffler, Alvin and Heidi Toffler. (1995). *Creating a New Civilization : The Politics of the Third Wave*, Atlanta : Turner Pub.

Wilson, James Q. (1975). "The Rise of the Bureaucratic State", *Public Interest* (Fall).

10장

로버트 그린 지음, 안진환·이수경 옮김. (2007). 『전쟁의 기술』, 서울 : 웅진 지식하우스.

시오노 나나미. (1996). 『마키아벨리 어록』, 서울 : 한길사.

아르투르 쇼펜하우어(Arthur Schopenhauer). (1851). 『여록과 보유(Counsels and Maxims)』, 로버트 그린 지음, 안진환·이수경 옮김. (2007). 『전쟁의 기술』, 서울 : 웅진 지식하우스.

유종해. (1988). 『현대행정학』, 서울 : 박영사.

Aldrich, Howard E. (1979). *Organizations and Environments*, Englewood Cliffs, N. J. : Prentice-Hall.

Bennis, Warren G., Kenneth D. Benne, and Robert Chinc(eds.). (1969). *The Planning of Change*, 2nd ed., New York : Holt, Rinehart and Winston, Inc.

Bergen, Garret L. and William V. Harvey. (1966). *Organizational Relations and Management Action*, New York : McGraw Hill.

Blake, Robert R., Herbert A. Shepard, and Janes Mouton. (1984 & 1964). *Managing Intergroup Conflict in Industry*, Houston : Gulf Publishing Co.

Boulding, Kenneth E. (1964). "A Pure Theory of Conflict Applied to Organization", in R. L. Kahn and K. E. Boulding(eds.), *Power and Conflict in Organizations*,

New York : Basic Books.

Boulding, Kenneth E. (1962). *Conflict and Defense : A General Theory*, New York : Harper and Row.

Burrdll, Gibson and Gareth Morgan. (1979). *Sociological Paradigms and Organization and Analysis*, London : Heine Man.

Deutsch, Morton. (1973). *The Revolution of Conflict : Constructive and Destructive Processes*, New Haven, Conn. : Yale University Press.

Dye, Thomas R. (1994). *Who's Running America?,* 6th edition, Prentice Hall.

Gibson, James L., John M. Ivancevich and James H. Donnelly, Jr. (1979). *Organizations : Behavior, Structure, Processes,* 3rd, Dallas, Texas : Business Publications.

Hall, Richard H. (1982). *Organizations : Structure and Process*, Englewood Cliffs, N.J. : Prentice-Hall, Inc.

Huse, Edgar F. and James L. Bowditch. (1977). *Behavior in Organizations : A Systems Approach to Managing*, 2nd ed., Reading, Mass. : Addison-Wesley Publishing Co.

Kochan, Thomas A. et al. (1975). "Determinant of Intra-organizational Conflict in Collective Bargaining in the Public Sector", *Administrative Science Quarterly*, Vol.20, No.1 (March).

Lawrence, Paul R. and Jay W. Lorsch. (1969). *Organizations and Environments*, Homewood, Ill. : Irwin.

Litterer, Joseph A. (1965). "Management Conflict in Organizations", Proceedings of the 8th Annual Midwest Management Conference, Southern Illinois University Business Research Bureau, Reprinted in Max S. Wortman and Fred Luthans. (1969). *Emerging Concepts in Management*, New York : The Macmillan Co.

March, James G. and Herbert A. Simon. (1938). *Organizations*, New York : John Wiely and Sons.

Maslow, Abraham H. (1965). *Eupsychian Management*, Homewood : Irwin.

Mcleish, John. (1968). *Theory of Social Change*, London : Routedge and Kegan.

Mills, C. Wright. (1960). *The Power Elite*, New York and London : Oxford University Press.

Robbins, Stephen P. (1983). *Organization Theory : The Structure and Design of*

Organizations, Englewood Cliffs, N.J. : Prentice-Hall, Inc.

Robbins, Stephen P. (1974). *Managing Organizational Conflict : A Nontraditional Approach*, New York : Prentice-Hall.

Sherkf, Muzafer. (1964). "Experiments on Group Conflict and Cooperation", in Harold J. Leavitt and Louis R. Pondy(eds.), *Readings in Managerial Psychology*, Chicago : University of Chicago Press.

Strauss, George and Eliezer Rosenstein. (1970). "Workers Participation : A Critical View", *Industrial Relations*, Feb.

Thomas, Kenneth W. (1976). "Conflict and Conflict Management", in M. D. Dunneffe (ed.), *Handbook of Industrial and Organizational Psychology*, Chicago : Rand Mcnally.

Thompson, James D. (1960). "Organizational Management of Conflict", *Administrative Science Quarterly*, March.

Thompson, J. D. and Arthur Luden. (1959). "Strategies, Structures and Processes of Organizational Decision", in J. D. Thompson, et al.(eds.), *Comparative Studies in Administration*, Pittsburgh : University of Pittsburgh Press.

Thompson, Victor A. (1961). *Modern Organization*, New York : Knopf, 1961.

Walton, Richard E. and John M. Dutton. (1969). "The Management of Interdepartmental Conflict : A Model and Review", *Administrative Science Quarterly*, March.

Walton, R. E. and R. B. Mckersie. (1965). *A Behavioral Theory of Labor Negotiation*, New York : McGraw-Hill.

Whyte, William F. (1948). *Human Relations in the Restaurant Industry*, New York : McGraw-Hill.

Wortman, Max S. and Fred Luthans. (1969). *Emerging Concepts in Management*, New York : The Macmillan Co.

Zald, Meyer. (1962). "Power Balance and Staff Conflict in Correctional Institutions", *Administrative Science Quarterly*, (June).

11장

유종해. (1976). "조직의 정책론 적 개선 방안 : 조직발전의 개념 및 효용", 『연세 행정논총』, 제3집.

Allison, Graham T. (1971). *Essence of Decision : Explaining the Cuban Missile Crisis*, Boston : Little, Brown & Co.

Barnard, Chester I. (1938). *The Functions of the Executive*, Cambridge, Mass. : Harvard University Press.

Beckard, Richard and Reuben T. Harris. (1977). *Organizational Transition : Managing Complex Change*, Reading, Mass. : Addison-Wesley Pub.

Beckard, Richard. (1969). *Organization Development : Strategies and Models*, Reading, Mass. : Addison-Wesley Publishing Co.

Bennis, Warren G. (1969). *Organization Development : Its Nature, Orgins and Prospects*, Reading, Mass. : Addison-Wesley Publishing Co.

Bennis, Warren G. and Philip Slater. (1968). *Temporary Society*, New York : Harper & Row, Publishers.

Greene, De. (1982). *The Adaptive Organization*, New York : John Wiley & Sons.

Lawrence, Paul R. & Jay W. Lorsch. (1969). *Developing Organizations : Diagnosis and Action*, Reading, Mass. : Addison-Wesley Publishing Co.

Likert, Rensis. (1961). *New Patterns of Management*, Tokyo, Japan : McGraw-Hill Kogakusha, Ltd.

Marini, Frank (ed.). (1971). *Toward a New Public Administration : The Minnowbrook Perspective*, Scranton : Chandler Publishing Co.

Maslow, Abraham H. (1960). *A Theory of Human Motivation*, Cincinati, Ohio : South-Westery Publishing Co.

McGregor, Douglas. (1960). *The Human Side of Enterprise*, New York : McGraw-Hill.

The Conference Board. (1973). *Organization Development : Reconnaissance*, New York .

Waldo, Dwight. (1971). "Some Thoughts on Alternatives, Dilemmas and Paradoxes in a Time of Turbulence", in D. Waldo (ed.), *Public Administration in a Time of Turbulence*, Scranton : Chandler Pub.

12장

강성철, 김판석, 이종수, 최근열, 하태권(공저). (1999). 『새인사행정론』, 서울 : 대영문화사.

유훈. (1989). 『행정학원론』, 서울 : 법문사.

Gladden, E. N. (1972). *A History of Public Administration*, Vol.2., London : Frank Cass.

Henry, Nicholas. (1995). *Public Administration and Public Affairs*, 6th ed., Englewood

Cliffs, New Jersey : Prentice-Hall.
Mosher, Frederick C. (1968). *Democracy and the Public Service*, New York & London : Oxford University Press.
Stahl, O. Glenn. (1962). *Public Personnel Administration*, 5th ed., New York : Harper.
White, Leonard D. (1954). *The Jacksonians*, New York : Macmillan.

13장

안문석. (2008). 『한국전자정부론』, 서울 : 박영사.
Fesler, James W. and Donald F. Kettl. (1996). *The Politics of the Administrative Process*, 2nd ed., Chatham, New Jersey : Chatham House Publishers, Inc.

14장

그린슈타인, F. (지음). (2000). 『위대한 대통령은 무엇이 다른가』, 서울 : 위즈덤 하우스.
폴 케네디 (저), 이일수·전남석·황건 (공역). (1996). 『강대국의 흥망』, 서울 : 한국경제신문사.
최평길. (2001). "실패한 대통령들의 발자취", 『동아일보』, 2001. 8. 9.
Kim, Dong-Hyun. (ed.). (1985). *History and Theory in Public Administration*, Seoul : Dae-Wang Sa.
Wilson, Woodrow. (1885). *Congressional Government : A Study in American Politics*, Boston : Houghton Mifflin and Company.

내용 찾기

이름 찾기